Globalization and Trade Strategy of Japan

国際貿易政策論入門

稲葉 守満 著

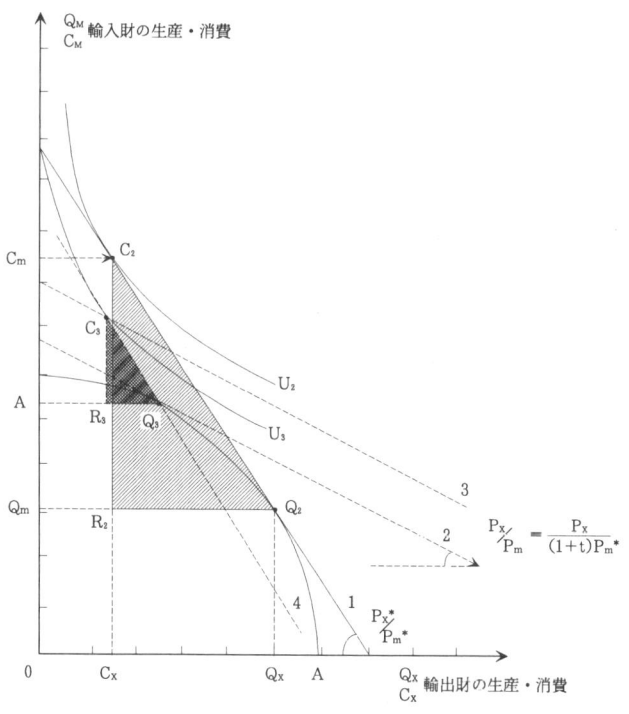

時潮社

目 次
CONTENTS

まえがき ……………………………………………………………… 4
第1章　日本の産業と貿易の発展 ………………………………… 7
第2章　D・リカードの比較優位理論 …………………………… 61
第3章　ヘックシャー＝オーリン要素比率理論 ………………… 93
第4章　資源と技術進歩と貿易―現代の貿易（1）……………… 129
第5章　多国籍企業と規模の効果と貿易―現代の貿易（2）…… 163
第6章　貿易政策 …………………………………………………… 205
第7章　発展途上国の貿易政策 …………………………………… 245
第8章　GATT/WTOの体制と地域主義の台頭 ………………… 289
あとがき―グローバル型人間の形成― …………………………… 345

装幀　比賀祐介

まえがき

　グローバリゼーションが急速に進展している。21世紀に生きる若者は益々国際社会との関わり合う機会が増えて行くだろう。日本の若者は地球市民として地球的な視点から物事を考え、生きて行くべきであろう。その意味で国際経済のダイナミックスを理解することが益々重要になってきている。

　この本は大学生及び社会人のための国際貿易論の入門書として書かれている。主に経済学部以外の学生を対象として書かれているので、国際貿易論を理解する上で必要なミクロ経済学の基礎的な概念を本文や注の中で説明するように努めた。出来る限り現実に起こっている貿易の実態や制度を説明し、国際経済論の概念や理論の説明は基本的な範囲に限定している。直感的に解り易いように図による説明を多用し、数学的な説明は初歩的な代数に止めている。

　内容は第1章では日本の産業と貿易の発展の歴史を概観し、現在の日本の貿易がどのようにして発展し、どのような問題や課題に直面して来たのか解説している。第2章では古典的な貿易理論であるD・リカード理論の内容を簡単に説明し「機会費用」の概念が未だ有効な意思決定の道具であることを強調している。第3章では現代の貿易理論の出発点となっているヘックシャー・オーリン理論を出来るだけ解り易くなるように幾何学的な方法で解説している。ヘックシャー・オーリン理論は現代の貿易理論の基礎となっているので種々の定理を解り易く説明するように努めた。第4章、第5章では現代の貿易の特徴である資源の賦存状況と技術革新と貿易について、また多国籍企業と産業の集積の効果や規模の効果が貿易に与える影響について解説している。第6章では、特に関税の経済効果の分析を中心に、貿易政策が生産者や消費者にどのような影響をもたらすか解説している。

まえがき

　第7章では発展途上国の貿易政策を輸入代替工業化政策及び幼稚産業保護政策に焦点を当てて解説している。最後に第8章では戦後の国際自由貿易秩序を構成するGATT/WTO体制の形成と発展及び台頭する地域主義の動向を欧州同盟の形成と発展、アジアの経済統合の動きであるAPEC、ASEAN、FTA/EPA/TPPの動向について解説している。

　以上日本の大学生及び社会人が現在及び将来の国際貿易の動向を理解するに必要な基礎的な概念及び理論を入門レベルで解り易く解説するように努めた。本書を理解する上で必要なミクロ経済学の基礎を理解するためには、西村和雄著『現代経済学入門ミクロ経済学』、岩波書店、第3版、2011年1月を参考にすることを勧める。より理論的に国際貿易を理解したい読者には、伊藤元重・大山道広著『国際貿易』、岩波書店、1985年は必読の書である。この本の作成に当たっては欧米の大学で使用されている標準的な教科書であるポール・クルーグマン（Paul R. Krugman）、ロナルド・ジョンズ（Ronald Jones）及びジャグディッシュ・バグワティ（Jagdish N. Bhagwati）の著作を参考にした。

　この本の出版に当たっては筆者の他の著作と同じく時潮社代表取締役相良景行氏のご協力を頂いた。ここにその御厚情に深く感謝の意を表する。尚原稿の校閲作業に際しては他の筆者の著作と同様に稲葉エツの献身的な尽力が不可欠であった。また筆者のゼミ生であった山本裕子さんが会社の仕事や留学の準備で多忙であるにも関わらず校正作業に尽力してくれた。ここに心よりの謝意を贈る。宇宙の渚から眺める地球は美しく、宇宙は時間を超越した無限の空間を人類に提供している。日本の若者が地球的な問題をさらに宇宙的な視野で考え、行動することを願って……。

稲葉守満
平成23年10月10日
鎌倉市浄明寺の自宅にて

第1章　日本の産業と貿易の発展

はじめに

　先ずこの第1章では日本が直面した貿易政策の問題と課題を知るために明治維新以来の日本経済の近代化のプロセスで展開された日本の産業と貿易の実態を、日本経済の近代史の視点から概観する。日本は戦前発展途上国として西欧諸国にキャッチ・アップする過程で急速に工業化を進めた。戦後の1960年代の高度経済成長の期間には日本の産業構造は急速に重化学工業化し、日本の主要な機械産業は国際競争力のある輸出産業に成長した。この間在来日本の主要な輸出産業であった繊維産業は急速に衰退していく。しかし日本の主導的な製品である鉄鋼・電気電子機器・自動車・半導体製品は集中豪雨的にアメリカ市場に輸出され「日米貿易摩擦」の原因となる。日本政府はこれ等の産業分野で対米輸出の自主規制政策を実施せざるを得なくなる。1980年後半以降円高に対応して日本企業の海外投資が積極化し、日本の機械産業の垂直・水平国際分業が、特に東アジア及び東南アジア諸国との間に進展する。この間アジアの新興国である韓国・台湾・中国及び香港が在来日本が国際競争力を誇っていた機械産業分野で急速に日本の水準にキャッチ・アップする。アジアの新興国は数多くの機械産業分野において日本の国際市場での競争相手として台頭し、半導体分野等では日本を凌駕するまでに成長する。機械産業分野、特に情報産業分野では技術革新の進歩・進化が急速となり産業の新陳代謝及び企業の衰退・成長のサイクルが加速する。我々はこの様な状況を充分理解し日本の21世紀の産業・貿易の国家戦略及び企業の国際競争戦略に真剣に取り組むべきであろう。

1.1 戦前の産業の発展と貿易の推移

(1) 在来産業の発展と一次産品輸出

日本の貿易は現代の多くの発展途上国と同じく近代化の初期一次産品を西欧先進国に輸出し、経済発展に必要な資本財を西欧先進国から輸入するという構造を持っていた。日本経済の近代化のプロセスは明治維新（1868年）に始まる。明治政府は近代国家の形成（Nation-building）には政治・行政・司

表1－1：日 本 の 輸 出 ・

(1) 輸出の商品構成

(当年価格、％)

期 間		1 次 産 品			工 業 品		
		(1)	生糸(2)	銅塊(3)	(4)	繊維品(5)	化学品・金属品・機械(6)
I	1874～83	82.4	37.7	2.2	17.6	4.4	5.9
II	1877～86	79.4	36.8	3.1	20.6	6.1	6.7
III	1882～91	74.9	36.8	5.1	25.1	8.8	7.2
IV	1887～96	65.5	34.1	5.1	34.5	14.8	8.3
V	1892～1901	55.1	29.3	4.8	44.9	23.3	8.2
VI	1897～1906	47.7	26.2	4.9	52.3	27.4	9.0
VII	1902～11	45.2	26.2	4.9	54.8	27.7	12.6
VIII	1907～16	41.8	24.6	4.9	58.2	28.9	12.5
IX	1912～21	34.2	22.6	2.6	65.8	33.8	16.7
X	1917～26	36.5	28.4	0.8	63.5	35.2	14.3
XI	1922～31	38.5	31.7	0	61.5	34.1	12.8
XII	1927～36	27.2	20.5	0	52.8	36.3	19.7
XIII	1930～39	19.9	13.1	0	80.1	35.0	26.5
XIV	1951～55	4.7			95.3	39.5	39.9
XV	1956～60	4.5			95.5	32.0	45.1
XVI	1961～65	3.5			96.5	21.3	58.6
XVII	1966～70	1.7			98.3	13.7	71.2
XVIII	1971～75	1.4			98.5	7.4	82.9
XIX	1976～80	0.9			99.1	4.7	87.1

資料：山澤逸平著『日本の経済発展と国際分業』、東洋経済新報社、昭和59年、14―15

第1章 日本の産業と貿易の発展

法・経済・教育等制度の構築が不可欠であると考え、西欧諸国の近代的な諸制度の導入を急いだ。それとともに明治政府は国営企業を通して西欧先進国から産業技術を移植し、民間企業を支援して綿紡績・鉄道・造船等の基幹産業を育成する「殖産興業政策」を実施した。しかし西欧先進国から産業の近代化に必要な資本財を輸入し、多数の専門家を招聘するためには外貨が必要であった。この外貨獲得で重要な役割を演ずるのが生糸及びお茶等の一次産品の輸出であった。

この生糸及びお茶の2品目だけで1890年（明治23年）頃まで日本の輸出の

輸入品構成の推移

(2) 輸入の商品構成 (％)

期間		工業品			1次産品				
		(1)	その他工業品(2)	化学品・金属品・機械(3)	(4)	素食糧(5)	(6)	素原料 繊維原料(7)	金属原料(8)	鉱物性燃料(9)
I	1874〜83	91.2	69.9	21.3	8.8	0.7	8.1	0.7		5.0
II	1877〜86	89.7	68.4	21.3	10.3	0.8	9.5	1.6		6.1
III	1882〜91	81.3	54.7	26.6	18.7	5.0	13.7	5.8		6.4
IV	1887〜96	71.8	42.8	29.0	18.2	7.1	21.1	14.8		4.9
V	1892〜1901	63.6	31.0	32.6	36.5	9.9	26.6	20.8	0.1	4.4
VI	1897〜1906	56.9	24.1	32.8	43.1	12.8	29.3	22.9	0.1	4.6
VII	1902〜11	54.8	20.5	32.3	46.2	12.5	32.7	25.9	0.2	3.9
VIII	1907〜16	50.0	15.6	34.4	50.0	10.3	39.7	32.6	0.7	2.7
IX	1912〜21	47.4	12.1	35.3	52.6	12.5	40.1	32.4	1.0	2.2
X	1917〜26	45.7	14.9	30.8	54.3	16.1	38.2	29.5	0.8	2.9
XI	1922〜31	43.4	17.1	26.3	56.6	18.8	37.8	27.1	0.8	4.3
XII	1927〜36	39.0	13.8	25.2	61.0	19.0	42.0	28.6	1.4	5.9
XIII	1930〜39	42.0	12.3	29.7	58.0	17.5	40.5	25.1	2.6	7.4
XIV	1951〜55	14.4	4.0	10.4	85.6	25.0	60.6	27.6	6.8	11.0
XV	1956〜60	23.3	3.6	19.7	76.7	13.2	63.5	19.3	13.8	15.7
XVI	1961〜65	27.7	5.5	22.2	72.3	13.5	58.8	12.6	13.0	18.3
XVII	1966〜70	30.3	7.0	23.3	69.7	12.8	56.9	6.9	13.6	20.4
XVIII	1971〜1975	27.2	9.5	17.7	72.8	14.7	58.1	3.8	9.2	33.9
XIX	1976〜1980	25.2	8.9	16.3	75.5	14.3	61.2	2.3	6.4	44.2

頁。

表1－2：日本の輸出構成比の推移　　　　　　　　　　（％）

期　　間	1次産品	工　業　品 軽工業品	繊維品	重化学工業品	その他工業品	合　計
1. 1874～1880	47.1	40.7	38.6	7.6	4.6	52.9
2. 1881～1890	34.1	46.4	45.0	12.0	7.5	65.9
3. 1891～1900	22.1	53.7	52.0	13.1	11.1	77.9
4. 1901～1910	14.4	58.2	53.7	14.9	12.5	85.6
5. 1911～1920	9.4	60.4	55.5	19.7	10.5	90.6
6. 1921～1930	6.8	71.5	66.3	12.6	9.1	93.2
7. 1931～1939	6.7	54.3	47.6	27.0	12.0	93.3
8. 1951～1960	4.5	39.6	34.5	43.3	12.6	95.5
9. 1961～1970	2.2	18.9	16.0	67.4	11.5	97.8
10. 1971～1980	1.1	6.8	5.7	85.6	6.5	98.9
11. 1981～1990	0.7	4.1	3.3	86.9	8.3	99.3

（注）　名目輸出額の構成比、軽工業＝食糧＋繊維、重化学工業＝金属＋機械＋化学、その他工業＝製材＋窯業＋雑工業。
資料：南亮進著『日本の経済発展』、第2版、東洋経済新報社、1992年、164頁。

50％を占めていた。生糸・綿糸・綿布・お茶・味噌・醬油等の所謂伝統産業或いは在来産業といわれる家内工業は江戸時代に、江戸・大阪・京都の当時の三大都市やその近郊や大名の城下町で地場産業として発展していた。[1] 綿糸・綿布の家内工業は主に近畿地方に発展し、生糸の産地は明治に入り長野・山梨・岐阜・愛知・群馬・山形・福島・埼玉の8県で、日本全体の生産高の60―70％を占めていた。特に長野県で生糸の生産が盛んで同県だけで日本全国の生糸総生産高の25％以上を生産していた。生糸の輸出は1902年（明治35年）頃まで輸出総額の70％以上を横浜の外国商社が独占し、日本の製糸業者は主に横浜の製糸売込問屋に委託してこれ等を外国商社に販売していた。1912年（明治45年）頃までに日本の製糸輸出量は清国（現中国）、イタリア、フランスを凌駕して世界最大の規模となり、主にアメリカに輸出されアメリカの市場で日本の生糸が70％の市場占拠率を占める日本の主要な輸出品となった。

当時の日本の大規模製糸家8家のうち郡是製糸（京都府）を除く7家が長野諏訪地方に集中しており、長野県の製糸業は1901年（明治34年）まで90％以上が機械化され、長野県諏訪地方の製糸家の45％以上が200釜以上の大規模製糸場の経営者であった。しかしこれ等多くの機械は海外から輸入され、製糸業の産業関連効果は限られていた。それ故に製糸業は日本の産業革命やその後の工業化の起爆剤とはならなかった。1872年（明治5年）明治政府によって設立された富岡製糸場はフランス人技師の指導の下でフランス式の製糸機械を設置して建設された工場である。[2]

（2）西欧の自由貿易体制と日本の貿易

日本が明治維新によって近代化を開始した19世紀中頃の西欧諸国の経済は活況を呈していた。2010年4月83歳で亡くなったイギリスの計量経済史家アングス・マヂソン（Angus Maddison）の長年の世界経済の計量分析によると、西欧諸国の国内総生産は1990年価格で1820年の140億ドルから1992年の6.4兆ドルと464倍、1人当たり国内総生産は1200ドルから2万850ドルに17倍に拡大し、貿易は1870－1992年の期間304億ドルから1兆5540億ドルと51倍に膨張したと推計されている。この西欧諸国経済の急成長の原因は、①西欧諸国の技術進歩、②資本の蓄積、③人間の労働生産性の改善、④世界貿易の拡大にあると推計している。[3] これら急速に成長する西欧諸国の経済の中心はイギリスであった。イギリスの経済は特にヴィクトリア女王時代（1837－1901年）に資本主義経済体制の形成と産業革命（1770－1830年）の結果急速に発展した。石炭を動力源とする蒸気機関の発明によって繊維産業が機械化され工場制工業が勃興した。鉄道網がイギリス全土に建設され鉄鋼業がイギリスの基幹産業として発展し、イギリス社会の都市化が進み工業労働者階層が形成された。このようにしてイギリス経済の資本主義化が急速に進んだ。イギリス政府の政策は勃興する資本家階層の利益を反映して重商主義政策から自由主義政策に移行した。イギリス政府はナポレオン戦争の終結時（1815年）に国内の地主の利益を保護するため制定された外国産小麦の輸入を禁止した「穀

図1-1：日 本 の 輸 入

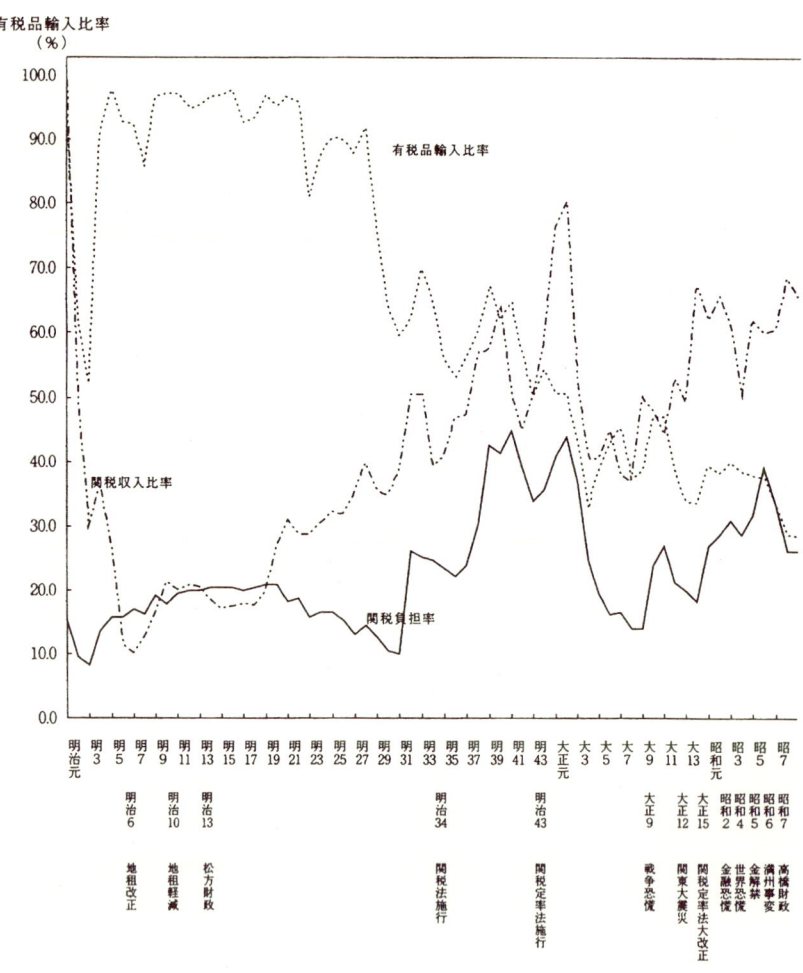

資料：財務省、財政金融統計月報；関税特集、2010.7 108頁。

第1章 日本の産業と貿易の発展

関税の推移

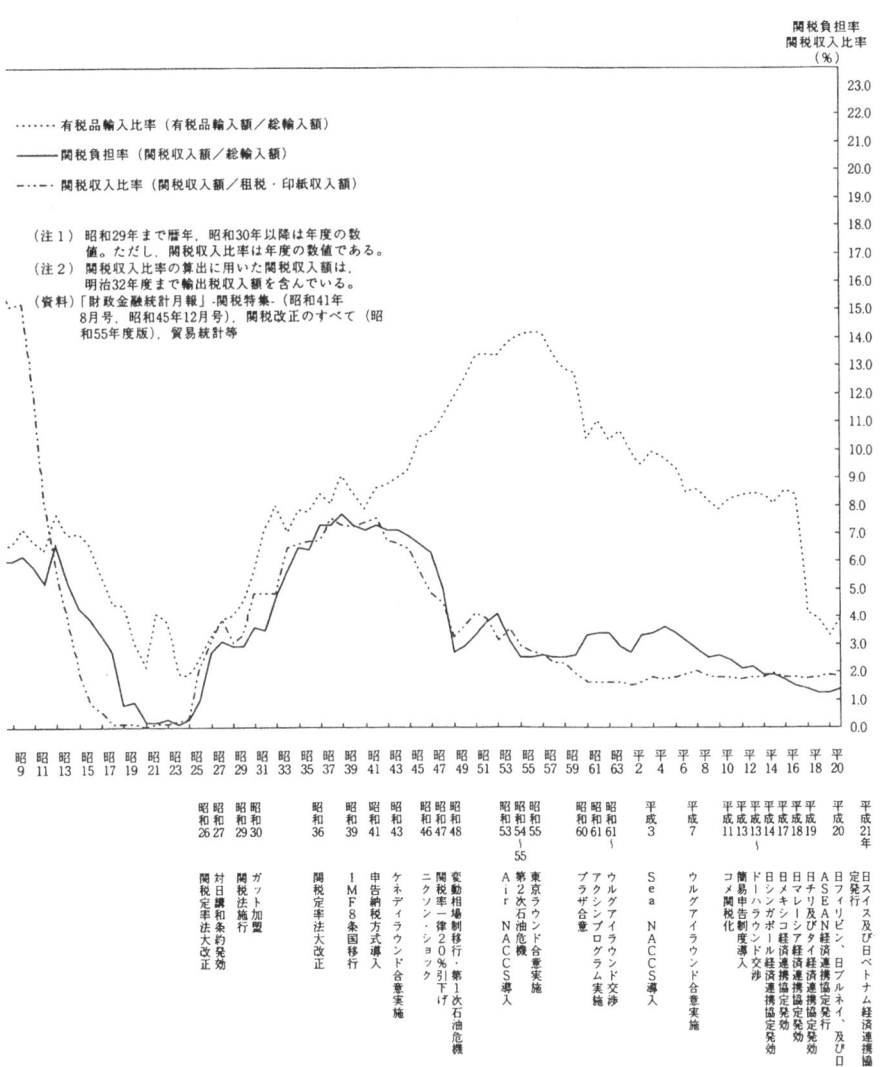

物法」(Corn Law) を1846年に廃止した。[4] 更に1854年にはイギリス船籍以外の船舶によるイギリス植民地と本国との輸出入取引を禁止した「航海条例」(Navigation Acts) を廃止し自由貿易の拡大を図った。1840年代以降大西洋横断の蒸気船による定期航路が開設され、1869年にはスエズ運河が開通した。この時代の自由主義思想の先駆者として既にアダム・スミス (Adam Smith, 1723-1790) は『国富論』(An Inquiry into the Nature and Causes of the Wealth of Nations) を1776年に出版した。続いてデイヴィッド・リカード (David Ricardo, 1772-1823) が『経済学及び課税の原理』(On the Principles of Political Economy and Taxation, 1817) を出版し、自由貿易政策がもつ経済的便益を主張した。[5]

イギリスは1858年東インド会社を廃止し、英領インドを直轄植民地にした。イギリスは数回の戦争によってビルマ（現ミャンマー）を植民地化し、セイロン（現スリランカ）をオランダの東インド会社から奪取して1802年イギリスの植民地とし、マレー半島の回教王国諸国を1874年以降保護領とした。アヘン戦争の結果（1840-42年）イギリスは南京条約を締結し香港・上海その他の主要沿港の治外法権を獲得した。[6] アジア以外でもイギリスを初めとする西欧列強による世界の帝国主義的支配が進み、アフリカ大陸を分割支配する「ベルリン会議」が1884年11月―85年2月に開催された。このようにしてイギリスは植民地から供された綿花その他の原材料を加工して海外市場に輸出する「世界の工場」として世界経済の覇権的地位を築いていった。

1860年代以降西欧諸国は金本位制を採用し、イギリスのロンドン市に設立されたマーチャント・バンクを通して多角的貿易決済メカニズムが形成され、ロンドンが世界の金融の中心地としての機能を果たすようになる。[7] イギリスの経済規模はアンガス・マヂソンの推計によると1850年時点でアメリカのGDPの1.4倍の60.5億ドル (1990年価格) であった。このようにしてイギリスは世界経済の覇権的地位を確立していった。このイギリスが世界経済に果たした覇権的役割を「パックス・ブリタニカ」と称している。この世界経済の体制の下で日本は西欧列強と不平等条約を締結することを強いられた。

徳川幕府は長期間継続した鎖国政策を解き、幕末の1853年（嘉永6年）ペリーの来航を契機に、アメリカ政府と1858年（安政5年）日米修好通商条約を締結し、対外貿易を外圧によって開始する。この通商条約の主な内容は、神奈川（横浜）、長崎、函館、新潟、兵庫（神戸）の開港、自由貿易、通貨、遊歩区域、領事裁判権（治外法権）等を規定していた。貿易の具体的取り決めは貿易章程に規定され輸出税は従価5％、また輸入税は従価20％、綿織物・毛織物・米穀等が5％に設定された。これ等の条約は清国が西欧列強と締結した南京条約（1842年）と同じく外国人居留地における領事裁判権、関税自主権の喪失の規定を含む不平等条約であった。この不平等条約の改正は明治政府の外交政策の重要な課題となった。条約改正は最終的には1894年（明治27年）の日英通商条約に基づいて1899年（明治32年）に実施されたが、関税自主権の確立は1902年（明治35年）の日英同盟の調印を経て1911年（明治44年）に締結された日米・日英・日独修好通商条約まで待たなければならなかった。[8] この不平等条約締結の結果、日本は戦後独立したアジア・アフリカ諸国の「開発独裁国家」の多くが採用した保護貿易政策を採用することが出来ず、国際市場で競争することが出来る生糸・食品加工・繊維製品等を輸出品とする貿易に特化せざるを得なかった。これは1980年代発展途上国の多くが戦後のブレトン・ウッズ体制下で貿易の自由化政策を実施せざるを得なかった状況と酷似している。このようにして日本の産業は国際価格で競争可能な繊維産業を中心に発展することになる。

（3）繊維産業の雁行形態的発展

　2008年の日本の輸出総額は約81兆円、そのうち繊維品の輸出は7220億円で全体の0.89％に過ぎない。しかし繊維製品の輸出は明治時代から1950年代後半まで輸出総額の40％以上を占める日本の主要輸出品目であった。その多くがアメリカ市場に輸出され戦後「日米貿易摩擦」の原因となった。アメリカ政府は日本政府に対して輸出数量の自主的な規制を要求し、「日米繊維協定」が1971年締結され「国際繊維協定」（MFA、1974年）の先駆けとなっ

た。[9]

　日本の繊維産業は明治時代には産業革命の担い手として綿紡績産業を中心に明治時代の初期に設立された民間の紡績会社を中心に発展した。日本の産業革命の解釈に関しては、産業革命が繊維産業を中心とする軽工業の機械制工業の発展過程であると狭義に解釈する大内力・高村直助等の経済史家達の立場と、産業革命を広義に解釈して産業資本の資本制生産方式が全社会的に確立する資本の原始蓄積過程の終局的局面であると考える大石喜一郎・石井寛治等経済史家達の見解との対立があった。前者の立場は綿糸紡績業が日清戦争によって飛躍的発展を遂げた1900年（明治33年）前後に日本の産業革命が達成されたと解釈する。日本の綿糸の輸出は1897年（明治30年）前後には輸入を凌駕するほどにその生産体制が確立していた。後者の立場は「講座派」理論を継承し産業革命の終期を産業用機械産業が確立した明治末期であると解釈する。[10] これ等経済史家達の見解の相違に拘わらず、繊維産業が明治以来1950年代まで日本の工業及び輸出産業の重要な担い手であった。

　日本における近代的な綿紡績会社は1883年（明治16年）に設立された大阪紡績会社が最初である。大阪紡績は渋沢栄一等によって設立され、錘数1万5000錘、動力は蒸気、職工数322人の当時としては画期的な紡績会社であった。1891年（明治24年）には綿糸紡績会社数36社、錘数の合計35万錘に達し、その殆どの会社が蒸気を原動力とした。その結果、機械綿糸の生産高は急速に増加し1980年（明治23年）には輸入高を凌駕するに至る。原料の綿花は当初日本綿を使用していたが明治24年には中国綿・インド綿等の外国産の綿花が85％以上を占めることになる。綿糸紡績は早くからイギリスから最先端技術のリング紡機を導入しその生産性を高めたために、生産高は日清戦争以降急速に増大し、1897年（明治30年）には輸出高が輸入高を凌駕し、国内生産高の40％以上が中国その他のアジア諸国に輸出され、アジア市場でイギリス産・インド産の綿糸と対抗するようになる。この間インド綿花が日本の綿糸紡績の主要な原料となり、明治24年以降三井物産・内外綿花が鐘紡・三重紡・大阪紡等と特約を結んでインド綿花を輸入するようになる。明治25年には

第1章 日本の産業と貿易の発展

大阪を中心とする有力商人25名が日本綿花株式会社を設立し、ボンベイに駐在員を置きインド綿花の輸入に従事した。1893年（明治26年）日本郵船会社がボンベイ航路を開設し、横浜正金銀行も明治27年にボンベイ出張所を設立し綿花輸入為替の取組が開始された。インド綿花の輸入は所謂「5大紡績」といわれる大阪紡績、三重紡績（明治22年、1889年創立）鐘ケ淵紡績（明治20年、1887年創立）尼ケ崎紡績（明治22年、1989年）、摂津紡績（明治22年、1889年）

図1－3：綿糸の雁行形態的発展

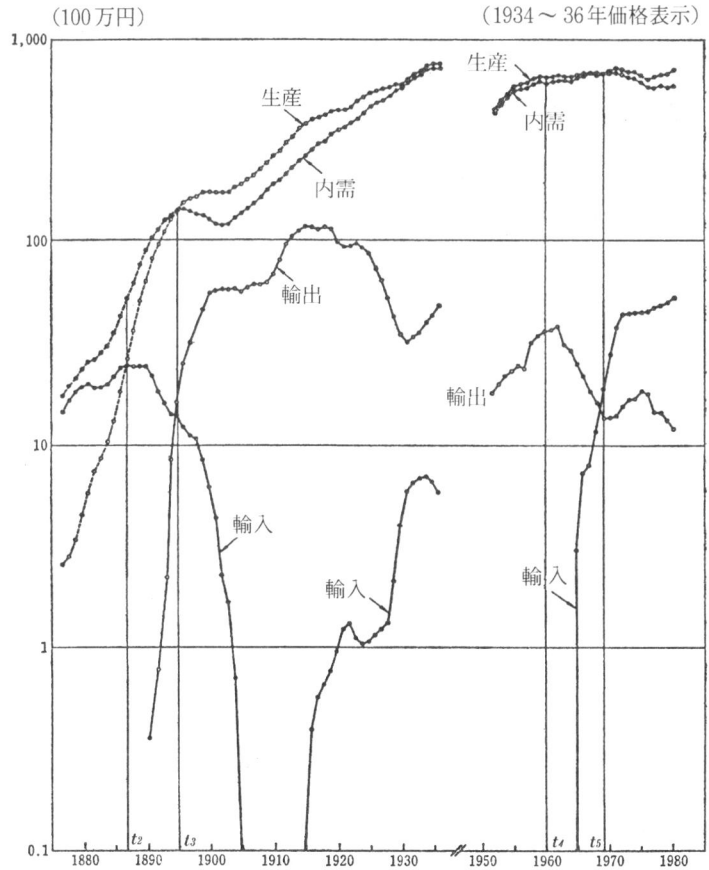

資料：山澤逸平著『日本の経済発展と国際分業』、東洋経済新報社、昭和59年、78頁。

等の主要紡績会社が三井物産・日本綿花・内外綿花等の商社に購入を委託して行われた。日本紡績業は短期間のうち輸入代替を完了し輸出産業に成長した。しかし日本の綿紡績産業は日露戦争前後から過剰生産力が表面化し、生産の操短協定や企業の集約化が進んだ。1914年（大正3年）には三重紡と大阪紡が合併し東洋紡が誕生し、1918年（大正7年）には尼崎紡績と摂津紡績が合併して大日本紡が成立した。[11]

　このように日本の綿紡績産業は短期間のうちに輸出産業に急成長を遂げた。近代産業の長期の発展のプロセスを、①輸入製品に惹起された国内市場の形成、②輸入製品に代替する国内産業の誘発と発達、③技術導入と学習効果による生産性の飛躍的な向上、④国内市場の停滞と過剰供給力を梃にした輸出産業への成長、⑤産業の成熟化のプロセスに注目して赤松要は「雁行形態的経済発展論」を1930年代に展開した。山沢逸平教授は、この「雁行形態的発展」が日本の繊維産業の発展のプロセスに典型的に発現していると主張する。更に小島清教授はこの「雁行形態形態型発展」が発展途上国の工業の発展のプロセスに広く観察し得ると考え「雁行型経済発展論」を展開している。[12]

（4）輸入代替重化学工業の発展

　2008年の日本の輸出額81兆円のうち96％に当たる77.7兆円が重化学工業製品である。その内訳は化学製品7.3兆円（9.0%）、鉄鋼・非鉄金属10.9兆円（13.5%）、一般機械15.9兆円（19.6%）、輸送用機器20兆円（24.7%）、電気機器15.4兆円（19.0 %）、精密機器その他8.9兆円（11.0%）である。しかしその殆どが戦後発達した産業分野であり、それまで重化学工業製品の多くは海外から輸入され、第一次大戦以降徐々に国内産業によって代替された。日本の鉄道は1906年（明治39年）国有鉄道が設立されるまで民間の鉄道会社が中心になって建設された。1872年（明治5年）日本で最初に建設された新橋・横浜間の鉄道はイギリス人技師の指導でイギリスの資本によりイギリス製の機関車・貨車・レールを使って建設された。それ以降建設された鉄道も客車の国内生産の自給が達成されたのは1890年（明治23年）以降であり、蒸気機関車

の国内生産は1893年（明治26年）官鉄神戸工場で、機関車の自給を達成するのは1912年（明治45年）以降であった。鉄道と並んで明治政府は海運業の発展を積極的に支援した。海運会社として日本郵船（明治18年、1885年）、大阪商船（明治17年、1884年）、東洋汽船（明治29年、1896年）が設立され明治政府が実施した航海奨励法（明治29年、1896年）の支援を受けて近海・遠洋航路に進出した。政府は海運業支援の一環として造船奨励法（明治29年、1896年）を公布し、大型鉄鋼船の造船が三菱長崎造船所、川崎造船所、大阪鉄工所、三菱神戸造船所、浦賀ドックで行われるようになる。最初の国産の大型鉄鋼船は1898年（明治31年）に三菱長崎造船所で竣工した常陸丸である。三菱・川崎造船所では1912年（明治45年）以降軍艦建設にも着手する。しかし大量の鋼材を使用するため国産化は遅れ、日露戦争の主力艦は総てイギリスその他の国からの輸入艦であった。1905年（明治39年）に呉工廠で巡洋艦「筑波」(13750トン)、横須賀工廠で戦艦「薩摩」(19350トン) がそれぞれ起工され海軍工廠の造船技術は世界的な水準に達した。1911年（明治44年）イギリスに注文した巡洋艦「金剛」(27500トン) を最後に軍艦の海外発注はなくなる。

　鉄道の機関車・車両の生産および造船には鉄鋼製品の生産が不可欠である。幕末佐賀藩、薩摩藩、水戸藩、徳川幕府が砂鉄を原料に反射炉を使って大砲鋳造を小規模に行っていた。明治政府は岩手県釜石の鉄鋼石を原料にドイツ人技師の指導及びイギリスの機械設備を使った小規模な高炉による銑鉄生産を試みたが失敗する。明治政府から払い下げられた釜石鉄工所の設備をベースに田中長兵衛が1887年（明治20年）釜石鉱山田中製鉄所を設立する。この製鉄所の銑鉄生産高は1894年（明治27年）1万8000トンであるが輸入銑鉄3万7000トンに遠く及ばなかった。近代製鋼技術は陸海軍工廠が大砲・弾丸等の製造を行ったが国産鋼材1000トンに対して輸入鋼材は9万トンであった。日清戦争後鉄鋼需要が急激に増大し、明治政府は鉄鋼生産力の貧弱さを克服するため官営製鉄所の建設計画を急いだ。明治政府は福岡県八幡村にドイツの製鉄所をモデルに官営の八幡製鉄所の建設を1897年（明治30年）に着手し、1901年（明治34年）操業を開始する。この官営八幡製鉄所、民間の製鉄所の

神戸製鋼所（明治38年、1905年設立）、日本鋼管（明治45年、1912年設立）等は1914年（大正3年）までに国内の銑鉄需要46.9万トンの64％、鋼材需要64.9万トンの44％の国内自供率を達成する。第1次大戦以降日本の製鉄所の生産能力は拡大したが、官営八幡製鉄所が1929年（昭和4年）国産銑鉄の63％、粗鋼生産の58％、鋼材生産の46％を占める一貫製鉄所であった。しかし1932年（昭和7年）当時八幡の製鋼能力の114万トンに対して民間の鉄鋼企業による製鋼生産力は規模は小さく、川崎造船所が33万トン、日本鋼管21万トン、神戸製鋼15万トン、住友製鋼等13万トンであった。昭和初期の日本の鋼材消費量はアメリカの9分の1、ドイツの4分の1の水準に過ぎなかった。政府は鉄鋼の一貫・大量生産体制を確立するため昭和9年（1934年）官営八幡製鉄所を釜石・三菱・富士・大阪製鋼等民間7社と合併し官営の「日本製鉄株式会社」（日鉄）を設立する。[15]

　日本の最初の自動車会社は1911年（明治44年）麻布の広尾に設立された輸入車の修理・販売を業とする「快進社」である。日本に最初の自動車が横浜の外国商社につとめるアメリカ人によって1900年（明治33年）に輸入された。輸入自動車の保有台数は明治45年500台、持ち主は大臣、大将、大実業家で主で貨物輸送は人力、牛馬が中心であった。1914年（大正3年）快進社は国産乗用車「脱兎（ダット）号」第1号を製作する。第1次大戦の経験から陸軍は軍事物資を輸送するトラックを国産するため1918年（大正7年）「軍用自動車補助法」を制定した。快進社は陸軍の指定会社となる。1923年（大正12年）9月1日の関東大震災の災害処理のため東京市は輸送手段としてアメリカからT型フォードのトラックを1000台単位で多数緊急輸入した。この結果アメリカの輸入車に対する需要が増し、フォードは1924年（大正13年）横浜新子安に「日本フォード社」を、翌年ＧＭが大阪鶴町に「日本ジェネラル・モーター社」を設立する。1929年（昭和4年）米国車の供給3万6000台、ダット自動車（快進社の後身）、石川島、東京瓦斯電の3社が製造した国産車は437台であった。1931年（昭和6年）満州事変が勃発し、陸軍は1936年（昭和11年）政府に「自動車製造事業法」を制定させる。この法律は①自動車製造

業を許可制とし、許可会社に資金、税制、設備投資等について支援を行う、②日本フォード、日本ジェネラル・モーターズ社の自動車製造は過去の実績を越えないこととした。許可会社として「トヨタ」（当時は豊田自動織機）、「日産」（当時は戸畑鋳物）後に「いすゞ」（石川島と瓦斯電の合併会社）が指名された。国産車の生産台数は1941年（昭和16年）には4万2800台に増大する[16]。この様に日本の重化学工業は第1次大戦後次第に発展して行くが国際競争力をつけて輸出産業に転ずるのは戦後になってからである。

（5）貿易の地政学的構造と商社

　国際貿易は後に論議するように当該国の比較優位や要素賦存、技術や経済の発展段階、国際的な制度やルール、産業の新陳代謝、社会集団の利害の対立と調整等の要因ばかりでなくその国の地政学的な立地条件によっても影響される。低開発国であった戦前の日本は西欧先進国から産業技術や制度・工業製品を移入・輸入し、綿花等の原材料を資源国（インド・アメリカ）から輸入し、繊維製品・雑貨・軽工業製品等を周辺国に輸出する加工貿易構造を次第に形成して行った。日本は次第に帝国主義的な拡張政策を取り、日清戦争の結果下関条約（明治28年、1895年）によって台湾を植民地化し、日露戦争（明治37-38年、1904-05年）の結果関東州、満鉄付属地、樺太を領有し明治43年（1910年）韓国を併合する。この結果朝鮮からは米等の食糧、台湾から米と砂糖、関東州・満鉄付属地からは大豆・大豆粕、農産物加工品、鉄鉱石や石炭などの工業原料、銑鉄などの工業中間生産財、樺太からは木材とパルプが移入された。そしてこれ等植民地地域に繊維製品や雑貨が輸出された。これらの日本の戦前の貿易構造を地政学的に分析する理論として経済史家達は「三環節理論」を展開する[17]。

　日本の貿易構造は時代とともに進化発展する。その進化発展の中で重要な役割を演じたのが商社である。日本の貿易は1858年（安政5年）締結された日米通商条約によって開始されたが、明治の貿易は外国人商人によって独占され貿易取引は神奈川（横浜）、長崎、函館の居留地で外国人貿易商と日本

商人との間で行われた「居留地貿易」、或いは「商館貿易」であった。この形態は居留地制度が廃止された1899年（明治32年）以降も続き、外国貿易商は貿易の実務的知識と経験、貿易金融及び航路を独占する外国海運会社に対する影響力、不平等条約等を背景にして日本の貿易に支配的地位を持っていた。東アジアの国際貿易は香港に拠点を構えるジャーディン・マジソン（Jardine Matheson）商会等イギリスの多数の商社によって支配されていた[18]。これに対して日本は長期間の鎖国政策によって貿易商社を欠いていた。このような状況下で三菱財閥の創設者岩崎弥太郎は「土佐商会」を作り艦船や兵器の輸入に当たり、明治に入り越後屋の三井家は「三井物産」を1876年（明治9年）を創設し上海、パリ、香港、ニューヨーク、ロンドン、ミラノ等に出張所・支店を設けた。三井物産は設立当初中国産綿花・インド産綿花の輸入取引で指導的な役割を演じた。三菱商事は三井物産に遅れて1918年（大正7年）に三菱合資会社（明治29年、1896年設立）の営業部から独立した事業部が母体となって設立された。三菱商事は第1次大戦以降その活動を広げ、米、小麦、砂糖、茶、油脂、肥料、木材、セメント、薬品などを扱うとともにロンドン、ニューヨーク、天津、大連等に支店、出張所を開設した。三井物産、三菱商事は1910年（明治43年）関税自主権を獲得後、第1次大戦を契機に総合商社として発展して行く。三井物産は明治44年時点でその取扱い額は輸出で日本の生糸輸出の29％、石炭96％、綿糸40％、輸入では日本全体の綿花輸入の51％、機械・鉄道用品38％等を占め日本の貿易取引で重要な役割を演じる。伊藤忠商事は1906年（明治39年）伊藤忠兵衛により繊維商社として設立された「伊藤忠」を母体として1918年（大正7年）に設立された。インド綿花輸入の専門商社として1892年（明治25年）設立されたのは「日本綿花株式会社」である。この「日本綿花」は摂津紡績、平野紡績、尼崎紡績、天満紡績の4紡績会社により綿花輸入の専門商社として設立された[19]。

1.2　戦後の産業の発展と貿易摩擦

（1）　経済復興期の産業と貿易

　戦後の1945－52年（昭和20－27年）の期間日本は連合軍の占領下にあり、日本政府は連合軍総司令部の指揮・監督下にあり経済・産業・貿易政策を実施する権限を有していなかった。この時期に実施した経済・産業政策の主なものは、①財閥の解体・農地改革・労働立法の整備等の経済の民主化、②軍需産業及び戦時統制経済の改廃、③ドッジ・ラインに代表されるマクロ経済安定政策、④独占禁止法の制定による大企業の独占的支配力の排除、⑤傾斜生産方式による石炭・鉄鋼等の基幹産業の復興政策である。昭和24年2月に来日したドッジ使節団の経済政策の勧告の内容は、マクロ緊縮経済政策の実施、1ドル360円の単一為替レートの採用、政府・民間資金・対日援助資金を民間企業に供給し市場メカニズムを回復させ生産を拡大させる政策であった。政府が実施した「傾斜生産方式」（昭和21－24年、1946－48年）は輸入重油を鉄鋼生産に投入し、増産された鉄鋼を石炭の増産に傾斜的に投入するという戦前の統制経済政策の影響を強く持っていた。占領下の貿易は輸出財・輸入財毎に複数の為替レートが使用されていた（輸出品：綿織物240－420円；絹織物315円；生糸420円；陶磁器600円；缶詰300円；茶330円、輸入品：綿花（輸出用）250円；綿花（国内生産用）80円；石炭178－267円；鉄鉱石125円）[20]。

　1949年（昭和24年）5月「通商産業設置法」が公布され商工省が廃止され「通商産業省」となる。終戦後、貿易取引は連合軍司令部の直接的な管理の下に置かれた。1949年（昭和24年）民間貿易取引が認められるまで輸出入取引は貿易庁・貿易公団を経由して行われた。しかし民間企業の直接貿易取引が許可された以後も「外国為替・外国貿易管理法」が1949年（昭和24年）12月に公布され、輸出入取引はこの法律が1964年（昭和39年）に改正されるまで政府による直接規制の対象とされた。民間企業は輸入取引・技術導入に必要な外貨を取得するため通産省・大蔵省の許認可を得る必要があった[21]。

1950-51年朝鮮戦争が勃発し日本の経済は「特需景気」によって恩恵を受ける。1950年6月に勃発した朝鮮戦争は1951年7月休戦会談が始まり、1953年7月の休戦協定の締結まで3年間軍事的対立が続いた。在日アメリカ軍を主力とする国連軍が日本で調達するドル払い軍需物資（兵器・石炭・麻袋・自動車部品・綿布等）とサービス（建物建設・自動車修理・荷役・倉庫・電信・電話・機械修理等）の総額は5年間で16.2億ドルに達した。日本の貿易収支は1957年（昭和32年）まで赤字で昭和32年の単年度の貿易収支の赤字だけで4億ドルに達していた。[22] 1951年（昭和26年）9月サンフランシスコ講和会議が開催され平和条約が調印され、翌年発効する。1952年（昭和27年）日本は国際通貨基金（IMF）・国際復興開発銀行（世銀）に加盟し国際社会に主権国として復帰する。1955年（昭和30年）日本は仮加盟（昭和28年）の後、アメリカ政府の支援を得てGATTに正式に加盟する。しかしイギリス・フランス等14ケ国はGATT35条を援用して日本との最恵国待遇を拒否した。その理由は1930年代の世界不況の時期に日本がこれ等の国の植民地に繊維製品・雑貨・陶磁器を輸出して西欧諸国の経済に被害をもたらしたという記憶に基づく。しかしイギリスは1963年（昭和38年）対日35条適用を解除し他の国もこれに追従する。[23] 1950年代前半の主要な輸出品は戦前からの繊維産業の他、ミシン、カメラ、自転車、自動二輪車、トランジスター・ラジオ、オモチャ、日常雑貨その他軽工業品であった。[24]

（2）繊維産業の復興と衰退

　繊維産業は原料・糸段階の川上部門、織物段階の川中部門、衣料・縫製段階の川下部門によって構成される。戦前は生糸の製糸・綿糸の川上部門の綿紡績産業が輸出産業として成長し、大手綿紡績企業（東洋紡・鐘紡・大日本紡）は川中部門の綿布製造部門を垂直統合し、吸収合併によって規模を拡大した。1936年までに3社だけで繊維産業全体の綿糸生産能力の32%、綿布生産能力の42%を占めるにいたる。日本の綿紡績産業は、①リング精紡機の採用、②アジアを市場とする地理的優位性、③低い労働力コスト、④三井物産、伊藤

忠、日本綿花（ニチメン）、東洋綿花（トーメン）、江商等の綿花商社による良質綿花の大量購入等の要因によってイギリス綿紡績製品をアジア市場から駆逐して行った。第1次大戦後数次の「操業短縮」（短操）及び吸収合併による合理化努力によって不況を乗り越え、主要製品の綿糸の5割は国内綿布産業への供給、自家消費2割、中国への輸出3割の割合で生産が行われた。日本製綿布の総輸出の6割はアジア市場向けであった（中国22％、インド25％、蘭印（現インドネシア）(17%)）が、1930年以降これ等の地域で日本綿布の排斥運動が起こった。1933年（昭和8年）には日本はアジア市場でイギリス産の綿布を凌駕し最大の輸出国となる。[25] 第2次大戦中日本の紡績会社の設備は6割―7割破壊され、終戦後綿布を輸出することを条件にアメリカから綿花を輸入して綿紡績の生産が再開された。1950年（昭和25年）の朝鮮動乱ブームで綿紡績の生産は増大し、数年で国民の衣料消費水準は戦前の水準に達し日本製の綿布の需要は東南アジア市場で急激に伸び、日本は最大の綿布輸出国となる。しかしアメリカの市場で婦人用靴下の8割を占めていた生糸がナイロンにとって代わられ日本の対アメリカ生糸の輸出が激減した。日本政府は合成繊維育成政策を実施する。1950年代の後半以降日本の合成繊維企業はナイロン・ポリエステル・アクリル・ビニロンの生産のため設備投資を積極的に行う。[26] しかし韓国・香港・台湾では1950年代以降急速に綿紡績の近代化が進み、これ等の国の綿製品が日本製品とアメリカ市場で競合するようになり、日本の繊維産業は人手不足と労働力コストの上昇から次第に国際競争力を失い比較劣位化して行った。日本は1956年の「繊維工業設備臨時処置法」（繊維旧法）によって紡績機械の登録制を導入し、過剰織機の買い上げ廃棄制度を設けた。1964年の「繊維工業設備臨時処置法」（繊維法）は古い設備のスクラップ・アンド・ビルドによる設備の近代化を図った。このように日本政府（通産省）は繊維産業の過剰設備廃棄、設備近代化、企業規模適正化を進めた。1960年代韓国・台湾・香港からの先進国市場への輸出が増大し、日本の繊維産業は高品位の繊維製品（高番手糸・加工織物・衣料）及び大手合繊メーカー（帝人・東レ・クラレ・旭化成・ユニチカ・東邦レーヨン）の合成繊維（ポ

リエステル・ナイロン・ビニロン）の対米輸出が増大する。しかしアメリカ政府は急増する綿製品の輸入数量を制限する協定を輸出国と締結する（ＳＴＡ；綿製品短期協定；1961年、ＬＴＡ；長期協定；1962－74年）。ニクソン大統領下のアメリカ政府は1969年この綿製品の輸入数量規制を毛化合繊維製品にも適応するように日本・韓国・台湾・香港政府に要求する。日本の繊維産業は日本繊維産業連盟を結成し（1970年1月）アメリカ政府の要求に真向から反対する。日本政府は3年間に及ぶ「日米繊維交渉」を経て、沖縄返還をからめて日米首脳の政治的妥協によって決着し、織物・衣服18品目の個別枠を規制する「日米繊維政府間協定」（1971年10月）を締結する。この政府間協定の実施は貿易管理令に基き個別輸出業者への輸出枠を配分し、産地商工組合が個別生産者の出荷数量調整を行うという方法がとられた。さらに日本国内市場への繊維製品、特に衣服・織物・綿糸の輸入が、韓国・中国・台湾・香港から1960年以降急増し、日本繊維産業連盟は政府に対してMFAを発動しGATTが規定する「緊急避難処置」による輸入数量規制を行うよう要求する。

　最近では、2008年（平成20年）の中国からの輸入総額が14.8兆円、全体の輸入総額79兆円の18.7％、そのうち衣服・繊維製品の輸入額が2.6兆円（17.4％）を占めている。[27]

（3）　鉄鋼業の復興

　2011年（平成23年）2月4日日経新聞は新日本製鉄と住友金属工業が2012年（平成24年）10月1日をめどに合併交渉に入ったと報じた。2010年の粗鋼生産量3448万トンの新日鉄と、粗鋼生産量1332万の住友金属が合併すると年産約4800万トンの粗鋼生産量を擁するグローバル新会社が誕生する。この新会社は粗鋼生産量最大のインド系の多国籍鉄鋼会社アルセロール・ミタル（2010粗鋼生産量7320万トン）に次ぐ生産規模で世界第2位の巨大企業となる。新日本製鉄と住友金属の合併は、2002年行われた川崎製鉄と日本鋼管（ＮＫＫ）の合併の結果誕生したJFEホールディングス以来の日本の鉄鋼業界の再編となる。

第1章　日本の産業と貿易の発展

　日本製鉄（株）は昭和23年2月集中排除法の指定を受け25年4月解体され、富士製鉄と八幡製鉄に民営化された。この両企業者が1970年（昭和45年）近代経済学者90人によって構成された独占禁止政策懇談会の反対にも関わらず合併して再出発したのが新日本製鉄株式会社である。新日鉄は基幹産業として戦後の日本経済の重化学工業化を代表する会社として成長発展する。日本[28)]の製鉄業は1950年代以降の第1次・2次・3次設備の合理化・近代化投資の結果その規模を飛躍的に拡大し、生産性を高めてきた。その結果新日鉄は過去40年間近く生産規模で世界第1位、2位の位置を占めてきた。過去新日鉄は鄧小平中国政府の要請によって宝鋼製鉄所に対して、韓国の朴政権の要請によって浦項製鉄所（POSCO）に技術協力を供与し、両国の鉄鋼業の近代化に貢献した。しかし新日鉄は2009年生産規模で両企業に後れを取り新日鉄の経営陣は愕然としたと伝えられている。

　日本の鉄鋼業は主要な原料である鉄鉱石・コークスの原料炭を海外に依存しており要素賦存理論に従えば国際競争力はない。しかし戦後、当時存在する最新鋭の鉄鋼技術を積極的に導入し臨海地域に一貫製鉄所を建設し急速に国際競争力の強化を図った。1949年12月通産大臣の諮問機関として産業合理化審議会が設置され、その下に29の産業別部会がそれぞれ合理化計画を策定し、鉄鋼部会が合理化計画を勧告した。その勧告に従い日本の鉄鋼業はそれ以降3次の合理化計画を実施した。第1次合理化計画（1951－55年）では1282億円を投じて最先端の圧延設備であるストリップ・ミルを導入し製鋼部門の近代化を図った。この期間川崎重工業の製鉄部が1953年（昭和28年）千葉県の臨海地域に一貫製鉄所を建設した。臨海第2次合理化計画（1956－60年）では5459億円を投じて高炉・ＬＤ転炉の増設・大型化及び一貫生産体制の整備に重点が置かれた。第3次合理化計画（1961－65年）には既存各工場の整備の拡充とともに臨海工場地帯に一貫製鉄所の建設が行われた。この結果日本の製鉄業の総生産量は1973年1億2000万トンの水準に達し、1965年には各種鋼材の30％が主にアメリカ市場に輸出された。この合理化計画の実施によって製銑鉄工程ではコークスを還元剤として鉄鉱石を溶解させる高炉が

大型化（5000立方メートル以上）、製鋼工程にＬＤ転炉と連続鋳造設備が導入され、圧延工程では最先端の熱延ミル（ホット・ローリング・ミル）と冷延ミル（コールド・ローリング・ミル）が導入され高品位で多品種の鋼鉄製品が大量に生産可能となる。生産コストも対アメリカの鉄鋼業の平均生産コストで普通鋼50％、熱延薄板70％、冷延鋼板70％の水準で生産可能となる。[29]

日本の鉄鋼業界は1969年以来貿易摩擦を避けるため鋼材の対米輸出数量制限を自主的に行ってきたが、1975年（昭和50年）5月アメリカ特殊鋼メーカー17社は急増する日本・EC及びその他の国々からの特殊鋼の輸入がアメリカの特殊鋼産業に甚大な被害をもたらしていると、国際貿易委員会（ITC）に「1974年通商法」第201条に規定する「緊急避難」条項を発動するように要請する。日本・ECその他の諸国の鉄鋼製品の輸入は1960年代後半以降毎年1200−1900万トンに達し、日本からの輸入は35−50％を占めていた。日本政府（通産省）は1976年から3年間に及ぶアメリカ政府との交渉の結果、対米特殊鋼の輸出数量枠をアメリカの特殊鋼総輸入量の45.2％（6.6−7.0万トン）に制限する協定を結ぶ。日米の鉄鋼貿易摩擦の始まりである。さらにアメリカ政府は1977年日本以外の普通鋼の輸出国に対して「トリガー価格制度」の導入を決定する。この「トリガー価格制度」は輸入鋼材の品目別に効率性の最も高い生産国である日本からのこれ等鋼材の輸入価格を基準にして、日本の鋼材価格より低い価格でアメリカに輸出する国の鉄鋼メーカーはダンピングをしていると看做し国際貿易委員会（ITC）に提訴する制度である。[30]

（4） 造船業の復興と発展

日本は四面を海洋に囲まれ深度のある良港に恵まれ、戦前に蓄積した艦艇造船技術、三菱重工業、石川島・播磨、川崎重工業等の民間大手造船所の造船設備の存在、海軍工廠及び民間造船所に所属する船舶設計・造船技師及び熟練労働者の存在等日本の造船業は戦後国際競争力のある産業として発展する潜在性を持っていた。しかし終戦直後日本の造船業は、船舶の主要な需要者である海軍と海運業を喪失した。それ故日本の造船業は海外の船主の船舶

造船需要に頼るか政府の支援によってのみ復興可能な日本の海運業の船舶需要を目当てに造船するより方法が無かった。

戦前1944年（昭和19年）の造船能力は年間生産量173万トン、造船施設は、80の造船所、133船台、78船渠（ドック）、従業員28万人であり、戦争中の造船施設の損害規模は5分の1程度に止まっていた。戦後の日本の造船業の復興に重要な役割を演ずるのは1948年（昭和23年）に始まる輸出船の建造である。1948年6月三井造船・播磨造船所がノルウェー向け捕鯨船（490総トン）2隻を受注し、翌年播磨造船所、浦賀船渠、日立造船が同じくノルウェー向けの捕鯨船（各480トン）5隻を受注した。これが戦後日本の輸出船（鋼船）の建造の始まりとなった。同年ノルウェー向けタンカー（1万8000トン）を川崎重工が、デンマークのメルスク・ライン向け貨物船（3500トン）3隻、タンカー（1万7000トン）を受注し、三菱長崎造船所もフィリピン向け3隻を受注するなど大型船の輸出が始まった。[31] 日本の造船業は1950年の朝鮮戦争勃発後の世界的な海運・造船ブームの下で1950年末から1953年にかけて20隻40万トンの船舶を米国、フランス、デンマーク、ノルウェー等先進国に輸出し約7700万ドルの外貨を稼ぎ、綿織物業、鉄鋼業に次ぐ第3位の輸出産業へと飛躍する。1953年の日本の総輸出に占める船舶の比重は7.5％、機械類の輸出に占める比重は46.3％、世界の船舶市場に占める日本船舶の市場占拠率も16.8％に達し、日本はこの時点でイギリスに次いで世界第2位の船舶輸出国となる。[32] この間日本の造船技術は自動溶接技術及びブロック建造方式と大量造船方式の導入によって飛躍的に進歩した。この造船技術の進歩に拍車を掛けたのは世界最大の巨艦「戦艦大和」を建造した呉海軍工廠の幅46メートル・長さ330メートルの船渠（ドック）を日本政府から貸与された船主ダニエル・キース・ラドウィック（Daniel Keith Ludwig）が設立したNBC造船による大型石油タンカーの建造である。1950年代西欧先進国はこぞってエネルギー源を石炭から石油に転換し、その石油が大量に埋蔵する中近東から消費地域に輸送する石油タンカー需要が急増した。1952年日本の中近東からの原油輸入量は日本の原油総輸入量の78％を越えた。呉NBC造船会社の石油タ

図1−4：最近の世界の

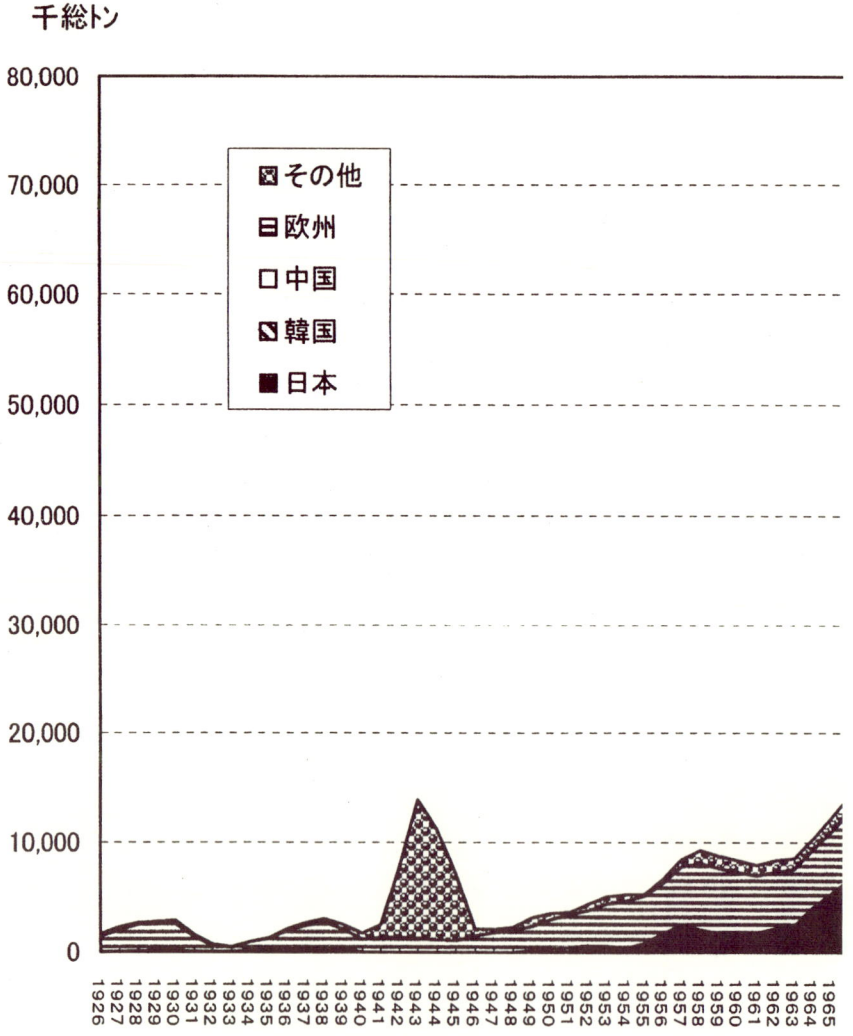

資料：日本造船工業会、『造船関係資料2010』、

第1章　日本の産業と貿易の発展

造　船　竣　工　量　の　推　移

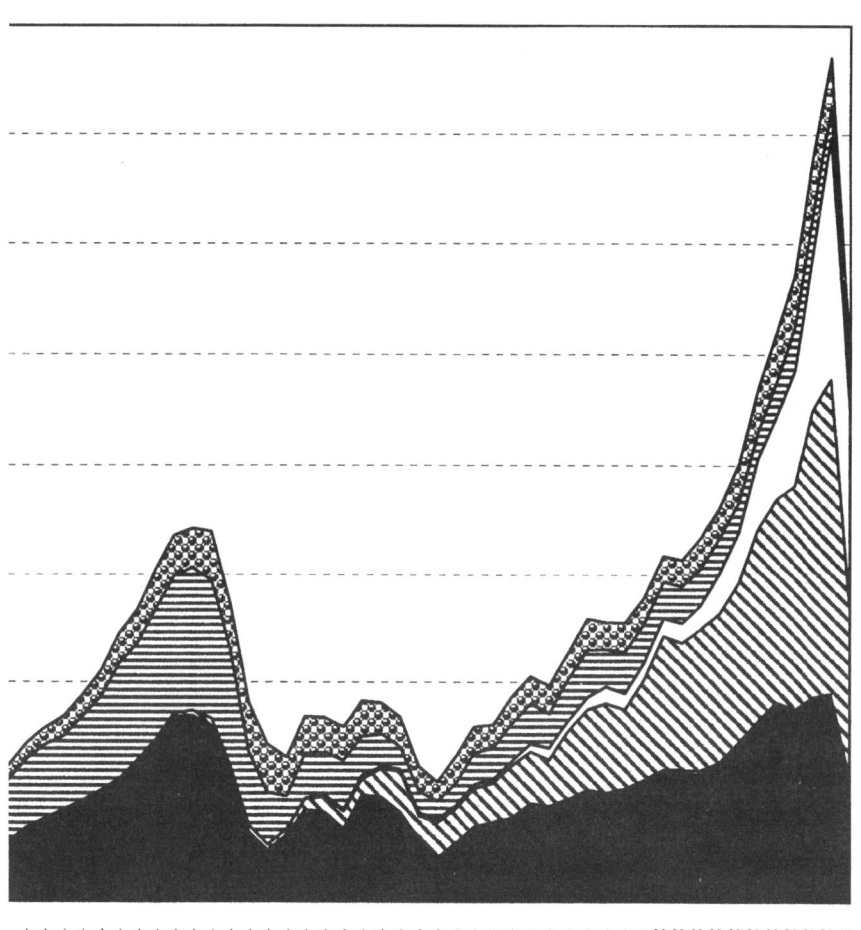

ンカー造船技術が日本の他の造船所に波及し、日本の大手造船所は大型石油タンカー造船契約を西欧、特にギリシャの船主から受注する。三菱長崎造船所、川崎造船所、播磨造船所等の造船の工期は西欧の造船所より極端に短く、イギリスの造船所517日、西ドイツ269日に対して日本の造船所の平均の納期は180日で、原材料の厚鋼板のコストが20－30％西欧の造船所より高かったが日本輸出入銀行の「延払い融資」制度の活用により有利であった。1955年船舶輸出量58万3000総トンと世界最大の船舶輸出国となり、翌年進水量175万総トン、竣工量154万総トンといずれもイギリスを抜き世界最大の造船国に躍進した。輸出船の建造ブームの7割は大型タンカーの建造であった。[33]

国内の海運会社の定期航路・不定期航路用の貨物船・客船・専用貨物船（バルク・キャリアー）・輸出用自動車運搬船・原油輸送タンカー船等は船舶公団の「計画造船」計画によって「開発金融公庫」（復金）及び日本開発銀行を通して低利で供与された財政投融資資金を資源として建設された。国内の海運会社用の船舶は政府（運輸省）の計画造船計画により13次計画まで政府の支援を受けて建造が続き、特に大型の石油タンカーの造船は急速に拡大した。1960年（昭和35年）頃までに石油タンカーの建造は6－8万重量トンが常態となり、1962年（昭和37年）には13万重量トンの「日章丸」、1966年（41年）には15万2000重量トンの「東京丸」及び20万5000重量トンの「出光丸」が竣工した。1971年（46年）には37万重量トンの「日石丸」、1973年（48年）には48万重量トンの「日精丸」等の巨大なVLCC（Very Large Crude-oil Carrier）及びULCC（Ultra Large Crude-oil Carrier）が海運会社及び石油会社のために建設された。[34] しかし日本の造船業は1970年代の石油危機以降長期の低迷を経験し、その間韓国の現代重工業（株）が急速に造船会社として台頭し1998年には現代重工業が日本の造船会社を凌駕して世界最大の造船会社となる。[35] 更に最近では韓国と並び中国が世界の造船業で台頭し日本を凌駕するほどに成長してきている。

（5） 自動車産業の勃興

第 1 章　日本の産業と貿易の発展

　日本の自動車産業は戦後ゼロから出発して短期間のうちに巨大なグローバル産業に成長した。リーマンショックによる世界同時不況の直接的影響がまだ少ない2008年の日本の 4 輪車の国内生産台数は1160万台（乗用車990万台、トラック33万台、バス14万台）、海外の 4 輪車生産台数は670万台（乗用車590万台、トラック66万台、バス15万台）であり、日本企業の 4 輪車の生産台数の総合計は1830万台に達し世界第 1 位の規模を誇る。

　2008年世界全体の 4 輪車生産台数は約7000万台であり、日本の国内生産規模は世界全体の16.6％を占め、海外の生産台数を含めると26.1％を占める。新興国中国の国内生産台数は930万台、アメリカは870万台である。しかし翌年2009年はリーマンショックの影響で先進国の生産台数は激減し、 4 輪車生産台数は中国が1380万台で第 1 位、日本第 2 位790万台、アメリカ第 3 位570万台となる。日本の国内生産台数の内670万台（乗用車590万台、トラック65万台、バス15万台）は海外市場（北米34.5％、欧州23.6％、アジア・中近東23％）に輸出されており、輸出依存度が36.6％と非常に高い。日本の自動車産業は世界経済の動向に非常に左右されやすい体質を持っている。2008年の自動車出荷額は56.6兆円で製造業全体の出荷額355.6兆円の16.9％を占めている。自動車関連産業の就業者は515万人（製造部門86.6万人、道路貨物運送業等273万人、ガソリンスタンド等サービス部門31.4万人、電気機械等資材関連22.7万人）、で就業者総数6376万の8.1％を占めている。自動車は約 3 万点の部品によって組立てられ関連する産業は非常に多岐に渡る総合産業である。[36] 世界の自動車メーカーの販売実績（2008年）でも日本の自動車メーカーのトヨタ自動車が897万台でGMの836万台、フォルクス・ワーゲン（VW）の836万台、日産・ルノーの609万台、フォードの540万台を凌駕して第 1 位の規模を誇っている。トヨタ自動車は売上規模で世界500社のうち第 5 位を占め日本の代表的なグローバル企業である。[37]　4 輪自動車の国内生産規模は1947年（昭和22年）の11320台から、1960年（昭和35年）48万台、1970年（昭和45年）529万台、1980年（昭和55年）1100万台、1990年（平成 2 年）1348万台、2000年（平成12年）1014万台、2008年（平成20年）1157万台と1950－70年の期間急成長を遂げたが近年

は日本の自動車産業は成熟産業化し生産台数は停滞する一方、最近中国の躍進が顕著である。[38] しかしアメリカ市場での日本製自動車に対する消費者の需要はデザイン・コスト・燃費・品質等から非常に強く2008年のアメリカ市場の4輪車の販売実績1349万台の内、日本からの輸入206万台、日本企業の現地生産台数289万台でアメリカ市場の約36.7％を占めている。2009年の中国の4輪自動車の国内生産台数は1379万台で、日本、アメリカを抜き世界第1位の生産規模を占めている。

日本の自動車産業の戦後の急成長の要因としては、①戦後の経済発展に伴う所得の上昇による自動車に対する需要の増大、②道路網の整備、③政府（通産省）の育成政策、④小型車生産技術の海外からの技術導入と技術改良、⑤小型低燃費車の自動車生産技術、⑥トヨタの「カンバン方式」に代表される「リーン生産」方式による生産コストの低減、⑥産業用ロボットの大量の採用による生産性向上とコスト削減、⑦関連部品産業の系列化と周辺機械産

表1－3：主要国の

国	2006 乗用車	トラック・バス	計
日　　本	5,295,497	371,175	5,966,672
アメリカ	1,672,640	382,052	2,054,692
ド イ ツ	3,893,002	289,721	4,182,723
イギリス	1,106,093	136,222	1,242,315
フランス	3,738,684	553,680	4,292,364
イタリア	397,087	228,865	595,952
ベルギー	814,354	33,873	848,227
スペイン	1,689,092	583,780	2,272,872
ブラジル	458,766	175,707	634,473
韓　　国	2,530,180	118,040	2,648,220

資料：通商産業省編『通商産業政策史、第12巻』、平成5年、

業の生産性向上と集積効果、⑧TQMに代表される高い品質管理技術等がしばしば指摘されている。また、トヨタ自動車、日産自動車、本田技研工業の3社で自動車市場規模の70％をしめる生産規模を持っているが、マツダ、スズキ、富士重工業、ダイハツ工業、三菱自動車、いすず自動車等多数の自動車企業による競争体質等の要因がしばしば指摘されてきた。[39]

（6）貿易の自由化

戦前の日本政府は1899年に関税自主権を回復して以降数次の関税率の改定を行い自国の産業を保護する保護貿易政策を実施した。1906年の関税表の改定では原料品には15－20％、半製品には10％、最終製品には30－40％、奢侈品には50－60％の輸入関税を課す「逓増的関税」を実施した。1937年以降日本政府は軍事統制経済の下で為替管理を行い貿易統制法を制定して輸入数量規制及び産業補助金を供与して重要な軍事産業の育成・保護を行った。[40] 1931

自 動 車 輸 出 台 数　　　　　　　　　　　単位：台

2007			2008		
乗用車	トラック・バス	計	乗用車	トラック・バス	計
5,811,959	737,981	6,549,940	5,915,429	811,662	6,727,091
1,939,144	456,423	2,395,567	1,588,076	378,096	1,966,172
4,303,754	360,563	4,664,317	4,131,660	369,147	4,500,807
1,185,459	131,562	1,317,021	1,128,586	125,611	1,254,197
4,109,972	586,686	4,696,658	3,736,921	585,270	4,322,191
374,177	276,331	650,508	279,670	281,283	560,953
716,028	42,241	758,269	610,784	42,085	652,869
1,803,955	585,269	2,389,224	1,655,154	525,698	2,180,852
476,136	167,434	643,570	422,679	145,903	568,582
2,718,548	128,590	2,847,138	2,508,911	175,054	2,683,965

442頁。

年の台湾からの輸入の78.5％は農作物および加工食糧品（主に砂糖）、朝鮮からの輸入は31.2％が農作物、43％が重化学工業品（主に北朝鮮）であった。満州からの輸入の70％は石炭・銑鉄等の原材料品であった。[41]

　第2次大戦後の占領下の日本の貿易は当初連合軍最高司令官（SCAP）の指揮監督下で実際の貿易取引の決定と決済は「貿易庁」及び「貿易公団」が行い民間企業による直接の貿易取引は認められなかった。しかし1949年以降「外国為替及び外国貿易管理法」の下で制限付きで民間企業による直接の貿易取引が認められるようになる。それとともに終戦後復活した「商工省」（1945年8月）は1949年5月「通商産業省」に再編され、通商産業省が輸出入取引の許認可業務を遂行することなる。輸入業務は閣僚会議が先ず先行き3ケ月の外貨収入と商品別の輸入計画よりなる外国為替予算を決定し、通産大臣が品目別の輸入数量に割当てられる外貨予算のリストを公表する。このリストに基づき輸入業者は輸出業者と輸入取引交渉を行う。[42]

　前述したように日本は1951年9月サンフランシスコ講和条約締結後1952年8月IMF／世銀に加盟し、1956年12月国連加盟が承認され国際社会に復帰する。日本は「関税及び貿易に関する一般協定」（GATT: General Agreement on Tariffs and Trade）に1953年（昭和28年）9月に仮加入し、1955年（昭和30年）10月正式加盟が認められた。その間日本政府は先ずアメリカ政府と「日米通商航海条約」（昭和28年、1953年）を締結し、この日米通商条約を雛型としてその他主要国と通商協定の交渉を行い1963年（昭和38年）までの間にイギリス・フランス・ソ連を含む主要な通商相手国20ケ国と通商協定を締結する。この間朝鮮戦争の勃発（1950年6月）以降米ソの冷戦が激化し対共産圏統制委員会（COCOM; Coordinating Committee for Export Control to Communist Area）に日本は1952年9月に参加し対共産圏諸国に対する軍事関連物資の禁輸政策を実施する。また1953年10月成立した中国委員会（CHINCOM; China Committee）が作成した軍事物資禁輸リスト「チンコム・リスト」に従い中国に対する貿易も制限したがその後イギリス政府の提案に従い1957年チンコム・リストは消滅した。1949年（昭和24年）10月中華人民共和国（中国）が成

立以来中国との貿易はバーター取引が中心であったが、1958年（昭和33年）5月の長崎国旗事件を契機に対中国貿易は一時中断する。しかし1960年（35年）8月の周恩来首相の「対日貿易三原則」（政府協定、民間契約、個別取引）によって対中国貿易は再開し、1962年11月の「日中総合貿易に関する覚書」（所謂ＬＴバーター貿易）が開始された。

　占領下で制定された「外国為替及び外国貿易管理法」（外為管理法、1949年12月）は輸入を規制し、限られた外貨を重要な産業分野や生活物資の獲得の為に配分するために設けられた強い輸入規制効果を持つ制度である。占領下では当初通産省、大蔵省、外為委員会、外資委員会が権限を分担し手続きが煩雑であった。講和条約発効後手続きは簡素化され、通産省が輸入品目別の外貨予算を作成し、品目別の輸入取引の権限を行使するようになる。この制度の特徴は「原則禁止、例外自由」と呼ばれるほど政府（通産省）が輸入取引を厳しく規制する制度であった。この制度の下で外貨資金割当制（Fund Allocation制、FA制）と自動承認制（Automatic Approval, AA制）があり、FA制は閣僚審議会が品目別の外貨予算を決定し、輸入業者は通産大臣から外貨割当証明書の交付をうけ外為銀行から外貨を取得する。FA制は品目別の外貨の予算配分はなく、輸入業者は外為銀行から自動的に外貨を取得する制度である。日本の貿易は「加工貿易」であり、海外から原材料を輸入し、それを加工して付加価値をつけて製品化し輸出する製造業の取引が基礎となっており、通産省は輸入の許認可権限を行使して戦後の紡績業、石油精製業、鉄鋼業、機械産業の発展に重要な役割を演じた。この外貨割当制の品目から自動承認制の品目の移行が貿易の「自由化率」と呼ばれ、日本の輸入品目の「自由化率」は1960年代の前半約40％であったが、日本がIMFの8条国、GATTの11条国に移行し、OECD（経済開発協力機構）に加盟した1964年以降貿易の自由化が進み1972年4月には自由化率は97％に達した。一方輸出は原則自由であったが、ダンピング等の不公正貿易取引を輸出業者が結成する輸出組合の自主的な努力によって是正し、秩序ある輸出取引を助成するため政府は「輸出取引法」（昭和23年）を制定する。政府は輸出産業振興政策として

日本貿易振興協会（JETRO: Japan Export Promotion Agency）（昭和33年7月）・輸出プラント技術協会（昭和29年）の設立、輸出信用保険法（昭和25年）の制定、日本輸出銀行の設立（昭和25年）及び日本輸出入銀行への改組（1952年）等の政策を通して輸出産業の育成を図った。しかし戦後独立した韓国や台湾等のアジアの新興国が実施した「輸出志向型産業開発政策」と異なり、政府の輸出産業育成政策は民間企業の輸出取引を間接的に支援する政策に止まっていた。[46]

　1958年12月以降西欧諸国は自国通貨の交換性を回復したが、日本はIMF第14条（過渡期条項）及びGATT第12条（国際収支を理由に輸入制限）を援用して輸入規制を行っていた。しかし1950年代以降日本経済は活発な設備投資がさらなる設備投資を惹起する高度成長経済の軌道に乗り、1955－70年の期間GNPの年平均成長率は10.9％、輸出の伸び率は14.2％を記録した。日本の輸出製品の構成も重化学工業品のウエイトが1965年には57％を越え、機械産業製品だけで35.2％を占め、1970年には重化学工業品72.4％、機械産業製品だけで46.3％に達した。[47] IMFは1959年（昭和34年）の総会で日本政府に対して国際収支の均衡を理由に輸入規制を行うことはIMFの理念に反するとしてさらなる貿易・為替の自由化を要請した。同じく東京で開催されたGATT総会でも輸入規制は即急に撤廃すべきであるという意見が大勢を占めた。それ以降IMFは対日年次協議（コンサルテーション）の場で、日本政府は国際収支を理由に経常取引を過渡期的に制限することを認めた第14条国から、経常取引の制限を原則的に禁止する第8条国に移行すべきであると勧告するようになる。日本政府は1960年（昭和35年）「貿易為替自由化計画大綱」を発表し、早期（1年以内）に自由化する品目、近い将来（2－3年以内）自由化する品目、時間を掛けて自由化する品目に分けて3年以内に自由化率を80％の水準にする計画を明示した。しかしIMF理事会の日本がIMF第8条国に移行するには自由化率90％を達成すべきであるとの勧告に従い、日本政府は1962年（昭和37年）までに自由化率90％を達成する「貿易為替自由化促進計画」を1961年9月に発表した。1963年（昭和38年）2月IMF理事会は日本のIMF第

第1章 日本の産業と貿易の発展

8条国移行への勧告を行い、日本は1964年（昭和39年）4月よりIMF第8条国に移行する。それに伴い日本は1963年GATT第12条国（国際収支を理由とする輸入制限）から第11条国（輸入制限禁止）に移行する[48]。

日本政府はまた1964年（昭和39年）4月パリに本部がある「経済協力開発機構」（OECD; Organization for Economic Cooperation and Development）に加入する。OECDは1948年に設立された「欧州経済協力機構」（OEEC; Organization for European Economic Cooperation）を母体に新規にアメリカ・カナダが加わり設立された国際機関である。OEECはアメリカ政府が第2次大戦後ヨーロッパ諸国の経済復興を支援するために供与したマーシャル計画の執行機関として設立された。ヨーロッパ諸国の経済が復興しOEECの役割が終わった段階で、OECDと名称を変更し西欧先進国の経済政策を協調する国際機関として発足した。OECDは西欧先進国が設立した国際機関で先進国が共通に抱える政策課題を調査・論議・協調・政策勧告を行う機関として設立された。OECDは当然の如くに貿易・資本・投資を含む経済の自由化政策を標榜している。OECDに加盟すると日本は先進国の仲間として他の加盟国を同じように経済の自由化政策を遂行することが要求される[49]。日本はOECDに加盟するとともにGATTの多角的貿易・関税交渉の「ケネディー・ラウンド」（1964－67年）に参加し他の加盟国と同じく輸入関税の一括35％の削減に同意する。この様にして1964年は東京オリンピックの開催・東海道新

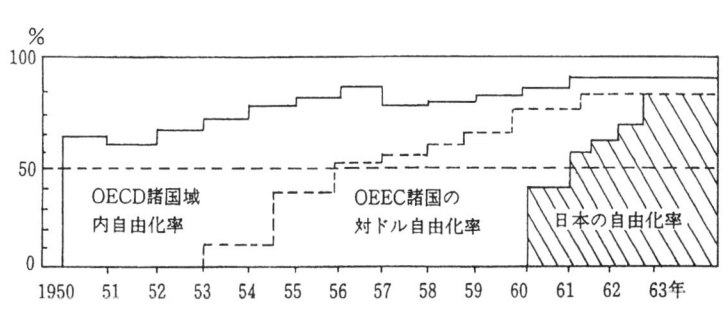

図1－5：西欧諸国と日本の貿易自由化の推移

資料：通商産業省編『通商産業政策史、第8巻』、平成3年、291頁。

幹線の開通とともに、日本社会が閉鎖的な経済体制から開放的な経済体制に移行する大きな転換点となった。[50]

（8）日米貿易摩擦

　戦後日本の産業構造は軽工業から重化学工業、先端技術産業にその中心が移行した。それに伴い日本の輸出品のウエイトは軽工業品から重化学工業品、機械産業製品に移行した。特に1950年代後半以降日本の重化学工業品の輸出比率は軽工業品の輸出比率（所謂ホフマン比率）を越えることになる。日本製品の輸出市場は戦後アメリカが30％以上の市場をしめ、日本製品は比較的短期間に「集中豪雨的」にアメリカ市場に殺到しアメリカと「貿易摩擦」を引き起こした。42～43頁の図は日本とアメリカの「貿易摩擦」の推移を示しているが、1960年代後半以降の繊維産業、鉄鋼、テレビ等の家電製品、70年代以降の工作機械、自動車産業、80年代以降の半導体、ＭＯＳＳ・日米包括経済協議等個々的な産業摩擦から、日本の内需拡大、公共投資、為替政策、金融の自由化、流通システム、公共部門の調達等経済全体の構造摩擦に発展した日米の産業の比較優位性のダイナミックな変化を示している。[51]

　1950年代の対米輸出は生糸・綿織物等の繊維品、玩具、缶詰、陶磁器、水産加工品、ミシン、金属洋食器等の雑貨や軽工業製品がアメリカ市場に殺到し、これ等の産業と摩擦を起こした。これ等の産業分野では弱小零細の輸出業者が乱立し、ダンピングや不良品の輸出が目立ち、日本政府（通産省）は輸出取引法（昭和27年）や輸出検査法（昭和32年）によってこれ等業者の輸出組合の結成や輸出規制を奨励した。[52]

　1970年代に入ると日本の対米輸出は繊維製品のウエイトが10％に減少し、テレビ・ラジオ・自動車・二輪自動車等の機械産業製品及び鉄鋼・非鉄金属製品のウエイトが70％に上昇した。1980年には自動車輸出が対米輸出の32.5％を占め、鉄鋼と自動車を含む機械産業だけで86.7％を占め、日本の対米輸出の中心は重化学工業製品に移行する。1990年代以降は機械産業の4業種、一般機械・電気・輸送・精密機械産業製品が80％以上を占める典型的な先進

第1章　日本の産業と貿易の発展

工業国の輸出構造を持つようになる。[53] 以下ここでは日米の貿易摩擦の代表的な事例として繊維産業摩擦と自動車産業摩擦を見て行こう。

日米繊維産業摩擦

　日米繊維産業摩擦は先ず日本の綿製品対米輸出の急増に関連して発生した。アメリカの南部は綿花の産地であり、綿糸・綿布・綿衣料産業は南部および東部沿岸各州に比較的多く立地し地域経済に重要な役割を果たしていた。しかし綿産業、特に綿衣料産業は労働集約的でありアメリカの綿産業は1950年代以降安価な労働力が豊富に存在する日本・韓国・台湾・香港からの輸入綿織物製品に対抗しえなくなった。1955年（昭和30年）12月急増する日本からの綿製品の輸入に対してアメリカ綿製品製造組合は農事法に基づき輸入規制を農務長官に申請する。日本政府（通産省）はアメリカで激化する対日輸入制限運動に対応するため業界と協議し綿製品の輸出自主規制を行う。しかしその結果日本の綿織物製品のアメリカ市場のシェアーは低下する一方、香港・韓国・台湾からの輸入が増大する結果となる。ケネディー大統領は1960年の大統領選の選挙公約から、アメリカ政府は多数の輸出国と輸入国が参加して綿製品の輸出を規制する綿製品貿易の国際協定の締結をGATTに要請する。1961年7月スイスのジュネーブでアメリカ・カナダ・イギリス・EEC 6ケ国・オーストリア・スウェーデン（以上輸入国12ケ国）、日本、スペイン、ポルトガル、インド、パキスタン（以上輸出国側5ケ国）の計17ケ国代表及び香港政府代表、EEC委員会、OEEC事務局、更にオブザーバーとしてスイス、デンマーク、ノールウェー、ギリシャ、トルコ、エジプト、ブラジルの各代表が出席して国際会議が開かれた。その結果国際協定「綿製品の国際貿易に関する短期取極」(STA : Short Term Arrangement Regarding International Trade in Cotton Textiles) が締結され、1961年10月から1年間効力を持った。この協定によって輸入市場に撹乱が生じた場合には輸出国は輸出規制を行うか、輸入国は輸入規制が出来るとされた。同年「短期取極」(STA) に基づいて日米綿製品の貿易交渉が行われ、日本は綿織物の輸出総枠及び品目別規

41

図1-6：日米の主要な貿易・経済摩擦

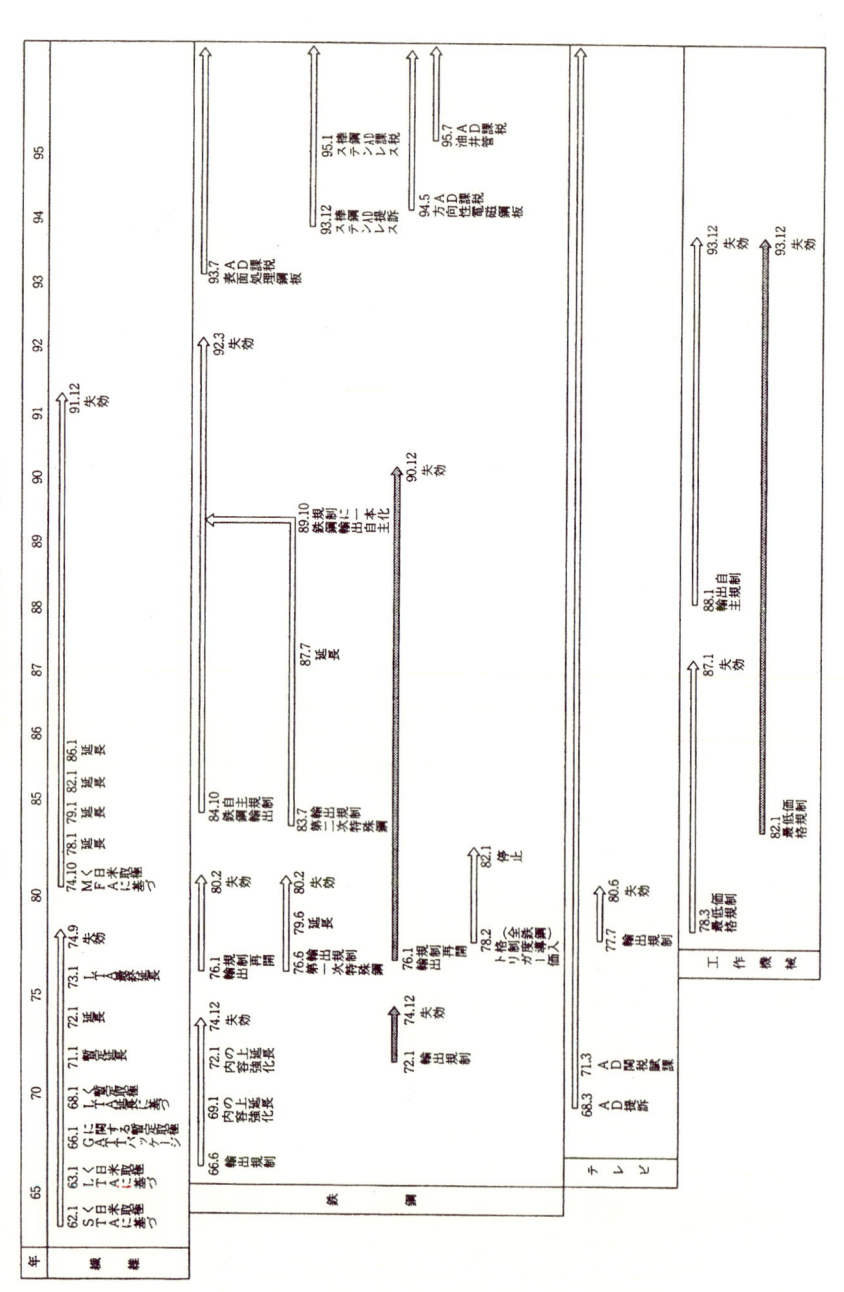

第1章　日本の産業と貿易の発展

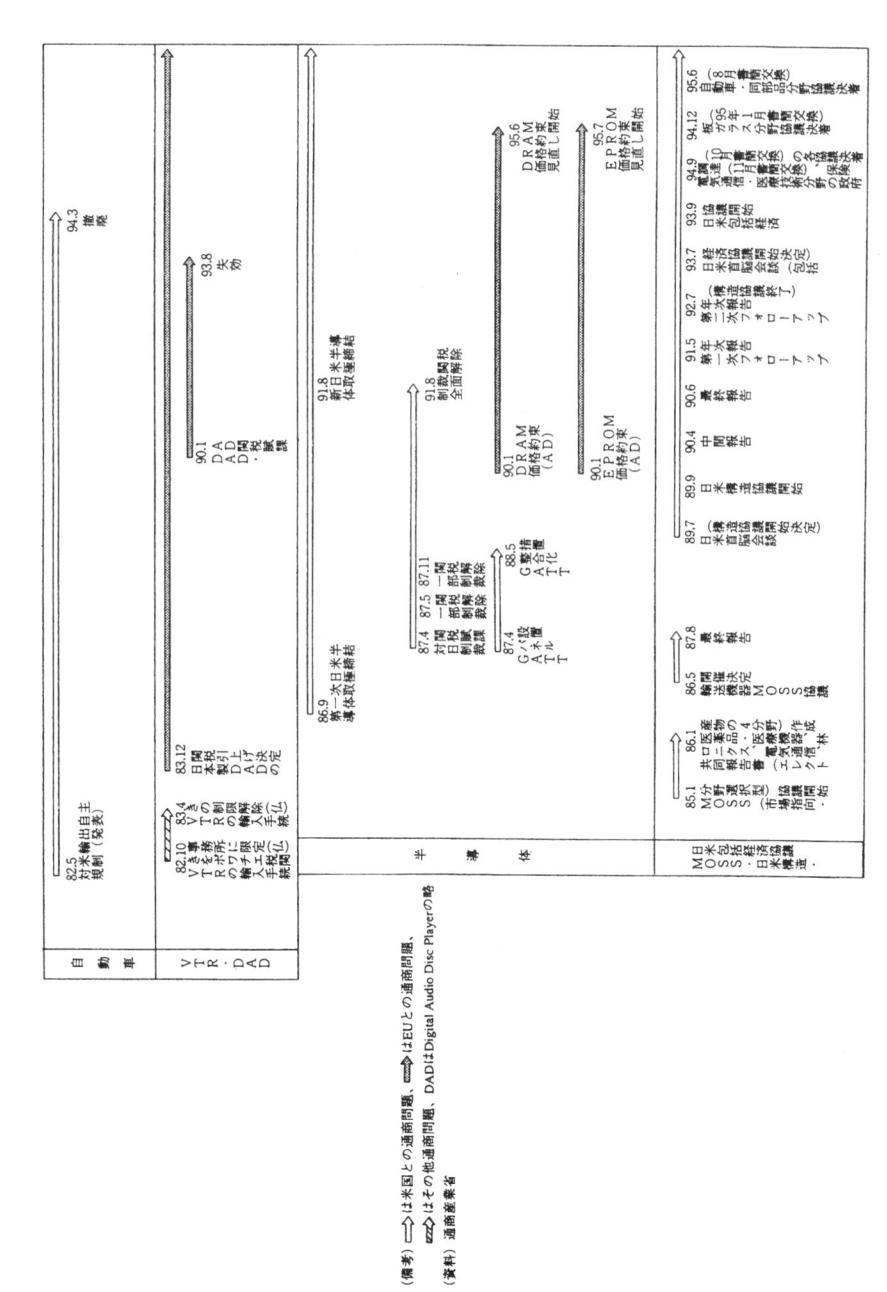

自動車

- 82.5　対米輸出自主規制（発表）
- 82.10　VTRをめぐる事務所のTRの件
- 83.4　VTRのポルトガル輸入制限ADでの上エ税暫定手続（仏）
- 83.12　日米製品取引ADげの協定
- 90.1　DAD税課DAD聞税
- 93.8　失効
- 94.3　撤廃

半導体

- 86.9　第一次日米半導体取極締結
- 87.4　G/パネル A米置 Tル
- 87.5　対日一関税 税挿制解除課裁除
- 87.11　一関税 挿制解除裁除
- 88.5　G緊急措置 A合意 T化
- 91.8　新日米半導体取極締結
- 91.8　制裁関税全面解除
- 85.1　MOSS協議 日米協議指問開始・通信機器等
- 86.1　共同医療器等報告書（医療機器・電気機器）
- 86.5　最終輸協議決機等定
- 87.8　最終報告
- 89.7　日米構造協議協議開始（決定）
- 89.9　日米構造協議開始
- 90.1　DRAM 価格約束（AD）
- 90.1　EPROM 価格約束（AD）
- 90.4　日中間報告
- 90.6　最終報告
- 91.5　第1次構造報告フォローアップ
- 92.7　第2次構造報告フォローアップ
- 93.7　日経包括経済協議（包括）
- 93.9　日米包括協議経緯
- 94.9　電達（日米気通信交自動車機器医療機器・保険後の各種の協議段階の政府調達）
- 94.12　板電画 ガラ分ス野交分協涉野決の裂
- 95.6　DRAM 価格見直し開始
- 95.7　EPROM 価格見直し開始
- 95.6　自動（8車車、同月部95品年）板電画ガラ分ス野交分協涉野決の裂

（備考）⇒は米国との通商問題、⟹はEUとの通商問題、
⇔はその他の通商問題、DADはDigital Audio Playerの略

（資料）通商産業省

資料：通商産業省編『通商白書』平成8年』346−347頁。

制枠に合意した（1961年9月）。この翌年1962年2月「綿製品の国際貿易に関する長期取極」（LTA: Long Term Arrangement Regarding International Trade in Cotton Textiles）の国際協定が締結され同年10月より5年間の有効期間をもって発行した。この「長期取極」（LTA）は数次にわたり延長され1973年12月まで効力を持った。同じく日米政府はこの「長期取極」（LTA）に従って数次の「日米綿製品協定」を締結して日本の対アメリカ綿織物輸出の数量規制を総量及び品目別に行うことに合意した。この多国間でGATTの枠外で締結した貿易協定によって綿製品の貿易取引を規制するという「管理貿易」の手法が繊維製品全体の貿易取引を規制する「繊維製品の国際貿易に関する取極」（MFA: Multiple Fibers Agreement, 1973年12月）に発展して行く。この様にして戦後アメリカ及び西欧先進国が指導して結成した自由貿易を原理とするGATTの枠外でこれ等先進国は自国の繊維産業を保護するため、後発工業国や発展途上国からの繊維製品の輸入を規制しようとした。[54]

1960年代後半以降繊維産業における技術革新が進みポリエステル・ナイロン・アクリル等の合成繊維の対米輸出が急激に増大した。ニクソン大統領は1968年の大統領選の期間中綿製品に適用された「長期取極」（ＬＴＡ）を繊維製品全体に適用する包括的な国際協定を締結してアメリカの繊維産業を保護することを公約した。1969年以降日本政府及び日本の繊維業界、アメリカ政府、アメリカ議会、アメリカ繊維業界を巻き込んだ峻烈な「日米繊維交渉」が展開され、1972年1月最終的に「日米繊維政府間協定」（対米、毛、人繊の輸出に関する取極）が締結されるまで続いた。日本政府はこの交渉期間中所謂4原則を掲げてアメリカ政府が主張する繊維製品の対米輸出の包括的規制の要請に対抗した。この4原則とは、①アメリカ政府が主張する包括的規制には経済的正当性はなく、規制を行う場合にはGATT第19条（緊急避難）が規定するアメリカの繊維産業が輸入によって受けた被害が立証された品目に限定される必要がある（セレクティブの原則）。②日本だけでなく他の主要な対米輸出国を包含した取極めである必要がある（マルチの原則）。③これ等の取極めはGATTのルールに従いGATTの枠内で行われる必要がある（GATTの

原則)。④貿易の被害に対する緊急避難は本来GATT第19条の規定に従うべきだから、取極めはあくまで暫定的な処置である(暫定的取極の原則)。しかし時あたかも日米は沖縄返還交渉の最中であり、日本はアメリカの包括的輸出数量規制を受け入れる代わりに米国政府から「核抜き本土並み」の条件で沖縄返還を獲得するというニクソン大統領と佐藤首相との間に「糸を売って縄を買う密約」があったとされる。日本政府は結局繊維製品毎の年間伸び率に一定枠を設け(包括規制)、さらに繊維輸出全体の伸び率も規制する(総枠規制)ことを内容とする「日米繊維政府間協定」(1972年1月)に合意することになる。日本政府は繊維業界が被る損失を補填するため、国庫負担で過剰機械の買い上げ、輸出減少額補償等繊維産業救済費1278億円の予算措置を閣議決定する。しかし日本の繊維製品の対米輸出は1971年以降のニクソン・ショック以降の円高で国際競争力を失い急速に減少する。1995年には日本の繊維製品の対米輸出額は623億円に減少し対米総輸出額の0.5%を占めるに過ぎなくなり、日本は繊維製品の輸入国に転じた[55]。

アメリカ政府は「日米繊維政府間協定」と同種の政府間協定を韓国・台湾・香港と締結した。EECはこれ等繊維製品輸出国の製品がEEC市場に流れることを懸念し繊維製品に関する貿易協定の必要性をGATT事務局に働きかけた。GATT事務局は繊維作業部会を設置し、国際協定案の作成を行う。1974年1月GATT理事会は「繊維製品の国際貿易に関する取極」(MFA: Multiple Fibers Agreement)を発展途上国の政府代表の反対にも関わらず承認し、GATTは繊維製品輸入国及び輸出国が2国間協定によって繊維製品の包括的な貿易取引を管理することを承認する。この繊維国際協定の有効期間は4年間であったが数次にわたって延長され、1994年「世界貿易機関(WTO)を設立するマラケッシュ協定」によって「国際繊維協定」(MFA)は10年間の期間中に段階的に廃止することが決定された。このようにして「日米繊維政府間協定」は管理貿易の先鞭となった。

日米自動車産業摩擦

　日本の自動車生産は高度経済成長期の1960年代に飛躍的に増大した。自動車の生産台数は1960年（昭和35年）の48万台から1970年（昭和45年）の529万台と10年間に11倍に増大した。自動車の輸出は1958年（昭和33年）の年間1万台の対米輸出が最初であるが、当初主たる輸出先は東南アジアが56.6％を占めたが10年後の1970年には北米45.6％、欧州11.6％となり、日本の自動車輸出は対欧米輸出が主力となった。しかし1970年代以降日本の自動車の対米輸出が急増した。自動車（乗用車・商用車）の対米輸出台数は1965年（昭和40年）の3.4万台から、1970年（45年）42.2万台、1975年（50年）91.9万台、1980年（55年）240.7万台、1985年（60年）313.1万台（乗用車221.5万台、商用車91.6万台）と20年間に92倍に増大し、1985年日本の自動車の全輸出台数のうち対米輸出台数が46.5％を占めるにいたる。[56]このように日本の自動車の対米輸出が急激に1970年代に増大した理由は、①1970年代に発生した石油ショックにより原油価格が高騰し、アメリカの市場で燃料効率のよい日本製の小型車に対する需要が増大したこと、②アメリカの自動車メーカー（フォード・GM・クライスラー）が利益率の高い大型車の生産に特化し、小型車の生産を怠ったこと、③1975年に制定されたエネルギー節約法（マスキー法）によって自動車の平均燃費効率を高めることが義務づけられたこと、④低価格・高品質の日本製の自動車に対するアメリカの消費者の評価が高まったこと等に理由が掲げられる。アメリカにおける自動車販売台数の日本車のシェアーは1980年には21.3％にまで増大し、アメリカの大手自動車メーカーの収益は1980年赤字に転落し自動車業界の失業者数は25万人に達した。この様な状況下で1979年（昭和54年）10月来日したフォード2世は「日米の貿易不均衡を是正するためには米国が日本車の輸入を制限するか、日本の自動車メーカーが対米直接投資をして現地生産する方法しかない」と訴えた。アスキュー米通商代表部（USTR: United States Trade Representative）代表はアメリカ連邦政府は日本車の輸入制限をする意図があると示唆し、マンスフィールド駐日大使も「日本車の対米輸出問題は爆弾の導火線に火がついた状態だ」と警告し

第1章　日本の産業と貿易の発展

た。全米自動車労働組合（UAW：United Auto Workers）のダグラス・フレーザー会長は1980年2月来日しトヨタの豊田英二社長・日産自動車の石原俊社長・大平首相・大来外相と会談し、アメリカ自動車産業の労働者の失業の増加を阻止するには日本の自動車メーカーが現地生産を即急に開始すべきであると要請した。1980年（昭和55年）5月日本政府（通産省）とアスキュー通商代表が協議し、本田技研及び日産はアメリカ現地工場建設計画、トヨタは現地投資計画調査を行っており日本メーカーが現地生産の準備中であることを確認した。しかしアメリカ自動車産業のおかれた状況は深刻であり、アメリカ政府は増大する日本車の輸入の脅威に緊急の処置を取るべきであるとして全米自動車労働組合（UAW）とフォード社は「1974年通商法」第201条に基づき大統領が緊急輸入制限処置を行うべきであるとして米国国際貿易委員会（ITC）に提訴した。しかしITCは公聴会での審議の末1980年11月「アメリカの自動車産業の不振は日本車の輸入増大が原因ではなく、消費者の需要が燃費効率のよい小型車に移行し、アメリカの自動車メーカーが小型車の開発を怠ったためである」と審議委員5名のうち3対2の僅差で訴えを斥けた。ITCの審判に反発したUAWおよびフォードは上下両院・連邦政府に日本車の輸入規制処置をとるよう要請した。1981年1月発足したレーガン政権は自由貿易政策を標榜しつつも増大する日本車の対米輸入の問題に懸念を表明した。アメリカで高まる日本車の対米輸出自主規制の要請に抗しきれず日本政府（通産省）は自動車業界と協議の結果、「外国為替及び外国貿易管理法」に基づき自動車各社に毎月対米輸出の報告書の提出を求め1984年3月まで3年間乗用車の対米輸出を168万台（2年次以降一定率の伸び率を上乗せ）以下に自主的に制限する乗用車輸出規制処置を1981年5月に発表した。この日本政府の対米自動車輸出規制処置は数次に渡り延長され1994年まで継続する。[57]

　この間本田が1978年現地に生産拠点を設立したのを初め日本の自動車メーカー各社は1985年のプラザ合意以降の円高傾向下でアメリカの現地生産拠点の設立を積極化し、トヨタの9生産拠点を含む18生産拠点を設立した。これ等現地工場の生産台数は1990年129万台を越え、1995年221万台に達し日本か

ら対米輸出台数より現地生産台数の方が多くなっている。2008年には日本から輸出台数206.8万台に対して現地生産台数は289.3万台である。[58]

　日本の自動車メーカー（2輪車を含む）の海外直接投資は1980年代の後半以降積極化し、2010年現在で日本の自動車メーカーの海外生産拠点は北米22ケ所、中国38ケ所、東南アジア78ケ所、南アジア17ケ所、ヨーロッパ23ケ所となっており日本の自動車産業は国際間で水平・垂直分業が進みグローバル産業化している。在来複数の国で生産・営業を展開する企業を「多国籍企業」と呼んできたが、21世紀の産業は国単位では経済取引を行わず地球規模でその事業を展開してきており「グローバル企業」と呼ぶにふさわしくなってきている。企業がグローバル化する時代、人間の意識や行動もグローバル化すべきであり、日本の将来の産業の発展には「グローバル人材」の育成が急務であろう。

　しかし1980年代以降日米の貿易不均衡は構造的な問題となってきている。1983年以降アメリカの対日貿易赤字が続き、1983年の216億ドルの赤字から2006年の909.6億ドルの赤字と年々拡大してきている。国際貿易の貿易収支は一国の輸出は他国の輸入であり、地球規模では国際貿易の収支は必ず均衡する。しかし個々的な国レベルでは資源の賦存状況、地理的な立地条件、産業のダイナミックな新陳代謝（メタボリズム）等に差があり貿易不均衡が生じることは不可避である。問題はアメリカの貿易収支の赤字の内、対日貿易赤字が占める比率が1985年35.6％、1990年38.4％と長期間継続し、2000年以降下降傾向にあるが2000年34.0％、2005年22.9％と未だ貿易不均衡の規模は大きい。最近ではアメリカの対中国貿易不均衡が増大してきており2006年アメリカの対中国貿易赤字は2330億ドル、全体のアメリカの貿易赤字の27.8％の規模になっている。現代の国際貿易では高付加価値製品でも労働集約的な組立加工工程が不可欠であり、労働力コスト及び労働生産性の格差から産業の比較優位性に国際間に差異が生じるのは避けがたい。[59]

　一方日本市場への外車の輸入台数は2008年24.3万台、その殆どがヨーロッパ製である。同じ年の日本国内の日本自動車メーカーのトラック・バスを含

む４輪車の販売台数は508.2万台であり、日本国内の外車の販売台数は国産車の５％以下である。1983年以降のアメリカの対日貿易赤字・日本の恒常的な貿易黒字の中でアメリカ自動車産業の構造的対日貿易不均衡はアメリカ政府当局者の神経に触れる事項となる。日米間の構造的な貿易不均衡を是正する方法としてアメリカ製品の対日輸出を妨げる個々的産業分野の規制を取り除く協議が1985年１月レーガン・中曽根会談の準備段階で両国の官僚（日本側：外務省・通産・大蔵省：アメリカ側：USTR・財務省・国務省）によって行われた。「特別市場別協議」（MOSS：Market-Oriented, Sector-Selective）と呼ばれ当初このMOSS協議は、電気通信、エレクトロニクス、医療品・医療機器、木材製品の４分野の貿易障害を取り除くことを目的とした。このMOSS協議に1986年５月５番目の市場分野として自動車部品が対象に加わった。このMOSS協議は「相も変わらぬくりかえし」（More of the Same Stuff）とか「またも同じくそったれ」（More of the Same Shit）と揶揄されるほど成果がなく1989年ブッシュ大統領のもとで行われた「日米構造障害協議」（SII：Structural Impediments Initiatives）に引き継がれた。この「日米構造協議」（ＳＩＩ）では日本の流通制度、企業系列、政府調達、関税、製品企画等日本市場の外国製品に対する閉鎖性の除去が日米の貿易不均衡の主な問題として論議された。[60]

アメリカ連邦議会は1985年プラザ合意以降のドル安・円高にも関わらずアメリカの貿易赤字、特に対日貿易赤字が解消されないことで益々保護貿易主義的になる。1988年連邦議会は「1974年通商法」第301条を改正してアメリカ通商代表（USTR）に、①不公正貿易取引を実施している国を特定し、②各分野別の不公正貿易取引を是正する交渉権を与え、③もし合意に達しない場合には当該国からのその分野の輸入に課徴金を課す等の報復措置を取る権限を付与した。このUSTRの権限は「スーパー301条」権限と呼ばれるようになり、アメリカ政府のGATT枠組みを無視した「一方的で攻撃的な政策」の象徴となる。これ以降アメリカ通商代表（USTR）は対日貿易交渉でこの「スーパー第301条」権限行使をちらつかせ更に高圧的になる。[61]

1993年4月宮沢首相とクリントン大統領の首脳会談は「日米構造協議」（SII）に代って対日自動車部品の輸入問題を含む個別産業分野に加えてマクロ経済政策の協力関係を含む「日米包括経済協議」を設けることに合意した。翌年1994年カンターUSTR代表と橋本通産大臣が交渉を行ったが日本側が提示した日本の自動車メーカーのアメリカ製自動車部品の購入計画の数値目標についての解釈の違いから交渉は決裂する。1995年5月カンターUSTR代表は日本の自動車・同部品市場が閉鎖的であり、かつ自動車補修部品市場に関する日本の行為・慣行・政策が不公平であり、アメリカの利益を不当に制限しているとして通商法301条に基づき日本製高級車の輸入に対して100％の輸入関税を課すと発表した。しかし6月スイス・ジュネーブで再度橋本通産大臣とカンターUSTR代表の交渉が行われ、日本側は日本の自動車メーカー各社が作成した海外の増産計画及び自動車部品輸入の自主計画を支援・促進する政策を提示した。これにより橋本通産大臣・カンターUSTR代表による「自動車交渉」の合意が達成された。[62]

　以上の「特別市場別協議」（MOSS）、「日米構造障害協議」（SII）、「日米包括経済協議」に関しては日米のエコノミスト達の間で「日米経済摩擦論争」が展開され、多数の研究書や論文が発表されている。特に小宮隆太郎教授は「日米の経済摩擦の根本的な原因は日米のマクロ経済の構造上の不均衡である」という所謂「小宮理論」を主張しており注目すべきであろう。[63]

おわりに

―最近の日本の貿易と日本の機械産業―

　明治以来日本の輸出産業の中心であった繊維産業は戦後次第にその比較優位性を喪失し構造不況業種に転落した。最近では繊維製品の輸出は全体の輸出の1％以下に下がっている。1980年代の後半以降日本の輸出は85％以上を機械産業製品、金属加工製品、化学製品等の重化学工業製品が占めるようになる。最近の日本の輸出入動向を政府の輸出入統計「外国貿易概況」（2010

年10月）によって見ると、2009年の輸出総額は54.1兆円とリーマンショックによる世界不況の影響で輸出は2008年の81.0兆円から33.1％激減している。輸出が世界経済の景気変動に敏感であることがよく理解出来る。ここでは2008年の輸出入統計から日本の貿易の特徴を概観してみることにする。2008年の輸出総額は81.0兆円、このうち産業用機器等の一般機械製品が15.9兆円（19.6％）、半導体・産業用・民生用等の電気機器製品が15.4兆円（19.0％）、自動車・船舶等の輸送用機器が20.0兆円（24.7％）、写真・光学機器等の精密機械製品が8.9兆円（11.0％）であり、これら産業分類上機械産業と呼ばれる工業製品が全体の輸出の74.3％を占め、化学製品・鉄鋼・非鉄金属製品関係の17.8％を加えると重化学工業製品が全体の92.1％を占めている。1960年代の後半以降GATT／WTO体制下で国際貿易の自由化が進み、貿易統計に見られる輸出商品の構成比は一般に「顕示比較優位性」（revealed comparative advantage）と定義されているが、日本の産業は国際市場で機械産業に比較優位性があると言えよう。輸出先の地域分布はアジア53.7％、ヨーロッパ17.6％、北アメリカ22.3％でこれ等3地域だけで93.6％を占める。近年中国が輸出市場として重要となってきており、中国市場だけで日本の輸出の15.9％を占める。

　2008年の輸入総額は78.9兆円、その内訳は魚介類・肉・穀物等の食料品が6.2兆円（7.8％）、鉄鉱石等の鉱物資源5.5兆円（7.0％）、原油・液化天然ガス（LNG）・液化石油ガス（LPG）等のエネルギー資源が27.7兆円（35.1％）、一般機械6.0兆円（7.6％）、電気機械8.6兆円（10.9％）、輸送用機器2.3兆円（2.9％）、衣料2.6兆円（3.2％）等となっている。機械産業の内電気機器の輸入額が比較的多いのは主に民生用電気機器産業で特にアジア地域との水平分業が進んでいるためである。機械産業、特に民生電子機器は技術集約度・資本集約度・労働集約度の異なる多数の部品の組立加工産業としての性質を強く持ち、多国籍企業ないしはグローバル企業が工程間分業を多数の国で行う傾向がある。日本のアジアからの電子産業製品の輸入の多くが現地合弁企業、子会社ないしは関連会社からの付加価値の異なる電子製品の日本への逆輸入で

あろう。この様なことから機械産業の輸入先の地域分布はアジア地域のウエイトが一番大きく62.7%、北アメリカ12.6%、ヨーロッパ12.3%となっている。

1985年のプラザ合意による円高以降中国に対する直接投資が増大し、その関係で中国から日本市場への輸入が増加している。中国からの2009年の主要輸入品目は食料品6405億円（5.6%）、一般機械１兆8330億円（16.0%）、電子機器２兆5042億円（22.1%）、衣料１兆9545億円（17%）等である。[64]

明治以降の日本の産業の発展と貿易の展開で重要な役割を演じた繊維産業は戦後衰退し、それに替って機械産業が日本の輸出産業の主役となった[65]。しかし機械産業の中でも占領下の政策で航空機産業や軍需産業のように発達が遅れた産業もある。石油資源の無い日本では石油化学工業は国際競争力のある産業には育たなかったし、鉱物資源不足からアルミ精製産業、多額の研究開発投資が必要な医療産業も日本では西欧諸国に遅れた。これ等は日本の「比較劣位産業」であろう。

しかし機械産業には国際競争力のある機械産業が戦後多数発展し、日本の輸出産業として成長した。産業用ミシン、写真機、オートバイ、時計、カセット・ラジオ、テレビ、音響機器、造船、セラミックス、自動車、半導体、産業用ロボット等が掲げられよう。何故日本は比較的短期間にこれらの機械産業分野に比較優位性を獲得したのであろうか。いろいろな誘因、要因、原因が考えられよう。①比較的大きい市場規模、②高い技術水準、③加工貿易に不可欠な高付加価値を生む技術革新、④臨海地帯に立地した産業の集積の効果、⑤関連する周辺産業の発展、⑥産業分野毎の厳しい企業間競争、⑦親企業と下請け企業との資本・技術・人材面での長期的な関係、⑧学習効果とマーシャルの外部効果の存在、⑨匠の技術を習得する職人根性、⑩終身雇用制度による技術の企業内伝承、⑪製品に高品位を求める美意識等が列挙されよう。

小宮隆太郎教授は、日本が国際的に比較優位性を持つ産業は、自動車・NC工作機械・VTRその他の民生用電子機器・メモリー用半導体・複写機・

音響機器・カメラ・繊維機械・建設機械・農業機械等の「量産型加工組立製造業」であると指摘する。これ等量産型機械工業の特徴は、①製品差別化、②量産方式、③品質管理、④技術進歩の加速化、⑤複合技術等であり、これ等産業分野には「特許先端技術」は不可欠ではないと主張する。一方機械産業のなかでも、航空機・ジェットエンジン・大型コンピューター・大型工作機械・重電・原子力発電等については日本は比較優位性を持たないと観察する。その他巨額の研究開発投資を必要とする医薬分野や化学・石油化学・非鉄金属精錬・紙パルプ・石油精製等の所謂「装置産業」にも日本は比較優位性はないと指摘する。[66]

しかしこれ等機械産業の技術革新の速度は近年急速に早くなってきている。産業の新陳代謝が加速化し、成長産業も急速に衰退し、有望な輸出産業も短期間で衰退する。特に多くの機械産業分野で日本の特性を共有するアジアの中国・韓国・台湾の新興工業国及び東南アジアが急速に日本にキャッチアップしてきている。日本がかつて比較優位性を持った多く家電製品は今やこれ等の国からの輸入が増大している。

1947年ベル研究所でトランジスターが発明されてから半導体産業は急速な発展を遂げた。半導体が電卓・民生用電子機器・PC・携帯電話等に内蔵されるようになってから急速に市場規模を拡大した。2007年の世界全体のＩＴ（情報技術）産業の市場規模は130兆円、PC市場25兆円、液晶テレビ・ゲーム機・DVD・デジタルカメラ等のデジタル家電市場16兆円等であり、これ等デジタル製品に半導体が使用され、その市場規模は30兆円と推計されている。[67] 1989年世界の半導体市場でDRAM（Dynamic Random Access Memory）の出荷額の順位上位10社のうち7社が日本企業であった。①NEC、②東芝、③日立製作所、④モトローラ、⑤テキサス・インスツルメンツ、⑥富士通、⑦三菱電機、⑧インテル、⑨松下電器、⑩フィリップスの順番であった。しかし2010年の順位は、①インテル、②サムソン電子、③東芝、④テキサス・インスツルメンツ、⑤ルネサス・エレクトロニックス（三菱電機と日立製作所の合弁）以下10位まで日本の企業名はない。韓国のサムソン電子は1988年20

位であったが20年で世界のトップ企業に踊り出た。日本の機械産業の特徴は「量産型組立加工製造業」であった。その特徴は生産プロセスの「垂直統合」である。日本の電子機器メーカーの半導体開発・生産プロセスは、①企画、②設計、③開発、④試作、⑤モデュール製造、⑥大量組立加工、⑦販売プロセスの各プロセスが垂直的に統合されたプロセスである。この新製品開発プロセスは長期間の各部門の調整・試行錯誤の繰り返しが必要であり、市場のニーズに機動的に対応出来ない。日本型の「量産型組立加工」生産プロセスは莫大な設備投資を必要とし、大規模な市場の存在が前提とされる。しかし先端技術分野の新製品の場合開発される製品の潜在的な市場はその初期の段階では、小規模の「ニッチ市場」である場合が多い。技術が加速度的に進歩・進化する半導体産業分野では、日本型の「量産組立加工」生産体制は機動性を欠き、国際競争に負ける。[68]

　日本の機械産業の比較優位性ないしは国際競争力を理解するためには産業分野別の詳細な分析が必要である。近年先端技術分野での技術進歩が著しい。機械産業分野で韓国・台湾・中国の製品が国際競争力を強化してきている。日本の産業の強み・弱み、長所・欠点は何処にあるのか探る必要がある。また21世紀の日本の産業の国際競争戦略を長期的な視点から考える必要があろう。

注

1．谷本雅之著「在来産業の変容と展開」、石井寛治・原朗・武田晴人編『日本経済史：幕末維新史』、東京大学出版会、2000年、153－206頁。
2．明治時代の日本の蚕糸業・製糸業の発展史は経済史家達の研究の対象とされ、数多くの研究書が出版されている。以下の文献が参考になる。石井寛治『日本蚕糸業史分析』、東京大学出版会、1972年；滝澤秀樹著『日本資本主義と蚕糸業』、未来社、1978年；村松敏著『戦間期日本蚕糸業史研究』、東京大学出版会、1992年；中村真幸著『近代資本主義の組織』、東京大学出版会、2003年。
3．Maddison, Angus., *Monitoring The World Economy 1820-1992*, Development Center, OECD, 1995, pp.19-57　and page 236.

4. Judd, Denis., *Empire : The British Imperial Experience from 1765 to the Present,* Phoenix Press, 1996, pp.58-65.
5. 河野健二著『西欧経済史』、岩波書店、1980年、181－224頁。湯沢威編『イギリス経済史』、有斐閣、11－41頁。イギリス及びオランダの東インド会社のアジアの植民地支配の歴史については下記の文献参照のこと。浅田實著『東インド会社』、講談社現代新書、1989年。永積昭著『オランダ東インド会社』、近藤出版社、1971年。羽田正著『東インド会社とアジアの海』、講談社、2007年。
6. 小島晋治・丸山松幸著『中国近現代史』、岩波新書、1986年、10－16頁。
7. Cain, P. J., and A. G. Hopkins, *British Imperialism: 1688-1914,* Addison Wesley Longman, 1993.（邦訳）　武内幸雄・秋田茂訳『ジェントルマン資本主義の帝国Ⅰ：創生と膨張1688－1914』、名古屋大学出版会、1997年、95－124頁。
8. 松山伸也著「国際環境と外国貿易」、梅村又次・山本有造編『日本経済史3：開港と維新』、岩波書店、1989年、174－182頁。石井寛治著「幕末開港と外圧への対応」、石井寛治・原朗・武田晴人編『日本経済史Ⅰ：幕末維新期』、東京大学出版会、1－49頁。
9. 山澤逸平著『日本の経済発展と国際分業』、東洋経済新報社、昭和59年、72頁。小宮隆太郎著『現代日本経済』、東京大学出版会、1988年、180－185頁。
10. 産業革命を狭義に解釈する大内力・高村直助の見解については以下の文献参照のこと。加藤俊彦・大島清・大内力著『日本資本主義の発展Ⅰ』、東京大学出版会、1957年、31－52頁；高村直助著『産業革命』、吉川弘文館、1994年、1－24頁。産業革命を広義に解釈する大石喜一郎・石井寛治の見解については以下を参照されたい。大石喜一郎著「課題と方法」、大石喜一郎編『日本産業革命研究』、上巻、東京大学出版会、1975年、1－42頁。石井寛治著『日本経済史』第2版、東京大学出版会、1991年、175－182頁。石井寛治著『日本の産業革命』、朝日新聞、1997年。
11. 安部武司著「綿工業」、西川俊作・安部武司編『日本経済史4：産業化の時代、上巻』、岩波書店、1990年、164－212頁。花井俊介著「軽工業の資本蓄積」、石井寛治・原朗・武田春人編『日本経済史2：産業革命期』、東京大学出版会、119－148頁。山口和雄編『日本産業金融史』、紡績金融編、東京大学出版会、1970年参照。
12. 山澤逸平著『日本の経済発展と国際分業』、東洋経済新報社、昭和59年、71－91頁。小島清、『雁行型経済発展論』、文眞堂、2003年。
13. 野田正穂・原田勝正・青木栄一・老川慶喜編『日本の鉄道：成立と展開』、日本

経済評論社、1986年、51−52頁、78−89頁、143−148頁。
14. 石井寛治著『日本経済史』、東京大学出版会、第2版、1991年、225−233頁。
15. 岡崎哲二著『日本の工業化と鉄鋼産業』、東京大学出版会、1993年、7−82頁。有沢広巳監修『日本産業史1』、日経文庫、1994年、70−75頁、195−203頁、364−372頁。
16. 有沢広巳監修、1994年、前掲書、380−384頁。
17. 山本有造・奥和義著「貿易」、西川俊作・山本有造編『日本経済史5：産業化の時代、下巻』、岩波書店、1989年、85−131頁。小林英夫著「東アジアの経済圏─戦前と戦後」、大江志之夫・小林英夫他編『近代日本と植民地1：植民地帝国日本』、岩波書店、1992年、33−58頁。
18. Jones, Geoffrey., *Merchants to Multinationals; British Trading Companies in the 19th and 20th Centuries,* 2000. （邦訳）坂本恒夫・正田繁監訳『イギリス多国籍商社史』、日本評論社、2009年、1−106 頁。
19. 有沢広巳監修『日本産業史1』、前掲書、123−130頁、257−261頁、295−299頁。日本綿花「ニチメン」は2004年4月に日商岩井と合併し総合商社「双日」となっている。吉田憲一郎著『商社』、日経文庫、2006年。
20. 三和良一著『概説日本経済史：近現代』第2版、東京大学出版会、1993年、179−80頁。伊藤元重・清野一治・奥野正寛・鈴村興太郎著『産業政策の経済分析』、東京大学出版部、1988年、17−21頁。有沢広巳監修『昭和経済史 中』、日経文庫、1994年、99頁。
21. 通商産業省編『通商産業政策史』、第4巻、平成2年、262−368頁。
22. 安藤良雄編『近代日本経済史要覧』、東京大学出版会、1975年、154頁、171頁。
23. 小宮隆太郎著『現代日本経済：マクロ的展開と国際経済関係』、東京大学出版会、1988年、162−163頁。
24. 小宮隆太郎・奥野正寛・鈴村興太郎編『日本の産業政策』、東京大学出版会、1984年、9頁。
25. 安部武司著「綿業」、武田晴人編『日本産業発展のダイナミズム』、東京大学出版部、1995年、35−79頁。有沢広巳監修『日本産業史1』、前掲書、313頁。
26. 有沢広巳監修『日本産業史2』、日経文庫、1994年、88−101頁、212−221頁。
27. 山澤逸平著「繊維産業」、小宮隆太郎・奥野正寛・鈴村興太郎編『日本の産業政策』、前掲書、345−367頁。高村寿一・小山博之編『日本産業史3』、日経文庫、1994年、65−72頁、233−239頁。
28. 稲山嘉寛著『和の鉄鋼昭和史』、東洋経済新報社、昭和61年、86−88頁。139−158

頁。有沢広巳監修『日本産業史2』、日経文庫、前掲書、51-58頁。高村寿一・小山博之編『日本産業史3』、日経文庫、前掲書、88-93頁。
29. 山脇秀樹著「鉄鋼業」、小宮隆太郎・奥野正寛・鈴村興太郎編『日本の産業政策』、前掲書、225-276頁。岡崎哲二著「鉄鋼業」、武田晴人編『日本産業発展のダイナミックス』、前掲書、79-119頁。
30. 通商産業省・通商産業政策史編纂委員会編『通商産業政策史第12巻』、平成5年、425-441頁。
31. 中川敬一郎著『戦後日本の海運と造船』、日本評論社、1992年、49-55頁。
32. 同上、122-123頁。
33. 同上、158-169頁。
34. 米沢義衛著「造船業」、小宮隆太郎他編『日本の産業政策』、前掲書、369-389頁。
35. Steers, Richard M. *Made in Korea; Chung Ju Yung and The Rise of Hyundai,* Routeledge, 1999, page 51.
36. 日本自動車工業会、『日本の自動車工業2010』、2010年。
37. 中西孝樹著『自動車』、日経文庫、第2版、2010年、27頁。Fortune Global 500: The World's Largest Corporations, July 2008, ちなみに2008年時のフォーチュン誌の世界の大企業の売上高順位の国別順位は、①アメリカ153社、②日本64社、③フランス39社、④ドイツ37社、⑤イギリス34社、⑥中国29社、⑦韓国15社となっている。
38. 日本自動車工業会、『日本自動車産業史』、昭和63年、387頁。
39. 武藤博道著「自動車産業」、小宮隆太郎・奥野正寛・鈴村興太郎編『日本の産業政策』、前掲書、277-296頁。山崎修嗣著『戦後日本の自動車産業政策』、法律文化社、2003年
40. 山澤逸平著『日本の経済発展と国際分業』、前掲書、140-161頁。
41. 山澤逸平・山本有造著『長期日本経済統計』、前掲書、202-205頁。山本有造著『満州国経済史研究』、名古屋大学出版会、2003年、153頁。金子文夫著「植民地投資と工業化」、大江志乃夫・小林英夫他編『近代日本と植民地、第3巻、植民地と産業化』、岩波書店、1993年、27-50頁。
42. 通商産業省編『通商産業政策史、第4巻』、平成2年、68-261頁。占領下の貿易取引の実際はこの文献に詳しい説明がある。
43. 通商産業省編『通商産業政策史、第6巻』、平成2年、77-119頁。鶴田俊正著『戦後日本の産業政策』、日本経済新聞社、昭和57年、37頁。
44. 通商産業省編、『通商産業政策史、第6巻』、同上、153-224頁。

45. 小宮隆太郎著『現代日本経済：マクロ的展開と国際経済関係』、東京大学出版会、179頁。
46. 通商産業省編、同上、第6巻、247－339頁。
47. 三和良一著『概説日本経済史近現代』、第2版、東京大学出版会、2002年、192－195頁。小宮隆太郎著『現代日本経済』、前掲書、158頁。
48. 通商産業省編『通商産業史、第8巻』、平成3年、169－296頁。
49. OECDの組織・役割・活動内容については、村田良平著『OECD（経済協力開発機構）』、中公新書、2000年参照のこと。
50. 通商産業省編『通商産業政策史、第8巻』、同上、296－362頁。
51. 小宮隆太郎著『貿易黒字・赤字の経済学：日米摩擦の愚かさ』、東洋経済新報社、1994年、42－45頁。
52. 通商産業省編『通商産業政策史、第9巻』、平成元年、284－295頁。
53. 日本の対米輸出の推移は、大蔵省（現財務省）、『財政金融統計月報：国際収支特集』、各号の対米主要商品別輸出動向の統計を参照されたい。
54. 通商産業省編『通商産業政策史、第9巻』、前掲書、308－331頁。伊藤元重・研究室著『通商摩擦はなぜ起きるのか：保護主義の政治経済学』、NTT出版、2000年、133－158頁。
55. 日米繊維交渉の経緯については、同上、475－555頁に詳しい説明がある。
56. 通商省産業省編『通商産業政策史、第12巻』、平成5年、444－445頁。
57. 同上、442－484頁。
58. 日本自動車工業会、『日本の自動車工業2010』、2010年5月、15頁、64頁。
59. US Government, *Economic Report of the President*, 1993, 2008.
60. MOSS, SII協議に関しては以下の文献に詳しい。グレン・S・フクシマ著・渡辺敏訳『日米経済摩擦の政治学』、朝日新聞、1992年、187－218頁。
61. Bhagwati, Jagdish., and Hugh T. Patrick, ed., *Aggressive Unilateralism: America's 301 Trade Policy and the World Trading System*, The University of Michigan.（邦訳）、渡辺敏『スーパー301条』、サイマル出版、1991年に収録された各論文参照のこと。
62. 伊藤元重・研究室著『通商摩擦はなぜおきるのか』、前掲書、218－222頁。小尾美千代著『日米自動車摩擦の国際政治経済学』、国際書院、210－268頁。日本経済新聞社編『ドキュメント日米自動車協議』、1995年。
63. 小宮隆太郎著『貿易黒字・赤字の経済学：日米摩擦の愚かさ』、東洋経済新報社、1994年。竹中平蔵著『日米摩擦の経済学』、日本経済新聞社、1991年。八代尚宏

第1章 日本の産業と貿易の発展

著『対外摩擦の政治経済学』、日本評論社、1995。日本経済新聞社編『日米摩擦の深層』、1989年。C.Fred Bergsten and Marcus Noland, *Reconcilable Difference? United States-Japan Economic Conflict,* Institute for International Economics, 1993; Paul Krugman, ed., *Trade with Japan: Has the Door Opened Wider?* National Bureau of Economic Research, 1991; I.M. Destler, *American Trade Politics,* Institute for International Economics, 1995; Laura D'andrea Tyson, *Who's Bashing Whom? Trade Conflict in High-Technology Industries,* Institute for International Economics, 1992.

64. 財務省、財政金融統計月報、関税特集、2010年10月、126−129頁。
65. 繊維産業、特に綿紡績産業の興隆と衰退について以下の文献に詳しい。渡辺純子著『産業発展・衰退の経済史』、有斐閣、2010年。
66. 小宮隆太郎著『日本の産業・貿易の経済分析』、東洋経済、1999年、93−155頁。
67. 半導体新聞編集部編『図解:半導体業界』、東洋経済新報社、2008年、10−12頁。
68. アメリカのPCのハード・ディスク産業の比較優位性について興味ある分析が以下の文献になされている。David G. McKendrick, Richard F. Doner and Stephan Haggard, From *Silicon Valley to Singapore: Location and Competitive Advantage in the Hard Disk Drive Industry,* Stanford University Press, 2000.

第2章　D・リカードの比較優位理論

はじめに

　前章で見たように現代日本の貿易は基本的には加工貿易的構造を持っている。即ち日本で入手困難な食糧（農作物・魚介類）及びコーヒー等の香辛料、鉄鉱石等の鉱物資源、原油・液化石油ガス（LPG）・液化天然ガス（LNG）等のエネルギー資源を輸入し、これ等資源を加工し付加価値を付けて機械工業製品及び重化学工業製品として輸出するという構造である。しかし近年日本は機械産業製品を自国で生産するばかりでなく海外からも輸入するという傾向が増大してきている。2008年の日本の貿易では機械工業製品の輸入が全体の24.6％を占めるようになっている。このように日本の貿易は次第に機械産業製品を海外に輸出すると同時に同じ機械産業製品を輸入するという所謂「産業内貿易」(intra-industry trade)のウエイトが増大してきている。日本の産業の水平分業化が進み、多国籍企業及びグローバル企業内部の貿易取引が増大しているのである。しかし日本は重要なエネルギー資源である原油の80％以上を中近東に依存し、日本の経済は海外の地政学的な動向や衝撃に非常に脆弱である体質を持っている。

　さらに日本は供給熱量ベースで測った食糧自給率が先進工業国の中で最も低く41％となっている。高い輸入関税で保護されている米（自給率96％）を除いて主要な食糧の自給率は、油脂類3％、小麦14％、畜産物17％、大豆29％等と一般的に低い。更に主要な農産物輸入先が一定の国に集中する傾向がある。畜産物の飼料として重要なトウモロコシは輸入額3517億円（2009年）の内96.4％を米国からの輸入に依存している。牛肉の輸入額1865億円は90％

が豪州・米国の2ケ国（豪州71.6%、米国18.5%）に集中し、味噌・豆腐の原料として重要な大豆の輸入額1633億円は97.4%を米国（68.3%）、ブラジル（15.1%）、カナダ（14.0%）の3ケ国に依存している。小麦の輸入額は1351億円、その輸入のほぼ100%を米国（59.4%）、カナダ（23.9%）、豪州（16.0%）の3ケ国に依存している。これ等日本人の食生活に不可欠な魚介類・農作物の輸入は海外の環境NGOの活動（反捕鯨・反エビ養殖・反マグロ捕獲等）、政府のエネルギー政策（米国のバイオ・エネルギー政策によるトウモロコシ・小麦・大豆の国際価格の高騰）、中国その他新興国の農作物需要の増大や自然災害による国際一次産品価格の高騰等、輸入の不安定化が近年非常に顕著になってきている。この様な食糧供給の不安定性を除去するため、日本の食糧自給率を高めることが日本の農業政策の緊急の課題であると指摘されている。[1]

　なぜ日本は特に機械産業に国際競争力や比較優位性を持つことが出来たのであろうか？　日本は食糧の自給率を高め、食糧供給の安全を確保するため農作物の輸入を制限し日本の農業を保護育成すべきであろうか？　或いは日本は限られた資源を効率的に活用して最も得意とする分野に特化して輸出し、不得意とする財やサービスを輸入に頼るべきであろうか？　これ等の問題は国際貿易理論や政策の根幹に関わる問題であり、D・リカード（David Ricardo; 1772-1823）が『経済学及び課税の原理』（The Principles of Political Economy and Taxation, 1817）を発表して以来190年間以上国際貿易理論と政策の問題として論じられてきた。

　D・リカードが『経済学及び課税の原理』の第7章で論じた「比較生産費理論」、「比較優位理論」ないしは「機会費用理論」はそれ以降の国際貿易論の発展の出発点となったと言われてきた。[2]現代の欧米及び日本の大学の「国際貿易論」で必ず最初に講義される理論であるので、先ずD・リカードの「比較優位理論」（以下ここではD・リカードの理論を「比較優位理論」と呼ぶ）の内容を見てみよう。

第2章　D・リカードの比較優位理論

2.1　D・リカード（1772－1823）の生涯と思想

　D・リカードはポルトガル系ユダヤ人の株仲買人（Stock-broker）のアブラハム・イスラエル・リカード（Abraham Israel Ricardo; 1773-1812）の3男としてロンドンに生まれた。リカードの幼年期・青年期の伝記は不詳であるが、11歳―13歳までアムステルダムの叔父の家で生活し、当地のユダヤ教会（synagogue）付属の初級・上級学校（スピノザの出身校）で学んだとされる。リカードの関心は地質学・鉱物学・化学・数学であった。14歳の時ロンドンに帰り父親の株仲間の仕事を6年間手伝い、1793年12月、リカードが20歳の時にクゥエーカー教徒の外科医の娘プリシラ（Priscilla）と結婚した。1799年リカードが26歳の時温泉保養地バースの貸本屋でアダム・スミスの『国富論』を読み、それ以降政治経済学に関心を持つようになる。成人に達したリカードは株仲介業務・貸金仲介・債券引き受けで成功し、1814年42歳の時仕事から引退、イギリス社会が直面する経済問題の研究に没頭する。この間ジョン・スチュアート・ミル（John Stuart Mill; 1803-1873）の父でありスコットランド人の自由貿易主義者であるジェームス・ミル（James Mill; 1773-1836）と親交を持った。リカードの青年期・壮年期のイギリス社会は産業革命の進行、1789年のフランス革命に代表される市民革命、ナポレオン戦争等社会の激変期にあり、リカードは同世代の地主階級を代弁する穀物条例支持論者であったT.R.マルサス（Thomas Robert Malthus; 1776-1834）との間でイギリス社会が抱える種々の経済政策問題に関する論争を展開した[3]。そしてリカードが45歳になった1817年代表的な著作『経済学及び課税の原理』（On the Principles of Political Economy and Taxation）を発表する。リカードは1819年イギリス議会の代議士になり1823年51歳で逝去するまで市民階級の利益を代表する革新的代議士として積極的な議員活動を展開する[4]。

　リカードの『経済学及び課税の原理』は比較的短く300ページ前後の著作であるが、労働価値理論、地代論、賃金論、資本の利潤論、貿易論、租税論

及び財政理論、貨幣論及び金融論等その内容は複雑多岐に亘る[5]。リカードは産業革命の結果都市部に形成された市民階層、特に勃興する商業資本・産業資本階層の利益を代弁するイデオローグ(ユダヤ系知識人)であったと理解される。リカードはアダム・スミス (Adam Smith; 1723-1790) が『国富論』(An Inquiry into the Nature and Causes of the Wealth of Nations, 1776) の中で主張した自由主義市場経済思想の継承者であり、イギリス古典経済学を代表する理論家である。その天才的な分析力・洞察力・総合力・独創性をシュンペーター (Joseph A.s Schumpeter; 1883-1950) は非常に高く評価しているが、リカードには「悪癖」(Ricardian Vice) があり、限られた前提から一定の命題を敷衍し論じる性癖があると批判していた[6]。しかしリカード理論研究家のホランダーはそのような「悪癖」はリカードにはないと反論している[7]。マルクス (Karl Marx; 1818-1883) はリカードの「労働価値」理論に批判的であったが、マルクスの「余剰価値」理論はリカードの「労働価値」理論を批判的に発展させた理論であると解釈されている[8]。マルクスの「階級闘争理論」はリカードの地主階級の地代、労働者階級の賃金、産業資本家階級の利潤という「3階級の所得分配理論」に影響を受けて展開されたと理解されよう。更にリカードの自由経済思想はジョン・スチュアート・ミルに継承されアルフレッド・マーシャル (Alfred Marshall; 1842-1924) 以降の近代経済学に引き継がれている。現代の経済学でもリカード理論は、経済理論を展開する際のインスピレーションの源となっている。財政学の分野ではハーバード大学のR．バロー教授 (Robert Barro) が政府の財政赤字と国民の貯蓄の同等性を論じた「リカード等位性」(Ricardian Equivalence) を展開している[9]。開発経済学の分野では速水祐次郎教授が「リカードの罠」理論を展開している。速水教授は、経済の発展によって途上国の人口が増大して食糧需要が増大し、農作物生産を拡大するため耕作地は優等地から劣等地に拡大する。その結果農地の収穫逓減の法則から食糧生産費用は上昇し、その結果都市部の労働者の賃金は上昇する。地主階級はリカードの差額地代から富を蓄積し富裕階級化する。一方産業資本家は賃金の上昇によって利潤率が低下し、生産設備投

資を削減せざるを得ない。その結果工業の生産性は低下し、経済は停滞するという「リカードの罠」理論を展開している。[10]

2.2 リカードの「比較優位理論」

　リカードは都市部の産業資本家の利益を代弁する立場から、イギリスの保守的なエリート階級地主の利益を保護するために制定された「穀物条例」の廃止を主張した。その理由は、政府が穀物の輸入を規制すると速水教授が主張するように生活必需品であるイギリスの穀物の価格が上昇し、その結果労働者の賃金が増大し、産業資本家の利益が減少するからである。資本家は設備投資に消極的になる結果、イギリス経済の生産性は伸び悩みイギリス経済が停滞する。この理由からリカードは自由貿易政策を主張し、イギリスはイギリスが得意とする産業分野に特化して生産を行い、不得意な産業分野の製品を輸入すべきであると考える。イギリス政府が自由貿易政策を実施すると消費者は海外から輸入された安い消費財をより多く消費することが出来、その結果イギリス市民の消費水準は向上する。イギリス社会は限られた資源を効率的に活用することによって経済的便益を得ることが出来ると主張する。この主張を理論的に説明するためにリカードは『経済学及び課税の原理』第7章で「比較優位理論」を展開した。リカード理論の中心的概念はサムエルソンやクルーグマンが指摘するように「機会費用」(opportunity cost) の概念である。[11]

　国、社会、企業・個人は限られた経済・経営・人的資源をその得意とする分野に集中的に投入することによって、その能力を最大限に発揮することが出来る。若し不得意の分野に限られた資源を投入すると、得意分野にその資源を投入したときに得ることが出来た便益を喪失することになる。即ち不得意分野に従事することの経済費用（コスト）は「得意分野で得ることが出来た便益を享受する機会を喪失する」から生じる費用であるということである。これを「機会費用」(opportunity costs) という。リカードは得意・不得意分

野を識別する基準として、「商品の交換価値の源泉は労働力の投入量にある」という労働価値理論から、労働力の投入量の違いによって判断出来ると考えた。

　リカードの「比較優位理論」ないしは「比較生産費理論」はR.トーレス（Robert Torres）及びJ.S.ミルの理論とともに「古典派経済学」の貿易理論といわれている。「新古典派」の貿易理論はA.マーシャル（Alfred Marshall; 1842-1924）以降の国際貿易論、特にF.エッヂワース（Francis Y. Edgeworth; 1845-1926）、Jacob Viner（1892-1970）、James Edward Meade（1907-1995; ケンブリッジ大学教授、1977年ノーベル経済賞受賞）等の貿易理論を指す。「近代貿易理論」は第3章で紹介するヘックシャー・オーリン（Heckscher/Ohlin）理論以降の貿易理論を指し、代表的な近代貿易理論はP.サムエルソン（Paul Samuelson）、P.クルーグマン（Paul R. Krugman）、R.ジョーンズ（Ronald W. Jones）、J.バグワティ（Jagdish Bhagwati）等の貿易理論である。日本の代表的な近代貿易理論は伊藤元重・大山道広教授の理論であろう。伊藤・大山教授はロチェスター大学でR.ジョーンズ（Ronald W. Jones）の下で研鑽を積んでおり、R.ジョーンズ理論の継承者と言えよう。[12] 以下ここではリカードの理論を近代貿易理論の視点から解釈するが、[13] 19世紀前半リカードがイギリス社会が直面した経済問題を古典経済学者達の論争を通して形成した「リカード理論」を現代の「近代経済学」理論の枠組みに従って解釈しようとすると当然種々の矛盾・齟齬・非整合性が生じてくる。また現代の代表的な「近代貿易論者」達の間にも当然リカード理論の解釈に違いがあるので留意する必要がある。以下ここでは主にP.クルーグマン、R.ジョーンズ、及び伊藤・大山教授のリカード理論の解釈に従って説明することにする。

（1）リカードの比較優位の原則（comparative advantage）

　リカードの「比較優位理論」の基本的な命題は、「各国はそれぞれ比較生産費が低い産業に比較優位性をもち、この産業に特化して生産を行いこの産業が生産する財を輸出し、比較生産費が高い比較劣位財を他国から輸入する

ことによって便益を得ることが出来る」という命題である。このリカード理論の前提は、①自国（イギリス）と外国（ポルトガル）の2ヶ国、②生産・貿易の対象となる財はワインと衣料の2財、③2財の生産に必要な生産要素は労働力のみで1単位の財の生産に必要な労働力の投入は固定（固定労働力投入係数）される、賦存労働力資源は一定である、④規模に対して収穫が一定、平均・限界費用は同一である、⑤財・生産要素市場には完全自由市場が成立し、⑥2国間の貿易は輸送費ゼロと仮定する、⑦生産要素の労働力は国内市場にのみ移動が可能である、⑦2財の需要に関する前提はないが、⑧貿易収支は均衡し、生産された財は総て消費されるという前提の基に理論が展開されている。これ等に付け加えて近代貿易経済学の前提である、⑨経済主体は利潤・効用を最大化するよう必要な情報に基づいて合理的に行動する、⑩各国の経済行為は財の国際価格に影響を与えない（小国の前提）、⑪外部経済は存在しない等の前提を追加して解釈する必要がある。[14]

リカードの『原理』の論議は、イギリスとポルトガル、ワインと衣料を具体例として題材にしているが、ここでは日本の学生・社会人読者を対象とするので、自国（日本）、外国（アメリカ）、生産する財は衣料と食糧の2財として説明することにする。仮に日本とアメリカのそれぞれ衣料と食糧を一定単位生産に必要な労働力及び総労働力を下記の表2－1の通りであると仮定する。アメリカを指す記号にはアステリク記号（＊）をつける。

この場合日本は持てる総労働力を種々組み合わせて食糧（ＸＦ）及び衣料

表2－1：日本及びアメリカの衣料及び食糧一定単位の年間生産に必要な労働力と総労働力

		日　本	アメリカ(*)
食　　糧	(af)	6人 (af))	3人 (af*)
衣　　料	(ac)	4人 (ac)	3人 (ac*)
比較生産費	(af／ac)	6／4 (af/ac)	3／3 (af*/ac*)
総労働力	L	24人 (L)	24人 (L*)

（ＸＣ）の生産が可能であるが、２－①式が規定する賦存労働力を完全に雇用する条件で食糧生産（ＸＦ）及び衣料生産（ＸＣ）に労働力を配分して生産を行う。日本の24人の総動力をすべて食糧の生産に投入すると、４単位の食糧の生産が可能となり、衣料の生産に投入すると６単位の衣料が可能となる。これを横軸に食糧（ＸＦ）、縦軸の衣料（ＸＣ）を示すグラフに示すと、日本の食糧（ＸＦ）と衣料（ＸＣ）の最大の生産点をそれぞれＡ点、Ｂ点とすると、Ａ点、Ｂ点を結んだ直線ＡＢは生産可能曲線（フロンティア：PPF; production-possibility frontier）ないし変形曲線（transformation curve）を示す直線（曲線）となる。この直線は日本に存在する労働力をすべて投入して生産が可能な食糧（ＸＦ）と衣料（ＸＣ）生産の組合せを示す。三角形ＯＡＢの内部での生産は日本が持てる総労働力が不完全雇用の状態であり非効率的な生産となる。また三角形ＯＡＢの外側での生産は総労働力を越えており不可能領域である。従ってＡＢ線上での生産が最適な生産となる。ＡＢ直線の勾配は６／４、即ち労働力の投入比率（af/ac）である。　ＡＢ線上での生産は一方の財を減少させなければ他方の財の生産を増加させ得ないということから「パレート最適な生産」と言われている。[15] Ｐ１点の生産点から食糧生産量を１単位減らすと６単位の労働力があまり、この労働力を衣料生産に活用すると６／４単位の衣料生産が可能になり、生産点はＰ２に移行する。ここで形成される三角形Ｐ１ＲＰ２の勾配はＡＢ直線の勾配と同じく６／４であり、この６／４は食糧と衣料との代替率を示す。Ｐ２点を無限にＰ１点に近づけると三角形は無限に小さくなる。

　しかしこの三角形の勾配は変わらない。従ってＰ１点での三角形の勾配は「限界代替率」(marginal rate of transformation) を示す。またこの生産可能フロンティア（ＰＰＦ）は直線であるので、食糧（ＸＦ）と衣料（ＸＣ）の変形率（代替率）は一定である。

$$6 \cdot XF + 4 \cdot XC = 24 \quad \cdots\cdots\cdots 2-①$$
$$XC = 24/4 - 6/4 XF \quad \cdots\cdots 2-②$$

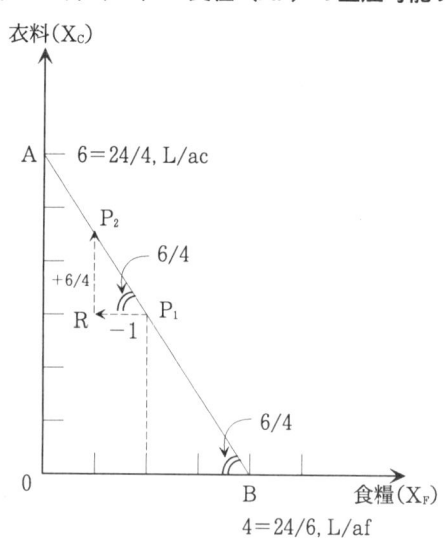

第2章　D・リカードの比較優位理論

図2－1：日本の衣料（XC）と食糧（XF）の生産可能フロンティアー

衣料（X_C）

A ― 6＝24/4, L/ac

P₂

6/4

＋6/4

R ― P₁
　　 －1

6/4

0　　　　　B　食糧（X_F）
　　　4＝24/6, L/af

　一定単位の食糧生産（XF）及び衣料生産（XC）必要とする労働力投入量の逆数1/6、1/4 はそれぞれ1人当たり労働力の食糧生産（XF）及び衣料生産（XC）の労働生産性を示す。また労働力のみが食糧（F）及び衣料（C）生産の生産要素費用なので、食糧（F）の生産費用、衣料（C）の生産費用は、日本の労働者の賃金率をWとすると、それぞれ6W、4Wとなる。リカードの商品の労働価値説から、食糧の価格（Pf）及び衣料の価格（Pc）はそれぞれ生産要素費用6W、4Wと等しくなる。

　以上のことから、6/4という比率は①生産可能曲線の勾配、②労働力投入比率、③比較生産費、④相対価格、⑤食糧（XF）と衣料（XC）の交換比率、⑥限界変形率（MRT：marginal rate of transformation）、及び⑦日本の食糧生産の機会費用を示すことが理解されよう。日本が1単位の食糧生産をすると得べかりし6/4単位の衣料生産の利益を喪失することを意味する。即ち衣料生産で表した食糧生産の「機会費用」を表す。日本の食糧（XF）及び衣料（XC）生産に必要な労働力投入量はそれぞれ、af、acであるので、

69

以下のような等号式が成立する。

　ＡＢ直線の勾配（6/4）＝労働力投入比率（ａｆ/ａｃ）＝比較生産費（6Ｗ/4Ｗ）＝相対価格（Ｐｆ/Ｐｃ）＝限界変形率（ＭＲＴ）＝食糧生産の機会費用（opportunity cost）・・・・・・・・2－③

　表2－1の仮定から判断すると、アメリカは日本に比較して食糧（Ｆ）、衣料（Ｃ）のそれぞれの産業で日本よりも1単位の生産に必要な労働力投入量は少なく、労働力投入量の逆数である労働生産性はそれぞれ1/3であり、日本よりも高い。即ちアメリカは日本に対して食糧（Ｆ）、衣料（Ｃ）生産で「絶対優位」（absolute advantage）を持つ。しかし比較生産費で比較すると、2－④の不等式から日本の食糧（Ｆ）の比較生産費（機会費用）（6/4）はアメリカの食糧（Ｆ）の比較生産費（機会費用）（3/3）よりも大きい。従って日本は食糧生産に「比較劣位」、アメリカは食糧生産に「比較優位」を持つと考えられる。2－④の不等式の分子・分母を逆にすると、2－⑤の不等式から日本は衣料生産に「比較優位」を持ち、アメリカは衣料生産に「比較劣位」にあると考えられる。この場合、日本が比較劣位の食糧（Ｆ）生産を1単位生産を減少すると6人分の労働力を節約可能となり、この6人の労働力を衣料生産に投入すると6/4単位の生産が可能となる。これをアメリカに輸出して3/3の交換比率で食糧と交換すると6/4単位の食糧の輸入が可能となる。6/4単位の食糧消費の増加－1単位の食糧消費の減少＝2/4単位の追加の食糧の消費が可能となる。これが日本が比較優位財の衣料をアメリカに輸出し、比較劣位財の食糧を輸入することによって得られる「貿易の利益」となる。国際市場での輸出財価格と輸入財価格との比率を交易条件と呼ぶ。従って日本の輸出財である衣料がアメリカに輸出される場合の交易条件は3/3であるが、アメリカが比較優位を持つ食糧の日本での交易条件は6/4である。従ってアメリカはこの交易条件で比較劣位財の衣料生産を1単位やめると

第 2 章　D・リカードの比較優位理論

　　　6／4＞3／3　　　・・・・・・・　2－④
　　　af／ac＞af＊／ac＊
　　　4／6＜3／3　　　・・・・・・・　2－⑤
　　　ac／af＜ac＊／af＊

　3人分の労働力があまり、この労働者を食糧生産にまわすと3／3単位の食糧の追加生産が可能となる。これを6／4の交易条件（交換条件）で衣料と交換すると、6／4単位の衣料と交換可能となり、アメリカの「貿易の利益」は6／4単位の衣料－3／3単位の衣料＝1／2単位の衣料消費が可能となる。この様に日本及びアメリカは比較優位財の財に特化して生産を行いその財を輸出することによって貿易の利益を得ることが出来る。

（2）リカードの比較優位理論の命題と現代的意味

　この様に2－④の不等式が満たされているとき、アメリカは食糧（Ｘｆ）生産に比較優位をもち、2－⑤の不等式が満たされているとき日本は衣料（Ｘｃ）生産に比較優位を持つ。日本及びアメリカはそれぞれその比較優位財を輸出することによって貿易の利益を得ることが出来る。このリカードの比較優位の原則は日本とアメリカとの間に各産業間に労働力投入量に差があること、即ち労働生産性に違いがあることに由来する。この各国産業の労働生産性の違いはそれぞれの生産技術の差に原因があり、この各産業の生産技術の違いは、①生産設備の投資と技術的水準、②経営者及び労働者の技術水準、③産業技術の学習効果、④労働者の達成意欲、⑤市場の競争条件、⑥技術革新等様々な条件によって影響される。これ等各国の技術水準の発展の誘因や原因についてリカード理論は考慮していないことに留意する必要がある。また後の章でP.クルーグマンが指摘するように、「貿易の利益」には「規模の効果」による価格の低減効果によっても生じる。このように「規模の効果」が国際社会の消費者の福祉水準を向上させることを理解する必要があろう。[16]

現実の国際貿易の分野では各国の産業の比較優位性（comparative advantage）は時間とともにダイナミックに変化し、産業の新陳代謝（メタボリズム）が加速化していることを認識する必要がある。しかしリカード理論はグローバル化する国際社会で「開放型の経済戦略」を示唆するものであり、現代的意味を持つパラダイムであろう。

2.3 リカード理論のミクロ経済学

以下ここではリカード理論の内容を現代のミクロ経済学の基礎理論の枠組みからその性質及び論理的帰結を見てみよう。[17]

（1）閉鎖経済（貿易前）の市場均衡

リカード理論を先ず貿易前（閉鎖経済）の日本（自国）市場（貿易後の経済を「開放経済」とい言うのに対して貿易前の経済を「閉鎖経済」と言う）について考えてみよう。直感的に理解しやすいように図2-2のグラフは横軸に衣料生産（Ｘｃ）、縦軸に食糧生産（Ｘｆ）を描いた日本（自国）の生産可能曲線ＡＢである。この直線の勾配は前の説明とは逆に4/6（ac/af）であり、日本の24人の総労働力を衣料生産（Ｘｃ）に投入すると6単位（24/4、L/ac）の衣料の生産が可能となる。この点をA点とすると、このA点での日本の生産は食糧生産（Ｘｆ）がゼロであるので、衣料生産に「完全特化」(complete specialization)しているという。同じように縦軸の切片Ｂ点は食糧生産（Ｘｆ）に「特化」した生産点である。それ以外のＡＢ線上の衣料と食糧の組合せの生産は「不完全特化」(incomplete specialization)と呼ばれている。[18]しかし「閉鎖経済」下の日本で完全特化して生産することは考えられない。食糧生産をゼロにして衣料生産に完全特化すれば、国民は餓死してしまうし、食糧生産に完全特化すれば凍死してしまう。それでは日本はＡＢ線上の生産可能曲線のどの点で生産するのか。しかしどのＡＢ線上での生産も最適生産点である。餓死と凍死を結ぶＡＢ線上の生産点が最適生産点とは皮肉な理論で

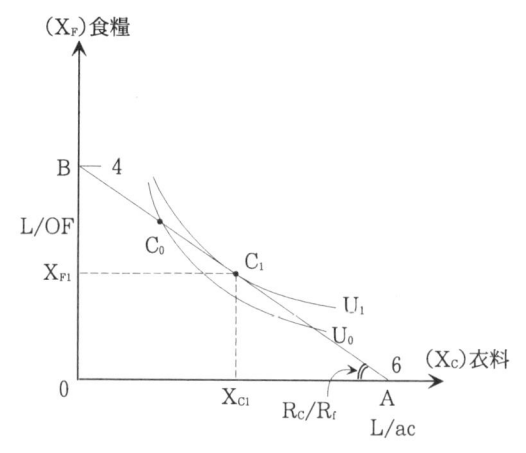

図2－2：閉鎖経済下の自国（日本）の最適生産点と消費点

```
(X_F)食糧
│
B ── 4
│  \
L/OF │ C₀
X_F1 ├───•  •C₁
│        \    U₁
│         \   U₀
│          \    6  (X_C)衣料
0 ──────────┼──•──→
      X_C1  R_C/R_f  A
                    L/ac
```

参考資料：Peter B. Kenen, The International Economy, Cambridge University Press, 3rd Edition, 1994, page 29.

ある。ここで説明の道具として頻繁に使用されるのがミクロ経済学で効用分析の道具として使用される消費の「無差別曲線」という概念である[19]。

　図2－2は閉鎖経済下の日本の生産可能曲線ABと無差別曲線U1とC点で接している。生産可能曲線ABは日本が2財（Xc、Xf）を生産する国内総生産を表す。日本の国内総生産は、国内総生産（Y）、衣料Xcの価格をPc、食糧Xfの価格をPfとすると下の2－6式によって定義づけられる。

$$Y = Pc \cdot Xc + Pf \cdot Xf \qquad \cdots\cdots\cdots 2-6$$
$$Xf = Y/Pf - Pc/Pf \cdot Xc \qquad \cdots\cdots\cdots 2-7$$

この国内総生産は2－6式のAB直線によって表される。AB直線の勾配はPc/Pf、即ち衣料と食糧の相対価格を表す。国内総生産（Y）は衣料の消費量をCc、衣料の消費量をCfとすると、国内総生産＝国民所得＝総消費であり、閉鎖経済では生産された財は総て消費され供給と需要は均衡する。

しかし日本が「開放経済」に移行し、国際市場での衣料対食糧の相対価格が上がれば、日本は衣料を輸出し食糧を輸入する貿易構造になる。究極的には日本は比較優位産業の衣料に特化し、比較劣位財の食糧生産をゼロにし、貿易の利益を享受することになる。この場合には必要な食糧は海外から輸入され、衣料生産に特化しても「餓死」は起こらない。食糧供給を海外に依存して食糧の安全供給が脅かされる場合には、必要な量の食糧を備蓄すればよい。このように日本が得意分野である衣料生産に特化することにより、日本の貴重な生産要素の資源である労働力が最も効率的に活用されることになる。このようにリカード理論は「サプライ・サイド」の経済理論であり、供給が需要を規定する。このためには日本の産業の労働者の生産性を高め国際競争力を強化するために「人材開発」が非常に重要な開発戦略となる。

$$Pc \cdot Xc + Pf \cdot Xf = Pc \cdot Cc + Pf \cdot Cf \quad \cdots 2-8$$
　　　（国内総生産）　　　　　　（国内消費）
$$Pc \cdot Xc - Pc \cdot Cc = Pf \cdot Cf - Pf \cdot Xf \quad \cdots 2-9$$
$$Pc(Xc - Cc) = Pf(Cf - Xf) \quad \cdots \cdots 2-10$$
$$Pc/Pf = (Cf - Xf)/(Xc - Cc) \quad \cdots \cdots 2-11$$

衣料対食糧の相対価格＝食糧の超過需要／衣料の超過供給＝食糧輸入／衣料輸出

　図2－2での衣料生産と食糧生産のC点での供給と需要の均衡点では日本はOXc1の衣料生産と消費を行い、食糧生産と消費は0Xf1であり、このC点で生産可能曲線の限界変形率＝無差別曲線の限界代替率＝相対価格となっており、日本が閉鎖経済下における最適生産点・消費点であることが理解されよう。この時の消費水準は無差別曲線U1である。生産点Coは同じ生産可能曲線の線上にあり最適生産点の1つであるが無差別曲線の限界代替率とは等しくなく最適な消費点でなく、消費水準を示す無差別曲線Uoに接しており、消費水準は明らかにU1の消費水準よりは劣る。

（2）貿易後（開放経済）の国際分業

　日本の閉鎖経済下の衣料と食糧の労働投入比率は前述のように4/6、アメリカ労働投入比率は3/3（ac/af＜ac*/af*）であり、日本は衣料生産に比較優位がある。しかし日本が国際市場で貿易をすると日本が小国である前提から所与の国際価格で貿易することになる。国際市場での交易条件を※Ｐｃ/※Ｐｆとする（日本の相対価格と区別するため※印をつけることにする）と、2－12式の条件が成立するとき、即ち国際市場の交易条件が日本の生産費用比率（相対価格）とアメリカの生産費用比率（相対価格）の間にある時に貿易が成立する。2－12式の条件から表2－2に示されたような日本とアメリカの生産の特化パターンが形成される。ケース①の場合、国際相対価格※Ｐｃ/※Ｐｆ＞4/6のとき、日本は本来食糧生産は比較劣位であるが、それでも国際相対価格に比較して優位なので食糧に完全に特化する。アメリカは国際価格に対して食糧生産に比較優位があるので食糧に完全特化する。しかしこの特化パターンは日本とアメリカ（外国）によって構成される世界経済がすべて食糧生産に特化することになるので、衣料が絶対的に不足してしまい、非現実である。ケース②の場合、国際相対価格が日本の国内相対価格と同等であるので、日本は衣料・食糧にも比較優位・劣位でもない。従って衣料・食糧両財を需要に従って生産する。しかしアメリカは食糧に特化して生産するので、アメリカが食糧生産で支配的な生産者となる。ケース③の場合、2－12式が適用される標準的な特化パターンであり、日本は衣料、アメリカは食糧にそれぞれ比較優位財に完全特化して生産を行う場合である。しかしこの

表2－2：国際相対価格（交易条件）と日本とアメリカの生産特化

	※Pc/※Pf＞4/6　①	※Pc/※Pf＝4/6　②	4/6＜※Pc/※Pf＜3/3　③	※Pc/※Pf＝3/3　④	※Pc/※Pf＞3/3　⑤
日本	食糧に完全特化	両財を生産	衣料に完全特化	衣料に完全特化	衣料に完全特化
米国	食糧生産に完全特化	食糧に完全特化	食糧に完全特化	両財を生産	衣料に完全特化

場合、日本は食糧供給を完全にアメリカに依存することになり、生活必需財の食糧確保が不安定になる。比較劣位財を生産する日本の農家は政治家に訴求して日本の食糧自給率の確保を主張するだろう。他方日本は衣料の独占的な供給者になるので、アメリカとの貿易交渉によって食糧を確保しようとするであろう。アメリカの食糧の生産者は日本の消費市場の安定的需要を求めるであろうし、同じく消費者は日本製の衣料に対する需要が強くなるであろう。ここに貿易交渉の政治経済的課題が生じることになろう。ケース④の場合は、日本が衣料生産に比較優位を維持し衣料生産に特化し、アメリカは両財を生産する。ケース⑤も日本が依然衣料生産に比較優位を持ち衣料生産に完全特化し、アメリカは本来衣料生産が比較劣位であるにもかかわらず、衣料の国際相対価格よりも安く生産出来るので衣料生産に特化することになる。この様に国際市場での生産特化パターンは国際市場での交易条件によって異なってくる。具体的にどの生産特化パターンが成立するかは国際市場での両財の需要によって決まってくるであろう。[20]

$$ac/af < ※Pc/※Pf < a^*c/a^*f \quad \cdots\cdots 2-12$$
$$(4/6 < ※Pc/※Pf < 3/3)$$

国際市場で1つの財だけの供給と需要を分析する場合、その財の供給曲線と需要曲線の交点で均衡価格が決定する。このように1つの財だけを取り上げ他の財に対する影響を無視して分析することを「部分均衡分析」という。しかしリカードの比較優位理論は衣料の食糧に対する相対的供給と需要を分析する必要がある。このように2財の需要と供給とを同時に分析する方法を「一般均衡分析」という。[21] 一般均衡分析は次章以降で説明することにする。

2.3　リカード理論の多数財へ適用と実証研究

（1）リカード理論の多数財への適用

第2章　D・リカードの比較優位理論

　以上みてきたリカードの貿易理論は①2ケ国、②2財、③1生産要素（労働力）理論である。自国（日本）と外国（アメリカ）について論じられた2財、衣料と食糧の比較生産費（比較優位性）は労働力投入量比率によって決まり、ac/af＜ａｃ＊/ａｆ＊であれば、日本は衣料生産に比較優位性があると判断された。2財について判断された比較優位の原則は当然の多数財についても敷衍して適用することが出来る。多数財に適用されるリカード理論はサムエルソン等によって詳しく展開されている。[22] このサムエルソンの論文の内容は伊藤元重・大山道広・山澤逸平教授等が比較的平易に解説しているので、これ等の解説の内容を簡単に紹介しておく。[23] ここにN個の産業があり、これらの産業の日米間の労働投入比率を小さい値から順番に並べていく（2－14式）。それぞれの産業に番号を付けて行くと、1番目に近い産業ほど日本が比較優位を持ち、N番目に近い程アメリカが比較優位を持つ産業の順番となる。

$$(ac/a^*c)＜(af/a^*f) \cdots \cdots \cdots \cdots 　2-13$$
$$(a1/a^*1)＜(a2/a^*2)＜(a3/a^*3)\cdots$$
$$＜(an\text{-}2)/(a^*n\text{-}2)＜(an\text{-}1/a^*n\text{-}1)＜(an/a^*n)\cdots 2-14$$

　日本の1人当たりの賃金を（w）、アメリカの日本円に変換した賃金を（w＊＝e・wo:　wo:　ドル建ての賃金：e:為替レート）とすると、日本の1単位当たりの衣料生産の労働力コストは（ac・w）、アメリカの労働力コストは（ac＊・w＊）、日本の1単位当たりの食糧生産の労働力コストは（af・w）、アメリカの労働力コストは（ａｆ＊・w＊）となる。衣料・食糧生産について日米どちらの産業に国際競争力があるかはどちらの国が生産コストが安く生産出来るかによって決まる。即ち次の条件による（ac・w）＜（ac＊・w＊）であれば日本が衣料に国際競争力を持ち、（ａｆ・w）＞（af＊・w＊）であればアメリカが食糧生産に国際競争力を持つ。日本の衣料産業の比較優位性の条件（ac・w）＜（ac＊・w＊）を書き直すと、（ac/ac＊）＜（w＊/w）、アメリカの食糧産業の比較優位の条件（af・w）＞（af＊・w＊）を書き直すと、

($af/af*$)＞($w*/w$)となり、日米の賃金比率を基準にして、日本の労働投入比率が日米の賃金比率より小さい産業は日本が比較優位を持ち、大きい産業はアメリカが比較優位を持つと判断される。この関係を図に表したのが図 2 − 3 である。

縦軸は日米間の産業別の労働投入量比率の値と相対賃金比率（$w*/w$は水平線となる）を取り、横軸に日米の産業別労働力投入比率の値の小さい順に並べる。 i 番目の産業が日米の賃金比率（$w*/w$）と等しいとき、左側の１番目に近い程日本の比較優位が高く、右側のＮ番目に近い産業程アメリカの比較優位が高いと判断される。

（2）リカード理論の実証研究

リカード理論を適用して国際貿易のパターンを実証的に研究した事例はあ

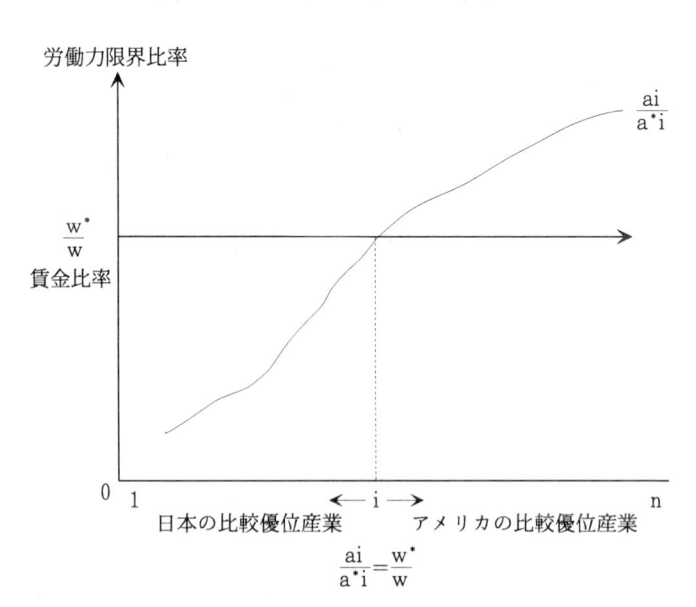

図 2 − 3：日米の産業別比較優位の識別

第 2 章　D・リカードの比較優位理論

まり多くはない。最も有名な事例研究は戦前の貿易データを使ってイギリスとアメリカ産業別の比較優位性を分析したオックスフォード大学のマクドウガル（G.D.A.MacDougall）の研究であろう[24]。このマクドウガルの研究は戦前のイギリスとアメリカの商品別の貿易統計データを使ってリカード理論の比較優位性の仮説を実証的に検証しようとした。リカード理論に従うとアメリカの製品は輸送コスト、輸入関税を考慮しても産業別の比較労働生産性が比較賃金率よりも高ければ、その製品はイギリスに輸出される傾向があるはずである。アメリカとイギリスの相互の輸出は全輸出総額の10％以下であるが、輸出製品について製品別の比較生産性と相対的輸出量の間にはプラスの相関関係（相関係数0.8以上）が認められるとしている。下の図は縦軸にアメリカとイギリスの比較生産性、横軸にアメリカ製品の対イギリス製品に対する輸出倍率が対数値で目盛られている。戦前アメリカの労働者のイギリスの労働

図 2 − 4 ：アメリカ製品の対イギリス輸出パフォーマンス

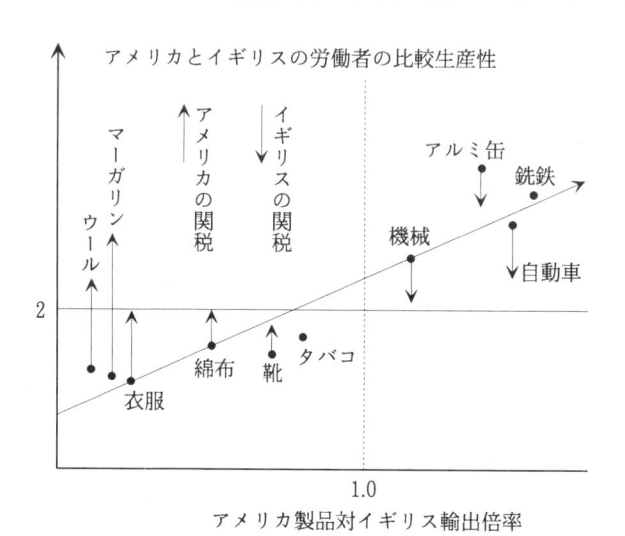

資料：G.D.A.MacDougall, "British and American Exports," The Economic Journal, December 1951, page 703.

79

者に対する賃金格差は2倍であり、若しアメリカの労働者の比較生産性が賃金格差の2倍を越えれば、その製品はイギリスに輸出されるはずである。図から判断される限りリカード理論の仮説は肯定されたと判断されよう。同じような調査が戦後の産業別のアメリカとイギリスの比較労働生産性と輸出パーフォーマンスについて別の研究者によって行われており、同じような結果を得ている。[25]

B.バラサ（Bela Balassa）も1960年代以降国際貿易のパターンの実証研究を勢力的に行い、その中でリカード理論の検証を行っている。バラサの研究で特に顕著なのは「顕示比較優位」（revealed comparative advantage）の概念である。この概念は国際貿易統計の品目別輸出・輸入統計から各国の品目別輸出特化係数を算定し、その数値が高ければその国はその製品に「顕示比較優位」を持つと判断する。バラサはリカード理論に従ってアメリカとイギリスの産業別の比較労働生産性と輸出パターンの分析を行い下の図が示すようにプラスの結果を得ている。[26]

図2－5：比較労働生産性と輸出

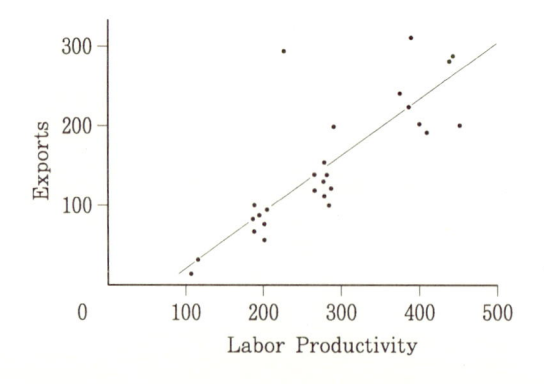

資料：Bela Belassa, Comparative Advantage, Trade Policy and Development, 1989, page 10.

おわりに

―リカードのパラダイム―

　リカードの比較優位のパラダイムは資本主義経済が勃興期にあったイギリスで台頭する産業資本家の利益を代弁して自由貿易政策を擁護する理論として展開された。言うまでもなく1つの国の産業の比較優位性は、労働力投入量の大小による比較生産費ないしは労働力投入量の逆数として労働力の比較生産性だけでその優劣が判断され得る程単純ではない。その国の産業の比較優位性は労働の生産性の他、①資源賦存状況、②地理的立地条件、③規模の効果、④学習効果、⑤産業構造と基盤整備、⑥集積の効果等の要因や誘因によって影響されよう。しかしリカードの天才的ひらめきは「機会費用」(opportunity cost)の概念である。国が不得意な産業分野にその限られた資源を投入すると、得意な産業分野にその資源を投入することによって得ることが出来たはずの便益を喪失する。

　この「機会費用」のパラダイムは貿易政策の分野ばかりでなく様々な意思決定の機会に適用される。個人の意思決定としては、人は自己の得意な分野に自分の才能と時間を投入すべきで、不得意な分野に自分のエネルギーを投入すると自分の得意分野で自分の能力を発揮する機会を喪失する。スポーツが得意な人はその分野で自分の能力を発揮すべきで、数学が得意な人は理工科系の分野で、芸術が好きな人は芸術分野でその能力を発揮すべきである。企業経営分野でも、企業は自己の得意な分野にその経営資源を投入すべきで「コア・コンピテンス」経営やM.ポーターが主張する「競争優位」が企業経営戦略の基本となる[27]。

　貿易取引の実施主体は国家でなく個々的な企業である。従って国単位の産業の比較優位性は企業環境がグローバル化された21世紀の世界では意味がなくなってくる。企業の経営資源はグローバルに調達し活用することが可能であり、それまで展開された国際貿易論の概念や理論は最早時代遅れとなる。

それでもなおリカードの「機会費用」のパラダイムは時代を超越してその有効性を失っていない。古典経済学が提示する命題の古典たる所以であろう。

補論―社会科学のパラダイム

（1）パラダイムの意味

「パラダイム」(paradigm) という言葉ほど社会科学の多くの分野で使用されている言葉は他に無いのではあるまいか。あたかもこの概念を使用することが知識人であることの証の様である。このパラダイムという言葉は「パラダイムの転換」という形で度々使用され、「発想の転換」という様な意味で一般に使用されている様である。この「パラダイム」という概念が学者達の間で使用されるようになったのは、ハーバード大学の科学の哲学者トーマス・クーン (Thomas S. Kuhn) が「科学革命の構造」(The Structure of Scientific Revolution, 1962年)[28]の中で用いてからであろう。このT・クーンは1996年6月20日享年73歳で亡くなっている。この著作の中でT・クーンは科学の革命的進歩の歴史を「パラダイムの転換」のプロセスとして分析している。この著作の中でT・クーンは「パラダイム」という言葉を中心的な概念として用いている。この比較的短かい著作（172ページ）の中でこの「パラダイム」という言葉が400回以上出てきており、22の別々の概念的意味を持つ言葉として使用されていると批判されている。[29] T・クーンの意図した「パラダイム」という概念は以下の様な意味であると理解して間違いはあるまい。すなわち、パラダイムという言葉は、思考形態、理想型、中心概念、作業仮説、時代概念、思考スタイル、基本命題、認識図式、視座、思考の座標軸、テーゼ、正統的学説、例証、理論モデル、モデル構造、発想の原点、思考の枠組み、信仰信条、宇宙観、原初的命題、理論的前提、認識の道具等を意味するものと考えられる。これ等の概念は多少ニュアンスの差はあるもののほぼ同じ様な内容を意味するものと思われる。しかし厳密な意味を追求する人々にとっては「パラダイム」という概念は「操作的」に定義づけられる必要性があろう。但しパラダイムという言葉の語源的な意味を追求することはあ

第2章　D・リカードの比較優位理論

まり意義の有ることとは思われない。

（2）方法論としてのパラダイム

このT・クーンの著書が発表された1960年代は社会科学の方法論や哲学が盛んに論議された時代であった。その1つの理由は自然科学の分野の方法論の論議に刺激されたためであろう。論理実証主義の立場に立つC・ヘンペル（C.Hempel）[30]の科学的命題の理論構成の分析、K・ポッパー（KR.Popper）[31]の科学の分析的哲学及びE・ネーゲル（E.Negel）[32]の科学的思考方法の分析等の著作が社会科学を研究する者達によっても関心の的となった。特にK・ポッパーは科学の方法論についての著作ばかりでなくマルクス主義の社会哲学に対する鋭い批判者であった為に社会科学を研究する者にとっても大きな影響力となった[33]。これ等の自然科学の哲学や方法論の分析に呼応して社会科学の方法論についての研究も盛んに行われた。R・ベンディクスのM・ウェーバーの研究[34]、A・カプランの行動科学の方法論[35]及び数多くの社会科学の方法論について議論が行われた[36]。この様な論議の中でT・クーンの「パラダイム」という概念は社会科学の方法論として注目を集めることとなった。その理由はT・クーンが科学の世界を科学者の社会が正統としてみとめる思考形態の支配する社会として把握し、科学者達が共通の認識道具として持つ「パラダイム」を知識社会学的な立場から分析した為であろう。日本人の意識構造を鋭く分析した丸山真男は人間の思考の発展のプロセスを「正統」と「異端」という思想家達の対立・抗争のプロセスとして把握しようとした様である。同じ様に社会科学の発展のプロセスは「正統的なパラダイム」と「異端的なパラダイム」との対立・抗争のプロセスと考えることが可能であろう。

（3）意識の現象学としてのパラダイム

以上の様に「パラダイム」という概念は社会科学の方法論上の問題として把えることが出来るが、人間の意識現象の問題としても把握することが可能であろう。科学者も人間であり科学者達の認識行為は、人間としての認知行為の心理現象という性質を持つことは否定出来ないからである[37]。この人間の意識現象を体系的に分析しているのは「現象学」（phenomenology）であろ

83

う。[38]この現象学的立場からA・ガーヴィッチ（A.Gurwitsch）が人間の意識現象を鋭く分析している。[39]A・ガーヴィッチによると人間の意識現象は「意識の場」（field of consciousness）の中で「意味づけ」（themetization）を行う行為であり、意味づけられないものは意識の場から追い出されてしまう。この現象学の立場から考えると、「パラダイム」は人間の意識の場の中で「意味づけ」を行うことであり、意識を「パラダイム化」することと理解されよう。

この意識の現象学を更に広げて人間の社会意識を現象学的に分析したのがA・シュッツ（A.Schutz）の現象学的社会学である。[40]A・シュッツは人間の社会意識は「常識化」する傾向を強く持ち、人々は日常の意識の中で物事を「当然化」する傾向を持っていると考える。この常識化・当然化する傾向を強く持つ人間の意識は本来保守的なものであり、この保守性を打ち破り人間が創造的になる為には意識改革即ち「パラダイムの転換」が必要になる訳である。この必要性が強く認識されたとき人々は「発想の転換」、「新しい視座」、「逆説的発想」、「複眼的発想」等を問題化するものと考えられる。この様な人々が持つ社会意識の転換が特に必要となるのは人々の社会環境が急激に変化する変革期にある時代であろう。現代の国際社会はソ連体制の崩壊、冷戦の終焉、国際化、情報化、地球規模の問題の顕在化、異文化の衝突等が問題となっている時代にあり、「パラダイムの転換」が必要とされる社会であると理解されよう。

（4）「パラダイムの転換」

以上の様な時代状況にある国際社会の現象を分析することを目的とする国際関係論、国際経済学、国際企業経営論等は「パラダイムの転換」（paradigm shift）が必要となってくる。このパラダイムの転換を意図的に追求する作業は種々の効果をもたらす。①別の視点から社会現象を分析することになる結果、今迄潜在化された現象が顕在化されたり、それまで隠れていた部分が表面化する。②社会科学者達が関心領域の焦点を意図的に変化させることにより、問題意識が変化することになる。③発想の転換をすることにより新しい問題を発見する機能（heuristic value）を持つ。④パラダイムの転換

は人々の認識の図式（cognitive mapping）を変革させるだけでなく、人々の持つ価値基準の変化をもたらす。即ち人々の価値意識の座標軸の転換が生ずることになる。⑤人々の価値意識が変化することにより、社会問題の重要性の優先順位（priority）が変化することとなる。これ等の理由により21世紀の国際社会の本質を理解する為に必要とされる「パラダイムの転換」を意図的に追求することは社会科学者達にとって非常に重要な作業となる。

注
1. 農林水産省編『平成22年版　食糧・農業・農村白書』、25－55頁。
2. Haberler, Gottfried., "The Relevance of the Theory of Comparative Advantage under Modern Conditions," in *Der international Handel*, Berlin, New York, 1970,pp.1-20: Ronald Findlay, "Growth and Development in Trade Models," in Ronald W. Jones and Peter B.Kenen,ed., *Handbook of International Economics*, Vol.I, 1984, page 186.
3. リカードとジェームス・ミル及びトーマス・マルサスとの手紙による交信録は、スラッファ（P・Sraffa）編集の『リカード全集』第6巻―9巻に収められている。Piero Sraffa ed., *The Works and Correspondence of David Ricardo*, Cambridge University Press, 1962,Vol.VI-IX.
4. 中村広治著『リカード評伝・生涯・学説・活動』、昭和堂、2009年参照。
5. リカードの経済理論の解釈については、以下の文献に詳しい。Samuel Hollander, *The Economics of David Ricardo*, University of Toronto Press, 1979. リカードの生涯と理論については原著の邦訳『経済学及び課税の原理』、岩波文庫の翻訳者・吉澤芳樹氏の解説が示唆に富んでいる。同書、下巻、297－314頁。
6. Schumpeter, Joseph A., *History of Economic Analysis*, Oxford University Press,1954, pp.469-480.
7. Hollander, Samuel., *The Economics of David Ricardo*, University of Toronto Press, 1979, pp.599-605.
8. Marx, Karl., *Zur Kritik der politischen Oekonomie*.（邦訳）大内力・加藤俊彦他訳『経済学批判』、岩波文庫、昭和31年、69－73頁。
9. Barro, Robert., "Are Government Bonds Net Wealth?" *Journal of Political Economy*, 82 (1974), pp.1097-1117.

10. 速水祐次郎著『新版 開発経済学』、創文社、2000年、80－86頁。
11. Samuelson, Paul., and William D.Nordhaus, *Economics*, McGraw‐Hill, 17th Ed., 2001, pp.137-139, pp.299-306. Paul R.Krugman and Maurice Obstfeld, *International Economics; Theory and Policy*, 8th Ed., Pearson, Addison Wesley, page 28.
12. Chipman, John S., "A Survey of The Theory of International Trade: Part I, The Classical Theory," *Econometrica*, Vol.33, No.3. July 1965, pp.477-479.
13. 以下ここで主に参照するのは次の文献である
    国際貿易論
    （1）Paul R. Krugman and Maurice Obstfeld, *International Economics*, 8th Edition, Addison Wesley, 2009
    （2）Richard E.Caves, Jeffrey A.Frankel and Ronald W.Jones, *World Trade and Payments*, 7th Edition, Harper Collins, 1996.
    （3）伊藤元重・大山道広著『国際貿易』、岩波書店、1985年
    （4）小宮隆太郎・天野明弘著『国際経済学』、岩波書店、1972年
    （5）Jagdish N. Bhagwati, Arvind Panagariya, and T. N. Srinivasan, *Lectures on International Trade*, 2nd Edition, The MIT Press, 1998.
    （6）Murray C. Kemp, *The Pure Theory of International Trade*, Prentice-Hall, 1964.
    （5）、（6）の文献は大学院レベルの教材で、必要に応じて参照する。
    ミクロ経済学
    　国際貿易の主体は個人・企業であり、これ等の経済取引を分析する経済理論はミクロ経済学である。この教科書は経済学以外の大学の学部の国際貿易論（半期）の教材として書かれており、ミクロ経済学未履修者は以下のミクロ経済学の教材を参照することが望ましい。しかし必要最小限度のミクロ経済学の概念・理論はこの教科書の中で説明することにしている。
    （1）西村和雄著、現代経済学入門、『ミクロ経済学』、第3版、岩波書店、2011年。
    （2）モダン・エコノミックス、奥野正寛・鈴村興太郎著『ミクロ経済学Ⅰ』、岩波書店、1985年、同　Ⅱ、1988年。

14. Bhagwati, Jagdish., et al., *Lectures on International Trade*, page 9.
15. Bhagwati,. ibid., page 10.,

16. Krugman, Paul., and Maurice Obstfeld., *International Economics*, 2009, page 26.
17. ミクロ経済学の未履修者は次の文献を参照されたい。西村和雄著、現代経済学入門『ミクロ経済学』第3版、岩波書店、2011年、『ミクロ経済学入門』、岩波書店、第2版、1995年。
18. 伊藤元重・大山道広著『国際貿易』、岩波書店、1985年、61頁
19. 消費者の無差別曲線は、基本的には消費者の財に対する選好・欲望を解析幾何学的方法によって解析し最適の消費点を見出そうとする方法である。2財の選好については平面解析幾何学、多数の財の選好については多次元空間の解析幾何学的分析を行う。この無差別曲線という概念は「新古典派経済学」以降論じられたミクロ経済学の基本的な課題の1つであった (J/R. Hicks, *Value and Capital*, Oxford, 1939, pp.11-52)。また経済学の目的が国民の福祉を向上させることであることから、国民の欲望の満足度(効用)を数量的に測定し、人々の効用を比較評価することが可能かどうかという問題が「福祉経済学」の大きな課題であった(熊谷尚夫著『厚生経済学』、創文社、昭和53年、19-138頁)。現代のミクロ経済学でも消費者の効用の「無差別曲線分析」は主要な課題の1つであるので、基本的な概念・理論を簡単にここで紹介しておく。

　消費者の満足を効用(utility)と呼び、2財(Ｘ１、Ｘ２)の組合せの満足度(効用)Ｕ＝(Ｘ１、Ｘ２)は効用関数として3次元空間でＵを軸とする多数のＸ１、Ｘ２の効用曲面としてあらわされる。同一の効用を得るＸ１、Ｘ２の軌跡、等高線を無差別曲線(indifference curve)と呼ぶ。この無差別曲線は、①右下

図1：効用曲面　　　　　　図2：原点に凸な無差別曲線群

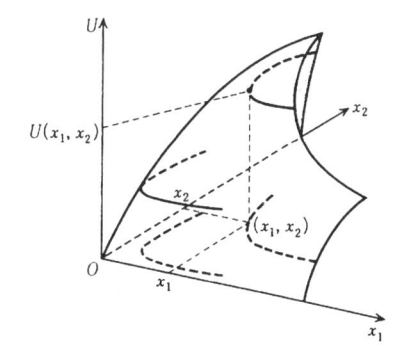

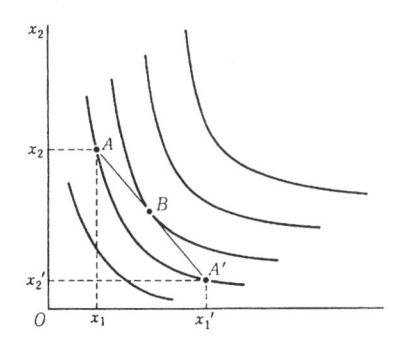

資料：西村和雄著『ミクロ経済学入門』、第2版、岩波書店、1995年、40-41頁。

図3：限界代替率　　　　　　　図4：限界効用

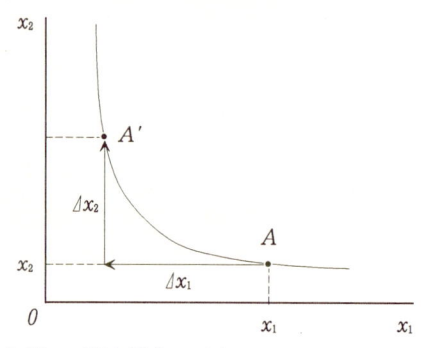

資料：西村和雄著、同上、42頁、46頁。

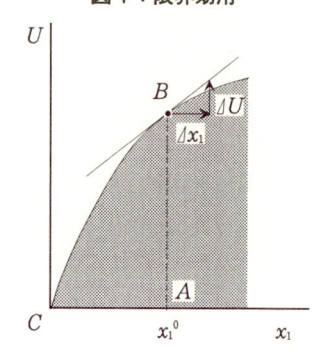

がり、②北東方向に位置するほど効用が高い、③原点に対して凸の形状を持つ。

限界代替率：無差別曲線に沿った変化は、効用水準を一定に保ちながら財（X１、X２）の組合せが変化することを意味する。X１財がΔX１だけ変化（ΔX１＜０）すると、X２財がΔX２（ΔX２＞０）変化する必要がある。このときΔX２のΔX１に対する比率は、X１のX２に対する、或いはX２財で測ったX１財の限界代替率（MRS: marginal rate of substitution）という（MRS＝$^-$$\Delta$X２／$\Delta$X１）。**限界効用**：点Aにおいて、X２財の量を固定したまま、X１財をΔX１分追加増加させると、それに応じて効用水準もΔU分変化する。このときの追加分の効用ΔUとΔX１との比率を限界効用という（MU＝ΔU／ΔX１）。

予算制約式：消費者は一定の所得（I）でX１財とX２財を購入して消費する。X１財の価格をP１、X２財の価格をP２とすると、消費者はI＝P１・X１＋P２・X２という予算制約の下で消費する。この式を書き換えると、X２＝I／P２－P１／P２X１となる。この直線を予算制約式という。この予算制約式の勾配$^-$P１／P２はX１財とX２財の相対価格となる。この予算制約式と無差別曲線と接するD点が消費者の満足（効用）

図5：予算制約下の効用の最大点

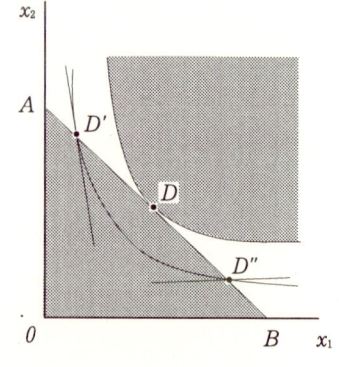

資料：西村和雄著、同上、50頁。

第2章　D・リカードの比較優位理論

を最大にする点である。このD点で予算制約式の勾配がP1/P2、無差別曲線の接線の勾配がD点で限界代替率MRS＝P1/P2と一致する。この時予算制約下で消費者の効用は最大となる。それ故限界代替率で示されるX1財の主観的価値（X1財の主観的交換価値）とX1財の相対的市場価値が一致するとき消費者の効用は最大となる。

以上は消費者個人の効用の最大化の条件であるが、国民全体の消費の満足度（効用水準）が個人としての消費者の満足度と同じように分析出来るかどうか当然疑問が出てくる。消費者の嗜好・選好・ニーズ・価値意識等は様々であり、消費者個人の効用を集合した効用が国民全体の効用であると単純化出来ない。アローの「一般可能性定理」の問題もあり、この国民全体の効用（厚生）問題は社会厚生関数と論じられてきた。社会厚生関数の問題の概略は以下の文献を参照されたい。奥野正寛・鈴村興太郎著『ミクロ経済学Ⅱ』、岩波書店、1988年、366－389頁。しかし国際貿易論では消費者全体の効用は、あたかも単一の巨大な消費者のように擬制して論ずるのが一般的である（Wassily W. Leontief, "The Use of Indifference Curves in The Analysis of Foreign Trade", Quarterly Journal of Economics, May 1933, pp.493-503）。以下ここでは国民全体の効用を個人の効用に擬制して論じることにする。

20. 伊藤元重・大山道広著、前掲書、61－63頁。
21. この相対的供給曲線と相対的需要曲線を使った一般均衡分析の例は以下を参照のこと。Paul Krugman and Maurice Obstfeld, *International Economics*, Addison Wesley, 8th Edition, 2009; pp.32-36; Richard Caves, Jeffrey A. Frankel, and Ronald W. Jones, *World Trade and Payments*, Harper Collins, 7th Edition, 1996, pp.85-91.
22. Dornbusch, R., S. Fisher, and P. A. Samuelson, "Comparative Advantage, Trade, and Payments in a Ricardian Model with a Continuum of Goods," *The American Economic Review*, December 1977, pp.823-839.
23. 伊藤元重・大山道広著、前掲書、64－80頁。山澤逸平著『国際経済学』、第3版、東洋経済新報社、1998年、29－36頁。
24. MacDougall, G. D. A., "British and American Exports: A Study Suggested by The Theory of Comparative Costs, Part I and Part II," *The Economic Journal*, December 1951, pp.697-725 and September 1952, pp.487-521.
25. Stern, Robert M., "British and American Productivity and Comparative Costs in International Trade," *Oxford Economic Papers*, 14, October 1962.

26. B. バラサ (Bela Balassa) が行ったこれ等の実証研究の成果は、以下の文献に収録されている。Bela Balassa, *Comparative Advantage, Trade Policy, and Economic Development,* Harvester, 1989, pp.3-106.
27. Hamel, Gary and C.K. Prahalad, *Competing For the Future,* Harvard Business School Press,1994. Micahel E.Porter, *The Competitive Advantage of Nations,* The Macmillan Press, 1990.
28. Kuhn, Thomas S., *The Structure of Scientific Revolution,* The University of Cicago Press, 1962.
29. The Economist, Juiy 13-19 1966, p.89
30. Hempel, Carl., *Philosophy of Natural Sciences,* Preutice Hall, 1963.
31. Popper, Karl R., *The Logic of Scientific Discovery,* Harper & Row, 1959; *Conjectures And Refutations: The Growth of Scientific Knowledge,* Routledge And Kegan Paul, 1963.
32. Nagel, Ernest., *The Structure of Science: Problems is the Logic of Scientific Explanation,* Harcourt, 1961.
33. Popper, Karl R., *Thr Open Society And Its Enemy,* Vol. I, II, Routledge & Kegan Paul, 1945.
34. Bendix, Reinhard, *Max Waber, An Intellectual Portrait,* Doubleday & Company, 1962.
35. Kaplan, Abraham., *The Couduct of Inquiry: Methodology for Behavioral Sciences,* Chandler Publishing, 1964.
36. Rudner, Richard S., *Philosophy of Social Scinces,* Preutice-Hall, 1966: Natarson, Maurice, ed., *Philosophy of the Social Sciences,* Rondaus Houce, 1963: Brodbeck, May, ed., *Readings in the Philosophy of the Social Sciences,* Macmillam Company, 1968.
37. 科学者達の認識行動の心理学的分析については、A・マズローによる分析がある。Abraham H, Maslow, *The Psychology of Science,* Harper & Row, 1966 参照。
38. 現象学の発展プロセスについては、H. Spiegelberg, *The Phenomenological Movement: A Historical Introduction,* Vol. I, II, G, Martinus Nijhoff, 1965 参照のこと。
39. Gurwitsch, Aron., *The Field of Consciouness,* Duguesne University Press, 1964 参照。

第2章　D・リカードの比較優位理論

40. Alfred Schutz の現象学的社会学については、富永健一著、「社会学講義」中公新書、1995年、pp. 323-351 について簡単な説明がある。しかし、A・シュッツの現象学的社会学を理解したい人はシュッツの全集を読むことを薦める。Alfred Schtz., Collected Papers, Vol. I, *The Problems of Social Reality* 1962, Voll. II, *Studies in Social Theory,* 1964, Vol. III, *Studoes in Phenomenological Philosophy,* 1966, Martinus Nijhoff.

第3章　ヘックシャー＝オーリン要素比率理論

はじめに

　前章で紹介したリカードの比較優位理論は「比較生産費理論」とも呼ばれている。その理由は国家間に生産技術に違いがあれば生産費用に違いが生じ、他国に比較して安く生産可能な財を特化して生産し、それを他国に輸出することによって国家は利益を得ることをリカードが主張したからである。リカードは生産技術の違いを産業別の財の生産に必要な労働力の投入量の違い、その逆数である労働生産性の違いに求めた。リカードはこの労働生産性の違いによって産業の比較優位性や比較劣位性を識別することが出来ると考えた。国は比較優位な産業に特化して生産し、この比較優位財を輸出して比較劣位財を海外から輸入すれば便益を得ることが出来ると判断した。その判断基準として使用した重要な概念は「機会費用」(opportunity cost) 概念であった。即ちリカードは国が不得意な分野である比較劣位産業に生産要素である労働力を投入すると、同じ労働力を比較優位産業に投入することによって得ることが出来る機会を喪失すると考えたわけである。しかしリカードのこの様な古典派貿易理論は「労働価値説」に基礎を置いており種々の矛盾を内包していた。

　その後この「機会費用」概念は、この概念を重要視するオーストリア学派のG・ハバーラー (Gottfried Haberler, 1901-1995) や同じく新古典派経済学の貿易論者であるJ.ヴァイナー (Jacob Viner; 1892-1970) との間に1930年代論争が展開された。ヴァイナーは「生産要素それ自体の市場価値が現実的な費用 (real costs)」であると主張した[1]。現代でも投資決定の基準として「機

会費用」の概念は経営学や費用便益分析の手法として盛んに使われている。政府の公共投資や途上国の開発投資の効果を分析する場合、投資プロジェクトの費用と便益から将来発生するキャッシュ・フローの「内部収益率」を推計する。ここで推定された投資プロジェクトの「内部収益率」を投下資本の「機会費用」と比較することにより設備投資や開発投資の是非を判断する。この様に「機会費用」概念は意思決定の道具として現在でも頻繁に活用されている。国際貿易論の分野でもP.クルーグマンは国際経済学の教材の中で盛んに多用しており、「機会費用」概念は未だ健在である。

20世紀の前半、古典経済学の理論的前提を否定する新古典派貿易理論と言われる理論や概念が登場した。新古典派貿易理論の革新的パラダイムは「完全市場に成立する均衡価格」のメカニズムの分析にある。新古典派貿易理論の重鎮ハバーラーは国際貿易論の理論的道具として「生産可能曲線」と「無差別曲線」を導入して古典経済学から決別した新しい枠組みを提示した。[2] アルフレッド・マーシャル(1842-1924)は「純粋貿易理論」の中で展開した現代の貿易理論で使用されている「オッファー曲線」の基となった「双対需要曲線」(reciprocal demand curve)の概念を著作の草稿(1879年)の中で展開した。その草稿はマーシャルの死後(1930年)に出版された。[3] エッジワース(Francis Y. Edgeworth, 1845-1926)は現在標準的な国際貿易論の教材で頻繁に使われている「エッジワースのボックス・ダイアグラム」を考案し貿易取引を幾何学的な概念で説明しようとした。このように20世紀の前半には新古典派貿易理論が急速に発展した。[4]

この様な国際貿易論の飛躍的な発展期に登場するのがスウェーデンの2人の経済学者によって導入された「要素賦存理論」(factor endowments theory)または「要素比率理論」(factor proportions theory)と呼ばれている理論である。この貿易理論は提案した経済学者の名前をとって「ヘックシャー＝オーリン理論」(Heckscher-Ohlin Theory)或いはこの理論を更に精緻化したサムエルソンの名前を付加して「ヘックシャー＝オーリン＝サムエルソン理論」とも呼ばれている。この理論は各国間で生産技術に差が無くても生産要素の

賦存状態に差があれば貿易が成立するという命題を提示する比較的常識的な理論である。即ち「スウェーデンは森林資源が豊富であり、従ってこの森林資源の比較費用は安く、森林資源集約的な木材製品に比較優位性がある。オーストラリアは土地が豊富であり、従って土地の価格は比較的安く、土地を集約的に活用した農作物に比較優位性がある。アメリカは資本が豊富であり、従って資本費用は比較的安く資本を集約的に使用した機械産業等の資本財に比較優位性がある」という命題を主な内容とする理論である。しかしこの常識的に見える命題は種々の「非常識的な命題」を含んでいた。この理論は国際貿易論に「革命的変化」をもたらした。この革命の先導者となったのがサムエルソンが「天才的」であると高く評価するスウェーデンの2人の経済学者E.F.ヘックシャーとB.オーリンである。[5]

3.1 E.F.ヘックシャー（Elif F. Hecksher）と B.オーリン（Bertil Ohlin）

(1) E.F.ヘックシャー（1879-1952）

ヘックシャーは1879年ストックホルムの裕福なユダヤ人の家庭に生まれた。父は銀行家で兄弟が経営する銀行を手伝うためデンマークからスウェーデンに移住してきた。父は銀行家であるとともに知識人でありコペンハーゲン大学で法律学の博士号を取得し、種々の学術誌に法律や経済の問題に関する論文を寄稿していた。そのような知的な環境でヘックシャーは育ち大学では政治学・経済学を勉強し、主な関心領域は経済史であった。スウェーデンの鉄道の発展史で博士号を取得後ストックホルム経済大学の助教授となる。ヘックシャーの主要な関心領域は経済史であり学者としての生涯を通して1148編の論文を発表している。ヘックシャーはスウェーデン政府が直面する経済政策問題にも強い関心を持ち、政府の租税、貿易政策、失業救済、金融政策等各種の委員会にも参加して活躍した。ヘックシャーの貿易に関する論文は1919年に発表した「貿易の所得配分効果」という小論文である。このスウェ

ーデン語で書かれた論文は1949年英語に翻訳された。1991年新たに英語に再度翻訳され出版されている。[6] ストックホルム経済大学の学生であったオーリンはヘックシャーの講座を履修し強い影響を受けていた。スウェーデンを含む北欧諸国は森林資源・海洋資源が豊富で人口密度が希薄でありスウェーデンの経済史を専門とするヘックシャーは自然資源立地型のスウェーデン産業と貿易の発展の歴史から当然のごとく資源立地型の貿易理論を展開した。この小論文の中で後にヘックシャー・オーリン理論の中核となる命題が提示されている。即ち、①たとえ生産技術が同じでも生産要素の賦存量の違いによって財の比較生産費用が異なる。②この比較生産費用の差が貿易が成立する前提条件であり、生産要素賦存比率の差が生産要素価格の違いをもたらす。③比較的豊富な資源の保有国はその資源を集約的に使う財を輸出し、その国に希少にしか腑存しない資源を集約的に使う財を他国から輸入することによって便益を得ることが出来る。④しかし貿易によって以前存在していた生産要素価格の違いは次第に解消し、最終的には生産要素価格は均等化する。[7]

（2）B.オーリン（1899−1979）

　B.オーリンは1899年スウェーデン南部の小都市クリッパンで裕福な中産階級の家庭に生まれた。父は弁護士の資格を持つ高級官僚で地方都市の名士であった。母も高級官僚の家庭の出身であった。ルンド大学でオーリンは数学・統計学・経済学を主に学び特に数学に秀でていた。経済学の教授の1人は当時のスウェーデンの著名な経済学者K.ビクセル（Johan Gustaf Knut Wicksell; 1851-1926）であった。その後ストックホルム経済大学に移籍し経営学及び経済学を学んだ。そこでヘックシャー教授の講座を履修した。ヘックシャー教授はオーリン青年の卓越した分析能力を高く評価し、ヘックシャーが主宰する私的な学術懇談会「経済学クラブ」に当時19歳であったオーリン青年の出席を許した。この「経済学クラブ」にはビクセルを初めG.カッセル（Gustav Cassel; 1866-1945）等のスウェーデンを代表する経済学者が参加していた。G．カッセルはレオン・ワルラス（Leon Walras; 1834-1910）の一

第3章 ヘックシャー＝オーリン要素比率理論

般均衡理論のスウェーデンにおける普及者として知られていた。カッセル教授はオーリンと同世代のG.ミルダール（Karl Gunnar Myrdal; 1898-1987）を愛弟子として高く評価していた。ミルダールは後にストックホルム大学の経済学教授（1933－1947）とともに政治家としても活躍し通商大臣（1945－49）の要職に就いた。ミルダールは有名な著作「アメリカのジレンマ」（1944年；An American Dilemma）及び「アジアのドラマ」（1968年；Asian Drama）その他開発経済学の著作も多く、国際的に信奉者の多い20世紀に活躍した「知の巨人」の1人であった。ミルダールはオーリンより一足早くノーベル経済学賞を受賞している。

1922－23年オーリンはハーバード大学に学び主にF.タウシッグ教授（Frank Taussig; 1859-1940）の下で国際経済論の研鑽を積む。この間タウシッグ門下のヤコブ・ヴァイナー等小壮の経済学者達の知遇を得る。オーリンは1924年大学の教職に就任するため博士論文を作成する必要があり7週間の短期間に52頁の博士論文「貿易理論」（Handelns Teorie）をスウェーデン語で書き上げる。この小論文には1933年ハーバード大学から出版されたオーリンの主要な著作「地域間及び国際貿易」（Interregional and International Trade）の中で論議された内容の骨子が既に述べられている。オーリンの貿易理論は、①ヘックシャーの生産要素比率理論、②カッセルのワルラス流一般均衡理論、③タウシッグのハーバード学派の貿易理論の影響があるとされる[8]。オーリンはコペンハーゲン大学経済学部教授（1925－29）及び1930年ストックホルム経済大学教授に就任するが1934年以降政治活動に専念し、ミルダールと同じく通商大臣を経験し1967年国会議員を退職するまで学術活動は疎かになる。1977年オーリンはヘックシャー・オーリン貿易理論の創設者として1977年ノーベル経済学賞を受賞している。

オーリンの名を馳せたのはケインズ（John Maynard Keynes,1883-1946）とのドイツの第一次大戦後の賠償支払の経済効果についての論争であろう。この論争は貿易政策と直接関係がないが、資本移転の経済効果に関するオーリンの理論的立場が表れている。オーリンはビクゼルの学説を継承して「資本

の移転は購買力の移転」という見方をとる。一方ケインズはベルサイユ平和条約交渉にイギリス政府代表の一員として参加し、賠償委員会が決定したドイツの賠償支払いの金額・条件に対して懐疑的であった。ケインズの見解は「The Economic Consequences of the Peace」(1919) に纏められている。ケインズは「ダウエズ報告書」(Dawes Report) に対する短いコメントをイギリスの経済学術誌「The Economic Journal」(March 1929) に掲載した。ケインズの見解は「ドイツの賠償支払いは①ドイツの貿易収支の黒字及び②海外からの外貨の借入に依存し、結果的にドイツの交易条件の悪化をもたらしドイツの国民の実質所得の低下をもたらす」と批判的であった。[9]

3.2 ヘックシャー・オーリン理論のミクロ経済学：閉鎖経済の場合

(1) 前提

　ヘックシャー・オーリンの要素比率理論は、ヘックシャーの小論文「貿易の所得配分効果」とオーリンの著書『地域間及び国際貿易』の中で展開された理論が土台となっている。しかしヘックシャー・オーリンによるこれ等文献の中の要素比率理論は論理的に精緻に構築された理論ではなく何故その結論が導き出されるのか明確ではなかった。戦後ヘックシャー・オーリン理論を論理的に精緻化し、理論が前提とする条件から導き出される命題を理路整然と数学的に定立化し証明したのは主にP.サムエルソン (Paul Samuelson, 1915-2009) であった。従って要素比率理論はサムエルソンの名を冠して「ヘックシャー・オーリン・サムエルソン理論」と一般に言われる。しかしここでは煩瑣なので「ヘックシャー・オーリン理論」と呼称する。サムエルソンは言うまでもなく近代経済学の巨匠で長らくマサチューセッツ工科大学 (MIT) の経済学部教授を務めた。MIT教授陣からは多数のノーベル経済学賞を受賞した経済学の逸材、R. ソロー (Robert Solow) P. クルーグマン (Paul Krugman)、F. モジリアーニ (Franco Modigliani)、R.マートン (Robert

Merton)、J.スティグリッツ（Joseph Stiglitz）等を輩出している。[10]

以下ここではP.サムエルソン、R.ジョンズ（Ronald Jones）、P.クルーグマン、J.バグワティ（Jagdish N.Bhagwati）等の現代の貿易論者の解釈に従って「ヘックシャー・オーリン理論」を説明することにする。[11] 一般に「ヘックシャー・オーリン理論」は次の4つの定理によって構成されていると言われている。それらの定理とは、①「ヘックシャー・オーリンの定理」、②「リピンスキーの定理」、③「要素価格均衡化の定理」④「ストルパー・サムエルソンの定理」。この4つの定理のうち①「ヘックシャー・オーリンの定理」と③「要素価格均衡化の定理」はヘックシャーとオーリン自身が自己の文献の中で主張した命題である。しかしこれ等4つの定理はそれぞれ表3－1に示した共通の前提条件を共有している。

表3－1：ヘックシャー・オーリン理論の前提条件（リカード理論との対比）

財の種類	リカード理論 2　財	ヘックシャー・オーリン理論 2　財
生産要素	労働力	労働力、資本、（土地）
生産技術	労働力の固定投入係数	新古典派生産関数
自国と外国	生産技術異なる	生産技術同一
生産要素	限定せず	資本・労働力比率異なる
比較優位の要因	比較生産費	生産要素賦存比率
生産形態	完全特化	不完全特化
市場形態	自由市場	自由市場
財の移動の自由	国際間移動	同じ
生産要素の移動	国際間移動せず	不完全移動

（2）「ヘックシャー・オーリンの定理」：固定投入係数の場合

ヘックシャー・オーリン理論はリカードの古典貿易理論の反論として展開され、例え各国の生産技術が同じであっても、即ち生産要素投入比率（労働投入比率）が同一の場合にも生産要素賦存比率が異なれば貿易が成立すると主張する。即ち「各国は自国に豊富に存在する資源をより集約的に投入して生産する財に比較優位性を持つ」。例えばスウェーデンは森林資源が豊富で

あり、従って森林資源の要素価格は比較的安く森林資源をより集約的に使う紙パルプ産業に比較優位性がある。日本やドイツは先端技術労働力が比較的豊富であり、従って先端技術を集約的に使用する機械産業に比較優位性をもっている。それに反して中国は未熟練労働力が豊富で労働力のコストが比較的安く未熟練労働力を集約的に使う雑貨類等の軽工業製品に比較優位を持つ。オーストラリアやカナダは広大な土地を有し土地を集約的に使用する農業や牧畜業に比較優位性を持つと主張する。[12]

　このヘックシャー・オーリンの要素比率理論を使って日本の1950年代の産業の比較優位性を考えてみよう。日本はその当時未熟練労働力が豊富で繊維製品等の労働集約的な製品をアメリカに輸出し、資本（生産設備等の資本財）が豊富なアメリカから資本集約的な機械製品を輸入していた。日本の労働力（L）、資本（K）、労働力の賃金率（W）、資本費用（R）、衣料製品の価格（Ｐｃ）、機械製品の価格（Ｐｍ）とし、アメリカの労働力（L＊）、資本（K＊）、労働力の賃金率（W＊）、資本費用（R＊）、衣料品価格（Ｐｃ＊）、機械製品価格（Ｐｍ＊）とすると以下の関係が成立する。

　　（要素集約度）　　K／L＜K＊／L＊　・・・・・・・3－1
　　（要素価格比率）　R／W＞R＊／W＊　・・・・・・・3－2
　　（相対価格）　　　Ｐｍ／Ｐｃ＞Ｐｍ＊／ＰＣ＊・・・・・3－3
　　（相対価格）　　　Ｐｃ／Ｐｍ＜Ｐｃ＊／Ｐｍ＊・・・・・3－4

　3－1の不等式は日本の資本と労働力の比率（１人当たり労働者の資本装備率、即ち要素集約度）はアメリカのそれよりも小さいことを示している。3－2の不等式は日本は労働者が豊富で資本が乏しいので相対的にアメリカに比較すると日本の資本コストと労働力コストの比率（要素価格比率）は高いことを示している。3－3の不等式は日本の資本集約財である機械製品価格と労働集約財である衣料製品価格の価格比率はアメリカよりは高いことを示している。3－3の不等式の分母・分子を逆にすると（逆数）不等式の向きは

第3章 ヘックシャー＝オーリン要素比率理論

逆になり、日本の衣料品の相対価格はアメリカより安くなる（3－4）。以上から生産要素である労働力の賦存量が豊富な日本は労働集約財である衣料生産に比較優位があり、資本の賦存量が豊富なアメリカは資本集約的な機械製品に比較優位があることが理解されよう。

この日本における衣料と機械製品の貿易前の生産のパターンを具体的な数値を使って見てみよう。3－1の表は日本の機械製品と衣料製品1単位の生産に必要な要素投入量と生産要素比率、要素賦存量を示している。この事例では機械・衣料生産に必要な生産要素の投入量は固定されていると仮定されている。この様な生産関係を「レオンチェフ型の固定的は技術係数」と呼ばれている。この事例では仮定から日本は労働力賦存量が資本賦存量よりも多く、機械製品は資本集約的、衣料は労働集約的となっている。

表3－1：日本の要素賦存量と要素投入量と要素比率

	資本（K）	労働力（L）	生産要素比率（K/L）
機械	5	3	5/3
衣料	2	5	2/5
要素賦存量	10	15	

このとき、日本の機械生産量をXm、衣料生産量をXcとすると、日本の機械・衣料生産は以下の制約条件のもとで行われる必要がある。3－5式の左辺は資本の使用量を表し右辺は資本の賦存量を表し、機械・衣料生産は資本賦存量を越えることは出来ない。同じように3－6式の左辺は労働の使用量を表し、右辺の労働力の賦存量を越えることは出来ない。

$5Xm + 2Xc = 10$　（K）　　　3－5

$3Xm + 5Xc = 15$　（L）　　　3－6

この2つの制約条件を図に表すと図3－1のようになる。直線ABを3－5式の資本制約条件のもとでの生産可能フロンティアを示し、この直線の方

図3－1：資本と労働の制約の下での生産可能フロンティア

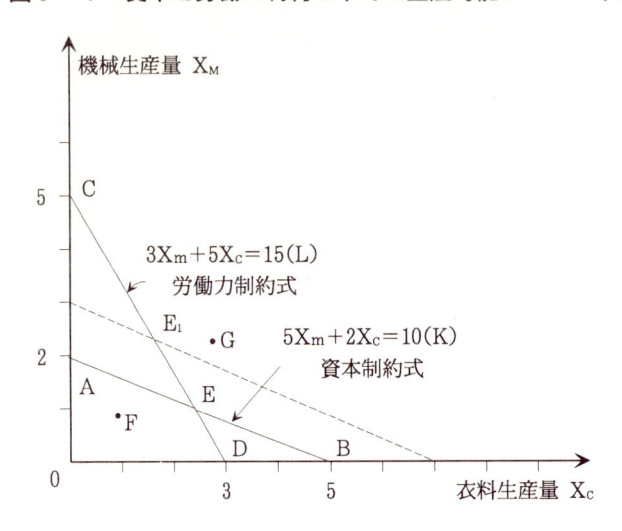

```
機械生産量 X_M

5  C
        3X_m+5X_c=15(L)
         労働力制約式
        E_1
              ・G      5X_m+2X_c=10(K)
2  A                    資本制約式
           E
     ・F
              D      B
0          3      5          衣料生産量 X_c
```

程式は $X_m = 2 - 2/5 X_c$ であり、直線の勾配の絶対値は $2/5$ である。直線CDは3－6式の労働制約条件の下での生産可能フロンティアを示している。この直線の方程式は $X_m = 5 - 5/3 X_c$ で直線の勾配の絶対値は $5/3$ である。図の線分CEでの生産は資本の賦存量を越え不可能であり、線分EBでの生産は労働力が不足して不可能である。従って資本・労働の要素賦存の制約条件を満たす最適の生産点はE点となる。台形OAEDが生産可能領域であるがこの内部のF点は資本・労働力が不完全に使用されており不効率な生産点であり、外部のG点は資本・労働力の賦存量を越えた生産点で不可能である。このとき何らかの理由（所得の増大・貯蓄率・投資の増大）によって資本が増大すると、資本制約の生産可能直線は上方にシフトし、労働制約の生産可能直線との交点はE点からE_1点に移行する。この結果資本集約財である機械製品の生産が増大し、労働集約財である衣料生産が減少する。このように「ある生産要素の賦存量が増加すると、その生産資源を集約的に使用する財の生産が増加し、他の財の生産が減少する現象」を、この現象を分析した経済学者の名前をとって「リピチンスキー（Rybczynski）の定理」

と呼ぶ[13]。リピチンスキーはこの定理をボックス・ダイアグラムを使って説明しているのでここで見てみよう。但し記号・単位等はここでの事例に合わせて修正してある。

日本の労働力の賦存量を横軸に取り、資本の賦存量を縦軸に取る。この両辺によって構成される長方形を作り、左下の隅を衣料生産の原点Ocとし、右上の隅を機械製品の原点Omとする。衣料生産の原点Ocから要素比率（5/3）の勾配を持つ直線を引き、機械製品の原点Omから要素比率（2/5）の勾配を持つ直線を引き、この2つの直線の交点をEとすると、このE点で所与の資本・労働量の賦存量と所与の要素比率のもとで、資本及び労働力が最適に配分される。この時資本が何らかの理由で増大すると、機械製品の生産の原点はO'mに移行し、若し労働・資本要素比率が変わらないとすると、交点はE'に移行する。線分の長さが機械製品の生産量を表すとすると、OmEの線分と比較してO'mEの線分の方が明らかに長く、衣料生産の量をしめすOcE'の線分は最初のOcEの線分より明らかに短い。従って資本賦存量が増大すると、資本を集約的に使う機械製品の生産が増加し、労働を集

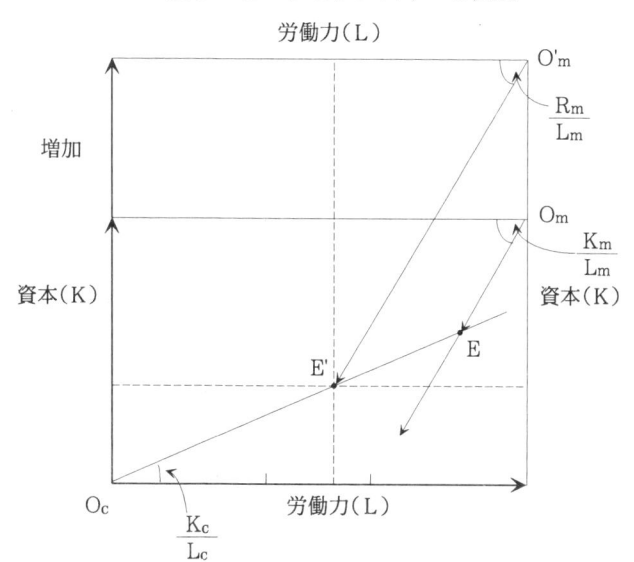

図3-2：リピチンスキーの定理

約的に使う衣料生産が減少することが理解されよう。

(3)「ヘックシャー・オーリンの定理」：資本投入と労働投入が代替的である場合

　ヘックシャー・オーリンの定理は資本と労働が代替的（資本投入係数と労働投入係数が可変的である）場合にも成立するだろうか。日本の場合1950年代資本が希少資源で従って資本コストはアメリカに比較して割高であった。従って何らかの理由により日本で資本コストが上昇すると、当然企業は可能な限り資本を節約して労働集約的な生産方法を実施するであろう。逆にアメリカは労働力コストが日本に比較して割高であり、労働者の賃金が上昇するとアメリカの企業は労働を節約して、資本を集約的に使用する生産方法に当然転換するであろう。このことから賃金の対資本コスト比率（W/R：要素価格比率）と資本集約度（K/L）との間には相互関係があることが理解されよう。

　この資本と労働力の代替関係は等量曲線（isoquant）によって一般に説明されている。[14] 図3－3は日本の衣料生産の等生産量曲線が描かれている。y1線上の等生産量曲線上では資本（K）と労働力（L）の投入量の組合せでY1の水準の生産が可能である。Q1点で生産すると労働力の投入量はOL1、資本の投入量はOK1、資本投入量の労働の投入量の比率（要素集約度；1人当たり資本装備率）をk1とすると、k1＝OK1/OL1となり、資本より比較的多く労働力を使った生産方法によって生産が行われており、労働集約的である。これに反して生産点Q3では、要素集約度k3＝OK3/OL3から、より多くの資本OK3を使いより少ない労働力OL3を使う非常に資本集約的な生産方法になっている。この様な生産点が衣料生産の等生産量曲線上y1に無数に存在する。それではどの生産点が最適な生産点であろうか。それは生産費用が最小となる生産点である。衣料生産の生産コスト（C）は資本コストと労働力コストによって構成されるから3－7式が成立する。この式は直線の方程式であり、切片がC/R、勾配がW/Rであり、この直

第3章　ヘックシャー＝オーリン要素比率理論

線の勾配W/Rは賃金率と資本レンタルの比率を示し、要素価格比率と呼ばれている。これを小文字のwで表すことにする。この費用曲線は等費用曲線（isocost）と呼ばれ、要素価格比率の値に応じて多数存在する。図3－3では等費用曲線ABが等生産量曲線とQ2点で接している。従ってこのQ2点が最適な生産点であり、この時の要素集約度はk2＝OK2/OL2となっている。このことから要素価格比率（w）が定まるとそれに対応した要素集約度（k＝OK/OL；1人当たりの資本装備率）が一義的に定まることが理解されよう。

$$C = R \cdot K + W \cdot L \quad \cdots\cdots\cdots 3-7$$
$$K = C/R - W/R \cdot L \quad \cdots\cdots 3-8$$
$$w = W/R \quad\quad\quad\quad\quad\quad 3-9$$

従って図3－3のQ1点は最適な生産点ではない。今仮にQ1点の生産からQ2点の生産方法に移行するためには労働力の使用を△OL分節約して資

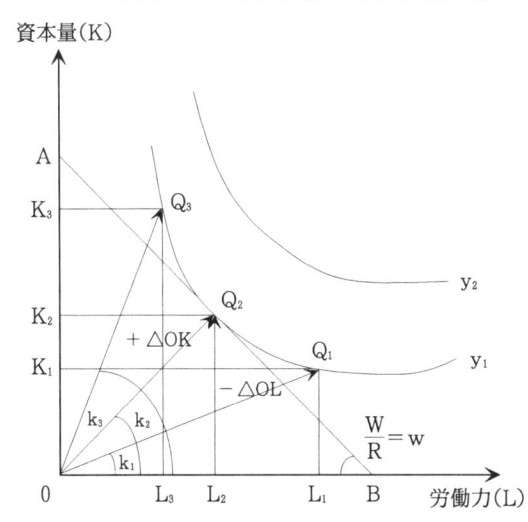

図3－3　衣料生産の等生産量曲線

本の使用を△OK分追加する必要がある。生産を労働と資本の関数、Y＝F(L, K)とすると、労働を1単位追加変化させたときの生産量の増分（△Y/△L）は労働の限界生産力（MPL：marginal productivity of labor）と呼ばれ、資本を1単位追加変化させたときの生産量の増分（△Y/△K）は資本の限界生産力（MPK：marginal productivity of capital）と呼ばれる。従って生産点をQ1からQ2点に移行するため労働力△L単位減少し資本を△K単位追加すると、Q2は同一の等生産曲線上にあるので生産量は変化しない。従って以下の3－10式が成立する。この式を整理すると3－11式になりこの式は等生産量曲線のQ2点での接線の勾配を表し、この接線の勾配は最小費用曲線ABの勾配に等しく、このとき1単位当たりの賃金の限界生産性と1単位当たりの資本の限界生産性が等しくなる。以上からQ2点が最適な生産点であり、この時の等生産量曲線の接線の勾配は生産要素価格比率（W/R）に等しくその時の要素集約度（K/L）はk2である。

$$\triangle K \cdot MPK - \triangle L \cdot MPL = 0 \qquad 3-10$$
$$\triangle K / \triangle L = MPL / KPK \qquad 3-11$$
$$\triangle K / \triangle L = MPL / MPK = W/R \qquad 3-12$$
$$MPL/W = MPK/K \qquad 3-11$$

図3－4には資本・労働の座標軸に衣料生産の等生産量曲線Ycと機械生産の等生産量曲線Ymが描かれている。仮定から衣料生産を労働集約的産業であるので等生産量曲線は横軸の労働力線の方に偏っている。同じように機械生産は資本集約的であるので縦軸の資本線の方に偏っている。衣料産業と機械産業は同一の賃金・資本レンタル比率（W/R）を有するので等費用曲線が衣料の等生産曲線YcではQc点で接し、機械の等生産曲線YmではQmで接している。このとき衣料生産の要素集約度kcは一義的に定まりKc/Lcとなり労働集約的になっている。他方機械生産の要素集約度kmは一義的に定まり、Km/Lmとなり資本集約的になっている。この時何らの理

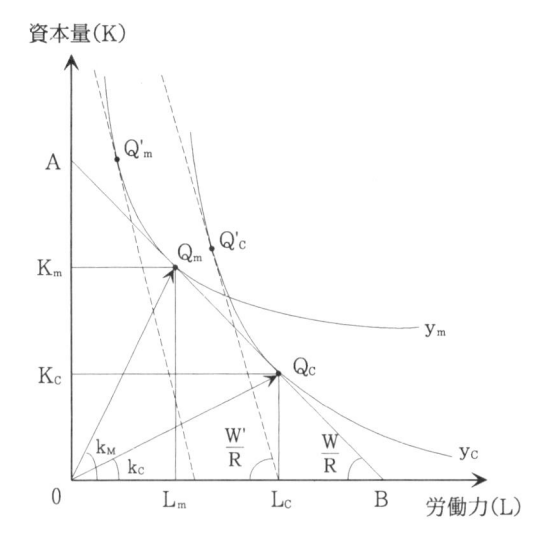

第3章　ヘックシャー＝オーリン要素比率理論

図3－4：衣料・機械生産の等生産量曲線

由により賃金が上昇すると要素価格比率（W/R）は増大しW'/Rと勾配が急になる。その結果衣料生産の等生産量曲線上の生産点はQ'cに移行し、機械生産の等生産量曲線の生産点はQ'mに移行する。両者とも賃金の上昇により労働力を節約し資本集約的な生産方法に移行する。

　以上の衣料生産と機械生産の要素価格比率（W/R）と要素集約度（K/L）の関係を1つの図にしたのが図3－5である。仮定から機械生産線（MM）が資本集約な生産であるので衣料生産線（CC）よりは上に位置している。国内市場は完全に自由競争が仮定されているのでP．クルーグマンが指摘するように国内企業は製造費用が市場の財の価格に一致するまでその市場に参入するので市場均衡状態では製造費用が財の市場価格に一致する。その結果生産要素比率と財の市場価格の関係は図3－6のように描ける[15]。図3－7は図3－5と図3－6を結合した図である。この図から国内の衣料と機械製品の需要と供給から衣料と機械製品の均衡相対価格（Ｐｃ/Ｐｆ）1が決まると、生産要素価格比率（W/R）1が決まり、それに対応して要素集約度（K/L）1が決まる。衣料生産の集約度は（K/L）Ｃ1、機械生産は

107

資本集約的なので(K/L)M1に決まる。労働集約的な衣料の市場の相対価格が(Pc/Pf)2に上昇するとそれに応じて、労働力の相対的要素価格は(W/R)2に上昇する。その結果割高になった労働力を節約して生産方法はより資本集約的になり、衣料生産の要素集約度は(K/L)1から(K/L)2に上昇し、機械生産の資本集約度も(K/L)M1から(K/L)M2に上昇する。この様に財の相対価格(Pc/Pf)と要素価格比率(W/R)と要素集約度(K/L)との間には1対1の対応関係があることが理解されよう。

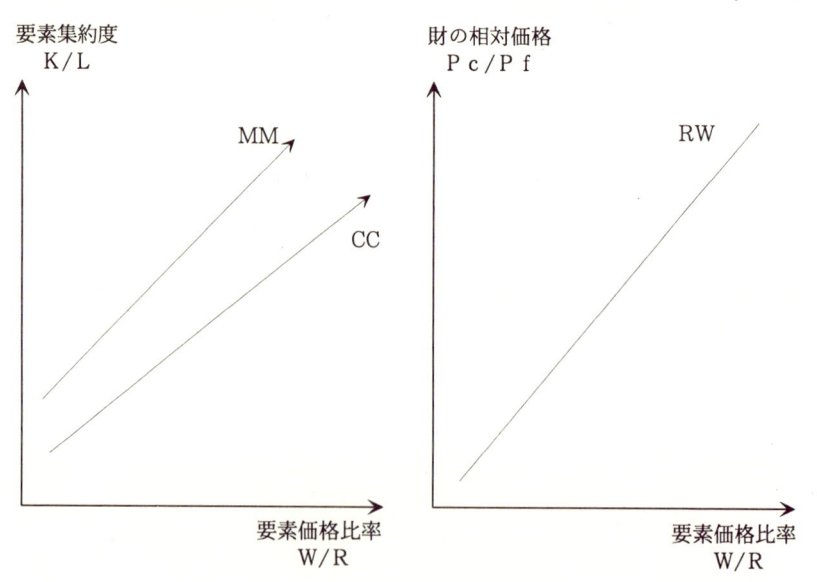

しかし各産業が取り得る要素集約度(k_c、k_m)の範囲には所与の要素賦存量比率(K/L)から一定の制限があると指摘されている。[15] その理由は下記の条件から理解されよう。(3-12)及び(3-13)式の条件から(3-14)式が導き出される。先ず(3-13)式の両辺の各項をLで割り、左辺の第1項には(Lc/Lc)を掛け、第2項には(Lm/Lm)を掛けると

図3-5:要素価格比率(W/R)と要素集約度(K/L)

図3-6:要素価格比率(W/R)と財の相対価格(Pc/Pf)

第3章　ヘックシャー＝オーリン要素比率理論

図3－7：財の相対価格(Pc/Pf)・要素価格比率(W/R)・要素集約度 (K/L)

[図：縦軸上方に要素集約度 K/L、横軸に要素価格比率 W/R、縦軸下方に財の相対価格 Pc/PF を示すグラフ。上方には右上がりの MM 線と CC 線が描かれ、K/L 軸上に (K/L)M2、(*K/*L)M、(K/L)M1、(K/L)C2、(*K/*L)C、(K/L)C1 の目盛りがある。横軸には (W/R)₁、(*W/*R)₁、(W/R)₂ の目盛り。下方には右下がりの Rw 線が描かれ、(Pc/PF)₁、(*Pc/*PF)、(Pc/PF)₂、(Pc/PF) の目盛りがある。]

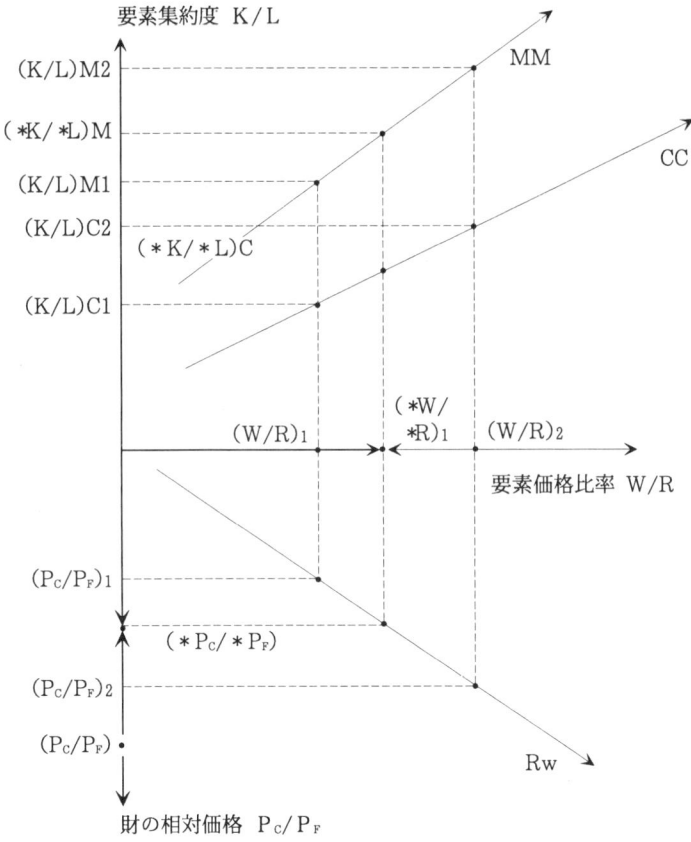

(3-14) 式が求められる。この関係を図に表すと3-8の図になる。J・バグワティ (J. Bhagwati) は図3-8から資本・労働賦存比率 (K/L) 線とkmとの交点の要素価格比率 (W/R) の値 (E) とkc線の交点の要素価格比率 (W/R) の値 (F) の範囲に要素集約度は限定されると指摘する。その理由は要素価格比率 (W/R) が (F) の値を越えるとkmとkcも (K/L) の値を越えてしまい (3-14) 式の条件を満たさないからである。更に要素集約度は (E) の値以下にはならない。その理由はそれ以下だ

109

図3－8：要素集約度（ｋｃ、ｋm）の範囲

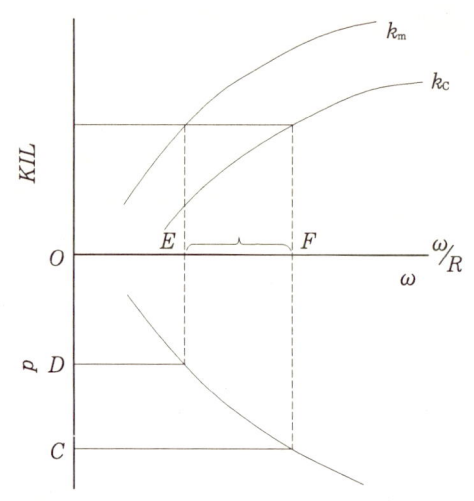

資料：Jagdish N.Bhagwati, et at., Lectures on International Trade, 2nd Ed., The MIT Press,1998, page 67.

と同じく（3－14）式の条件を満たさなくなるからである。したがって衣料生産の要素集約度（ｋｃ）と機械生産の要素集約度（ｋm）の範囲はE点とF点の間に限定される。

（労働力賦存量の配分）	Lｃ＋Lm＝L	（3－12）
（資本の賦存量の配分）	Kｃ＋Km＝K	（3－13）
（要素集約度の範囲）	ｋｃ・Lｃ/L＋km・Lm/L＝K/L	
		（3－14）

3.3 ヘックシャー・オーリン理論のミクロ経済学：開放経済

以上見てきた閉鎖経済での要素集約度（K/L）・要素価格比率（W/R）

第３章　ヘックシャー＝オーリン要素比率理論

・相対価格（Ｐｃ／Ｐｍ）の１対１の対応関係から、ヘックシャー・オーリン理論は国際貿易（分業）のメカニズムをどのように説明されるのか。残念ながら直感的に理解し易い解説書は著者の知る限りあまりない。オーリン自身もヘックシャー・オーリン理論の命題や定理をその著作の中で頻繁に言及するが、その命題や定理を証明していない。サムエルソンを初め多くの近代経済学者達はその多くの関心を「生産要素均等化の定理」の証明に注ぎ、何故各国間で生産要素の賦存量が違うと貿易が成立するのか理解しやすい説明はない。比較的入門者に理解し易いのはＰ．クルーグマンの説明であろう。以下ここでは基本的にクルーグマンの解釈を補足しながら説明することにする。

(１) 貿易のパターン

図３－９はリカード理論と同じように貿易前の自給自足状態の閉鎖経済の衣料と機械製品の生産と消費のパターンを描いてある。ＴＴ１は生産可能フロンティア、Ｕｏは無差別曲線である。自給自足経済では生産した量しか消費できないため、Ｄ点で生産可能フロンティアと無差別曲線が接している。このＤ点での接線は国内総生産曲線（Ｙ）を表し、衣料の価格（Ｐｃ）、衣料の生産（Ｑｃ）、機械製品の価格（Ｐｍ）、機械製品の生産量（Ｑｍ）とすると、(３－15) 式となり、この式を整理すると、Ｑｍ＝Ｙ／Ｐｍ－Ｐｃ／Ｐｍ・Ｑｃとなる。この式の勾配の絶対値は（Ｐｃ／Ｐｍ）（衣料品価格と機械品価格との相対価格）となる。即ちＤ点で生産可能フロンティアの限界変形率、無差別曲線の限界代替率、衣料・機械製品の相対価格が等しく「パレート最適な生産点・消費点」となる。

日本が労働豊富国で衣料生産が労働集約的あると日本は衣料生産に比較優位を有し、アメリカは資本豊富国で機械製品が資本集約的であると、アメリカは機械製品に比較優位を持つ。従ってアメリカの相対価格を（Ｐ＊ｃ／Ｐ＊ｍ）とすると、(３－16) の不等式が成立する。この状態で国際相対価格（交易条件）（※Ｐｃ／※Ｐｍ）で貿易が成立するためには（３－17) の不等式

図3－9：閉鎖経済の生産と消費

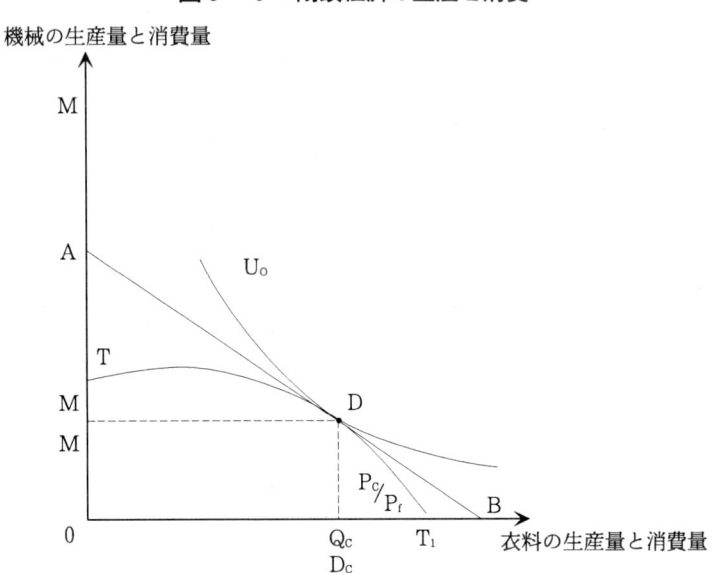

図3－10：貿易後（開放経済）の生産と消費

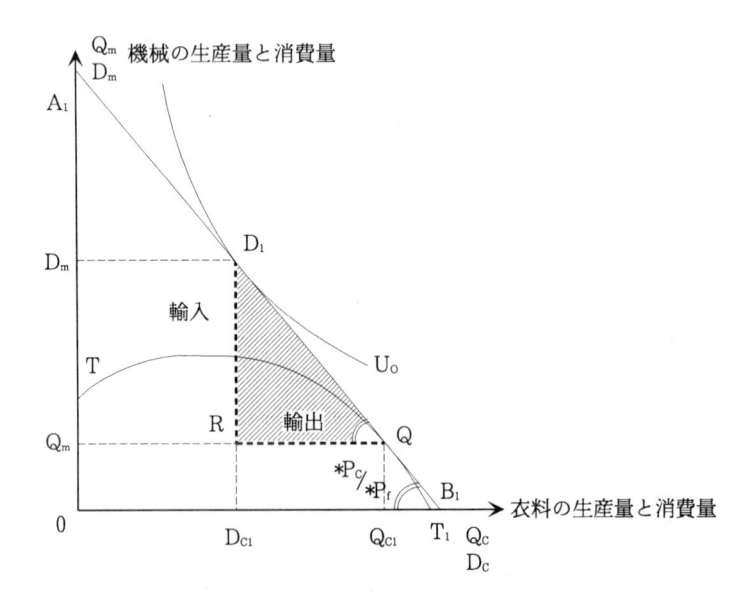

第3章 ヘックシャー＝オーリン要素比率理論

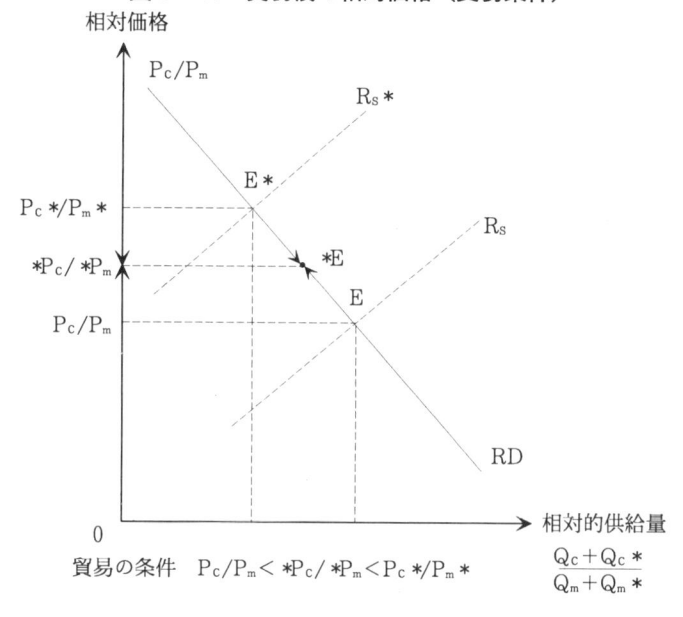

図3－11：貿易後の相対価格（交易条件）

相対価格

P_c/P_m

R_S*

$E*$

P_c*/P_m*

$*P_c/*P_m$ $*E$

R_S

P_c/P_m E

RD

0 → 相対的供給量
$\dfrac{Q_c+Q_c*}{Q_m+Q_m*}$

貿易の条件　$P_c/P_m < *P_c/*P_m < P_c*/P_m*$

を満たす必要がある。

$$Y = P_c \cdot Q_c + P_m \cdot Q_m \qquad (3-15)$$
$$P_c/P_m < P*c/P*m \qquad (3-16)$$
$$P_c/P_m < ※P_c/※P_m < P*c/P*m \qquad (3-17)$$

　同一の無差別曲線を日本・アメリカが共有すると国際市場での相対的需要曲線は図3－11のＲＤとなり、日本の衣料の相対価格は国際市場での相対価格（交易条件）の※Ｐｃ/※Ｐｍに収斂して取引が行われる。その結果生産可能曲線の接線の勾配は急になり接点は図3－9のＤから図3－10のＱ点に移行して、相対的に高くなった衣料をより多く生産し、消費は新しい無差別曲線上の（Ｄ1）点に移行し消費量は減少する。その結果過剰供給量（ＯＱ1－ＯＤＣ1）が発生する。それに反して相対的に安くなった機械製品の生産は

113

減少し、消費は増大し過剰需要（ODm－OQm）が発生する。その結果過剰生産分（OQ1－OD1）の衣料をアメリカに輸出し、過剰需要分（ODm－OQm）の機械製品をアメリカから輸入することになる。この時形成される三角形QD1Rは「貿易の三角形」と呼ばれる。このとき日本の国内総生産は総支出に等しいと仮定すると（3－18）式のように書け、三角形の勾配は国際相対価格（交易条件：※Pc/※Pm）、三角形の底は（Qc－Dc）、高さは（Dm－Qm）となる。

　　　　（国内生産）　　　　　　　（国内消費）
　　※Pc・Qc＋※Pm・Qm＝※Pc・Dc＋※Pm・Dm
　　　　　　　　　　　　　　　　　　　　　　（3－18）
　　※Pm・Dm－※Pm・Qm＝※Pc・Qc－※Pc・Dc
　　※Pm（Dm－Qm）＝※Pc（Qc－Dc）
　　（Dm－Qm）＝※Pc/※Pm（Qc－Dc）
　　※Pc/※Pm＝（Dm－Qm）/（Qc－Dc）　　　（3－19）

　日本の過剰生産分の衣料の輸出はアメリカの輸入、日本の過剰需要分の機械製品の輸入はアメリカの輸出に当たり、アメリカの市場で日本の貿易の三角形と相似の貿易の三角形が形成される。しかしアメリカの貿易の三角形は煩瑣になるので図3－10では描かれていない。

　貿易の結果の開放経済では日本とアメリカの相対価格は図3－11に示したように国際相対価格（交易条件）に収斂する。その結果図3－7で示された相対価格（Pc/Pm）と要素価格比率（W/R）及び要素集約度（K/L）の1対1の関係は相対価格が国際相対価格に収斂した結果、要素価格比率も国際的な要素比率と集約度に収斂する。このようにしてヘックシャ・オーリン理論では貿易の結果、「要素価格は均等化する」という定理が成立する。

（2）「ストルパー・サムエルソンの定理」
　労働力資源が豊富で労働集約的な衣料産業に比較優位性を持つ日本がその

衣料製品をアメリカに輸出し、資本資源が豊富なアメリカから資本集約的な機械製品を輸入すると、競争力がない日本の機械産業は衰退し、労働力や資本は衣料産業に移行する。その結果労働者の賃金水準は上昇し、資本が過剰になった資本の利子率は相対的に低下する。この様な命題を26歳になったサムエルソンがW. F. ストルパー（Wolfgang F. Stolper）と共著で発表した論文の中で展開したので「ストルパー・サムエルソンの定理」という[17]。この命題は「貿易によって価格が上昇すると、その財の生産に集約的に投入された生産要素の価格が相対的に上昇する」傾向を指し、ヘックシャーとオーリンはその著作の中で頻繁にこの傾向を指摘した。貿易の結果労働者の賃金や資本家の利子率が上昇すると労働者の所得や資本家の所得が増大し、貿易の結果「所得の配分効果」が生じる。この貿易の所得配分効果はアダム・スミス及びリカードの時代から現代まで多くの経済学者によって論じられてきた[18]。しかしサムエルソンとストルパーはこの定理を「ボックス・ダイヤグラム」を用いて証明しようとするが明解な説明になっていない[19]。

　この定理の説明で比較的解り易いのは伊藤元重・大山道広教授の「要素価格フロンティア」の概念による説明である。資本と労働力の投入量を座標軸に使った等生産量曲線は生産要素価格と要素集約度の関係を分析するのには便利である。2財の等生産曲線を組み合わせた「ボックス・ダイヤグラム」は生産要素価格と要素集約度と更に資源配分効果を分析するのに便利である。しかし財の価格と生産要素価格との関係を説明するのにはこれ等の分析手法では不十分である。「要素価格フロンティア」は労働力の賃金率と資本の利子率（レンタル料）を座標軸にした図でその基本形は図3－12に示されている。図のE1で賃金率と利子率の組合わせで衣料生産をし、E1点と原点を結んだ直線OE1は要素価格比（w1＝W/R）を表す。同じようにE2点、E3点で生産するとそれぞれに対応した要素価格比（w2、w3）が描かれる。E1点に接した直線AB線はE1での生産費用を表しており、この生産費用は完全自由競争市場では市場価格と等しくなる（市場価格より生産価格が低ければ多数の企業が利益がゼロになるまでその市場に参入する）。それ

図3−12：要素価格フロンティア

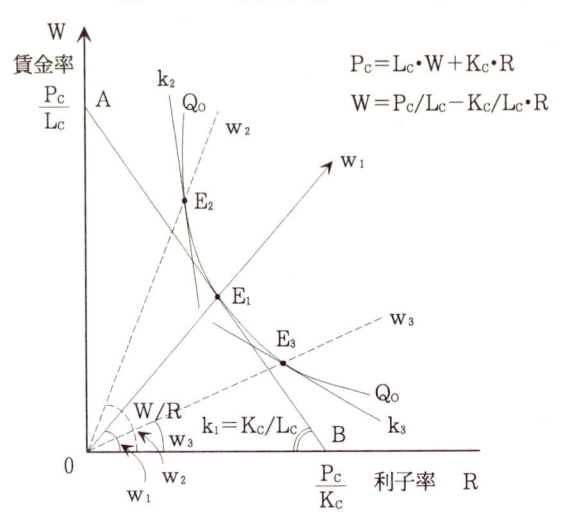

故直線AB線の方程式は、衣料の価格（Pc）、労働の投入量（Lc）、賃金率（W）、資本の投入量（Kc）、資本の利子率（R）とすると（3−20）式となる。この直線の勾配はk1（Kc/Lc）であり資本集約度を示す。賃金が何らかの理由で上昇し要素価格比率が上昇してw2になると生産点はE2に移行して資本集約的な生産方法（k2）になる。その逆に賃金率が低下すると生産点はE3に移行し要素価格比率は低下して（w3）となり、それに応じて資本集約度も低下してk3になる。これ等の生産点E1、E2、E3、En点を結んだ包絡線を「要素価格フロンティア」と呼ぶ。

$$Pc = Lc \cdot W + Kc \cdot R \qquad (3-20)$$
$$W = Pc/Lc - Kc/Lc \cdot R \qquad (3-21)$$

図3−13は等生産量曲線、図3−14は要素価格フロンティア曲線を描いてあるが、相互に双対的な関係にあることがそれぞれの図から理解されよう。（3−21）式は図3−12のAB直線の方程式であり、Pc/LcはこのAB

第3章　ヘックシャー＝オーリン要素比率理論

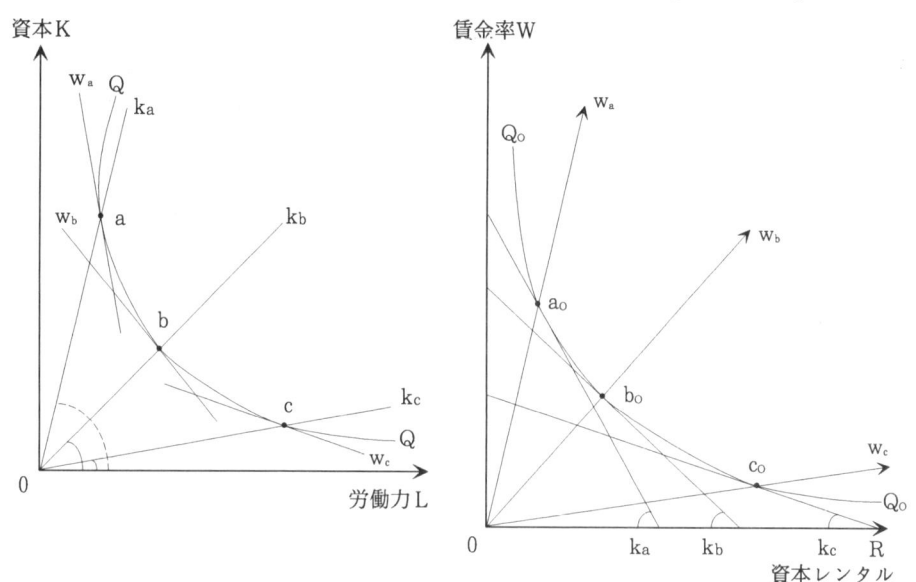

図3－13：等生産量曲線　　　図3－14：要素価格フロンティアー

直線のW軸の切片を表す。従って衣料品価格（Ｐｃ）の上昇は必然的に賃金率（W）の上昇をもたらし、「衣料価格（Ｐｃ）の上昇はその財の生産に集約的に投入される労働力の賃金率（W）を上昇させ賃金率の相対価格を上昇させる」ことが理解される。

　このストルパー・サムエルソンの定理は限界生産性価値の概念からも導き出すことが出来る。衣料生産（Y）を労働力の投入量（L）の関数であると単純化すると、Y＝ｆ（L）となりこの式を微分すると（dY/dL）となり、これはある労働力の投入量（Ｌｏ）から労働力を（ｄL）分追加したときの生産の増分の比率を表す。これはＬｏ点での関数の接線の勾配を示し、労働の限界生産性（MPL）を表している。他方完全自由市場での企業の利潤（π）＝売上（価格×生産量：P・Y）－（固定費用＋変動費：C＋W・L）であるから（3－22）式となる。

$$P \cdot Y = \pi + C + W \cdot L \qquad (3-22)$$

$$Y = (\pi + C)/P + W/P \cdot L \qquad (3-23)$$

このとき利益が最大となるときの（3 − 23）式が表す直線の勾配は（W/P）であり、これは労働の限界生産性と等しくなる。

$$MPL = W/P \qquad (3-24)$$
$$W = P \cdot MPL \qquad (3-25)$$

（P・MPL）は労働の限界生産性価値と呼ばれ、賃金率はこの労働の限界生産性価値に等しくなる。（3 − 25）式から衣料価格が貿易の結果上昇すると衣料生産に集約的に投入される労働力の賃金率もそれに対応して増大することが理解されよう。[21] さらにこのことは図3 − 7の国際相対価格・要素価格比率・要素集約度の1対1の対応関係からも理解できよう。

（3）「要素価格均等化の定理」

　ヘックシャー及びオーリンはしばしばその著作の中で「国際価格で貿易取引が行われると終局的には要素価格は均等化し、その結果本来国際間で移動不可能な生産要素である労働力・資本・土地等の生産資源が国際間を間接的に移動するという効果をもたらす」と主張していた。[21] この「貿易の結果要素価格は均衡化する」という定理はヘックシャー・オーリンの貿易理論で最も論議を呼んだ命題で経済学者達の関心を集めた。しかしオーリン自身はこの「要素価格均等化」の定理の証明をその著作の中で積極的に行なっていない。そればかりか「貿易の結果要素価格が完全に均等化してしまうと各国間で生産費用が同じになり、各国はそれぞれの産業に対して持つ比較優位性を喪失してしまい、……貿易は最早不要になる。……従って貿易は不完全にしか要素価格を均等化しない」等曖昧な記述に終始する。P・サムエルソン（Paul Samuelson: 1915-2009）は後年オーリンの功績を高く評価するが、若きサムエルソンは非常に攻撃的でその鋭い分析力でオーリンの曖昧な議論を正そうとした。33歳の時書いた論文の中でサムエルソンは、①不完全特化の状態の時、即ち両国が2つの財を生産するとき、それぞれの産業で使用される生産要素価格は国際貿易によって完全に均等化する。②初期の要素賦存量が極端に偏

っていない限り、財の貿易は生産要素の国際間移動の代替的役割を果たす。③初期の生産要素の賦存状態に係わらず、国際貿易は生産要素の均等化をもたらす。④生産要素価格が均等化すると、各生産要素の限界生産性は均等化し生産資源の効率的配分を可能にするという4つの命題を証明しようとした[23]。しかしこのサムエルソンの論文発表以前に「ラーナーの対称性の定理」で有名となるA.ラーナー（Abba P. Lerner: 1903-1982）がロンドン大学（LSE）の学生の時に書いた未発表の論文の中で幾何学的な方法で「要素均等化の定理」を証明していた[24]。その当時標準的な国際経済学の教科書はオーリンの理論を受け入れて「貿易の結果財の価格が均等化するばかりか生産要素の価格も均等化する」と説明していた。その理由は豊富な資源の価格は需要が増大する結果上昇し、稀少な資源は需要が低下する結果市場価格が低下するからであると説明していた[25]。

　ここでサムエルソンの証明の説明は煩瑣になるので要点だけ説明すると、①国際市場の需要と供給関係から衣料と機械製品の国際相対価格（※Ｐｃ/※Ｐｍ）が定まり、②図3－7に示されているようにこの国際相対価格に対応した要素相対価格（※W/※R）が定まり、③それに対応した要素集約度（※K/※L）が定まる。この決定のメカニズムは自国である日本と外国であるアメリカに同時に働くので結果的に日本とアメリカで生産要素である労働力と資本の相対価格が均等化し、ボックス・ダイヤグラムの分析から日米両国の生産要素である資本と労働力が最適に配分され、生産資源の効率的活用が達成される[26]。しかしこの「生産要素の均等化」は（3－14）式が定義したように労働配分率によって加重平均された衣料と機械生産の要素集約度が要素賦存比率（K/L）と等しくなる必要があるので、両産業が取り得る要素集約度の値は一定の範囲に限られてくる。この範囲のことを「国際分業の円錐標識」（diversification cone）と呼ぶ[27]。

3.4 ヘックシャー・オーリン理論の実証分析

　ヘックシャー・オーリン理論は以上のように主にサムエルソンによって精緻化され、近代の貿易理論の中心的なパラダイムとなった。しかしヘックシャー・オーリン理論の妥当性について根本的な疑問を投げかけたのがハーバード大学のW.レオンチェフ（Wassily Leontief; 1906-1999）が行ったアメリカの貿易構造の実証分析である。レオンチェフはロシア生まれの経済学者で戦前にアメリカに移住し、アメリカ経済の発展のプロセスを「産業連関分析」（input-output analysis）の手法で研究し、その功績によりノーベル経済学賞を1973年に受賞している。レオンチェフがアメリカの貿易構造をこの産業連関分析によって行った研究はヘックシャー・オーリン理論の妥当性を根本的に否定する内容であり、それ以降「レオンチェフの逆説」と呼ばれ論争の的となった。レオンチェフは数学的思考に秀でており勢力的に研究成果を発表した。[28]　レオンチェフのハーバード大学の師シュンペーター（Joseph A. Schumpeter; 1883-1950）は数学的分析力不足から晩年は歴史分析に専念せざるを得なかったといわれている。[29]

（1）レオンチェフの逆説

　レオンチェフは1953年の研究論文の中でヘックシャー・オーリンの定理に反して、アメリカが輸出する製品は労働集約的であり海外から輸入する製品は資本集約であるという研究成果を発表した。アメリカは本来資本が豊富であり、従って輸出品は資本集約であるべきなのに一定額当たりの輸出財の生産に投入される労働力が資本投入量よりも多いという研究結果であった。海外からの輸入財はその生産に投入された資本量および労働力を直接推計するのは不可能なので、アメリカの市場で輸入財と直接競合するアメリカの製品に投入される資本量と労働力を推計しこの数値を海外の製品の資本・労働力投入量の数値と看做した。その結果アメリカの市場で輸入財と競合する製品

は資本集約であるという結果を得た。これ等の研究成果からレオンチェフはヘックシャー・オーリン理論ではアメリカの貿易構造を説明出来ないと主張した。これを「レオンチェフの逆説」といい、この逆説を巡って論争が展開された。[30] レオンチェフの逆説を肯定してヘックシャー・オーリン理論の妥当性に疑問を呈する論者とレオンチェフの逆説を否定してヘックシャー・オーリン理論の妥当性を肯定する論者の間に論争が展開された。

(2) レオンチェフの逆説肯定論

R.ボールドウィンはレオンチェフの逆説を肯定する理由として、①アメリカは熟練労働力が豊富で従って輸出財には熟練労働集約的な工業製品が多く認められる。②従ってアメリカは研究開発型の産業に比較優位を持つ。③資本賦存量に比較して資源が稀少である。④アメリカの産業には「要素集約度の逆転」が頻繁にありヘックシャー・オーリン理論が適用されない。⑤アメリカの市場の場合資本集約財に対する需要が顕著である。⑥国内産業による労働集約財の生産が輸入関税によって保護されている。従ってアメリカの輸出財には労働集約的な製品が多く「レンオンチェフの逆説」は有効であると主張する。[31] 建元正弘・市村真一教授による1950年代の日本の貿易の事例研究もレオンチェフの逆説を肯定する結果となっている。日本はその当時労働力が豊富で当然ヘックシャー・オーリン理論に従って日本の輸出製品は労働集約財であるはずだが、両教授の研究によると日本の輸出製品は資本集約財であるという結果となっている。その理由は日本の西欧先進国に対する輸出は雑貨類その他軽工業製品を中心とする労働集約財、東南アジア市場に対しては家電製品等の資本集約財が中心であったためと説明している。[32]

レオンチェフ自身が高く評価しているB.S.ミンハス（Bagicha Singh Minhas）のCES生産関数による計量分析によるとアメリカの産業の場合、「要素集約度の逆転」が多く認められヘックシャー・オーリン理論の適用は限界があると指摘されている。ヘックシャー・オーリン理論によると、ある国が一定の生産資源が豊富だとその資源を集約的に使用する財に比較優位性を持つが、

若しその産業の要素集約度が変化する場合にはヘックシャー・オーリン理論の前提が覆される。例えばアメリカの場合広大な土地を擁し土地集約的な農業製品に比較優位性を持つが、多くの場合アメリカの農業は資本集約的な生産方法によって農作物を収穫・脱穀し資本集約産業となる傾向がある。この現象を「要素集約度の逆転」と呼ぶ。[33]

(3) レンチェフ逆説否定論

レオンチェフの逆説の方法論を批判したのはP.T.エルスワース (Paul Thendore Ellsworth) である。エルスワースはレオンチェフがアメリカの輸入財の要素集約度を測定する方法として直接輸出先の国の製造品の要素集約度を計量的に推計することが困難なため、その輸入財と競合するアメリカの産業が生産する財に投入する生産要素で代理させた方法を批判する。エルスワースはアメリカは資本豊富国であり、アメリカの企業は工業製品を輸出財・輸入財に係わらず資本集約的な生産方法を採用すると主張する。更にアメリカの輸出財が労働集約的であっても、その輸出財は研究開発型・高付加価値型の製品であり先端技術労働集約的な製品でありヘックシャー・オーリン理論と矛盾しないと主張する。[34]

多数の国の複数の輸出財・輸入財の生産要素集約度の計量分析を実施したE.Eリーマー (Edward E.Leamer) は基本的にはヘックシャー・オーリン理論は現代の貿易パターンを説明する非常に有効な理論であると主張する。レオンチェフはアメリカの事例だけを分析しているのであり、「輸出財の1人当たり労働者の資本集約度が輸入財の1人当たり労働者の資本集約度より低ければ、その国は資本資源が稀少な国であると仮定するのは間違いである」と主張する。それぞれの国の輸出財は、①労働力・資本資源ばかりでなく、②自然資源、③経営資源、④規模の効果、⑤学習効果、⑥産業の集積効果、⑦技術進歩の発展段階等多数の要因に影響されて生産されるのであり、貿易のパターンを産業連関分析手法のみによって分析するのには限界があると主張する。従ってリーマーは輸出財の生産に必要な多数の生産要素の比率を分

析すればヘックシャー・オーリン理論は依然有効な理論であると考える。[35]

おわりに

—ヘックシャー＝オーリン理論の教訓—

　現代の日本の輸出の80％以上は機械産業製品である。この機械産業の特長は、①規模の効果と市場のグローバル化、②R＆D指向型の新製品開発、③プロダクト・サイクルの短縮化、④技術進歩・改革の加速化、⑤市場ニーズの細分化による多品種少量生産、⑥産業内貿易の増大、⑦多国籍企業ないしはグローバル企業の台頭、⑧グローバル生産・消費市場での国際競争の激化等過去考えられなかった特徴を持っている。これ等の特長を有する現代の貿易はリカードの古典経済学の比較優位理論やヘックシャー・オーリンの新古典派経済学の貿易理論では説明出来なくなってきている。これ等現代の貿易の主要な特長は次章以降で見て行くが、日本の場合生産資源としては人的資源以外生産資源を有していない。将来の日本の機械産業の課題が先端技術産業のグローバル展開であることを考えると、日本のグローバル人材開発戦略の策定と実施は非常に緊急の課題となってくる。この機械産業分野での国際競争は激烈であり、特に中国・インド・韓国・台湾・シンガポール等の台頭は目を見張るものがある。日本の戦後の6・3・3・4の教育システムは制度疲労を起こしている。日本の若者の学力低下は顕著であり、大学教育は実質的に2年半前後の専門学校並みの教育に質が低下している。日本の若者のグローバル化する国際社会の共通語となった英語能力はアジアの中で最低の水準にある。特に若者の理科離れが顕著で先端技術産業の発展に不可欠の人材開発は危機的な状況にある。日本政府は教育制度を抜本的に改革する時期に来ていることを深く認識すべきである。

注
1. ヤコブ・ヴァイナー（Jacob Viner）はルーマニア人の両親の下でカナダのモン

トリオールに生まれ (1892年) マックギル (McGill) 大学で学んだ。その後ハーバード大学のF. タウシグ教授 (Frank Taussig) の下で国際経済学を学び博士号を取得している (1922年)。ヴァイナーの博士論文は「カナダの対外債務残高」であり、その当時スウェーデンから短期留学中 (1922-23) であったB. オーリン (Bertil Ohlin) はこの博士論文を読む機会があったとされる。その後ヴァイナーは新古典派経済学の貿易論の重鎮としてシカゴ大学 (1919-46)、プリンストン大学 (1950-60) で主に国際経済学を教えた。サムエルソンはシカゴ大学でヴァイナーの国際経済学の講座を履修した。Arthur I.Bloomfield, "On the Centenary of Jacob Viner's Birth: A Retrospective View of the Man and His Work, "*Journal of Economic Literature,* December 1992, pp.2052-2085. Jacob Viner, Studies In *The Theory of International Trade,* 1937, pp.437-489.

2. Chipman, John S., "A Survey of The Theory of International Trade: Part 2, The Neo-Classical Theory," *Econometrica,* Vol. 33. No. 4, October, 1965, pp.685-689.

3. Marshall, Alfred., *The Pure Theory of Foreign Trade,* 1930; Peter Groenewegen, *A Soaring Eagle: Alfred Marshall 1842-1924,* Edward Elgar, 1995, pp.168-73.

4. これ等新古典派貿易理論の学説史解釈は前掲のJ. チップマン (John S. Chipman) の論文に詳しいが、J. バグワティ (Jagdish N. Bhagwati) が書いた貿易理論の学説史の論文も参考になる。Jagdish N.Bhagwati, "The Pure Theory of International Trade; A Survey," *The Economic Journal,* March 1964, pp.1-84.

5. Heckscher, Eli F. and Bertil Ohlin, *Heckscher-Ohlin Trade Theory,* translated, edited Introduced by Harry Flam and M. June Flanders, The MIT Press,1991. サムエルソンはこの本に短い紹介文を寄稿している。

6. Heckscher, Eli F., "The Effects of Foreign Trade on the Distribution of Income," *in Heckscher-Ohlin Trade Theory, ed.,* by Harry Flam and M.June Flanders, pp.43-69.

7. 上記の文献、44-60頁。

8. 同上、10-25頁。

9. Keynes, J.M., "German Transfer Problem," *The Economic Journal,* March 1929, Pp.1-7; "German Transfer Problem: Discussion; Rejoinder," op.cit.,

第3章 ヘックシャー＝オーリン要素比率理論

June 1929, pp.179-182; Bertil Ohlin, "The Reparation Problem; A Discussion, Transfer Difficulties, Real and Imagined, "ibid., June 1929, pp.172-178; "Rejoinder from Prof. Ohlin," ibid., September 1929, pp. 400-404. なおケインズのヴェルサイユ平和条約及び賠償委員会の活動についてはケインズの伝記に詳しい。D. E. Moggride, *Maynard Keynes: An Economist's Biography*, Routledge, 1992, pp.319-347; pp.368-394.

10. サムエルソンの半生については以下を参照のこと。Leonard Silk, *The Economists*, Avon Books, 1976, pp.3-38.

11. ヘックシャー・オーリン・サムエルソン・ジョンズ理論と呼ばれることもある。Ronald W.Jonesの貿易理論については以下の文献参照のこと。Wilfred J. Ethier, "Ronald Jones and the theory of international trade," *Theory, Policy and Dynamics in International Trade*, ed., by Wilfred J. Ethier, Elhanan Helpman, and J. Peter Neary, Cambridge University Press, 1993, pp.9-26.

12. Ohlin, Bertil., *The Theory of Trade*, (Handelns Teori, 1924), ed., and translated by Harry Flam and M.June Flanders, The MIT Press, 1991, pp.44-60: *Interregional and International Trade*, Harvard University Press, 1933, pp.63-77.

13. Rybczynski. T. M., "Factor Endowment and Relative Commodity Price," *Economica*, November 1955, pp.336-341.

図（i）生産極面　　　　　図（ii）等量曲線（isoquant）

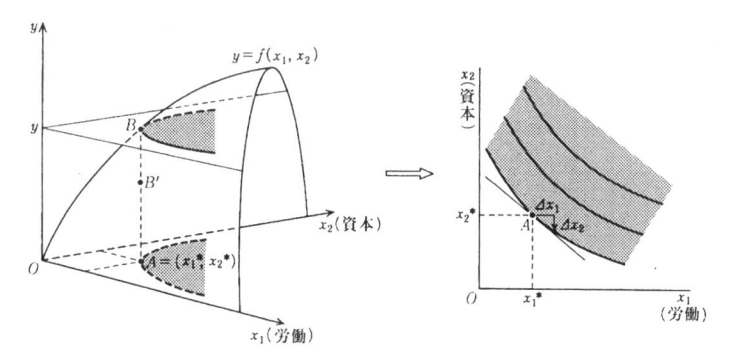

（i）生産曲線を y の高さで切る　　（ii）技術的限界代替率 $RTS = -\dfrac{\Delta x_2}{\Delta x_1}$

資料：西村和雄著『ミクロ経済学入門』、上記、110頁

14. 機械・土地・労働力等の企業が生産のために投入する財を投入物（input）或いは生産要素（factor of production）といい、生産要素の投入量と生産可能な生産物の技術的関係を生産関数（production function）という。生産関数 Y = F (X 1, X 2) は、生産要素の組 (X 1, X 2) から生産量 Y が得られることを表す。この関係を図示すると前頁の図 (i) のように描ける。この生産極面を産出量 y の水準で水平に切った切り口を上から見下ろした等高線は、同じ生産量 y を生産する生産要素の組合せ (X 1, X 2) からなるので等量曲線（isoquant）と呼ばれる。図 (ii) は等量曲線が北東方向にいくにつれて産出量 y が増大することを示し、同一線上では産出量は同じであることを示している。またこの等量曲線の接線の勾配は技術的限界代替率（marginal rate of technical substitution）($-\triangle X2/\triangle X1$) と呼ばれ、X 1 の投入量を限界的に 1 単位追加するときの生産量 y を変えずに節約できる X 2 の量を表す。詳しくは西村和雄著『ミクロ経済学入門』岩波書店、第 2 版、1995年、109－110頁参照のこと。
15. Krugman, Paul., and Maurice Obstfeld, *International Economics,* Addison Wesley, 19th Edition, 2009, pp.58-59.
16. 小宮隆太郎・天野明弘著『国際経済学』、岩波書店、1972年、32－35頁。Jagdish N.Bhagwati, Arvind Panagariya, and T.N.Srinivasan, *Lectures on International Trade,* 2nd Edition, The MIT Press, 1998, pp.66-72. この問題については既に1948年にサムエルソンが書いた論文の中で指摘していた。Paul A. Samuelson, "International Trade and The Equalisation of Factor Prices", *The Economic Journal,* June 1948、pp.173-174.
17. Paul A.Samuelson and Woflgang F.Stolper, "Protection and Real Wages," *Review of Economic Studies,* Vol.9, 1941, pp.58-73.
18. Chipman, John S., "A Survey of The Theory of International Trade: Part 3, The Modern Theory," *Econometrica,* Vol.34.,No.1., Janurary, 1966, pp.35-40.
19. バグワティの等生産量曲線による説明の方が理解し易い。Jagdish N. Bhagwati et al., *Lectures on International Trade,* 前掲書、pp.63-66.
20. 西村和雄著『ミクロ経済学入門』、第 2 版、岩波書店、1995年、120－122頁。
21. Fecksher, Eli.F., "The Effect of Foreign Trade on the Distribution of Income," 前掲書、53－55頁。Bertil Ohlin, *Interregional and International Trade,* Harvard University Press, 1933, pp.38-40。
22. サムエルソンは1982年オーリンの業績を高く評価した評伝を書いている。Paul

第3章 ヘックシャー＝オーリン要素比率理論

Samuelson, "Bertil Ohlin: 1899-1979", Journal of International Economics, Supplement, January 1982, pp.33-49. しかし若きサムエルソンはオーリン理論の曖昧さや矛盾に対しては容赦しなかった。Paul Samuelson, "International Trade and The Equalization of Factor Prices, "in The Economic Journal, June 1948, pp.164-184;"International Factor-Price Equalization Once Again," The Economic Journal, June 1949, pp.181-197. これ等の論文はサムエルソンが33歳―34歳の時に書かれている。
23. サムエルソン、前掲書、1948年、169－170頁。
24. アバ・ラーナー（Abba P. Lerner）は1903年帝政ロシアのバッサラビア（Bassarabia）でユダヤ人の家庭に生まれた。3歳の時に家族はロシアでのユダヤ人迫害から逃れてイギリスへ移住しロンドンの低所得階層が住む東ロンドン地区で育つ。アバ・ラーナーは機械工として働き26歳の時ロンドン大学（LSE : London School of Economics）に入学する。1933年アバ・ラーナーは未出版の論文"Factor Prices and International Trade," を執筆する。この論文は後に出版されている。Abba P. Lerner, "Factor Prices and International Trade," Economica, February 1952, pp.1-15.「ラーナーの対称性の定理」については後に紹介する。Abba P. Lerner, "The Symmetry Between Import and Export Taxes," Economica, New Series, Vol/3. No.11, 1936, pp.306-313. 1937年アバ・ラーナーはアメリカに移住し大学で教鞭をとる。主要な著書は、The Economics of Control, 1944. アバ・ラーナーの経済理論については以下の論文参照。David Colander, " Was Keynes a Keynesian Or a Lernerian?" Journal of Economic Literature, Vol.22, December 1984, pp.306-313.
25. Ellsworth, P.T. International Economics, The MacMillan Company, 1938, pp.118-120.
26. 同じような説明が以下の文献にも見られる。小宮隆太郎・天野明弘著『国際経済学』、岩波書店、1972年、39－45頁。Jagdish N. Bhagwati et al., Lectures on International Trade, 前掲書、pp.84-87,pp.110-114, pp.117-118.
27. 西村和雄著『ミクロ経済学入門』、岩波書店、第2版、1995年、365‐366頁。
28. Leonchief, Wassily., "Domestic Production and Foreign Trade: the American Capital Position Reexamined," Proceedings of the American Philosophical Society, 97, September 1953,pp.332-349; "Factor Proportions and the Structure of American Trade: Further Theoretical and Empirical Analysis," Review of Economics and Statistics, 38, November 1956, pp.386-407; "An

International Comparison of Factor Costs and Factor Use," *American Economic Review,* 54, June 1964, pp.335-345.
29. Swedberg, Richard., ed., Joseph A. *Schumpeter: The Economics and Sociology of Capitalism,* Princeton University Press, 1991,pp.3-98.
30. Chipman, John S., "A Survey of The Theory of International Trade: Part 3: The Modern Theory," *Econometrica,* vol.34, No.1, January, 1960, pp. 44-57.
31. Baldwin, Robert E., "Determinants of the Commodity Structure of U.S. Trade," *The American Economic Review,* Vol.61, 1971, pp. 126-146.
32. Tatemoto, Masahiro., and Shinichi Ichimura, "Factor Proportions and Foreign Trade: The Case of Japan," *The Review of Economics and Statistics,* Vol.41, 1959, pp.442-446; 建元正弘・市村真一著「レオンチェフ逆説と日本の貿易の構造」、『経済研究』、1958年1月。
33. Minhas, Bagicha Singh., *An International Comparison of Factor Costs and Factor Use,* North-Holland, 1963, pp.27-53.「要素集約度の逆転」問題については以下の文献の説明を参照のこと。小宮隆太郎・天野明弘著『国際経済学』、前掲書、48-49頁、西村和雄著『ミクロ経済学入門』、前掲書、365-367頁。
34. Ellsworth, P.T., "The Structure of American Foreign Trade: A New View Examined," *The Review of Economics and Statistics,* Vol.6, 1954, pp.279-285.
35. Leamer, Edward E., "The Leontief Paradox Reconsidered," *Journal of Political Economy,* Vol.88, No.3, June 1980, pp.495-503: *Sources of International Comparative Advantage,* The MIT Press, 1984.

第4章　資源と技術進歩と貿易
― 現代の貿易（１）―

はじめに

　前章で説明したヘックシャー・オーリン理論はスウェーデンの経済学者によって展開された貿易理論である。スウェーデンの経済学者にとってスウェーデンに豊富に存在する森林資源を集約的に使用する木材産業や紙パルプ産業にスウェーデンが比較優位を持つと考えるのは至極当然のことであった。このことから類推して他の国についてもその国の生産要素賦存状態が貿易の成立の重要な要件であると考えたのであろう。しかしこのヘックシャー・オーリン理論には多くの問題や矛盾があった。第1に、現代の先進国はほぼ同質的な生産要素の賦存状況と生産技術を共有し、その先進国同士の貿易の多くは同じ産業内の水平分業に基づく「産業内貿易」(intra-industry trade) である。この「産業内貿易」はヘックシャー・オーリン理論では説明するのは困難である。第2に、ヘックシャー・オーリン理論は財・生産要素市場の完全な自由競争市場状況を想定しているが、現代の先進国の輸出入取引の主要な部分を占める機械産業の貿易取引は「規模の効果」を特長とする「不完全競争市場」である。現代の企業は事業をグローバルに展開し、その生産規模は非常に巨大化し平均費用は逓減する性質をもつ。第3に、現代の先進国の消費市場は消費者の価値観の多様化によって細分化され、企業はこれ等細分化された市場をターゲットにした多品種少量生産によって差別化されたブランド製品を製造するのが一般的になってきている。[1]即ちヘックシャー・オーリン理論は一方的に財の供給サイドの視点に立ったサプライ・サイド経済理論である。しかし現代の国際貿易では特に消費財分野の貿易取引で消費者の

需要の動向を無視することは出来ない。第4に、現代の貿易の中心は重厚長大な重化学工業製品から軽薄短小な高付加価値をもつ先端技術産業に移行してきている。この先端技術産業分野は長年の戦略的な研究開発（R＆D）投資が必要とされ政府の人材開発・資金援助が不可欠な分野となってきている。この分野では生産要素の賦存状態に加えて所謂「マーシャルの外部効果」といわれる産業全体の集積の効果（agglomeration effects）が重要な役割を演ずる。従ってこれら産業分野で国際競争力を強化・維持するためには「集積の効果」（agglomeration effects）を意図した政府の積極的な工業立地政策の実施が不可欠であり、市場メカニズムだけに依存することは出来ない。これ等先端技術産業は高付加価値製品を製造し、1単位当たりの製品の輸送コストは非常に低くグローバルに事業展開が容易になる。第5に、ヘックシャー・オーリン理論は古典経済学以来の伝統を継承して生産要素として土地、労働力、資本を取り上げているが、現代の貿易ではレアメタル等の鉱物資源やエネルギー資源等の枯渇資源、海洋資源や熱帯雨林等の再生可能資源等の持続可能な開発が課題となってきている。これ等の資源は地球全体の環境の保全という地球の「公共財」的問題を課題として抱えており、資源を開発者の私的所有物と把握する「資源経済学」の前提は再考する必要がある。資源の政治経済学的視点が重要になってきている。第6としてヘックシャー・オーリン理論では財は国際間で移動が可能だが、労働力・資本等の生産要素は国家間で移動しないと仮定されていた。しかし現代では国際経済のグローバル化とともに国家間の資本取引は活発に行われている。通貨の取引だけでも外国為替市場での取引量は一日あたり5兆ドルに達する[2]。現代の貿易取引では多国籍企業の海外直接投資、多国籍企業の本社と海外の子会社・関連会社の貿易取引を抜きにしては考えられなくなってきており、多国籍企業の実態を分析することが急務となってきている。最後に、ヘックシャー・オーリン理論は所与の生産要素賦存量を前提として論議する傾向がある。しかし広大な土地を有する国は永久に農業国に停滞すべきなのか、発展途上国は永久に一次産品輸出国に止まるのか、過剰な労働力を抱える中国・インド・バングラ

ディッシュ等は永遠に労働集役的な軽工業製品輸出国に止まるのか、長期的なまたグローバルな視点から地球資源の戦略的な開発政策を考える必要があろう。これ等の問題に対してヘックシャー・オーリン理論は残念ながら我々に実践可能な政策的示唆を与えてくれない。ヘックシャー・オーリン理論を継承する現代の新古典派経済学者達の多くは現実を捨象した非現実的な前提のもとに解析幾何学を駆使して「純粋理論」(pure theories) を展開する傾向が強い。特に若手の経済学者にこの傾向が顕著である。検証不可能な仮説や命題は科学的な知識とはなりえず、我々に実践的な叡智を与えてくれない。これ等は「思考の遊戯」か「形而上学的な空虚な理論」に止まってしまう。[3]

本章では以上の問題を集約して、第5章では、資源と貿易、技術変化と貿易の問題を取り上げて現代の貿易の特徴を分析する。続く第6章では資本移転と多国籍企業の問題、「規模の効果」と貿易の問題に焦点を絞って現代の貿易の問題と課題について解説することにする。

4.1 資源と貿易

(1) 原油貿易の政治経済学

世界の原油資源の確認埋蔵量は2009年1兆3千331億バレルであり、この埋蔵量は中近東 (57%)、中南米 (15%)、欧州・中央アジア (10%)、アフリカ (9.6%) 北米 (5.5%)、アジア (3.2%) に分散している。[4] 石油埋蔵量の推定可採年数は45.7年、枯渇年数(確認埋蔵量に未発見資源量を付加し、それを現在の生産量で割った数字)は約80年と推計されている。国別の原油埋蔵量はサウジアラビア (約22%)、イラン (11%)、イラク (9%) クウェイト (8%) 及びアラブ首長国連邦 (8%) 等中近東の原油産出国に集中している。アメリカの確認原油埋蔵量は世界全体の2.4%を占めるに過ぎず、残存原油資源の可採年数は約10年、枯渇年数は約60年と推計されている。世界全体の1日当たりの原油輸入数量は2009年5293万バレルであり、ヨーロッパ諸国が1348万バレル (全体の25.5%)、アメリカ1144万バレル (21.6%) 日本428万バレル

(8.1%) その他の国の合計5293万バレル (44.8%) である。しかし原油の輸出国の構成は輸入国がリスクを分散し、原油輸送コストを低減する必要から多角化し中近東 (34.8%)、旧ソ連 (17.1%)、アジア・太平洋地域 (10.1%)、西アフリカ (8.3%)、中南米 (7.0%)、北アフリカ (5.2%) 等と極端に多極化している。しかし日本はそれに反し原油の供給先を極端に中近東に依存し（依存率2008年87%）特にサウジアラビア (28%)、アラブ首長国連邦 (22.8%)、イラン (12%)、カタール (11.0%) 等少数の原油供給国に集中させている。原油の安定的確保は第1次エネルギー源の安定供給の目的ばかりでなく、石油化学工業原料確保の面からも非常に緊急の課題であり、リスクの分散化が急務である。日本の原油輸入価格は1970年代の第1次オイルショック（1973年10月—74年8月）によって1バレル当たり$2.5から$11.7に4.7倍に増大し、第2次オイルショックにより更に1バレル$41に急増した。このため政府は

図1：原　油　の　国　際

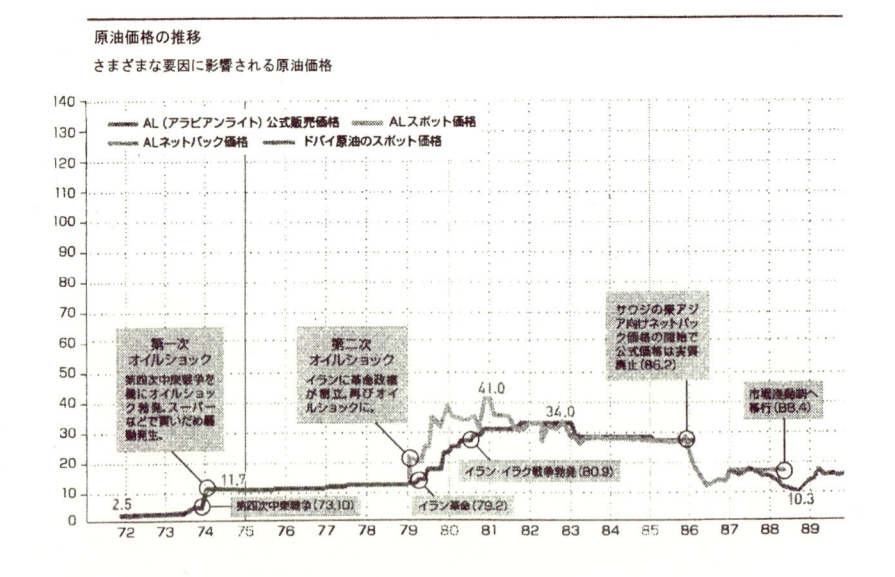

資料：日本エネルギー経済研究所：石油情報センター

第4章　資源と技術進歩と貿易

第1次エネルギー資源の多角化を図り、石油資源の依存率を1970年代前半の80％から2007年の47％に低下させ、エネルギー資源の多角化を図ってきた。最近2007年の第1次エネルギー供給源は石油（47％）、石炭（21）、天然ガス（16％）、原子力（10％）、水力・地熱（3％）等となっている。原油価格はリーマンショック時に世界経済の先行き不透明感から1バレル＄131に急騰したが過去2－3年は＄45－78前後に推移している。しかし今後も中近東情勢の先行き不透明感から国際原油価格のボラティリティーは続くものと考えられる。特にアジアの新興国、中国、インドが経済発展とともに原油需要を増大させると、原油需給は逼迫化し原油価格は高騰すると予測される。

(2) 国際石油資本

国際石油資本は一般に石油メジャーと呼ばれ、主にアメリカのフォーチュ

価　格　の　変　動

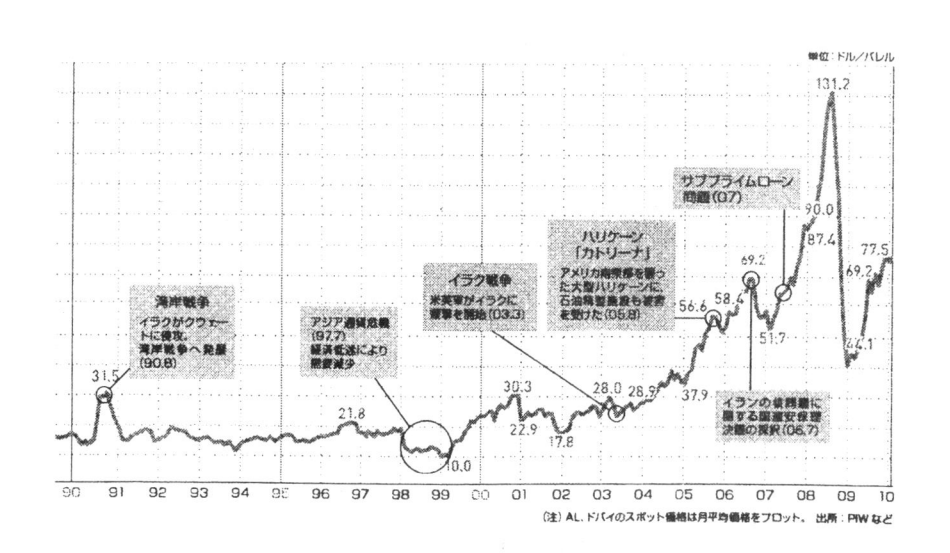

ン誌の世界の売上規模で巨大企業500社の上位7社のうちに入るエクソン・モービル（Exxon Mobil）、ロイヤル・ダッチ・シェル（Royal Dutch Shell）、BP（British Petroleum）及びシェブロン（Chevron）を指す。これ等国際石油資本は石油資源の発掘・開発、生産、精製・輸出、タンカー輸送、小売販売、関連エネルギー事業に従事し、垂直的に統合された巨大企業である。これ等国際石油資本は本国の石油資源に限りがあることから設立の当初から海外の石油資源開発に積極的であった。石油事業は探査・発掘・生産・大型タンカーによる輸送・パイプラインの建設・大規模原油精製プラント建設・販売施設の建設等の膨大な開発投資を必要とする。その結果石油企業は設立の当初から規模の効果を求めて合従連衡を繰り返し巨大化する傾向があった。[5]
アメリカの石油資本のエクソン・モービルとシェブロンの源流は19世紀後半にJ.D.ロックフェラー（John D.Rockefeller）が設立したスタンダード石油会社（Standard Oil Company）である。しかしスタンダード石油会社が石油資源の発掘・精製・販売を独占化するにつれて、アメリカ連邦政府は独占を排除する種々の法律を制定し、スタンダード石油会社を複数の独立した地域石油会社に分割する。この分割されたスタンダード石油会社（カリフォルニア）とテキサス石油会社（Texaco：Texas Oil Company）がサウジアラビアの石油資源開発のために共同で設立したのがアラビア・アメリカ石油会社（ARAMCO：Arabian American Oil Company）である。しかしこの石油開発会社は1970年代以降のアラブ諸国の民族主義の台頭によって1980年サウジアラビア政府によって国有化され、1988年名称がサウジアラビアン石油会社（Saudi Aramco：Saudi Arabian Oil Company）となる。この会社は世界で最大の原油埋蔵量を誇る油田を保有している。

　イギリスは1908年ペルシャ湾沿岸地域にアングロ・ペルシャ石油会社（Anglo Persian Oil Company）を設立して中近東の石油資源開発を進める。イギリス政府、特にチャーチルは石油資源の戦略的重要性から政府資金を注入して第一次大戦以降中近東地域の石油資源開発を積極的に支援する政策を実施する。この当時のイギリスの対アラブ諸国政策は「アラビアのローレ

ス」と言われたT.E.ローレンスの自伝的説明がある。[6] 第 1 次大戦後イギリスはペルシャを保護国とする。軍人出身のレザ・ハーンがパーレビ王朝を設立しペルシアの国名をイランに変更する。それにともなってアングロ・ペルシャ石油会社はアングロ・イラニアン石油会社に名称変更する。第 2 次大戦後この会社はブリティッシュ石油会社 (BP: The British Petroleum Company) となる。戦後 B P は中近東の石油開発を積極化するが、1970年代以降 B P の石油開発施設はアラブ諸国により国有化される。その結果 B P の中近東からの石油生産量は80％から10％に低下する。Ｂ Ｐ は現在北海油田、アラスカ、アンゴラ、インドネシア、ベネズエラ、ブラジル等世界の29ケ国で石油の生産を行っている。2010年の年間売上は2971億ドル、従業員 8 万人、開発する油田の原油埋蔵量180億バレルを有する巨大な石油資本である。[7]

ロイヤル・ダッチ・シェル会社 (The Royal Dutch Shell Company) は1890年インドネシアの油田開発のために設立されたオランダのロイヤル・ダッチ石油会社 (The Royal Dutch Petroleum Company) とイギリスの運送貿易会社 (Shell Transport and Trading Company) が1907年60対40の比率で合併して設立された。この会社はアメリカのスタンダード石油会社による世界の石油資源の支配に対抗して設立され、現在インドネシア、ナイジェリアを含む世界の90ケ国で活動する巨大石油企業である。原油産出量は一日当たり310万バレル、世界全体で44000の石油サービス網を有する。

シェブロン (Chevron) は19世紀後半にカリフォルニアの油田開発を行ったスタンダード石油会社 (Standard Oil Company of California) が母体となり、1984年 Gulf Oil、2001年 Texas Fuel Company (Texaco)、2005年 Unocal Company を吸収合併して形成された石油資本であり、アンゴラ、ナイジェリア、インドネシア、カザフスタン、クウェート、サウジアラビア等28ケ国に活動拠点を有する。従業員 5 万人、4000のサービス網、原油生産能力 1 日当たり270万バレル、石油精製能力200万バレルを有する。

これ等西欧の石油メジャーに対抗して主要石油産出国のイラク、イラン、サウジアラビア、クウェート、ベネズエラは1960年「石油輸出機構」(OPEC:

Organization of the Petroleum Exporting Counties) を結成し石油価格維持のため生産調整を行うようになる。2011年4月現在OPEC加盟国は上記5ケ国に加えアルジェリア、アンゴラ、エクアドル、カタール、リビア、アラブ首長国連邦、ナイジェリアの12ケ国であり、世界原油生産量の約36%を占める。OPECは本部がオーストリアのウィーンにあり毎月世界の石油の需給動向を分析して発表している。最近の報告書（2011年4月）によると世界の原油の2009年の需要量は約85mb/dであり、このうち北米の需要が23mb/dで27%を占め OECD諸国全体の需要量は45mb/d（53%）を占めている。中国の原油需要は8.7mb/dであり世界全体の需要の10%を占める。これに対する世界全体の原油の供給量は81mb/dであり、OPEC諸国の供給量は29mb/dであり世界全体の36%を占めている。OPEC諸国の中で一番供給量が大きいのはサウジアラビアで8.2mb/dであり世界全体の10%を供給している。サウジを含む湾岸諸国5ケ国（イラン、イラク、クウェート、アラブ首長国連邦）だけで19mb/dであり世界全体の23%の原油量を占めている。[8]

　問題は最近中近東諸国の政治状況が不安定化してきていることである。チュニジアの政変、エジプト・シリア・湾岸諸国の民主化運動、リビアの内乱等中近東諸国で長期間続いた王権政治体制や政治権力の独裁体制への国民の鬱積した不満が一度に爆発した状況にある。アラブ社会は部族間・宗派間の亀裂、非民主的な政治体制、軍部独裁、非石油産出国の経済の停滞と高い失業率、石油産出国の王族・親族集団への富の偏在と所得格差、独裁政権の不法蓄財、オイル・マネーの海外流失と少数の富裕階級の贅沢三昧、腐敗・癒着・レント・シーキングの横行、イスラム原理主義の台頭等種々の政治・社会的構造問題を抱えている。

（2）ガバナンスとオランダ病

　石油資源の貿易取引で問題になるのは、これら資源の多くが中近東および発展途上国に偏在することである。これら発展途上国は政治・経済制度の近代化が遅れ石油資源開発は欧米の巨大な多国籍石油資本によって主に行われ

てきた。途上国政府は自国の資源を独占的に開発する国有資源開発会社を設立するのが一般的である。その典型的な事例がインドネシアの国営石油開発公社プルタミナ（P.T Pertamina）によるインドネシアの石油資源開発であろう。インドネシアの石油資源開発は、①石油メジャーに探査・発掘権を供与し、②生産可能な原油埋蔵量が確認された場合石油メジャーと生産委託契約を締結し生産を委託するか、石油メジャーと合弁の開発会社を設立し共同で開発を行う、③いずれの場合も石油メジャーはプルタミナに原油生産量当たりのロイヤルティー（開発権料）を支払い、「生産分与方式」（product-sharing agreement）に従ってプルタミナと生産された原油を配分する。この方式によってプルタミナは石油メジャーが持つ資金力・技術力を活用して石油開発に伴うリスクを負担せず石油資源開発を行うことが出来る。

　問題はプルタミナが原油を精製する独占的な権限を持ち、原油の精製の結果生産される石油化学工業の原料であるナフサや重油・ガソリン・軽油等の石油製品に独占的な販売権を持つことである。インドネシアの民間企業、特に華僑資本はこれ等を取得するためスハルト親族企業と合弁企業を設立する。これ等一連の過程でレント・シーキング（権利獲得行為）・賄賂・癒着行為等の不公正取引が横行する。

　資源の開発と貿易による経済発展のプロセスに関しては「ステープル理論」や「余剰のはけ口論」が論じられてきた。「ステープル理論」はカナダの経済発展のプロセスを説明する理論としてカナダのトロント大学のH．イニス（Harold Innis）やM．ワトキンズ（M.Watkins）等によって展開された理論である。ステープル（staple）は主要作物を意味し、カナダは経済発展の初期の段階では大西洋岸沿岸地域のタラ漁業・毛皮がヨーロッパ向けの輸出商品として経済発展の牽引車の役割を果たした。その後セントローレンス河畔のモントリオールや五大湖周辺のトロントが交易都市として栄えた。その後経済開発が中西部に浸透し小麦・トウモロコシ等の農作物の開発と大陸横断鉄道の建設、太平洋岸の森林資源・漁業資源開発と進展して行く。この様にカナダの経済発展は輸出用の主要商品作物の開発を通して発展して行く。この

「ステープル理論」は19世紀のアメリカの経済発展のプロセスを説明する理論としてD・ノース（Douglas C.North）によっても援用されている。[11]

途上国の植民地時代の特長の1つは豊富な資源に依存する自給自足的農業経済であった。土着経済は人口密度も低く比較的小規模の農業経済で豊富な資源を充分活用する段階に達していなかった。第2次大戦後独立国となったこれ等の多くの国、特に東南アジア諸国は、これら豊富に存在する資源の「余剰のはけ口」（vent for surplus）として主に外国資本によるプランテーション農業形態を通して輸出作物を開発して行く。この傾向に着目したビルマ（現在のミャンマー）出身のH.ミント（H.Minto）は「余剰のはけ口論」を展開した。[12] 東南アジアのマレーシア・インドネシア・フィリピン・タイ等の諸国は19世紀以降スズ、ゴム、砂糖、米、ヤシ油等を主に外国資本によるプランテーション農業形態によって輸出用商品として開発してきた。しかしこれ等プランテーション農業経営形態は「飛び地的」（enclave）に展開され周辺の地域経済や産業連関効果は限られていた。[13]

以上のような一次産品輸出がもたらすプラスの経済効果に対して懐疑的な論議が在来論じられてきたR・プレビッシュの「一次産品輸出の負の交易条件」とは別の視点から論じられるようになった。この別の視点とは資源賦存状況が潜在的に内包する「制度の罠」（institutional traps）、「オランダ病」（The Dutch disease）及び「資源の呪い」（resource curse）理論である。制度の罠理論は最近革新的な「新制度経済学」の視点から展開されている。その論点は一定の資源賦存状況のもとでは近代資本主義の形成と発展に不可欠な私有財産制度、自由な市場競争と契約制度、株式制度等の経済制度が不十分にしか発展しないという主張である。[14] 特に興味のあるのはK.L.ソコロフ（Kenneth L Sokoroff）とS.L.エンガーマン（Stanley L. Engerman）が提示した命題で、「南北新大陸の資源賦存量や自然環境の立地条件の差が北アメリカの個人主義的な経済制度と南アメリカの寡頭支配的な経済体制の形成と所得の不平等をもたらした」という主張である。[15] 彼等は北アメリカの自然賦存状態が個人主義的な土地所有者による農作物栽培に適し、南アメリカの資源賦存状況は

大規模の砂糖のプランテーション農業経営形態に適し、寡頭支配体制を形成したと主張する。D・エースモグル（Daron Acemoglu）等は西欧社会の経済制度の形成と発展に関する研究を精力的に行い自然環境的要因を構造的な制度形成要因として重視し種々の新しいパラダイムを提示しており注目されている。[16]

オランダ病

「オランダ病」はW.M.コーデン（W.Max Corden）等がエネルギー資源が豊富なためにその国の実質為替レートが増価し、資本や労働力が伝統的な製造業部門からエネルギー部門やサービス部門に移動し、その結果製造業部門の生産が低下し「脱・工業化」（de-industrialize）する現象を指す概念として一般化された。[17] W.M.コーデンはエネルギー、製造業、サービス産業の3部門モデルを使ってオランダ病現象を分析する。先ずエネルギー部門がオランダの天然ガスや北海油田開発によって資源開発が進み、これらエネルギー部門が輸出によって活発化する。その結果その国の実質為替レートが増価し、[18] 国内の相対価格が変化し資本や労働力が伝統的な製造業部門からエネルギー部門やサービス部門に流入し、製造業の発展が阻害される現象を「オランダ病」と呼んだ。その国の経済に本来プラスの効果を持つ自然資源の開発や外的な環境変化によってその国の経済の主導的な部門が活況を呈すると、かえってその国の工業化が阻害される逆の効果をもらす可能性を示唆したため、この「オランダ病」は注目を集めた。インドネシアは石油・天然ガス等の資源が豊富で「オランダ病」に罹り易い体質を持つ国だが、インドネシアの数次の通貨の切り下げや非石油部門の輸出産業育成政策を実施して「オランダ病」疾患を回避することが出来たと一般に主張されている。これに対してナイジェリアは典型的な「オランダ病」疾患に陥った典型的な国であるとしばしば指摘されてきた。[19]

（3）「資源の呪い」（Resource Curse）

　ヘックシャー・オーリン理論に従えば、資源豊富国は資源を集約的に使用する製品に比較優位をもち、その財を輸出すれば貿易の利益を享受することが出来、その国の生産要素は効率的に配分され経済成長を促進するはずであった。しかし1960年代以降の各国の経済成長の特長は、日本、韓国、台湾、香港、シンガポール等のアジアの資源稀少国（resource poor countries）の経済成長率が際立って高いのに対して、資源が豊富な中南米諸国及びアフリカ諸国の経済成長が極端に低く長期間停滞しているという傾向がある。この現象は石油資源の豊富なペルシャ湾岸のOPEC諸国（サウジアラビア、クウェート、アラブ首長国連邦、イラク、イラン）の経済のパーフォーマンスについても観察されている。これ等の石油産出国は、中東戦争、湾岸戦争、イラン革命、イスラム原理主義の台頭等の特殊な事情があるが1人当たりGDPの伸び率は比較的低い。何故であろうか。この疑問に答える理論として1990年代以降展開されてきたのが「資源の呪い」（resource curse）理論である[20]。資源の呪いに掛けられた典型的な国はナイジェリアとアンゴラで、ナイジェリアでは1960年代から石油の開発が進み1965年から2000年までの35年間の石油関連財政収入は累計3500億ドルに達した。しかしナイジェリアの1人当たり国内総生産（GDP）は35年間変わらず＄325前後で変化しなかった。ナイジェリアの国営企業の工場の平均的な稼働率は1975年の75％から低下し1980年代以降35％の水準に低迷している[21]。アンゴラは2008年1日当たり200万バレルの原油を産出し、ナイジェリアに次でアフリカで2番目の規模の原油輸出国である。しかし国家の財政収入の80％を占める原油関連歳入のうち1997－2002年の期間42億ドルが使途不明となっていると指摘されている[22]。

　資源の呪い理論の内容は論者によってその主張の焦点は異なるが、以下の命題が主な内容である。第1に、資源が豊富な国は資源不足国に比較して長期的に経済成長率が極端に劣っている。その理由は様々な原因・誘因が相乗的に作用して経済システムの生産性・効率性の発展を阻害しているからである。第2に、その最も重要な原因は国家及び政治・経済組織のガバナンスが

第4章　資源と技術進歩と貿易

図4-1：資源の呪い

1人当りGDP伸び率（1970—1989）

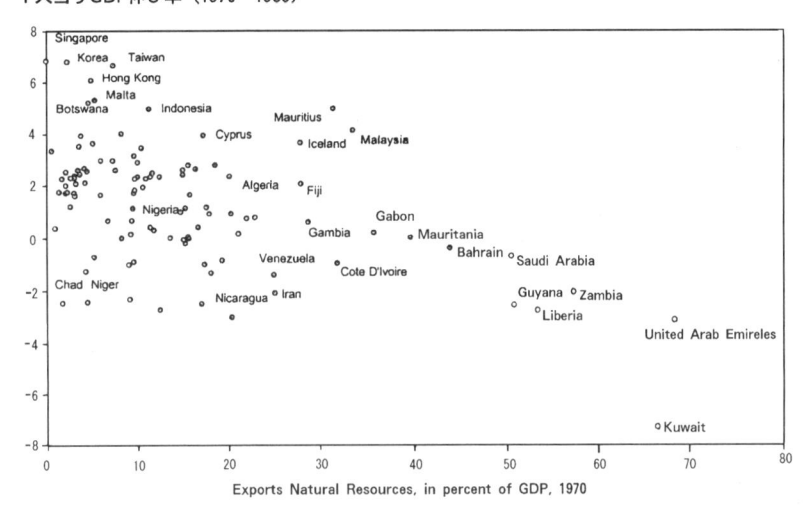

Growth and natural resource abundance 1970-1989.

資料：Jeffrey D.Sachs and Andrew M. Warner, The curse of natural Resources, European Economic Review, 45（2001）, pp.827-838.

極端に悪くレント・シーキング（利得獲得行為）及び腐敗が蔓延しており、資源が浪費される傾向が強いことである。第3に、統治システムのエリートが指導者としての資質を欠き、私利私欲のために独裁的・専制的な権力を長期間維持し国家の歳入・歳出が極端に透明性・責任性を欠いている。第4に、過度に資源のレントに依存した結果経済成長のダイナミズムの源になる製造業その他の基幹産業の発展に必要な開発投資を怠る傾向がある。第5に、土着の腐敗したエリート層が支配する国営企業が西欧の多国籍企業を利用して資源の掠奪的な開発を行い、長期的な経済発展に必要な開発投資や人材開発投資を怠る。第6に、資源の開発と一次産品輸出は産業関連効果が弱く「飛び地」的な開発となり、他の産業への波及効果を欠き、近代的部門と伝統的な部門との格差を拡大し、所得の不平等度を増加させる。第7に、資本主義的な経済制度の根幹である私有財産制度・市場経済制度・契約・近代的な企

業組織を支える法制度が未整備であり、資源の開発の法的な権利・義務関係は不明化・不明瞭・不公正となる。第8に、特にアフリカの資源国では石油・ダイヤモンド・稀少鉱物資源が紛争の種となり、またこれ等の資源存在自体が長期的な内戦・紛争を可能にする軍資金の源となっている。第9に、ラテンアメリカの資源の賦存状態や地理的自然環境は資源の大規模開発・プランテーション経営を必然化しその地域の寡頭支配者体制を形成する。第10に、資源豊富国は以上の理由から民主的な政治制度が未確立であり支配階層による掠奪的な資源開発をチェックする機能をもたない。最後に、資源が豊富な国家は「寄生国家」(Rentier State) となる傾向があり権力者やエリート階層が資源レントを独裁的に支配する国家となる。このように「資源の呪い」理論は資源の負の側面を政治経済学視点からえぐり出した理論と言えよう。これ等の問題を根本的に解決するためには地球に賦存する資源を世界の「公共財」として捉え地球規模的な視点から資源開発を管理する「制度の設計と実施」が不可欠となる。地球の資源は地球規模的な視点から開発されるべきで19世紀的な「主権国家」の制度は制度の疲労と機能不全をきたしている。

　在来資源問題に関する経済学者達の関心は鉱物及びエネルギー資源等の枯渇資源及び海洋・森林資源等の再生可能資源をいかに最適に開発・生産して資源が本来有するレントを如何に高率的に配分するかが主な関心領域であった[23]。しかし最近はこれ等の資源開発が潜在的に有する負の効果或いは政治経済的なマイナスの効果に対する関心が高まってきた。資源の呪い理論はこの様な視点からの分析の1つの大きな潮流であると解釈されよう[24]。

（4）一次産品輸出と交易条件の悪化

　発展途上国の貿易政策の問題については第7章で取り上げるが、ここでは発展途上国の資源輸出に関わる問題を考えてみる。1964年3月下旬から6月上旬までの約3ヶ月間スイスのジュネーブで国連貿易開発会議（UNCTAD: United Nations Conference on Trade and Development）が開催された。この国連貿易開発会議（UNCTAD）は1964年12月から国連総会の常設機関とし

て、発展途上国の貿易と開発を促進する組織として設立された。この組織の最高の意思決定機関は4年に一度開催される加盟国の閣僚会議である。1964年の第1回の閣僚会議はアルゼンチンの経済学者R・プレビッシュ（Raul Prebisch）が提出した報告書を基礎に論議が行われたが、会議では先進国と後進国の利害が正面から対立した。[25] R・プレビッシュはこの報告書その他の論文の中で、途上国の主要な輸出品である1次産品の国際価格は、これら途上国が先進工業国から輸入する工業製品に比較して相対的に低下する傾向にあり、これが途上国の悪化する構造的特長であると指摘した。この途上国の先進工業国に対する従属性の呪縛から途上国経済が解放されて自律的に経済発展を遂げるためには、途上国が先進国から輸入される工業製品に代替する国内産業を保護育成する必要があると考えた[26]。このプレビッシュの理論は「従属性理論」ないしは「構造主義理論」と呼ばれ中南米ばかりでなくアジア・アフリカの途上国政府の産業・貿易政策に強い影響を与えた。このプレビッシュ理論が説く途上国の工業開発政策は「輸入代替工業化政策」と一般に呼ばれている。

　1950—1960年代多くの途上国政府は輸入代替工業化政策を採用していた。この傾向は人口規模が大きく資源が豊富なブラジルやアルゼンチン等の中南米諸国及びインドに顕著であった。これら政府が採用した輸入代替工業化政策は、自国の国内産業と競合する製品の輸入禁止、輸入数量制限、高率の輸入関税、輸入許可制度、外貨割当制度等の輸入を制限する種々の規制政策であった。途上国政府が輸入代替工業化政策を採用した主な理由は以下の政策動機からであった。第1の政策動機は、途上国経済を発展させるためには自国で生産出来ない工業製品等の資本財を先進国から輸入することが不可欠であった。しかしこれ等先進国から輸入する工業製品の輸入価格に対して途上国が輸出する1次産品の国際価格は長期的かつ相対的に低下する傾向がある。従って途上国の交易条件（terms of trade）は構造的に悪化する傾向にあった。この交易条件の悪化によって、①一定の工業製品を先進国から輸入するために、より多くの一次産品の輸出をすることが必要になり、限られた国内

資源をそのために動員する必要があった。②輸入される先進国の工業製品の価格の相対的上昇は、その価格で測った途上国の実質所得を低下させ、国民の福祉・厚生水準を低下させることを意味した。「交易条件」は「輸出財価格の輸入財価格に対する比率」として定義され、1単位の輸出財を輸出することによって何単位の輸入が可能になるかを表している。今ここで自国の貿易収支が均衡していると仮定すると、輸出額＝輸出価格×輸出数量＝輸入額＝輸入価格×輸入数量という等式が成立する。この式を転換すると、輸出価格/輸入価格＝輸入数量/輸出数量となる。この式の左辺は交易条件を表し、右辺は輸出1単位の輸入量を表す。交易条件が悪化すると、自国は一定単位の一次産品の輸出量によってより少ない工業製品しか輸入出来なくなり、その国の実質的な所得は低下する。[27]この途上国の構造的矛盾を解決するためには途上国政府は工業製品を自国で生産する自立体制を確立する産業政策を実施する必要があると考えられた。

　第2の政策動機は、途上国が輸出する商品は一般に付加価値が高くない。先進国市場の途上国商品の需要に対する所得弾力性値は低い。そのため先進国の経済成長率が伸びて景気が好転しても途上国からの輸入品に対する需要はそれに応じて伸びない。それに対して途上国が輸入する先進国の工業製品は所得弾力性値が高く、途上国経済が発展すると先進国から輸入する工業製品に対する需要は増大する。その結果途上国の貿易収支は構造的に悪化する傾向がある。この傾向は一般に「輸出ペシミズム」の問題として捉えられ、途上国の貿易政策の制約条件とされた。従って途上国政府は貿易収支の構造的赤字を解消するため輸入を規制する保護貿易政策を実施する必要があった。

　第3の政策動機は政治的な動機である。1950－60年代に独立した発展途上国は長期間西欧先進国から支配された旧植民地国であった。これ等途上国の政治指導者やエリートは旧宗主国に対する文化的・政治的・経済的従属性から自立して近代国家を形成する民族主義イデオロギーに駆り立てられていた。さらにこの当時旧ソ連及び東欧諸国が取った国家指導型の計画経済政策が発展途上国のモデルとして受け入れられ国営企業が行う工業政策及び国内産業

を保護する貿易政策は当然のごとく受け入れられた。

しかし途上国の輸入代替工業化政策は種々の問題を内包していた。これらの問題とは、①規制の結果生じた国内資源の浪費、②非効率で国際競争力の無い企業の形成、③国営企業の非効率経営と資源の無駄、④政府と企業の癒着と腐敗、レント・シーキング行為の横行、⑤独占的企業の低生産性と低いモラール等である。その結果多くの発展途上国の輸入代替工業化政策は失敗する。

(5) 資源貿易と環境

1999年11月30日から12月3日までシアトルでWTOの閣僚会議が開催された。このWTOの閣僚会議の開催に合わせて5万人以上の世界各国のNGOの代表者達がWTOの自由貿易体制に対する反対運動を展開した。これ等NGOの主張は、①WTO体制が先進国よりの自由貿易体制であり、世界の所得格差を拡大し世界の貧困国を更に貧困化する。②WTOの自由貿易体制は一次産品輸出国の資源の掠奪的開発を助長し、途上国の環境を破壊する。③先進国の多国籍企業による途上国への直接投資の増大は、途上国の土着の産業の発展を阻害し、婦女子・若年層労働力を過酷な条件で酷使する。④先進国の保護貿易政策は発展途上国の農業や繊維産業等の軽工業の発展を阻害する等の主張が主な内容であった。特に環境保護NGOは先進国が主導するブレトンウッズ体制とWTO体制が実施した貿易自由化政策は途上国の環境破壊を助長したと主張する。資源立地型の産業政策及び貿易政策が途上国の環境を破棄した具体的な事例として以下がしばしば指摘されてきた。①東南アジアにおける輸出向けエビの養殖事業の急速な展開がこれ等の地域のマングローブの海洋資源を破壊している。[28] ②フィリピンの過去の南洋材の過度な伐採と輸出はフィリピンに急激な熱帯雨林の消失をもたらし土壌の劣化・地すべり等の自然災害の原因となっている。[29] ③タイのカサバ栽培や農業開発がタイの森林資源の急速な消失をもたらしている。[30] ④インドネシアやマレーシアの輸出用の合板産業や油ヤシのプランテーションの大規模農園開発によって熱帯

雨林が急激に減少してきている。特に東南アジアの森林資源の輸出は主に日本を輸出市場として発展しており商社の開発輸入が大きく貢献した。[31]⑤世銀の構造調整融資の下で実施された貿易の自由化政策が東南アジアの森林資源の減少をもたらす結果となった。[32]⑥西欧及び日本の多国籍企業によるエネルギー・鉱物資源開発は途上国の自然環境の破壊をもたらす可能性があることが危惧されている。

以上のように国際貿易は地球の環境破壊をもたらす負の側面を有するのである。世界の公共財を保護する世界政府が存在しない現在国連組織及び世銀・IMF・WTO等の国際機関は枯渇する地球資源の保全および再生可能な資源の持続的な開発に関する国際基準を策定し、これらの基準を遵守する国際的なルールやガバナンスの体制を確立すべきであろう。特に温室効果ガスの削減に不可欠な熱帯雨林を保全する地球規模的な取り組が急務である。[33]

4.2 技術革新と貿易

(1) 経済成長と貿易

最近逝去したA・マジソン（Angus Maddison; 1927-2010）の長年の世界経済のマクロ経済動向の計量分析結果によると、西欧先進国の1人当たり国内総生産は産業革命以降の19世紀前半から20世紀後半まで持続的で飛躍的な発展を遂げた。この西欧社会の持続的な経済発展の原因として、A・マジソンが指摘するのは、①西欧社会の技術進歩、②資本の蓄積、③人的資本の蓄積と改善、④貿易の拡大、⑤規模の効果、⑥社会の構造変化等の要因である。[34]

現代の新古典派経済成長理論は、貿易が経済成長を促進する外生的な環境変化要因であると考えるのが一般的である。即ち貿易は、①経済に規模の拡大効果をもたらし、②知識・情報・技術の国際的普及を可能にし、③地球規模的な競争により企業活動を活性化し、④国際的な学習効果にプラスのフィードバックをもたらし、⑤イノベーション文化が国際的に普及し、⑥技術革新による新商品開発によりプロダクト・ライフサイクルが短縮化され国際市

第4章 資源と技術進歩と貿易

図4－2 ：世界貿易の持続的な発展

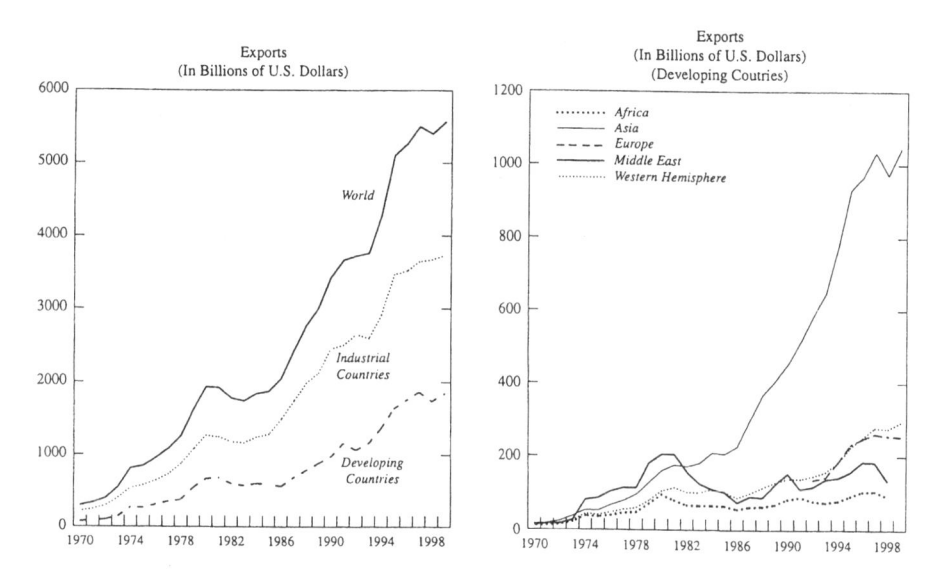

資料；IMF, International Financial Statistics Yearbook page 7

図4－3：貿易の伸び率と経済の伸び率の相関図

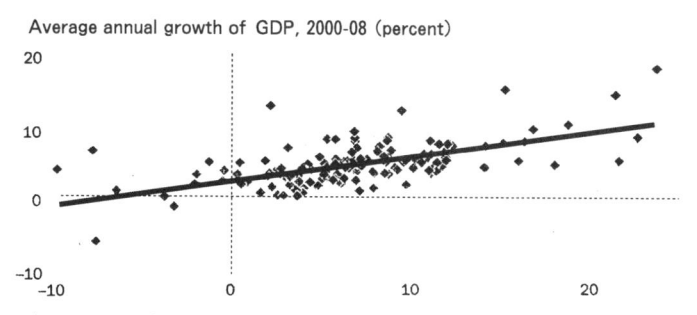

Average annual growth of GDP, 2000-08 (percent)

Average annual growth of exports of goods and services, 2000-08 (percent)
Source: World Development indicators data files.

資料：The World Bank, World Development Indicators 2010, page 346.

場の需要の活性化をもたらす等のプラスの要因ないしは誘因が相乗的に経済成長を促進すると考える。[35] 輸出志向型の開放経済政策を実施して戦後急成長した国として日本・韓国・台湾・香港・シンガポールの事例がしばしば指摘されてきた。

　新古典派経済成長理論では「成長会計分析」によって経済の成長がどのような要因によってもたらされるのかを分析してきた。この「成長会計分析」は一国の経済や産業の生産活動を「生産関数」として数量化し、生産量（Y）の変化と生産に必要な生産投入要素である資本（K）と労働力（L）の投入量と生産システム全体の生産性（TFP: total factor productivity: 全要素生産性（A）と一般に呼ばれる）に分解して、その関数関係を解析しようとする。この関数関係は、Y＝A・F（K,L）①と表示され、資本及び労働力の限界生産性をそれぞれMPK、MPL、資本及び労働力の増分をそれぞれ△K、△Lと書きあらわすと生産量の増分△Yは以下の式に書きかえられる。△Y＝△A・F（K,L）＋MPK・△K＋MPL・△L　②。この②式の両辺をY＝A・F（K,L）で割って整理すると、△Y/Y＝△A/A＋（MPK/Y）・△K＋（MPL/Y）・△L　③となる。この③式の第2項にK/K、第3項にL/Lを掛けて整理すると　△Y/Y＝△A/A＋（MPK・K/Y）・△K/K＋（MPL・L/Y）・△L/L　④となる。生産要素市場に完全自由競争が前提されると、資本の限界生産性（MPK）は利子率（r）に等しくなり、労働の限界生産性（MPL）は賃金率（w）に等しくなる。従って括弧の中はそれぞれ資本分配率と労働分配率となる。結果として、経済の成長率（△Y/Y）は、①経済のシステムの生産性を示す全要素生産性の伸び率（△A/A）、②資本投下の伸び率（△K/K）に資本配分率のウエイトを掛けた数字、③労働力の伸び率（△L/L）に労働分配率のウエイトを掛けた数字に分解される。この理論的な枠組みに従って膨大な計量分析が近年行われてきたがいまだ多くの謎が残されたままである。[35] 謎の1つは貿易によって開放経済に転じた日本・韓国・台湾・シンガポールがどのような因果関係の連鎖・経路・メカニズムで長期間持続的な経済発展を遂げたのかという疑問である。この疑問に対し

第4章 資源と技術進歩と貿易

て新古典派「経済会計分析」理論は満足の行く答えを提供できずにいる。[37]

しかし1950年代以降の世界貿易の拡大が世界経済の活力やダイナミズムの源になっていることは否定出来ないであろう。このことは1980年代の開放改革政策以降の中国経済の驚異的な経済発展からも窺い知ることが出来る。2008年の日本の総輸入額は79兆円、そのうち中国からの輸入額は14.8兆円（全体の18.7%）でありアメリカからの輸入額8兆円（10.2%）、西欧諸国からの輸入総額8兆円（10.2%）をはるかに凌駕しており、中近東からの輸入総額17.3兆円（22%）に次いで2番目に大きい規模となっている。また中国の対米輸出額は2002年以降日本の対米輸出額を越え2008年3379億ドルに達しアメリカの総輸入額2兆1172億ドルの16%を占め、アメリカ市場で最大の輸出国となっている。[38]

貿易は経済成長を促進し、海外から資本・新技術・知識・情報が流入し資本及び人的資本が蓄積する結果、経済システムの生産性が増大し、国民の所

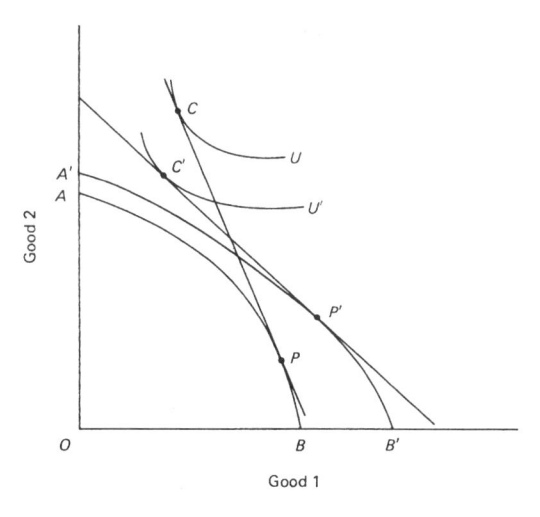

図4－4：「窮乏化成長」(Immiserizing Growth)

資料：Jagdish N. Bhagwati, Lectures on International Trade, 2nd Edition, 1998, pp. 370.

得水準が持続的に上昇し新しい需要を生み出す。その結果産業構造は国際競争力のある産業構造に変化し、資源が効率的に活用される。しかし貿易と経済成長のプラスの連鎖は負の効果を持つことも認識すべきだろう。その第1は、一次産品を輸出する発展途上国の経済は国際市場における一次産品価格の急激な変動によって極度に不安定化する。特にモノカルチャー的構造を持つアフリカ経済にこの傾向が強い。第2の負の効果は、国際経済学者が指摘する「窮乏化成長」の可能性である。これはインドの経済学者J・バグワティ（Jagdish N.Bhagwati）が定式化したことで有名となった現象で、輸出財と輸入競争財の2財を生産する自国が、図4－4に示すように貿易前では生産点P，消費点C，交易条件PC線の勾配で生産すると仮定する。しかしこの国の一次産品輸出が国際価格を左右するほど規模が大きいと、一次産品の国際価格が下がりこの国の交易条件はP'C'線の勾配に低下する。その結果貿易後の生産点はP'、消費点はC'に移行する。この結果消費水準は無差別曲線UからU'に低下しこの国は輸出産業が発展するに従って「貧困化」するという現象である。[39]

（2）プロダクト・ライフサイクルと貿易

　1950―60年代以降日本経済は比較的高い経済成長率を持続し1人当たり所得水準は西欧先進国の水準に達した。この期間行われた世論調査によると人々は「中産階級意識」を強く持つようになる。日本の国民の中産階級意識を支えたのはマイホームの所有及びテレビ・洗濯機・冷蔵庫・電気掃除機・ステレオ・自動車等の耐久消費財の普及による消費水準の改善である。マスコミは「日本は大衆消費社会に突入した」と喧伝した。この期間数多くの新商品、特に家電製品が消費市場に登場した。一般に新商品の発展段階は導入期・成長期・成熟期・衰退期に区分される。この新商品の段階的普及のプロセスを「製品のプロダクト・ライフ・サイクル」という。マーケッティング理論では企業は商品のマーケッティング戦略は商品のライフサイクル別に企画・立案して実施すべきであると主張する。[40] その理由は商品のライフサイクル

毎に消費者に訴求するアプローチの内容・焦点・訴求の仕方が異なってくるからである。戦後多くの耐久消費財の新商品がアメリカで開発された。その理由は新商品の研究開発には多額の研究開発投資を必要とし、研究開発に必要な技術者の存在が不可欠であり、アメリカは資金力及び技術者が豊富であるからである。さらに軍事技術として開発された人工衛星技術やインターネット技術や制御技術が民生用に転用される機会を提供する。リスクの高い多額の研究開発投資を回収するためには購買意欲が旺盛な大規模な消費市場の存在が必要である。新商品の導入期では試験市場は比較的小規模でベンチャー企業の役割が非常に重要となる。この様な理由から新商品の導入期ではこれ等の条件を満たしているアメリカが新商品開発に適しており比較優位を有する。戦後普及した耐久消費財の多くは先ず最初にアメリカで開発され、その後その他の西欧先進国及び日本に普及した。その後人々の所得水準が上昇するにつれて新興国を経由してその他の発展途上国に普及していった。

　しかし新商品が市場で受け入れられ大量生産技術を確立して量産体制に入ると製品の多くが海外市場にも輸出される。海外の企業は特許技術のロイヤリティーを支払ってアメリカの企業から新商品の生産技術を導入し国内の量産体制を確立しようとする。この様にして新商品はアメリカから西欧先進工業国及び日本に普及する。技術労働者が豊富で生産管理技術に秀でているこれ等工業国は新製品の大量生産体制を短期間で確立し、新商品はこれ等の国の消費市場で急速に普及し、余剰製品は輸出商品として海外に輸出される。これ等アメリカ以外の先進国は新製品開発の分野でアメリカに対抗するため研究開発投資を積極化する。Ｇ７諸国だけで世界全体の研究開発投資の85％以上をしめ、新技術の特許登録件数はアメリカ・日本・ＥＵ諸国が常に上位を占めるようになる[41]。これ等先進工業国の新製品の普及速度は速くなりブランド商品は新商品の導入から撤退まで数週間単位までサイクルが極端に短縮化される。現代では世界の大企業相互で新商品開発競争が激化し、新商品の企画開発の段階から生産技術者・販売管理者を動員して新商品開発のサイクルの短縮化を図るようになった。アメリカの大手電子機器メーカーは先端技

術分野の研究開発拠点をインドのバンガローやシンガポール周辺地域に設立して研究開発活動をグローバル化させている。新商品が成熟段階に達すると商品デザインは標準化・プロトタイプ化されそれ以上の技術革新が望めない水準に達し、大量生産管理技術もマニュアル化され海外への生産施設の移植が容易になる。機械産業、特に電子機器産業の製品は多数の部品の労働集約的な組立産業であり、潜在的に労働コストの比較的低い発展途上国に立地することによりコスト競争力を高めることが出来る。この様な理由から現在の日本の民生用電子機器製品（テレビ・ＰＣ・冷蔵庫等）の多くが東南アジア地域から輸入されるようになり、これ等の産業分野での国際分業が進展する。

　以上のような商品のプロダクト・ライフサイクルに注目して国際貿易のダイナミックスを最初に指摘したのはレイモンド・ヴァーノン（Raymond Vernon）である。[42]

（3）技術進歩の加速化と国際分業の進展

　しかし経済学者は技術進歩や技術革新（イノベーション）がどのような影響を経済成長や貿易にもたらすかという問題にあまり関心を示さなかった。その理由は経済学者達が主にマクロ経済の数学的理論や経済政策またミクロ経済の市場均衡理論に関心があったためであろう。更に貿易の主体である企業経営者が持つ問題意識、即ち企業が国際競争力を維持するためには不断の新製品開発と生産技術の改善が不可欠であるという問題意識と、経済学者達が持つ問題意識には大きなギャップがあったとＰ・クルーグマンは指摘する。[43] 19世紀前半の産業革命以降の西欧諸国の持続的な経済成長が貿易の拡大と技術進歩の結果であると充分認識していたにも関わらず、技術進歩や革新の問題はシュンペーターを除いては経済学者達の主要な関心領域ではなかった。J.A.シュンペーター（Joseph A. Schumpeter; 1883-1950）は「経済発展の原動力は技術革新（イノベーション）による市場や企業体制の創造的破壊」にあると考えていた。[44] またエドウィン・マンスフィールド（Edwin Mansfield）等少数の経済学者が技術革新と経済発展と貿易の問題に関心を示したにすぎ

なかった。[45)]

しかし最近経済学者達も技術進歩・革新の問題に関する研究を行うようになってきた。その代表的な事例はG・グロスマン（Gene M. Grossman）とE・ヘルプマン（Elhanan Helpman）等による一連の研究活動であろう。[46)] これ等の研究の中でG・グロスマンやE・ヘルプマンは、①技術進歩・革新による製品の多様化と新商品開発の活発化、②製品の質の飛躍的な向上、③生産要素の物的・人的資本の蓄積、④産業の比較優位のダイナミックな変化、⑤技術変化のヒステリシス効果（hystersis effects）、⑥技術変化・進歩の国際的伝播と普及、⑦プロダクト・ライフサイクルの短縮化、⑧産業の集積効果、⑨産業内分業・工程間分業の進展、⑩知的財産権等の問題を分析している。しかし残念ながらこれ等の分析は一定の前提の下で構築された理論分析が中心で産業別の技術革新の実態と動向についての実証分析があまりなされていない。従って技術進歩や技術革新が具体的にどのような影響を国際貿易に及ぼすのか実証的な研究はなされていない。

ここでは「技術進歩・革新」を操作的に定義する。すなわち技術進歩・革新を広義に捉え、産業技術の進歩による新製品開発と製品の性能・品質の改善、産業用ロボットその他の技術革新による製造業の生産プロセスにおける物的生産性の向上、情報産業技術の発展による生産計画及び管理技術の飛躍的な発展、サービス産業におけるＰＯＳシステム等の発達による商品の在庫管理技術の改善等の技術変化を広く含むものとする。技術進歩は一般的には既存の技術の漸進的改善、技術革新は新技術の発明・発見による技術の断続的な発展と捉えることにする。

在来経済学では新古典派生産関数理論の視点からＪ・ヒックス（J.R.Hicks）の分析以来、[47)] 技術変化による生産要素所得の配分効果、即ち技術の「資本集約的効果」、「労働集約的効果」、「中立的効果」等に関する問題に関心が集中していた。その理由は技術変化によって誰が利益を得ることになるかという問題が技術変化の経済効果分析に欠かせない問題であると認識されたからであろう。現代でも先進国が自国で開発した生産技術を政府開発援助や多国籍

企業の直接投資を通して発展途上国に技術移転する場合途上国の技術水準や経済・社会状況に適合した「適正技術」(appropriate technology) を移植することが望ましいと考えられる[48]。先進国で開発された生産技術は「資本集約的・労働節約型の先端技術」であるのが一般的である。そのような技術は蓄積した資本が稀少で労働力が豊富で技術水準が低い途上国では不適当であろう。途上国が必要とする技術は「資本節約的・労働集約的な技術」であろう。しかし何が「適正技術」かの選択は産業別の技術体系、設置・運営コスト、費用対効果分析を総合的に判断して行うべきであろう[49]。

ここで技術進歩の加速化によって国際分業が急速に進展し、国際貿易が構造的に変化してきている現状を以下に見てみよう。

産業内貿易の拡大と工程間分業の深化

1980年代の後半以降多国籍企業の海外直接投資の活発化によって東アジア及び東南アジアで機械産業、特に電気・電子機械の産業内貿易及び工程間分業が拡大しこれ等の地域でサプライチェーンが形成された。典型的な事例としてパソコンの工程間分業が挙げられる。

電気機械のアジア市場の拡大

それと呼応して東アジアにおける電気機械製品の生産と需要が急速に拡大し、ラジオ、電卓、テープレコーダー、扇風機等の技術付加価値の低い電気製品の東アジア諸国における輸出シェアーが80％を越え、東アジアの域内輸出シェアーも急速に拡大した。

東アジアの貿易の拡大と国際分業（三角貿易）の深化

東アジアの輸出額が1970年代以降急速に増大し、日本・ＮＩＥｓ、中国・ＡＳＥＡＮ諸国及び欧米諸国との間に「三角貿易構造」が形成されてきている。即ち日本・ＮＩＥｓが付加価値の高い中間資本財を生産し、これ等を中国・ＡＳＥＡＮ諸国に輸出し、中国・ＡＳＥＡＮ諸国はこれ等中間財を最終

第4章 資源と技術進歩と貿易

図4-5：パソコン生産の工程間分業

パソコン生産における国際分業（工程間分業）の例示

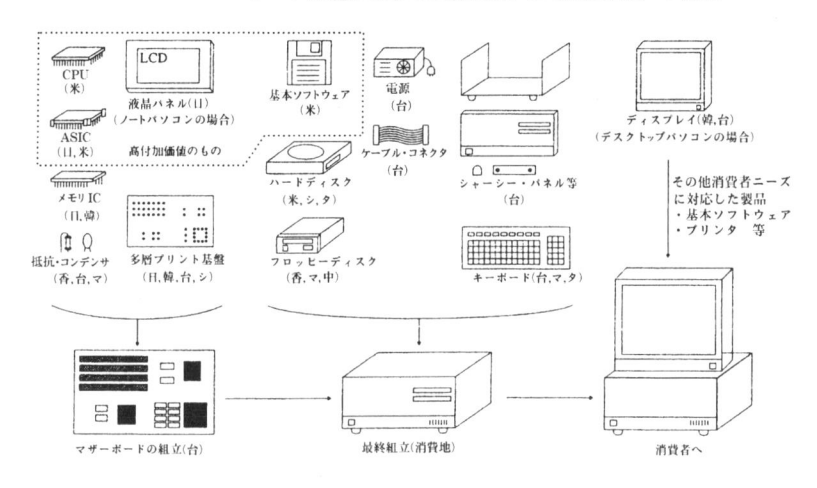

資料：通商産業省編『通商白書：平成7年度版（1995年）』252頁。

図4-6：東アジアの電気製品の輸出シェアー

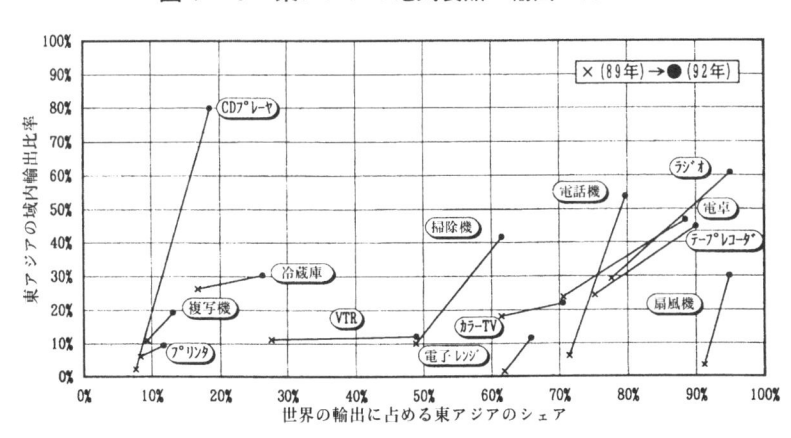

資料：通商産業省、同上、254頁。

図4－7：東アジアの貿易額と世界シェアーの推移

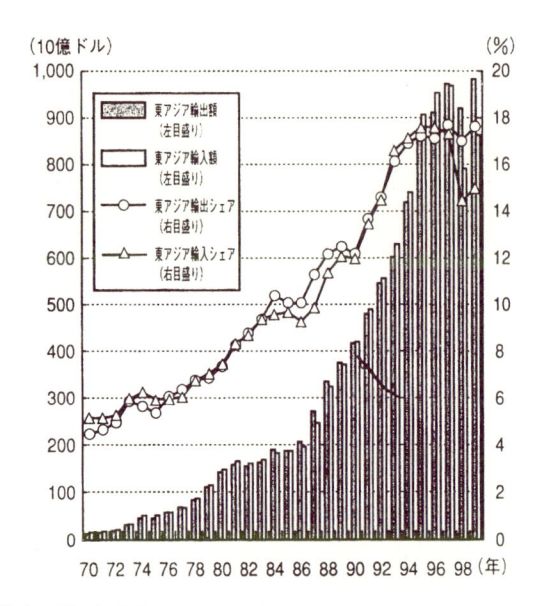

資料：経済産業省、『通商白書2001』、5頁。

製品に組立て最終消費地である欧米の市場に輸出する「三角貿易」が形成され、生産工程別にみた東アジア地域の相互補完性が深化してきている（経済産業省、『通商白書2005』、156－172頁）。

注

1. Kotler, Philip., *A Framework for Marketing Management*, Prentice Hall, 2001, pp.143-182. *Marketing Management: Analysis, Planning, Implementation & Control*, （邦訳）村田昭治監訳『コトラー：マーケティング・マネジメント』、第7版、プレジデント社、1998年、220－251頁。
2. 高木信二著『入門国際金融』、第4版、日本評論社、2011年3月、22頁。
3. 科学的知識、科学の方法論については以下の文献参照のこと。これ等の文献はトロント大学大学院の社会科学の方法論の講座で1960年代に参考書として使われた教材である。Karl R.Popper, *The Logic of Scientific Discovery*, 1959, Conjec-

第4章 資源と技術進歩と貿易

　　 tures and Refutations: The Growth of Scientific Knowledge, 1963; Ernst Nagel, The Structure of Science; Problems in the Logic of Scientific Explanation, 1961; Richard S. Rudner, Philosophy of Social Science, 1966.
4. 原油資源の埋蔵量、生産・消費及び輸出入データは、BP,「Statistical Review of World Energy 2010」及びその他の各号の資料による。BP website から検索。
5. 石油メジャーの歴史については以下の文献に詳しい。Daniel Yergin, The Prize: The EPIC Quest for Oil, Money and Power, Free Press, 1991.
6. Lawrence, T.E., Seven Pillars of Wisdom, Penguin, 1926 and 1962.
7. 以上は BP の website に記載された BP の歴史から。
8. OPEC, Monthly Oil Market Report, April 2011.
9. インドネシアのプルタミナによる資源開発とスハルト政権の腐敗・汚職構造の分析についてはR.ロビソンによる古典的な研究がある。Richard Robison, Indonesia; The Rise of Capital, Allen and Unwin, 1986. 佐藤百合著「インドネシア石油産業における産業統治システムの変容」、坂口安紀編『途上国石油産業の政治経済分析』、岩波書店、2010年、81-109頁。
10. Watkins, Melvile H. "A Staple Theory of Economic Growth," The Canadian Journal of Economics and Political Science, May 1963, pp.141-158.
11. North, Douglas., "Location Theory and Regional Economic Growth," Journal of Political Economy, June 1955, pp.243-258.
12. Mynt, H., "The classical theory of trade and underdeveloped countries," The Economic Journal, 1958, pp.147-164.
13. Lewis, Stephen R., "Primary Exporting Countries," Handbook of Development Economics, Vol.II., ed.,by Hollis Chenery and T.N. Srinivasan, North-Holland, 1992, pp.1541-1600.
14. 制度経済学および新制度経済学の学説史的説明は以下の文献が参考になる。Hodgson, Geoffrey., "The Approach of Institutional Economics," Journal of Economic Literature, March 1998, pp.166-192; Oliver E. Williamson, "The New Institutional Economics: Taking Stock, Looking Ahead," Journal of Economic Literature, September 2000, pp.595-613; Timothy J. Yeager, Institutions, Transition Economies, and Economic Development, Westview Press,1999, (邦訳) 青山繁訳『新制度派経済学入門』、東洋経済新報社、2001年。
15. Sokoroff L. Kenneth., and Stanley L. Engerman, "History Lessons; Institu-

tions, Factor Endowments and Paths of Development in the New World," *Journal of Economic Perspectives*, Vol.14, No.3, Summer 2000, pp.217-232; *Factor Endowments, Inequiality, and Paths of Development Among New World Economies*, Working Paper 9259, National Bureau of Economic Research, October 2002.
16. Acemoglu, Daron., Simon Johnson, and James A.Robinson, "The Colonial Origins of Comparative Development: An Empirical Investigation," *The American Economic Review*, December 2001, pp.1369-1401. このトルコ生まれの若手経済学者の革新的で精力的な一連の研究成果は以下の文献に収録されている。Daron Acemoglu, Introduction to Modern Economic Growth, Princeton University Press, 2009.
17. Corden, W. Max., "Booming Sector and De-Industrialization in a Small Open Economy," *The Economic Journal*, 92, December 1982, pp. 825-848.
18. 実質為替レートは以下のように定義される。自国と外国の物価水準をP、P* 名目為替レートをSとすると、一物一価の法則から、P=S×P* (1) となる。物価の変化率、名目為替レートの減価率をそれぞれπ、π*、dとすると、(1) 式は
    $(1+\pi) = (1+d)(1+\pi*)$ (2)
    と書ける。この (2) 式から
    $(1+d) = (1+\pi)/(1+\pi*)$
    となる。この名目為替レートの減価率を実質化すると、実質為替レート
    $(Re) = (1+d)(1+\pi*)/(1+\pi)$
    と定義される。従って途上国経済の物価が相対的に上昇し固定為替相場制度を採用すると実質為替レートは増価してしまい、その国の輸出産業は停滞する。実質為替レートについては、高木信二著『入門国際金融』、第4版、日本評論社、90－103]頁参照。
19. Bevan, David., Paul Collier and Jan Willem Gunning, *The Political Economy of Poverty, Equity and Growth; Nigeria and Indonesia*, A World Bank Comparative Study, Oxford University Press,1999, pp.50-52.
20. 資源の罠理論に関する代表的な文献のいくつかは以下の通りである。
    (1) Auty, Ricard M. *Sustaining Development in Mineral Economies; The Resource Curse Thesis*, Routledge, London, 1993; "The political economy of resource-driven growth," *Europen Economic Review*, 45 (2001), pp.839-846.

第4章 資源と技術進歩と貿易

(2) Barbier, Edward B., *Natural Resources and Economic Development,* Cambridge University Press, 2005.
(3) Gelb, Alan and Associates, *Oil Windfalls: Blessing or Curse?* Oxford University Press, 1988.
(4) Gylfason, Thorvaldur., "Natural resources, education, and economic development," *European Economic Review,* 45 (2001),pp.847-859
(5) Pritchett, Lant., Jonathan Isham, Michael Woolcok and Gwen Busby, "The Varieties of Resource Experience: Natural Resource Export Structures and the Political Economy of Economic Growth," *The World Bank Economic Review,* Vol.19, No. 2,pp.141-174.
(6) Sachs, Jeffrey., and Andrew M. Warner, "Natural Resources and Economic Development: The Curse of natural resources," *European Economic Review,* 45 (2001) pp.827-838; "The big push, natural resource boom and growth," *Journal of Development Economics,* Vol.59 (1999), pp.43-76.
(7) Sala-i-Martin, Xavier., *Addressing The Natural Resource Curse: An Illustration from Nigeria,* National Bureau of Economic Research, June 2003.
(8) Fvedcrich von der Ploeg, "Natural Resomces: Curce on Blessing?," *Journal of Economic Literature,* June 2011, pp.366-420.
21. Sala-i-Martin,Xavier., op.cit., pp.4-10.
22. Human Rights Watch, *Some Transparency, No Accountability,* January 2004, pp.33-46.
23. Dasguputa. P. S. and G. M. Heal, *Economic Theory and Exhaustible Resources,* Cambridge University Press, 1979; Orris C. Herfindahl and Allen V. Kneese, *Economic Theory of Natural Resources, C.E.* Merrill Publishing Company, 1974; Philip A. Neher, *Natural Resource Economics; Conservation and exploitation,* Cambridge University Press, 1990; Jon M. Conrad and Colin W. Clark, *Natural Resource Economics,* Cambridge University, 1987.
24. 政治経済学的な視点からの資源問題の事例研究は以下の著作にみられる。William Ascher, *Why Governments Waste Natural Resources: Policy Failures in Developing Countries,* Johns Hopkins University Press, 1999; Richard M.Auty, *Sustaining Development in Mineral Economies; The resource curse*

thesis, Routledge, 1993; Alan Gelb and Associates, *Oil Windfalls: Blessing or Curse?* Oxford University Press, 1988; Pauline Jones Luong and Erika Weinthal, *Oil Is Not a Curse*, Cambridge University Press, 2010; J. Peter Nearly and Sweder van Wijnbergen,ed., *Natural Resources and the Macroeconomy*, Basil Blackwell, 1986.

25. Prebisch, Raul., *Towards a New Trade Policy for Development*, UNCTAD, 1964.
26. Prebisch, Raul, "International Trade and Payments in An Era of Co-existence: Commercial Policy in the Underdeveloped Countries," *American Economic Review*, Vo. 49, 1959, pp. 251-273.
27. 伊藤元重・大山道広著『国際貿易』、岩波書店、1985年、25－26頁。
28. 中村武久・中須賀常雄著『マングローブ入門』、めこん、1998年、77－89頁。
29. フィリピンにおける砂糖プランテーションと違法伐採による熱帯雨林の喪失については、以下の文献参照のこと。関良基著『複雑適応系における熱帯林の再生』、お茶の水書房、2005年；長野善子・葉山アツコ・関良基著『フィリピンの環境とコミュニティー』明石書店、2000年。
30. 佐藤仁著『希少資源のポリテクニックス』、東京大学出版会、2002年。
31. Dauvergne, Peter., *Shadow in the Forest; Japan and the Politics of Timber in Southeast Asia*, The MIT Press, 1997; Jffrey R. Vincent and Rozali Mohamed Ali, *Managing Natural Wealth; Environment and Development in Malaysia*, Singapore, 2005.
32. Seymour, Francis J., and Navroz K. Dubash., *The Right Conditions; The World Bank, Structural Adjustment and Forest Reform*, World Resources Institute, 2000; UNEP, *Sustainable Use of Natural Resources in the Context of Trade Liberalization and Export Growth in Indonesia*, 2005.
33. Barbier, Edward B., et al, *The Economics of the Tropical Timber Trade*, Earthscan, 1994; 島本美保子著『森林の持続可能性と国際貿易』、岩波書店、2010年。
34. Angus Maddison, *Monitoring The World Economy 1820-1992*, Development Center, OECD, 1995, pp.33-57.
35. 新古典派成長理論の入門的解説書としては以下が参考になる。Charles I. Jones, *Introduction To Economic Growth*, W.W.Norton, 1998. (邦訳) 香西泰監訳『経済成長理論入門』、日本経済新聞、1999年；David N. Weil, Economic Growth,

第4章 資源と技術進歩と貿易

Peason Addison Wesley, 2nd Edition, 2009, pp.306-336.
36. 経済の成長分析の代表的な事例は以下の文献にみられる。Robert J. Barro and Xavier Sala-i-Martin, Economic Growth, McGrw-Hill, 1995; Philippe Aghion and Peter Howitt, Endogeneous Growth Theory, The MIT Press, 1998. ここでの成長会計分析の解説は以下の文献による説明を援用している。Rudiger Dornbusch, Stanlei Fischer and Richard Startz, Macroeconomics, 8th Edition, MacGraw-Hill, 2001, pp.45-64.
37. Helpman, Elhanan., *The Mystery of Economic Growth*, Harvard University Press, 2004.
38. The US Government, *Economic Report of The President 2010*, page 451.
39. Bhagwati, Jagdish N., *Lectures on International Trade*, 2nd Edition, The MIT Press, 1998, pp.369-380.
40. Kotler, Phiip., *Marketing Management; Analysis, Planning and Implementation & Control*, (邦訳) 村田昭治監修『マーケッティング・マネジメント』、プレジデント社、1996年、309-355頁。
41. Kekker, Wolfgang., International Technology Diffusion, *Journal of Economic Literature*, September 2004, pp.752-782; 文部科学省『科学技術白書』
42. Vernon, Raymond., "International Investment and International Trade in The Product Cycle," *Quarterly Journal of Economics*, Vol.80, 1966, pp.190-207.
43. Krugman, Paul., "The Narrow Moving Band, the Dutch Disease, and the Competitive Consequences of Mrs. Thatcher, Notes on Trade in the Presence of Dynamic Scale Economies," *Journal of Development Economies*, 29 (1987), pp.41-55. Reprinted in Paul R. Krugman, *Rethinking International Trade*, The MIT Press, 1990, pp.106-120.
44. シュンペーターの経済理論については次の文献参照のこと。伊東光晴・根井雅弘著『シュンペーター：孤高の経済学者』、岩波書店、1993年；Richard Swedberg, ed., *Joseph A. Schumpeter: The Economics and Sociology of Capitalism*, Princeton University Press, 1991. Pp.411-12.
45. Mansfield, Edwin., *Innovation, Technology and The Economy; The Selected Essays of Edwin Mansfield*, Edward Elgar, Vol.I, II, 1995.
46. Gene M.Grossman and Elhanan, *Innovation and Growth in the Global Economy*, The MIT Press, 1991; " Technology and Trade," in *Handbook*

    of International Economics, Vol.3, Elsvier, 1995, pp.1279-1337.
47. Hicks, J.R., *The Theory of Wages,* MacMillan, 1932, pp.112-135.
48. 斎藤優著『国つくりの適正技術』、ダイヤモンド社、昭和55年。
49. 経済学者による「中立的技術進歩、」「資本節約的・労働集約的技術進歩」、「労働節約的・資本集約的技術進歩」についての経済学的分析については以下の文献を参照されたい。荒憲治郎著『経済成長論』、岩波書店、1969年、91－151頁。C.F.Ferguson, *The Neoclassical Theory of Production & Distribution,* Cambridge University Press, 1969, pp.215-270; Joan Robinson, "The classification of inventions," *Review of Economic Studies,* V, pp.139-42.

第5章 多国籍企業と規模の効果と貿易
―現代の貿易（2）―

5.1 国際間の資金フロー

(1) 資金フローの最近の動向

　リカードの比較生産費理論及びヘックシャー・オーリンの生産要素賦存理論では生産要素である労働力や資本は国際間を移動しないと仮定されていた。しかし現代の国際社会では資本は1960年代以降資本取引の自由化により活発に国際間を移動する。労働力の移動は欧州連合（EU）では比較的自由であるが、それ以外の地域では政府の移民制限政策により未熟練労働力の移動は制限されている。しかし欧米先進国の多くは自国の熟練労働力の不足を補うため、海外からの熟練労働力の流入を比較的自由に認める政策をとっている。歴史的には過去数世紀間ヨーロッパから新大陸への膨大な労働力の移動が行われた。現在でも多数のメキシコの不法移民が国境を越えてアメリカに移住しており、生産要素である資本や労働力が国際間を移動しないという前提は現実の国際社会の実情を反映しなくなっている。

　資本の国際間の移動は開放マクロ経済学及び国際金融論の主要なテーマであるが、生産要素の国際間の移動という視点から国際貿易との関連で少し考えることにする。IMFが定める国際収支統計は、①経常収支、②資本収支、③外貨準備増減、④誤差脱漏に分類されて集計され、これ等の総計が「総合収支」と定義され、この総合収支は基本的にバランスするように記帳されている。経常収支は、貿易収支、サービス収支、所得収支、移転収支に区分され、資本収支は、投資収支及びその他の投資収支に区分されている。投資収支は更に直接投資、証券投資（株式・債券）に区分され、その他の投資収支

は貸付・借入、貿易信用、現預金に区分されている。[1] 下記の表は最近の日本の国際収支の動向を示している。

　実体的な経済取引（経常取引）の半面には、金融取引（資本取引）がある。経常収支の黒字は対外資産の純増加（或いは対外負債の純減少）、経常収支の赤字は対外負債の純増加（あるいは対外資産の純減少）に等しくなる。即ち経常収支の黒字は同額の金融資本輸出、経常収支の赤字は同額の金融資本の輸入となる。[2] 即ち資本は経常収支黒字国から経常収支赤字国に流れるという基

表5－1：最近の日本の国際収支の動向　　（単位：億円,％）

	2005年度 (平成17年度)	2006年度 (平成18年度)	2007年度 (平成19年度)	2008年度 (平成20年度)	2009年度 (平成21年度)
貿易・サービス収支	74,072	81,850	90,902	8,878	47,813
（対前年同月〈期〉比）	(△22.5)	(10.5)	(11.0)	(－)	(－)
貿易収支	95,633	104,839	116,861	11,591	65,998
（対前年同月〈期〉比）	(△27.3)	(9.6)	(11.5)	(△90.1)	(469.4)
輸出	651,722	736,653	809,446	677,117	555,669
（対前年同月〈期〉比）	(10.8)	(13.0)	(9.9)	(△16.3)	(△17.9)
輸入	556,089	631,814	692,584	665,527	489,671
（対前年同月〈期〉比）	(21.8)	(13.6)	(9.6)	(△3.9)	(△26.4)
サービス収支	△21,560	△22,979	△25,960	△20,469	△18,185
所得収支	126,094	142,484	167,544	145,531	120,759
経常移転収支	△8,934	△12,806	△13,002	△13,290	△10,755
経常収支	191,233	211,538	245,444	123,363	157,817
（対前年同月〈期〉比）	(5.0)	(10.6)	(16.0)	(49.7)	(27.9)
投資収支	△133,200	△147,244	△219,675	△168,114	△118,227
直接投資	△47,039	△72,217	△68,243	△101,087	△52,995
証券投資	△9,728	151,887	△60,863	△259,978	△137,832
（除く貸借取引）	11,616	118,603	△70,275	△254,189	△123,836
金融派生商品	△9,000	3,455	11,739	19,580	8,040
その他投資	△67,433	△230,369	△102,307	173,371	64,560
（除く貸借取引）	△88,851	△197,127	△93,629	165,598	49,324
その他資本収支	△7,213	△5,086	△3,856	△4,940	△4,886
資本収支	△140,413	△152,330	△223,531	△173,053	△123,113
外貨準備増（△）減	△27,554	△39,452	△40,839	△24,758	△23,992
誤差脱漏	△23,266	△19,756	18,926	74,448	△10,713

資料：財務省、財務総合政策研究所編『財政金融統計月報：国際収支特集、2010.8』
　　　4－5頁。

本的な性質を持っている。次頁の図5－1は2007年の資本の純輸出国と純輸入国の構成を示しているが、資本の純輸出国は経常収支黒字国、資本の純輸入国は経常収支赤字国である。図が示すようにアメリカは世界全体の純資本輸入額の半分近くを占めている。アメリカは1970年代後半以降持続して経常収支の赤字を計上し、最近では経常収支の赤字4174億ドル（2000年）、7488億ドル（2005年）を計上し、それに対応してアメリカは4864億ドル（2000年）、7773億ドル（2005年）の資本の純輸入国となっている[3]。

これに対して日本は構造的に経常収支黒字国であり、近年毎年10兆円を越える経常収支の黒字を記録してきた（図5－2）。その結果日本の対外資産が蓄積し対外純資産残高は2009年266兆円となっている（図5－3）。リーマンショック後の平成21年度（2009年度）日本の経常収支は15兆7817億円の黒字であり、その黒字に対応して資本収支は12兆3113億円の赤字、外貨準備が2兆39992億円の減少、誤差脱漏1兆713億円となっている。資本収支の赤字、即ち資本の流出の殆どが証券投資の13兆7832億円によって占められている。日本の例に見られるように先進国の資金フローは証券投資によって占められていることが理解されよう。世界の株式市場の2006年の時価総額は50.8兆ドル、債権の額面総額69.2兆ドル、銀行の保有資産総額74.4兆ドル、世界の金融資産残高（債権、株式、銀行保有の金融資産）の合計は194.4兆ドル、世界のGDP規模の約4倍の規模であるとIMFは推計している[4]。

世界の証券投資を通した資金フローは、①資金フローのプッシュ要因とプル要因、②短期の投資の期待収益性、③機関投資家によるグローバル・ポートフォリオ投資、④群行動的特性とパニック現象、⑤通貨・金融不安に対する脆弱性と伝播、⑥金融システム危機に発展する可能性等、スーザン・ストレンジ（Susan Strange）が「カジノ資本主義」、「マッド・マネー」と揶揄する特性を秘めている[5]。金融資本取引に従事する者は短期の収益性と投資のリスク分散が第1の関心事であり、資金が実際に実体経済でどのように運用されているか殆ど関心を示さない[6]。

一方多くの発展途上国の経常収支は基本的には赤字であり、資本輸入国と

図5-1:資本の純輸出国(1)と純輸入国(2)

Major Net Exporters and Importers of Capital in 2007

Countries That Export Capital[1]

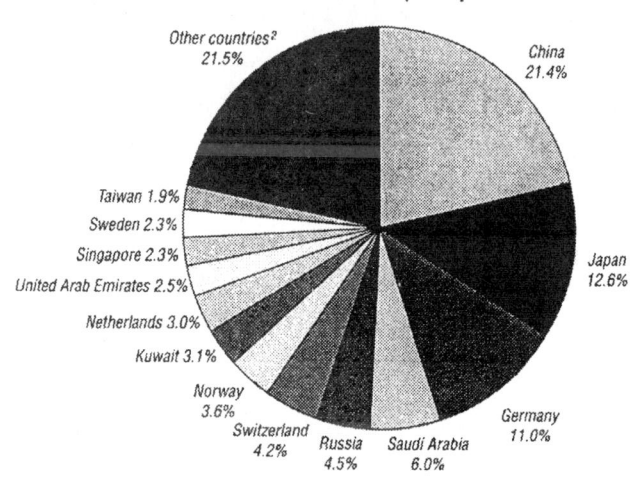

- China 21.4%
- Other countries[2] 21.5%
- Japan 12.6%
- Germany 11.0%
- Saudi Arabia 6.0%
- Russia 4.5%
- Switzerland 4.2%
- Norway 3.6%
- Kuwait 3.1%
- Netherlands 3.0%
- United Arab Emirates 2.5%
- Singapore 2.3%
- Sweden 2.3%
- Taiwan 1.9%

Countries That Import Capital[3]

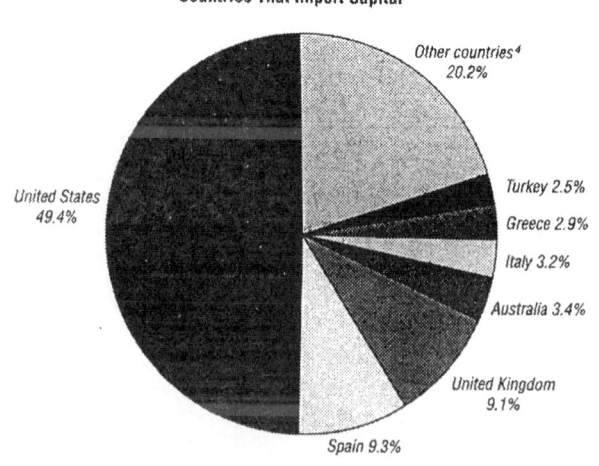

- United States 49.4%
- Other countries[4] 20.2%
- Spain 9.3%
- United Kingdom 9.1%
- Australia 3.4%
- Italy 3.2%
- Greece 2.9%
- Turkey 2.5%

資料:IMF, Global Financial Stability Report 2008, page 131.

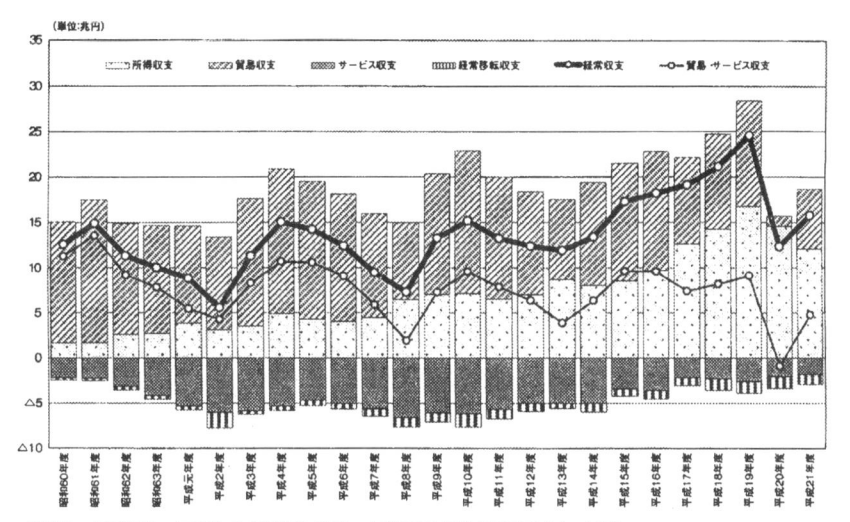

第5章 多国籍企業と規模の効果と貿易

図5－2：日本の経常収支の推移

資料：財務省、『財政金融統計月報：国際収支特集2010.8』1頁。

図5－3：日本の対外資産・負債及び純資産残高

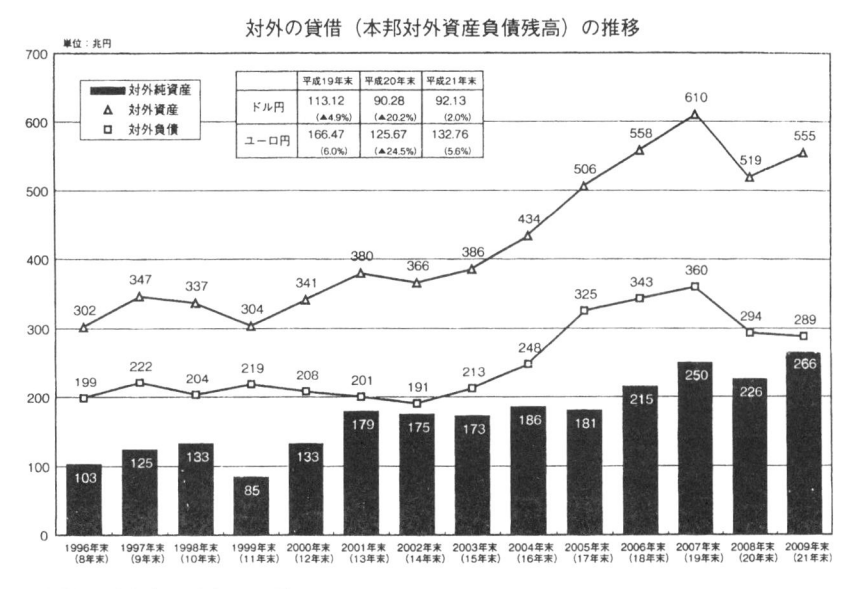

対外の貸借（本邦対外資産負債残高）の推移

	平成19年末	平成20年末	平成21年末
ドル円	113.12 (▲4.9%)	90.28 (▲20.2%)	92.13 (2.0%)
ユーロ円	166.47 (6.0%)	125.67 (▲24.5%)	132.76 (5.6%)

資料：財務省、同上、13頁。

167

図5－4：発展途上国に対する資金フローの推移（1990－2010）
FDI inflows and ODA flows to LDCs, 1990–2010
(Billions of dollars)

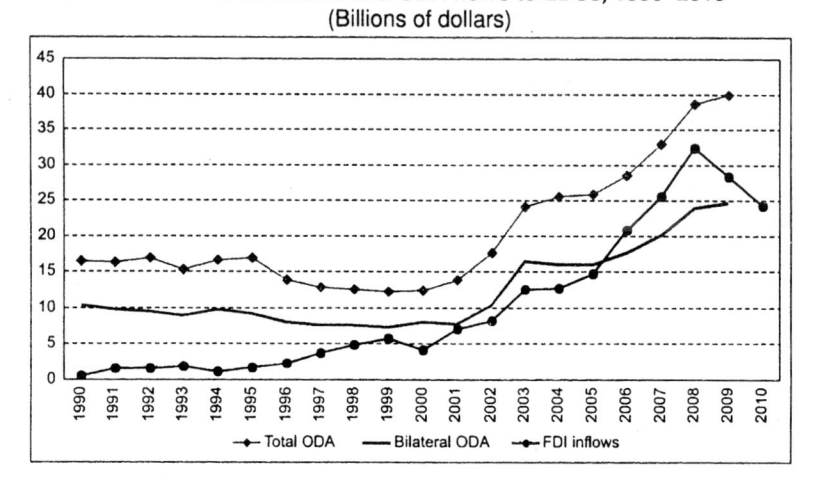

資料：UNCTAD, Foreign Direct Investment in LDCs, April 2011, Page 3.

なっている。しかし発展途上国の資本市場は未成熟であり、民間企業に対する融資には高いリスクが伴う。従って発展途上国への先進国からの資本のフローは政府開発援助（ODA）及び民間企業の直接投資が中心となっている。発展途上国への民間企業の直接投資（2003－2010）累計は2634億ドルであり、その内訳は55％がエネルギー・鉱物資源開発、28％が製造業分野である。2000年以降に実施した西欧企業による大規模直接投資プロジェクトの上位10プロジェクトの内9プロジェクトはアフリカの資源開発、特にアンゴラの石油・ガス開発プロジェクトが占めている。さらに中国は近年発展途上国に対する直接投資を積極化してきており、西欧や日本の民間企業がリスクが高く直接投資を敬遠するアフガニスタン、カンボジア、ラオス、ミャンマー、ザンビア等に直接投資を行ってきている。[7]このように最貧国への直接投資は資源開発が主な目的であり、前述した「資源の呪い」の犠牲になる潜在的危険性を秘めている。

　ここで経常収支（CA）の特性を基本的なマクロ経済のフレームワークか

ら整理してみよう。国内総生産（GDP）は需要サイドから見ると以下に分解される。

$$GDP = Cp + Ip + G + (X-M) \quad ①$$

ここでＣｐは民間消費、Ipは民間投資、Gは政府支出（政府投資と経常支出）、Xは輸出、Mは輸入を示す。従って（X-M）は純輸出（貿易収支）を表す。国民総生産（GNP）は国内総生産（GDP）に純要素所得（FP）を加えた額に等しい。（X-M+FP）は海外経常余剰或いは経常収支（CA）である。②式の両辺から政府税収入（T）と民間消費（Cp）を引くと民間貯蓄（Sp）となり、民間貯蓄（Ｓｐ）は③式によって表される。③式を整理すると④式になり、国の経常収支は民間の貯蓄と投資のギャップと政府の財政収支に分解されることが理解される。

$$GNP = GDP + FP = Cp + Ip + G + (X-M+FP) \quad ②$$
$$Sp = Ip + (G-T) + CA \quad ③$$
$$CA = (Sp-Ip) + (T-G) \quad ④$$

一般に発展途上国は国際収支が赤字で、この赤字構造は民間の貯蓄と投資のギャップと政府の財政収支の赤字に分解される[8]。発展途上国は一般に先進国に一次産品を輸出し工業製品を輸入するから貿易収支（経常収支）は赤字、この赤字は民間の投資超過と政府の財政収支の赤字を反映している。この途上国の国際収支の赤字構造は経済の発展段階に関係している[9]。国際収支が赤字であるためこれを補塡するため、海外から資金が流入する。最貧国には政府開発援助、中所得国に対しては直接投資、証券投資、民間金融機関の融資を通して流入する。途上国、特に中所得国への資金の流入は1980年以降の金融・資本市場の自由化により証券投資、直接投資、金融機関の融資が積極化する。この結果中所得国の金融・資本市場が先進国の金融・資本市場に統合されグローバル化される。世銀のエコノミスト達は中所得国の金融・資本市場のグローバル化は、資金が収益性の低い地域から収益性の高い地域に移動することによって地球規模的に配分が効率化され望ましいと考えていた[10]。しかし中所得国は資金フローの急速な拡大によって1980年代の累積債務危機、

1990年代の通貨・金融危機を体験し、2008年にはリーマンショックの影響を受けて危機的な状況に陥る。この経験を通して現在では資金フローのグローバル化は、①金融・資本市場の健全な発達、②政府及び中央銀行の監視・監督機能の強化、③金融・資本市場を構成する制度・組織の構築とガバナンスの強化、④金融・資本取引の自由化の順序と速度、⑤短期資本取引の規制、等を考慮して漸進的に行うべきであると一般的に考えられるようになってきている。[11]

（2）資本移動の経済分析

　資本フローの経済効果分析はマクドゥガル（G. D. E. MacDougall）が発展させた理論モデルを使って説明するのが一般的である。[12] 資本は資本取引が自由であれば資本の収益性の低い地域及び国から収益性の高い地域及び国に移動する。国際間の資本移動は為替リスクが当然発生するが、ここでは為替リスクの無い単純化された状態で行われる資本移動の経済効果を考える。資本の収益性は資本レンタル料ないしは利子率によって代表される。資本の利子率は資本取引即ち生産要素市場が完全に自由であれば「資本の限界生産性価値」を反映する。生産量（Y）は労働力（L）の投入量を一定と考え資本（K）の投入量の関数と仮定すると、⑤式のように表示される。

　　　Y＝f（L｜K）　　　　　　　　　　　　⑤

これを縦軸の生産量（Y）、横軸に資本（K）に取った図に表すと図5－5のように描ける。この時原点とA点を結んだ直線の勾配は資本をK0投入した時の資本の平均生産性を表し、A点の接線の勾配（△Y/△K）は資本をK0投入した時の資本の限界生産性（MPK）を表す。企業は利益（π）が最大になるように生産する。利潤（π）、製品の価格（P）、資本の利子率（r）、労働力（L）、賃金率（w）とすると、等利潤直線は⑧式で表され、図5－6が示すようにこの時πが最大の利潤とすると等利潤線は生産曲線とB点で接する。この時等利潤線の勾配（r/P）と資本の限界生産性（MPK）は等しくなる。従って利子率（r）は⑩式が示すように資本の限界生産性に製品

第5章　多国籍企業と規模の効果と貿易

図5－5：資本の限界生産性

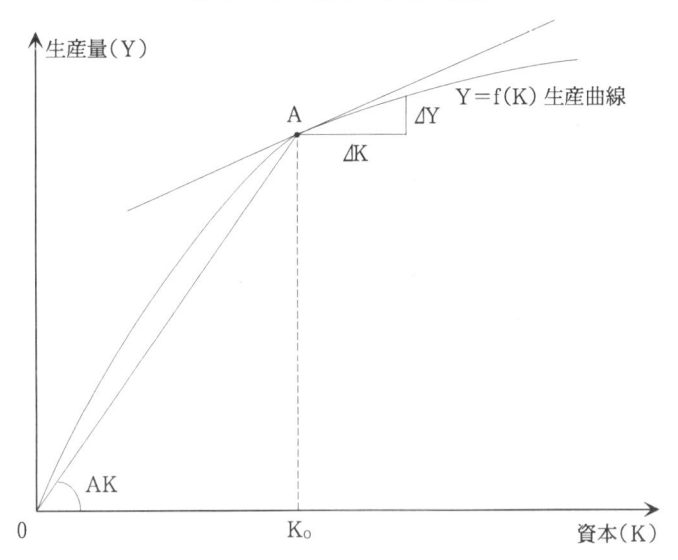

生産量(Y)

A　　$Y=f(K)$ 生産曲線
ΔY
ΔK

AK

0　　　　K₀　　　　　資本(K)

図5－6：等利潤線と資本の限界生産性

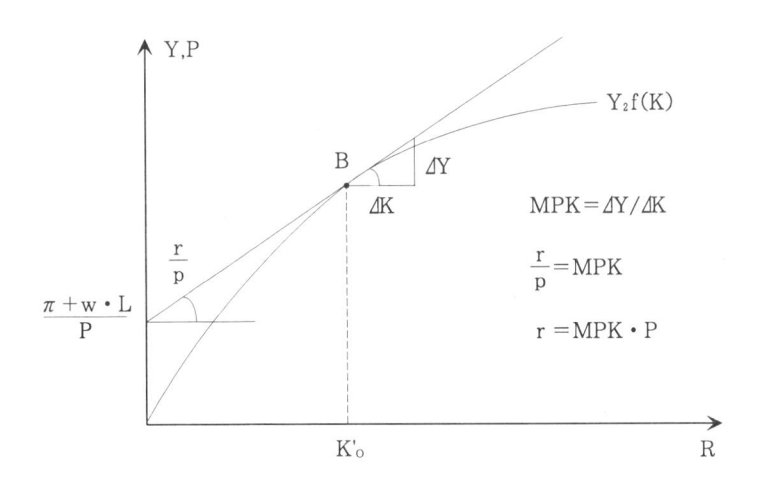

Y,P

$Y_2 f(K)$

B　ΔY
ΔK

$\dfrac{r}{p}$

$\dfrac{\pi + w \cdot L}{P}$

$MPK = \Delta Y / \Delta K$

$\dfrac{r}{p} = MPK$

$r = MPK \cdot P$

K'₀　　　　R

171

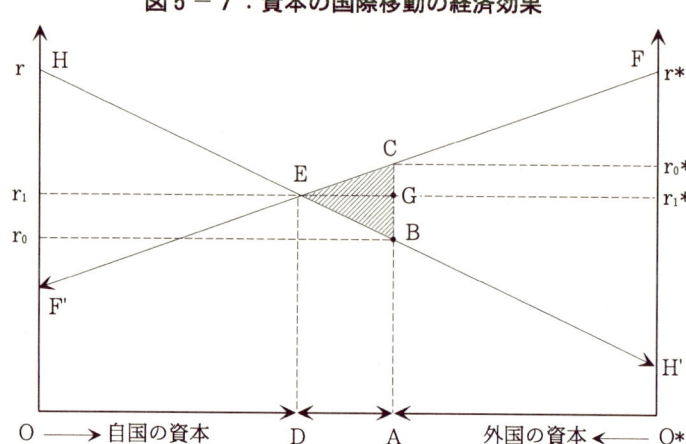

図5－7：資本の国際移動の経済効果

価格と掛けた値と等しくなる。MPK×Pを資本の「限界生産物」という。

$$\pi = PY - (rK + wL) \qquad ⑥$$
$$PY = \pi + rK + wL \qquad ⑦$$
$$Y = \pi/P + wL/P + r/P \cdot K \qquad ⑧$$
$$r/P = MPK\ (\triangle Y/\triangle K) \qquad ⑨$$
$$r = MPK \times P \qquad ⑩$$

この様に利子率（r）は実物で表した資本の限界生産性と等しくなる。資本の投入量が増大すると資本の限界生産性が逓減するので、利子率を縦軸に取り資本の投入量を横軸に取ると資本の限界生産物曲線（資本の需要曲線）は右下がりの直線となる。今ここで図5－7のように自国の資本の賦存量を左側の原点（O）から右側にOAの線分とする、外国の資本の賦存量を右側の原点（O*）から左側にO*Aの線分とする。この時自国の利子率は（r_0）、外国の利子率は（r_0^*）となる。この資本の賦存量での自国の国内総生産（GNP）は台形の面積ABHO、外国の国内総生産は台形の面積ACFO*である。この時自国の資本家の所得は長方形の面積OABr_0、労働者の所得はr_0BHである。外国の資本家の所得は長方形O*ACr_0^*である。自由な資本取引が可能になると、自国及び外国の資本の限界生産性が等しくなるまE点まで比較的

172

低い利子率の自国から比較的高い利子率の外国にADの資本が移動する。その結果自国の国内総生産は台形の面積ODEHに縮小するが、長方形ADEGの利子所得を外国から取得し、三角形BEGが余分の所得となる。外国の国内総生産は台形の面積ACED分増加する。しかし外国は自国に流入した資本の対価として長方形ADEGの利子を自国に支払うことなる。しかし三角形CEGは余分の所得となる。資本移動の結果自国と外国は余分の利益を享受することが出来る。自国の追加の所得は三角形ＥＢＧ、外国の追加のＥＧＣ、両国の所得の合計は従って三角形ＥＣＢとなる。これがマクドゥガル理論による資本移動のプラスの経済効果の説明である。しかし資本移動の結果自国の労働者の所得はEH r_1 に減少し、外国の労働者の所得はEF r_1^* に増加する。このように資本移動の結果所得配分に変化をもたらす。このように資本の移動は当事国にネットの経済便益をもたらすことが理解されよう。

　資本移動は以下の４つの方法を通して国家間を移動する。第１に、企業の海外直接投資活動を通してである。企業が海外で100％出資の現地法人を設立し、或いは株式の25％以上を出資し現地企業と合弁会社を設立し製品の製造・販売を行う場合、或いは海外でサービスを提供し或いは金融業に従事する場合、これ等の投資活動は海外投資活動と呼ばれる。これら企業の海外直接投資は国内外で外貨を調達し、この外貨を現地通貨に転換し設立する会社の株式を取得することにより経営権を得る。これら企業の海外直接投資は企業の海外事業戦略の一環として行われ、日本企業がグローバル化するにつれて、特に1980年代後半以降日本の通貨が増価「円高」するにつれて積極化する。

　第２の資本移動の経路は証券（株式・債券及びこれ等の金融派生商品）投資を通して行われる。日本の企業・金融機関・機関投資家達は金融資産を高い収益性を求めまたリスクの分散のためグローバル金融資産として運用する。また日本政府は外貨準備として蓄積した外貨を主にアメリカ政府の財務省証券を購入して運用しており、欧米及び中近東の政府機関も海外の資本市場で証券投資を積極化させている。近年注目されているのは年金基金・投資信託フ

ァンド (Mutual Funds)・ヘッジファンド等の証券投資活動である。

　第3の資本移動の経路は金融機関による対民間企業及び政府機関に対する長期・短期資金の融資・借入活動である。民間の金融機関による借入・融資活動は主にユーロ金融市場及びオフショアー金融市場を通して協調融資（シンジケート・ローン）の形態を取るが、これ等は国際金融論で詳しく説明されているので国際金融論に関する教科書及び研究書を参照されたい。[13]

　第4の政府開発援助による資金移動については標準的な開発経済学の文献で詳しく説明されているのでここでは説明を省略する。

5.2　日本企業の海外直接投資

（1）海外直接投資の推移

　日本企業の海外直接投資は1970年代に始まる。1960年代の高度経済成長の結果賃金水準が持続的に上昇し労働力コストが増大し、ブレトン・ウッズ体制の崩壊による変動相場制への移行により円の為替レートは1973年270円に増価し、輸入原油価格の高騰により製造業の生産コストが増大した。その結果日本企業は労働集約的な繊維産業や民生用電気製品（テレビ・冷蔵庫・ラジオ・扇風機等）及び軽工業品（自転車等）の生産拠点を海外、特に東アジア及び東南アジアに求めるようになる。また初期の段階では資源開発輸入型の海外投資が顕著であった。1980年代に入るとアメリカ及び欧州諸国との貿易摩擦が深刻化し、貿易摩擦を回避するため日本企業は自動車・電気製品等の現地生産を積極化する。その結果北米・欧州地域に対する日本企業の直接投資のウェイトが増大する。

　1990年代以降は日本のバブル経済の崩壊で海外直接投資は停滞する。しかし2000年以降長期デフレ経済から脱却できずにいる日本は中国及び韓国・台湾・タイ等の東南アジア諸国の台頭に直面する。日本政府は東アジア諸国とFTAやEPAを通して国際分業を拡大・深化する通商政策を模索するようになる。

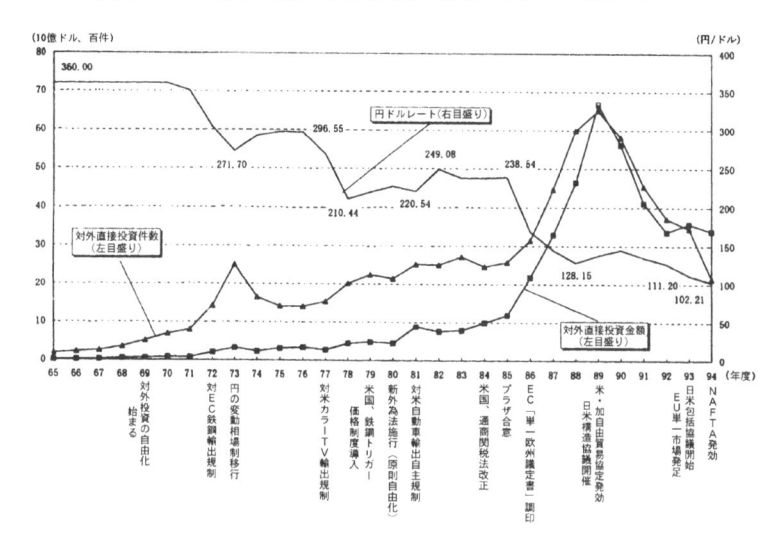

第 5 章　多国籍企業と規模の効果と貿易

図 5 － 7 ：日本の対外直接投資の推移（1964 － 1994 年）

資料：通商産業省、『通商白書』、平成 7 年（1995 年）版、149 頁。

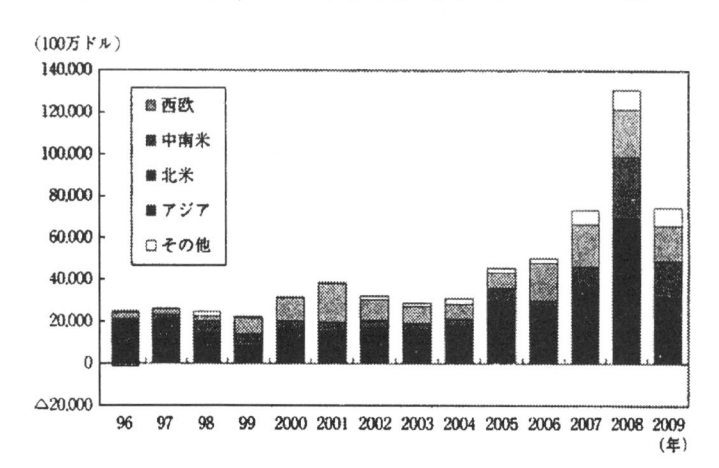

図 5 － 8 ：日本の地域別海外投資の推移（1996 － 2009 年）

資料：JETRO、『ジェトロ世界貿易投資報告』2010 年版　36 頁。

2003年現在東アジア及び東南アジアで活動する日本企業は1万5747社、その内訳は中国（4864社）、香港（1113社）、シンガポール（1071社）、台湾（888社）、韓国（583社）、タイ（1432社）、マレーシア（837社）、インドネシア（696社）、フィリピン（446社）、ベトナム（203社）となっている。[14]

（2）多国籍企業の動向

　国境を越えて複数の国で事業を展開する企業は戦後多国籍企業（MNC: Multinational Corporation; 或いはTNC: Transnational Corporation）と呼ばれるようになる。しかしグローバル化が進む21世紀の現代社会では規模の大小に関わらず企業の活動は国境を越え、潜在的には多国籍企業として活動していると言えよう。毎年7月アメリカの雑誌「Fortune」は売上額ベースで世界の巨大企業500社のリストを発表している。2011年7月号ではこれ等巨大企業の内訳はアメリカ133社、日本68社、中国61社、フランス35社、ドイツ34社、イギリス30社でこれ等6ケ国だけで71％を占めているが、これ等の企業は総て多国籍企業として国際的に事業展開をしていると考えて間違いないであろう。日本の平成18年（2006年）の株式会社総数は約250万社であり、この内証券取引所に上場され会社四季報が記載する株式会社数は3618社である。これ等上場企業もほぼすべて多国籍企業であると考えられる。[15]

　これ等日本の多国籍企業は海外で現地法人を設立して事業を展開している。東洋経済の『海外進出企業総攬』（2011年）によると海外の日系現地法人の総数は22708社であり、その地域分布はアジア13684社（60％）、ヨーロッパ3653社（16％）、アメリカ3283社（14.5％）となっている。業種別では製造業9482社（41.7％）であり、そのうち一般機械産業1174社（全体の5.2％）、電気1904社（8.4％）、輸送1510社（6.6％）、精密315社（1.4％）となっている。その他は金融機関・輸送・旅行・商社等のサービス産業となっている。これ等日系現地法人に雇用されている従業員総数は376万人、日本からの派遣社員総数は37778人となっている。日本の代表的な多国籍企業であるトヨタ自動車は世界31ケ国に86の現地法人を擁している。トヨタ自動車は中国だけで17現地

第5章　多国籍企業と規模の効果と貿易

法人、アメリカ12現地法人を擁し、トヨタ自動車のグローバル事業戦略の拠点が中国とアメリカ市場にあることが窺える。その他の日本の多国籍企業としては日立製作所が19ケ国に73現地法人、パナソニック（松下電器）は世界42ケ国に194現地法人を設立している。パナソニックは東アジア及び東南アジア地域だけで105現地法人（54%）が集中しパナソニックのグローバル企業戦略の拠点がアジアにあることが窺える。ソニーは世界35ケ国に101社が分散している。東芝が世界24ケ国に111現地法人、三菱商事が世界50ケ国に379現地法人を擁している。[16]

　一般的に機械産業は部品組立加工産業であり、最終製品を加工する企業が海外進出するとその企業が必要とする下請け部品メーカーも一緒に海外進出する傾向がある。特に自動車産業にこの傾向があり、自動車は約3万点の部品によって構成されており、トヨタ自動車が海外に進出するとその関連部品メーカーが自動的に進出地域に直接投資を行う。これら産業の生産は「規模の効果」が強く、世界全体をグローバル市場として国際分業体制を確立しサプライチェーンを形成する典型的な多国籍企業である。従ってこれ等産業では売上額の内海外売上高比率が高く、トヨタ自動車72%、ソニー71%、パナソニック48%、東芝55%、日立製作所43%等海外市場依存率が高い。建設機械で世界売上額2位のコマツは海外売上高比率81%と非常に海外売上高比率が高い。工作機械用数値制御装置で世界市場第1位で産業用ロボット大手のファナックの海外売上比率も75%と非常に高い。中堅企業として特異な存在は小型モーター世界市場5割以上を占拠するマブチモーターは日本に生産工場は無く中国を軸に全量海外生産を行い売上の88%が海外市場である。マブチモーターは日本に本社機能及び研究開発機能のみを集中させている。永守重信氏が一代で築きあげた精密小型モーター・HDD用世界首位の日本電産も海外売上高比率77%と高い。[17] 日本電産が立地する京都地域には先端技術志向の優良企業である京セラ・オムロン・島津製作所・村田製作所・堀場製作所等が集積している。ファインセラミックス大手の京セラの海外販売比率は56%、感知・制御機器大手のオムロンの海外販売比率51%、分析・計測機器

177

大手の島津製作所の海外販売比率40%、セラミックコンデンサー大手の村田製作所の海外販売比率は高く81%となっている。分析機器大手でエンジン分析機の世界市場8割を占める堀場製作所の海外販売比率は64%となっている。東日本・東北地震で話題となったルネサスエレクトロニクスの海外販売比率は46%、半導体・電子部品の切断・研削・研磨装置で世界首位のディスコの海外販売比率は73%となっている。この様に先端技術志向の輸出企業或いは多国籍企業には優良企業が多い。[17]

(3) 多国籍企業の研究

　欧米の経営大学院や日本の経営学部では「国際経営論」が必須科目の1つであり、通常グローバル企業戦略論の一貫として多国籍企業論が講じられている。[18]資本主義経済体制で最も重要な組織は「株式会社」であるにも関わらず、社会科学者による株式会社に関する総合的な分析は十分とは言えない。経済学者による企業組織の分析は「取引コスト」理論による分析が中心で、現実の企業組織の実態分析を行っているとは言えない。企業のガバナンスの分析も規範的なミクロ経済学的分析が主な内容で現実の企業のガバナンスの実態を分析するに至っていない。規範的な理論で説明出来るほど現実の企業組織の活動は簡単ではない。[19]

　株式会社の発展の歴史が示すように株式会社には本来国境はない。株式会社の初期的な形態としてのイギリスやオランダの「東インド会社」は植民地開拓に必要な莫大な投資資金を調達し未開地域で開発投資をするに伴うリスクを分散する制度として発展した。西欧列強によるアフリカの植民地支配もこれ等の政府によって特許された開発会社が重要な役割を演じた。しかし未開地域の統治には治安の維持・行政コスト、インフラ投資等コストが膨大となり、多くの開発会社は破産する。[20]カナダの開拓のために1670年に設立された「ハドソン湾会社」(Hudson's Bay Company: HBC)は未だに現存しているが、これは奇有の事例であろう。

　経済社会の近代化のプロセスを「共同体的社会」(ゲマインシャフト)から

第5章 多国籍企業と規模の効果と貿易

「利益社会」(ゲゼルシャフト) への発展のプロセスと社会学的に認識すると、会社制度の確立は資本主義的な市場経済体制の形成に不可欠の要件であると理解されよう。大塚久雄は株式会社は資本を集中しリスクを分散し、専門的な経営資源を蓄積し、合目的的に活動する有限責任組織であると規定する。そして株式会社の発展のプロセスは、個人企業から、合名会社、合資会社、株式会社形態に段階的に発展し、前期商業資本の集中形態として発展した初期の株式会社が次第に近代的な株式会社に進化していく過程として分析される[21]。

日本の江戸時代の商業資本の経営形態はJ・ヒルシュマイヤー・油井常彦等経営史家達が指摘するように三井・鴻池・伊勢屋に代表される家族主義的な共同社会的組織が一般的であった[22]。また江戸時代の商人達は幕府役人の恣意的な介入等の商業取引に固有の取引リスクを回避するため、宮本又次の古典的な研究が示すようにギルド的な「株仲間」組織を形成するのが一般的であった[23]。日本に近代的な株式会社制度が導入されるのは明治に入ってからである。明治15年に設立された大阪紡績は日本で最初に設立された近代的な株式会社の1つであるとされる。

近代的な企業組織としての株式会社は、①永続性の原則、②法人格性、③会社資産の所有を示す資本、④資本の証券化と譲渡性、⑤会社の意思決定機関の存立、⑥株主の有限責任制度、⑦所有と経営の分離等を特長とする[24]。

近代の株式会社はその発展の初期の段階から国境を越えた多国籍企業として活動した。その典型的事例はロスチャイルド家、モルガン家に代表されるマーチャント銀行及び投資銀行である[25]。しかし多国籍企業は国境を越えて活動するため国家の利益と対立する存在であるとしばしば疑惑をもたれ、多国籍企業の脱税、「移転価格」操作、多国籍企業の活動と国家の安全保障等が問題視された。又過去の歴史的経緯から多国籍企業の直接投資に対しては中南米諸国、南アジア、アフリカ諸国、ロシア及び東欧、中近東諸国の間に温度差が見受けられる。アジアでは台湾、マレーシア、シンガポール、香港、インドネシア、タイが多国籍企業の直接投資の受け入れに積極的であった[26]。

しかし最近NGO団体はナイキを初めとする多国籍企業による強制児童労働、環境破壊等に批判的になってきている。[27]多国籍企業の活動の経済分析についてはハーバード大学のR・ケイブス（Richard E.Caves）の古典的な研究があるが、より総合的で学際的な分析がJ・ダニング（John H. Dunning）によってなされている。ダニングは多国籍企業の活動を資産の所有（Ownership）、企業の立地条件（Location）と組織及び制度（Institution）の視点からOLI理論を展開している。注目すべき野心的な試みである。[28]

（4）多国籍企業と貿易

多国籍企業が長期的な企業戦略に基づき海外直接投資を活発化してきた。多国籍企業は部品を海外で調達する「垂直分業」及び同一産業内で生産される部品を海外で調達する「水平分業」を拡大・深化させてきた。それとともに多国籍企業の関連企業（本社と海外企業、海外企業同士）の貿易が増大する。これ等多国籍企業の関連企業同士の貿易が現代の先進国の国際貿易の30％以上を占めていると推計されている。[29]

これ等多国籍企業内部の貿易取引は在来のリカードの生産技術理論やヘックシャー・オーリンの要素賦存理論では説明出来ない数多くの問題を内包している。今後の国際貿易理論や政策の大きな課題となろう。

5.3 集積及び規模の効果と貿易

このように現代の国際貿易の動向を理解する上で多国籍企業の活動を無視することは出来ない。更に顕著な現象は同一産業同士の所謂「産業内貿易」（intra-industry）の増大である。日本が自動車を海外市場に輸出すると同時にドイツからベンツ、BMW、イタリアからフィアットやアルファ・ロメオを輸入し、ソニーやパナソニックが種々の電子機器を海外に輸出すると同時に海外からも同じ電子機器を輸入するという同一産業に属する製品を輸出すると同時に輸入するという現象である。日本の対アメリカとの貿易取引でこ

の「産業内貿易」の比率は特に機械産業で顕著で1990年代の後半には30－70％の水準に達していた。[30] ヨーロッパ諸国及びアメリカの貿易では「産業内貿易」の比率は特に高く1980年代の後半で既に70％を越えていた。アメリカの産業別の貿易の内機械産業の「産業内貿易」の比率が特に高く1990年代に情報処理機器が85％、電子機器90％、金属加工機器98％に達していた。[31]

　この様な「産業内貿易」はしばしば指摘するように、リカードの比較生産費（生産技術）理論やヘックシャー・オーリンの要素賦存理論から説明することは困難である。この「産業内貿易」ないしは「水平貿易」が増大するという現象は国際貿易の需要と供給に構造的変化が起きてきていることにその要因があると理解されよう。第1に、現代の国際貿易の需要構造の変化の特長として顕著な現象は、所得の上昇とともに特に先進国の消費者の価値観、嗜好及びライフスタイルが多様化してきていることが挙げられる。先進国の消費者達は、同じ製品でも、自分の嗜好にあったデザイン、ブランド・イメージ、自分が必要とする機能及び品質を持った商品を志向する傾向が強い。企業はこれ等消費者の需要の変化に対応して、生産する製品のブランド・イメージ及び「製品の差別化」(products differentiation)をマーケッティング戦略の重要な課題とするようになる。企業は製品の価格・機能・品質・デザイン等で自社製品の差別化を図ろうとする。[32] この様に価値観・嗜好・ライフスタイル等によって細分化された消費セグメントをターゲットにした差別化された製品を企業は企画・生産・販売しようとする。特に消費財をグローバル市場で生産する多国籍企業はこのように差別化された自社製品を複数の国のターゲット市場に販売しようとする。従って同一の産業に属する製品が複数の国で貿易の対象とされる。

　第2の要因は産業や企業の生産構造や環境の変化である。一定の地域に一定の産業が集中的に立地する結果、企業は集中した産業が造成する「集積の効果」(agglomeration effects)によって費用を節約して、即ち平均費用を低減して生産することが可能になり、国際市場で競争することが出来る。この産業の持つ「集積の効果」により企業は特に先端技術産業分野で不断に研究

開発投資を行うことによって新製品開発をすることが可能となり、国際競争で優位に立つことが出来る。この「集積の効果」の典型的な事例としてアメリカのカリフォルニア州サンフランシスコ近郊の「シリコンバレー」(Silicon Valley) に立地するアメリカの半導体産業や台湾の新竹科学工業園区が挙げられよう。この一定の産業が一定の地域に立地することによって形成される規模の効果は、企業の外部環境に起因する効果であり、「外部的な規模の効果」(external economies of scale) ないしは「マーシャルの外部効果」と一般に呼ばれている。企業が産業の集積の効果として「外部的な規模の効果」を享受する場合、この利益を独占的に享受するのでなく、この産業分野で活動する多数の企業が等しく享受するのであり、これ等企業は自由な競争市場を形成することになる。[33]

　第3の要因は、同じく供給サイドの構造変化であり、グローバル化によって市場が拡大した結果、多国籍企業は大量生産体制を確立して平均的な製造単価を下げることが国際市場での競争に打ち勝つ必須の条件となる。企業は製品を大量に生産することによって一単位当たりの固定費を低下させ製品の平均生産単価を低下させることが出来る。この「規模の効果」は、企業の内部の生産体制に起因する効果であり「内部的規模の効果」(internal economies of scale) と呼ばれる。これに対して企業の内部効果でも、企業が長期間その製品を生産することによって生産技術を習得し、その「学習効果」によって労働者の生産性を改善し、1単位当たりの生産単価を下げる現象は「ダイナミックな生産逓増効果」(dynamic increasing returns) と呼ばれている。この結果企業は独占的な市場競争力を獲得して、差別化された自社製品を販売することが可能になる。この結果企業はこの「規模の効果」を求めて「合従連衡」を繰り返し、また設備投資を行って生産規模を拡大しようとする。企業が生産規模を拡大し或いは学習効果によって生産単価を低下させ独占的な市場競争力を取得すると、この製品の市場は自由な完全競争が阻害され不完全競争市場となる。

　以上のような要因によって製品は差別化され、製品の製造単価は低下する。

第5章　多国籍企業と規模の効果と貿易

企業がそれぞれ得意とする差別化された製品に特化して生産を行い輸出する。その結果消費者は多数の差別化された製品を安く購入することが可能になり消費者の消費生活は豊かになる。生産者はこれ等「規模の効果」によってそれぞれ差別化された製品を独占的に生産し市場に供給するが、消費者は多数の差別化された製品・サービスをより安い価格で消費することが可能となり国の経済的便益は増大する。

　この結果「規模の効果」を強調する貿易理論は財と生産要素市場の自由競争を前提として構築されたリカードやヘックシャー・オーリンの貿易理論とは異なる。従ってこの規模の効果及び市場の不完全競争を前提とした貿易理論は「新貿易理論」(new trade theory) と呼ばれる。この「規模の効果」を理論化して革新的な新貿易理論を展開したポール・クルーグマン (Paul R.Krugman)（1953年生まれ現在プリンストン大学教授）は2008年ノーベル経済学賞を受賞している。

（1）集積の効果：マーシャルの外部経済効果と貿易

　アルフレッド・マーシャル（Alfred Marshall, 1842-1924）はその古典的な著作、「経済学原理」(1890年) のなかで「イギリスの工業化の過程で特定の産業が一定の地域に集中して立地することにより、集積の効果が発生しその産業が生産する製品の単価が低下する傾向」を指摘していた。[34] このことから、一定の産業に属する企業が多数一定地域に集中して立地し生産活動を行うと、①その産業が必要とする原材料・部品・生産設備を安い価格で取得可能となり、②必要とする技術労働者の労働市場が形成され、必要とされる技術労働者を容易に雇用可能となり、③最新の産業動向及び技術情報が容易に入手可能となる。その結果産業全体が効率化され生産性が向上する。この現象は「マーシャルの外部効果」と呼ばれるようになる。この「マーシャルの外部効果」を最も典型に体現しているのがサンフランシスコ郊外のシリコン・バレーに集積したアメリカの半導体産業であろう。[35] 半導体産業は最も集積の効果を必要とする産業である。この産業分野では、技術革新の速度が速く新製

品の新陳代謝が頻繁に行われ、種々の生産工程に特化した半導体装置施設及びナノ単位（1メートルの10億分の1単位）の超微細技術を必要とし、これ等各専門分野で若手の優秀な技術者を必要とする。この分野ではインテル社を含む数多くのベンチャー企業が急成長した。[36]アメリカのシリコンバレーには数多くの半導体産業関連のベンチャー企業が続出し、革新的な「ベンチャー企業文化」が形成され1990年代以降のアメリカの情報産業発展の中心地となった。

　日本でも集積の効果を持つ地域として、①東京都大田区に集積した金属加工業、②関西今治市地域のタオル産業、③陶磁器及び洋食器等の地場産業、④浜松地域のオートバイ産業、⑤長野県諏訪地域の精密機械産業、⑥筑波学園都市に集積した研究開発組織等の事例が数多く存在する。東アジア及び東南アジア諸国及びインド政府は集積効果を狙った産業開発政策を実施してきている。その事例として①中国の沿海地域に設けられた経済特別区、②韓国・台湾・タイ・マレーシア政府が実施した工業団地・輸出加工区、③シンガポール政府が実施している先端技術開発センター、④インドのバンガローの情報産業開発拠点等が事例として挙げられよう。欧米では、①ロンドンのシティーの国際金融、②パリのファッション産業、③ニューヨーク・ウオール街の投資金融、④ハリウッドの映画産業等が典型的な事例であろう。これら一定の産業の集積地域に立地する企業には、一般に起業家精神が旺盛で革新的かつ競争的で活力に富んだ企業が多く、カリスマ的な経営者が出現している。

　これ等産業の集積の効果を背景に現代のベンチャー企業が多数の革新的な新製品やサービスを国際社会に提供して豊かで質の高い消費生活を可能にしている。この様な視点から日本政府は産業の集積の効果を支援する産業・通商政策を策定・実行して行くべきであろう。

（2）「内部的規模の効果」（internal economies of scale）と貿易

　現代の代表的な機械産業である航空機、自動車、鉄鋼、大規模な生産装置

を必要とする石油化学プラント及び紙パルプ、セメント産業、新薬を開発するために膨大な研究開発投資が必要な医療産業、膨大な新製品開発費が必要な半導体産業、電力・鉄道・電信・電話事業等の公益事業、膨大な情報処理機器に対する設備投資を必要とする金融サービス等多くの産業分野は「内部的規模の効果」を特長とする。これ等の産業は設備の初期投資規模が非常に膨大であり、採算性を確保するに必要な生産の最小規模や稼働率が比較的大規模であり、大規模な市場の需要の存在がこれ等企業の成長と存立の絶対条件となる。しかし電力・鉄道・電信・電話等の公益事業の多くは主に「非貿易財」を産出し、貿易の対象にならない。これ等公益事業は単一の企業が一定の地域で独占的にサービスを提供する事業であり、一般に「自然独占」とよばれ公的機関による規制が行われている。[37]

現在問題となっている東京電力（株）の福島原子力発電所の事故の場合、問題となるのは関東地域に独占的に電力を供給する東京電力（株）を監督・監視する立場にある経済産業省・資源エネルギー庁がどのように国民のために監視・監督を行ってきたか非常に不透明であったことが挙げられる。ここで「内部的規模の効果」を持つ企業が市場を独占的に支配する場合どのような弊害をもたらすのか、ミクロ経済学の視点からの論議を復習することにする。

規模の効果のミクロ経済学

この「新貿易理論」は1980代に若手の国際経済学者、特にポール・クルーグマンを中心にして展開された。[38] しかしこれ等の論文は数学的モデルを使った非常に抽象化された理論であるので、ここでは「新貿易理論」を理解するに必要な企業の生産活動に関するミクロ経済学の基礎的な概念・定理・理論を先ず復習することにする。[39] ミクロ経済学の理論を熟知している読者はここでの説明を飛ばしても構わない。ここでのミクロ経済学の基礎的な概念の説明は西村和雄著『現代経済学入門　ミクロ経済学』（岩波書店）、第3版、2011年の説明を援用しているので、ミクロ経済学未履修者はこの入門書を参照す

ることを進める。

　企業が機械、土地、労働などの生産要素を投入して財を生産する時、生産要素の組と最大可能生産量との関係を「生産関数」と考える。ここで代表的な生産要素である労働力の投入量と生産量の関係を考える。生産量をY，労働力の投入量をLとすると、YはLの関数として　Y＝f（L）①　と表される。

　労働力と生産量の関係は一般に上に凸の曲線となる。労働力投入量L1の時生産量はY1となり、労働力の投入量を⊿L増加すると、生産量も⊿Y増加する。この比率⊿Y/⊿LはA点での生産可能曲線の勾配に等しく、これをA点での労働の限界生産性（MPL：marginal product of labor）という。A点と原点Oとを結んだ直線OAの勾配はL1の労働力を投入した時の労働力の平均生産性（AP：average product）を表す。労働力の投入量をL1からさらに増加させると、⊿Y/⊿Lの勾配は次第に減少する。これを「限界生産力逓減の法則」あるいは「規模に関する収穫逓減の法則」と呼ぶ。この時労働の限界生産性は常に労働の平均生産性よりも小さい。これに対して労働力等の生産要素の投入量の規模を拡大するとき、生産量も比例的に拡大す

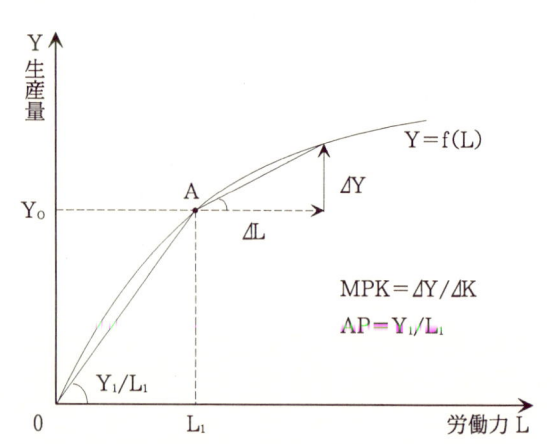

図5－10：労働力の限界生産性と平均生産性

第5章　多国籍企業と規模の効果と貿易

るとき、これを「規模に関して収穫一定」(constant returns to scale) と呼ぶ。また生産要素の投入量を拡大すると、それ以上に生産量が拡大する場合、これを「規模に関して収穫逓増」(increasing returns to scale) と呼ぶ。[40]

企業は利潤を最大化することを目的に生産する。利潤は（収入－費用）であり、利潤（π）、生産量（Y）、製品の価格（P）、労働者の賃金（W）、資本（K）、資本のコスト（R）とすると　$\pi = PY - (WL + RK)$　②　と書ける。この式を整理すると、$PY = \pi + WL + RK$　③　$Y = \pi/P + RK/P + W/P \cdot L$　④　となり直線の方程式に整理される。この時〜πが利益の最大値とし、またPK/Pを固定すると、この直線の勾配はW/P、Y軸の切片は〜$\pi/P + PK/P$　となる。この利潤最大値を示す直線は生産曲線のB点で接し、このB点の接線の勾配は労働の限界生産性（MPL＝$\varDelta Y/\varDelta L$）に等しい。故に企業利潤の極大化の条件は、労働の限界生産性（MPL＝$\varDelta Y/\varDelta L$）＝W/P　⑤となる。W/Pは　賃金の実質価格（実質賃金）であり、$W = MPL \cdot P$　⑥　と書きかえられ、$MPL \cdot P$　は「限界価値生産物」(marginal Value product) 或いは「限界生産物価値」(value of

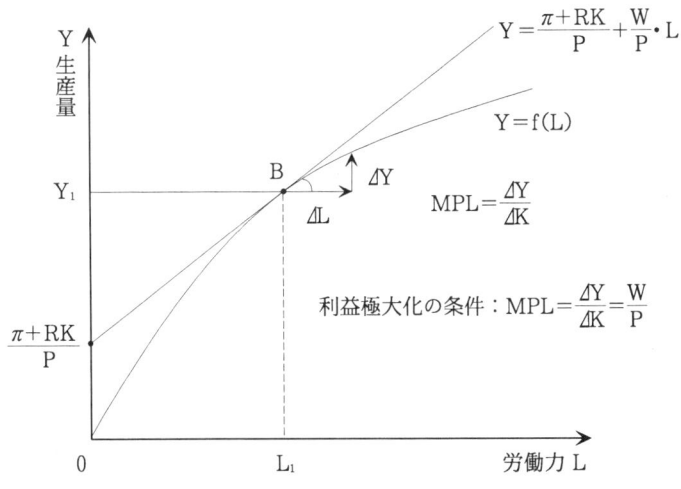

図5－11：利益極大化の条件

marginal product）と呼ばれる。即ち労働者の名目賃金が労働力の限界生産物価値に等しいときに企業の利潤は最大化される。以上生産要素の労働力について述べたことと同じことが生産要素である資本についてもいえる。

企業の生産活動の費用は、生産量がゼロでも発生する生産設備の減価償却費・人件費・一般管理費等の固定費用（fixed cost）と生産量の増大に比例的に増大する可変費用ないしは変動費用（variable cost）に区分される。従って生産の総費用（ＴＣ）は固定費用（ＦＣ）と変動費用（ＶＣ）の和となる。ＴＣ＝ＦＣ＋ＶＣ　⑦　総費用（ＴＣ）をＣ（Ｙ）とすると、Ｃ（Ｙ）＝ｂ＋ｃ（Ｙ）　⑧費用関数を仮定すると、図５－12に示すように、総費用曲線の縦軸との切片（ｂ）はこの企業の固定費（ＦＣ）を示し、固定費の上の部分は変動費（ＶＣ）を示す。総費用曲線上の点と原点を結んだ直線の勾配は平均費用（ＡＣ）を示し、総費用曲線B_2の点に接する直線の勾配は限界費用（ＭＣ）を示す。限界費用とは生産物を１単位追加して生産する時に必要となる費用の増分である。平均費用は平均固定費用と平均変動費用に分解（ＴＣ／Ｙ＝ＦＣ／Ｙ＋ＶＣ／Ｙ）されるが、生産量が増大すると、１単位当たりの固定費が減少するので平均費用は逓減する。しかし生産量がある一定

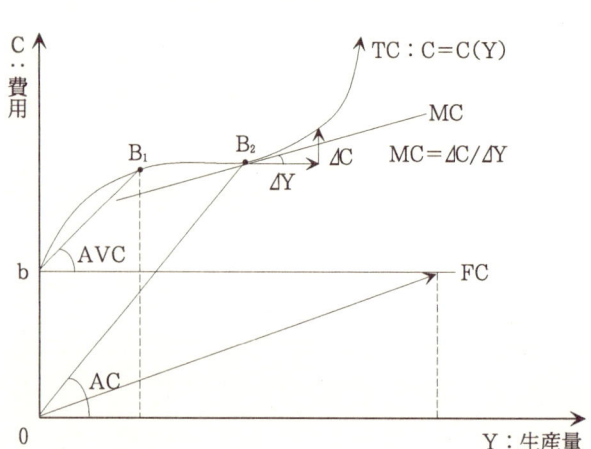

図５－12：固定費・変動費・平均費用・限界費用

第5章 多国籍企業と規模の効果と貿易

の水準以上に達すると生産過程で種々の隘路・不具合・歩留率の悪化等が生じるので限界費用が増大する。その結果平均費用も増加する。この生産量が一定の規模まで増大することによって1単位当たりの製品製造費用が逓減する現象を「規模の効果」(scale economies) と呼ぶ。「規模の効果」は生産規模及び「学習効果」によっても発生する。

　利潤は総収入 (total revenue) と総費用（TC）の差として表される。総収入は生産量（Y）と価格（P）との積であり、原点を通る直線、Y＝PY　⑨　で表され、この直線の勾配は価格（P）を表す。利潤（π）は総収入（TR）直線と総費用曲線（TC）との垂直距離として表される。π＝PY－c（Y）　⑩　総収入直線（TR）と総費用曲線（TC）との垂直距離が最大となるのは、総収入直線（TR）と総費用曲線（TC）の勾配が並行になる時である。⑩式をYで微分して、最大値の条件を求めると　P＝cとなる。即ち利潤最大化の条件は生産物の価格（P）が限界費用（c）と等しくなることである。

　テレビ・パソコン・半導体等の電子部品・一貫製鉄所・石油化学プラント・紙パルプ・自動車・医療・金融機関等は典型的な「規模の効果」を持つ「平均費用逓減産業」である。市場がグローバル化されると、これ等産業は

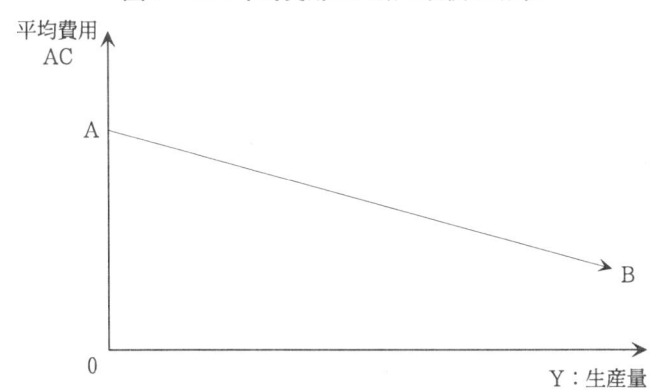

図5－13：平均費用の逓減：規模の効果

平均費用
AC

A

B

0　　　　　　　　　　　　　　　　　Y：生産量
　　　　　　　　　　　　　　　　ΣY_t：累積生産量

図5-14：利潤最大化の条件

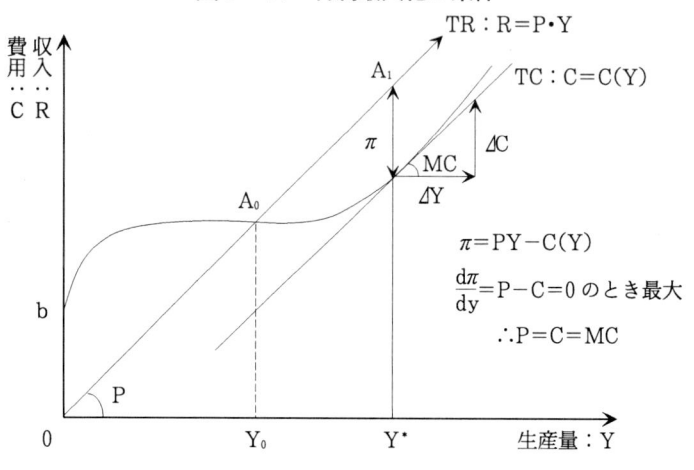

費用…C 収入…R

TR：R=P・Y
TC：C=C(Y)
$\pi = PY - C(Y)$
$\dfrac{d\pi}{dy} = P - C = 0$ のとき最大
$\therefore P = C = MC$

生産量：Y

　合従連携を繰り返し、更に規模を拡大し平均コストを下げて他社とグローバル市場での競争に打ち勝とうとする。特に先端技術分野で技術革新の速度が速い半導体産業は、新製品の生産ライン建設のため必要とされる投資規模が数千億円の規模に達し、資金調達力の大きい大企業のみが存立可能となる。従って現在半導体産業の市場は少数の企業が生産する製品によって占拠されている。中にはこの様な設備投資のサイクルを回避するため、半導体企業本体は研究開発に専念し、実際の生産を他社に委託して行う所謂「ファブレス」（fabless）企業となる場合も出てくる。

　完全競争市場では比較的小規模の多数の企業が競争し、各企業は生産物の価格を所与の条件として生産し、市場価格を変えることは出来ない。このことは個々の企業が直面する需要曲線は一定水準で水平であることを意味する。これに対して個々の企業が生産量を増加するとその企業の生産物の価格が低下する市場、即ち企業が直面する需要曲線が右下がりの市場を「不完全競争市場」と呼ぶ。不完全競争市場である製品が1つの企業によって生産される場合を「独占」（monopoly）、2つ以上の少数企業によって生産される市場を「寡占」（oligopoly）、同種類の製品を生産する企業が多数存在する不完全競

争市場を「独占的競争市場」(monopolistic competition) と呼ぶ。自動車や家電製品のように同種類の製品でありながら品質・デザイン・ブランド等によって製品が区別されることを「製品差別化」(product differentiation) という。寡占市場では、鉄鋼、製紙・石油業界のように製品の差別化がほとんどない市場と、自動車・薬品・家電製品のように広告・デザイン・品質によって製品が差別化される市場がある。「独占的競争」は、企業数が多いという点では完全競争と同じだが、製品差別化のため企業がある程度の独占力（価格決定力）を持っている点で完全競争市場と異なる。特に消費者が一定の製品に心理的に「ブランド忠誠心」(brand loyalty) を形成すると独占的支配力が強まる。[41]

独占企業は右下がりの市場の需要曲線の下で利潤を最大化するように生産量を決める。独占市場では価格（P）は生産量（Y）によって変化するので、図5－15では需要曲線BCは、$P = b - aY$　⑪　と仮定する。需要曲線BCの縦軸の切片はb、横軸の接点はb/a である。図5－16では総収入曲線（TR）と総費用曲線（TC）が描かれている。独占企業の販売収入TR＝P（Y）・YはYの増大とともに需要曲線の中間点までは弾力的に増大し、中間点を過ぎると非弾力的となり販売収入は減少する。従って販売量の中間点（b/2a）で総収入（TR）は最大となる。[42]利潤（π）は総収入曲線（TR）と総費用曲線（TC）の垂直の差であり、総収入曲線（TR）の勾配と総費用曲線の勾配とが等しいときに最大となる。総収入曲線（TR）の勾配は、生産量を1単位増加することにより生じる追加的収入で、これを限界収入（MR：marginal revenue）という。総費用曲線の勾配は限界費用（MC）なので、独占企業が利潤を最大化する生産量では限界収入（MR）＝限界費用（MC）が成立する。図5－15では限界収入曲線（MR）と限界費用曲線（MC）がE_1点で交わり、その時の生産量（Ym）で利潤が最大となる。この時独占企業は価格をPmに設定し、利潤は平均費用を越える黒く塗った部分となる。

完全自由競争市場では図5－15の需要曲線BCと供給曲線（MC）とEo

図5-15：独占企業の独占的利益

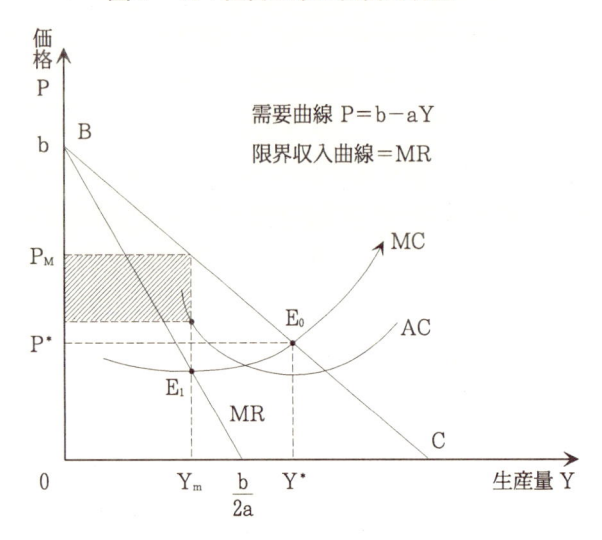

で交わり、その時の均衡価格はP＊で独占価格Pmよりは低く、生産量はY＊で独占企業の生産量Ymよりは多い。独占企業は独占価格Pmを均衡価格P＊より高く設定し、生産量Ymは少なくなる。

　図5-15の限界収入曲線の縦軸との切片は前述したようにb点、横軸との切片は中間点b/2aとなる。その理由は、生産量をΔY単位増加すると価格がΔPだけ変化する。総収入の限界的変化（$\Delta TR/\Delta Y$）は以下のように表される。

$$\Delta TR/\Delta Y = [(P+\Delta P)(Y+\Delta Y) - PY]/\Delta Y$$
$$= P + Y \cdot \Delta P/\Delta Y + \Delta P \quad ⑫$$

しかしYの変化が微小だと価格Pの変化分ΔPも微小となり、これを無視すると限界収入（MR＝$\Delta TR/\Delta Y$）は以下のように整理される。

$$MR = P + Y \cdot \Delta P/\Delta Y \quad ⑬$$

$\Delta P/\Delta Y$は需要曲線の勾配（－a）であり、需要直線の方程式は P＝b－aY ⑪であるので、これ等を⑬式に代入すると

$$MR = b - 2aY \quad ⑭$$

第5章　多国籍企業と規模の効果と貿易

図5－16：独占企業の利潤の最大化

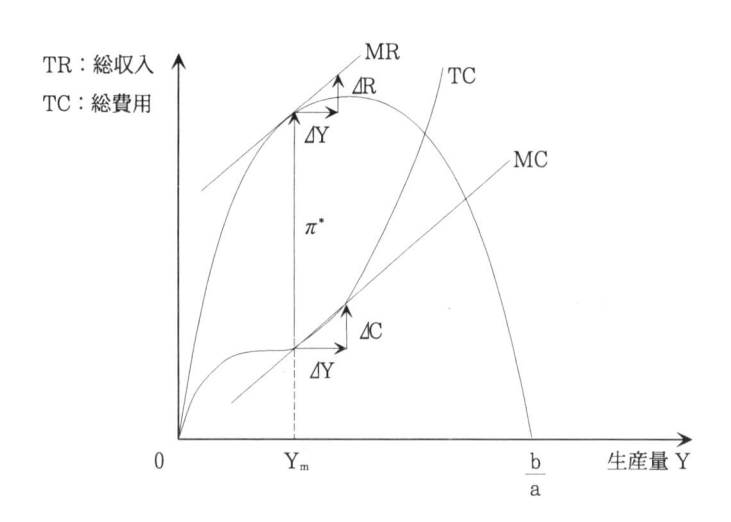

図5－17：独占による経済的損失

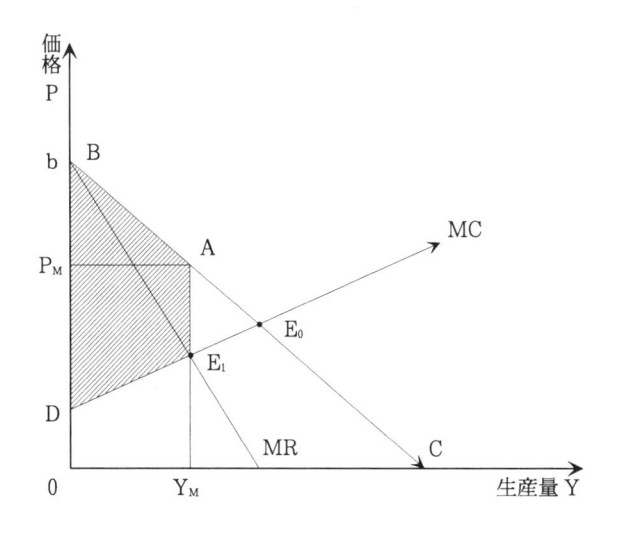

それ故に限界収入曲線の横軸（Y）の切片はb/2a となる。[43]

独占による経済の損失は、独占企業の供給曲線を限界費用曲線によって示すことが出来る。図5－17に示すように独占企業は限界収入曲線MRと限界費用曲線MCの交点E1で利益を極大化し、その時の独占価格はP_Mとなる。従って独占市場の生産者余剰は台形PmAE1D、消費者余剰は△BP_MA、完全競争市場の均衡点Eoと比較すると△AE1Eo の厚生損失が生じる。独占企業は消費者の犠牲でより多くの生産者余剰（経済レント）を獲得することになる。これが独占の弊害を除去するために公的機関が独占企業の活動を規制する所以である。

不完全競争市場と貿易：クルーグマンの新貿易理論

現代のグローバル化した資本主義経済の市場競争の形態は寡占ないしは独占的競争が中心となってきている。グローバル化された国際経済では「規模の効果」を求めて生産規模を拡大しないと国際競争に勝てなくなくなってきているからである。最近の日本の経済新聞は、鉄鋼、家電、自動車、半導体、その他の機械産業、医療、金融機関等の産業再編及び企業の合従連衡に関する記事を頻繁に報じている。独占市場は公益事業やマイロソフト社のコンピューター・OSソフトウェアーの独占等非常に限られているし、完全競争市場は農業や中小企業の市場に限られてきている。先進国の貿易の中心はその主要な部分が産業内貿易である機械産業の多国籍企業が主役の貿易となってきている。これらの機械産業は少数の大企業や国際競争力を持つ先端技術企業が競争する寡占市場であるか、比較的多数の企業が競争する規模の効果によって製品を差別化し独占的に競争する市場が中心となってきている。

従ってポール・クルーグマンがこれ等不完全競争市場に焦点を当てて「新貿易理論」を展開してきたのは時代が新しい国際貿易理論のパラダイムを求めていたためであろう。寡占市場では少数の企業が規模の効果によって市場で支配的地位を獲得するが、これら企業の市場行動は非常に複雑となる。その理由は寡占市場では企業の価格・新製品開発政策等は競争相手の反応を見

極めた企業戦略を取る必要があるからである。従ってポール・クルーグマンは主に「独占的競争」市場に焦点を当てて貿易理論を展開する。独占的競争には2つの特長がある。第1に、各企業は自社の製品を競争相手の企業の製品から品質・デザイン・ブランドで差別化することが出来る。従って差別化された製品市場では企業は独占的地位を獲得することが出来る。第2に、自社の製品の価格は、製品が差別化されているため、競争相手の企業の製品価格には影響を与えない。即ち独占的だが競争的な市場を形成する。この独占的競争市場の典型的事例は自動車産業や半導体産業等の先端技術産業であろう。

独占的競争市場では、①市場規模が大きく競争相手の企業の製品価格が自社の製品の価格よりも高いと自社の製品の販売量は増大する。しかし②競争相手の企業の数が増大し、自社の製品価格が競争相手とよりも高いと販売量は減少する。従ってこれ等の性質を数式に表すと⑮式のようになる。

$$Q = S \times [1/n - b \times (P - \bar{P})] \qquad ⑮$$

ここでQはこの企業の販売量、nは企業の数、Pは自社製品の価格、$\bar{P}$は競争相手企業の製品価格の平均、bは自社の製品価格に対する市場の反応度を示す定数である。この数式は、①総ての企業の製品価格が同じであると、それぞれの企業の市場占拠率は1/nとなる。②企業が市場の平均価格より高く自社製品の価格を設定すると、その企業の市場占拠率は1/nより小さくなる。③平均価格よりも低く価格を設定すると市場占拠率は1/nより大きくなる。独占的競争市場の平均価格と企業の数との関係をみると、第1に、市場に参入する企業の数が増加すると、各企業の生産規模は小さくなり、従って企業の平均費用は増大する。平均費用を縦軸に企業の数を横軸に目盛ると、両者の関係は右上がりの直線ＣＣによって表現される。第2に、市場に参入する企業の数が増加すると、企業間の競争が激化して、各企業の製品の価格は低下する。価格を縦軸に、企業の数を横軸に目盛ると、この関係は右下がりの直線ＰＰとなる。しかし企業の価格が平均費用を越えると新たな企業が市場に参入し、価格が平均費用より低いと企業は市場から退出する。従

って長期的には市場に参入する企業の数はＣＣ直線とＰＰ直線の交点Ｅによって決まる。このクルーグマンの「独占的競争市場」の均衡分析の内容は非常に煩瑣になるのでここでは省略する。詳しくはクルーグマンの著作を参照されたい。

しかし貿易によって市場規模（Ｓ）が拡大すると、企業の生産規模は拡大し平均費用は低下する。各国の独占的競争企業は自国の比較優位産業に特化して生産する。国際市場では各国の企業が比較優位産業に特化して貿易するため、各国の消費者は多種多様な品質・デザイン・ブランドを持つ製品をより安く購入し消費することが可能となり国民の消費水準、即ち厚生水準及び便益は増大する。自動車産業や情報機器産業がこの典型的な独占的競争市場の事例であろう。しかし先端技術産業・医療産業・代替エネルギー分野では研究開発コスト、セットアップコスト（工場の初期投資）が巨大化する。このため政府は先端技術部門の人材開発や集積の効果を狙った戦略的な産業政策・貿易政策が必要になってこよう。「戦略的貿易政策」が論議される所以である。[44]

おわりに

―グローバル企業戦略の課題―

第４章と第５章では現代の国際貿易の動向や特徴のいくつかを取り上げて紹介してきた。この作業を通して以下の教訓を学ぶべきであろう。

先ず第１に**グローバル化した国際経済と地球上の資源の開発と管理の問題**：地球上に偏在する貴重な資源を統治（ガバナンス）するシステムが未成熟な発展途上国政府と西欧の大規模な多国籍企業が中心になって開発・管理・活用する現在の体制は多くの問題や課題を抱えている。前章で紹介した「資源の呪い」現象は地球資源を資本主義的でかつ市場経済的な方法で開発・管理・活用する場合に潜在的に発生する宿命的問題であろう。掠奪的開発、環境破壊と汚染、部族紛争、少数の王族親族グループ・独裁的政権と西欧の多国

籍企業が支配する石油資源開発、国境紛争等数多くの深刻な課題を現在の地球資源開発システムは体制的問題を抱えている。21世紀の国際社会は地球資源や環境を地球社会の公共財として捉えて抜本的な改革や対策を実施することが急務である。

第2に**イノベーションと人材開発**、21世紀の日本の貿易は今後も機械産業の「産業内貿易」が中心となる。この産業分野は技術革新の速度が速く、国際競争も非常に厳しい。特に台湾・韓国・中国等の新興国の台頭が目立つ。日本がこの分野でその活力とダイナミズムを回復するには人材開発と日本的なシステムの抜本的な改革が必要であろう。戦後の6334教育システムは、益々激化する技術開発の国際競争に打ち勝つ科学者・技術者を育成するためには抜本的な改革が必要であろう。19世紀前半以降の人類の文化・文明の発展は「知の巨人」の発明・発見なくしては不可能であった。科学・技術分野で優秀な人材を育成するには英才教育・秀才教育・天才教育によって個人の能力開発を支援する教育システムが不可欠である。人間の能力はほぼ正規分布するのであり、エリート教育の必要性は否定しえない。このことは現在国際舞台で活躍している科学者・技術者・芸術家等の能力開発のプロセスから充分理解出来るであろう。

第3に**グローバル経済人の育成**：21世紀の国際社会は益々グローバル化する。企業がグローバル企業戦略を実践していくためにはグローバル経済人の育成が不可欠である。オックスフォード大学のエリート教育の根幹は哲学・政治学・経済学教育である。日本のグローバル経済人の育成にはこれ等の教育に付け加えて、①語学力、②国際的な実務経験、③国際的な教養と人格形成、④実践的な企業家精神、⑤戦略思考と問題解決能力、⑥理工科系の知識が不可欠であろう。

第4に**戦略的貿易政策**：日本政府は機械産業分野及びその他の戦略的に重要な産業分野で日本企業の国際競争力を強化する政策を実施する必要がある。『国際競争力報告書』(The Global Competitive Report 2002-03)によると、日本の国際競争力の国際社会での客観的評価は高くはない。①日本の総合的国

際競争力は13位（台湾3位、シンガポール4位）、②ミクロ経済競争力11位（シンガポール9位）、③技術競争力5位（台湾2位）、④統治システム25位（シンガポール7位）、⑤マクロ経済システム29位（シンガポール1位、台湾5位、韓国10位、香港3位、韓国10位、マレーシア20位、タイ11位）等国際社会の日本に対する評価はマクロ経済政策や日本の統治システムについての評価が極端に低い。この日本の評価が低い理由は、①日本人の戦略的思考の欠如、②自主的に自国の基本法である憲法を制定する経験の欠如、③都市計画の欠如、④財政赤字の垂れ流し、⑤無駄な公共投資、⑥50年以上継続した自民党と官僚の癒着等が理由であろう。日本政府は日本の多国籍企業（グローバル企業）の国際競争戦略を支援するため「戦略的貿易政策」を実施するべきであろう。この戦略的貿易政策の支援政策の内容は以下の政策を含む内容であろう。①科学・技術教育の充実、②基礎的研究分野の教育投資、③企業の研究開発投資に対する支援（補助金・優遇税制等）、④科学技術振興財団の充実、⑤ベンチャー企業支援、⑥企業のM＆Aによる産業の再編、⑦経済特区の設立、規制の緩和等。

注
1． 日本銀行、国際収支統計研究会著『入門国際収支』、東洋経済新報社、2000年；『国際収支の見方』、日本信用調査株式会社、平成8年参照。
2． 高木信二著『入門国際金融』、日本評論社、第4版、2011年、215－218頁。
3． US Government, *Economic Report of The President*, 2010, page 448. IMF, *Global Financial Stability Report* 2008, pp.144-145
4． IMF, *Global Financial Stability Report* 2008, pp.146-147.
5． Strange, Susan., *Casino Capitalism*, Manchester University Press,1986; *Mad Money*, Manchester University Press, 1998.
6． 筆者はアジア開発銀行（アジ銀）在職中アジ銀職員の年金基金の投資委員会の委員として数年間年金資金の投資の管理業務に従事した経験がある。年金基金は複数のポートフォリオに分割され、それぞれのファンドは専門的な投資ファンド・マネジメント会社によって運営された。当然アジ銀は「fiduciary responsibility」の観点からこれ等投資ファンド・マネジメント会社に対して投資収益性目標を達

第5章　多国籍企業と規模の効果と貿易

成することを契約条件としていた。投資委員会は毎月これ等ファンド・マネジメント会社から投資の実績報告書を受け取り、短期の収益性を常時モニターしていた。
7. United Nations Conference on Trade and Development (UNCTAD), *Foreign Direct Investments in LDCs*, April 2011, pp.10-12.
8. マクロ経済学の入門書参照。吉川洋著『マクロ経済学』、岩波書店、第2版、2002年、1－31頁。中谷巌著『入門マクロ経済学』、日本評論社、第5版、2007年、29－49頁。Rudiger Dornbusch, Stanley Fischer and Ricard Startz, *Macroeconomics*, 7th Edition, Irwin McGraw-Hill, 1998, pp.19-38.
9. 鬼塚雄丞著『国際金融』、東洋経済新報社、1995年、274頁。
10. World Bank, *Private Capital Flow to Developing Countries: The Road to Financial Integration*, Oxford University Press, 1997, pp.153-169.
11. World Bank, *Economic Growth in the 1990s * Learning from a Decade of Reform*, 2005, pp.203-247. Sebastian Edwards, ed., *Capital Controls and Capital Flows in Emerging Economies*, The University of Chicago Press, 2007; Joseph E. Stiglitz, *Globalization and Its Discontents*, W.W.Wortok, 2003.
12. G. D. A. MacDougall, "The Benefits and Costs of Private Investment from Abroad: A Theoretical Approach," *The Economic Record*, Vol. 36, 1960, pp.13-35. Jurg Niehans, *International Monetary Economics*, 1984, (邦訳) 天野明弘他訳『国際金融のマクロ経済学』、東京大学出版会、1986、127－145頁。河合正弘著『国際金融論』、東京大学出版会、1994年、66－68頁。伊藤元重・大山道広著『国際貿易』、岩波書店、1985年、151－163頁。
13. 高木信二著『入門国際金融』、日本評論社、第4版、2011年及び上記河合正弘著『国際金融論』、東京大学出版会、1994年。
14. 経済産業省『通商省白書』2005年、138頁。
15. 総務省統計局、『日本統計年鑑』平成22年（2010年）、190頁。東洋経済、『会社四季報』、2011年夏号。
16. 東洋経済新報社、『海外進出企業総覧2011』、国別編
17. 東洋経済新報社、『会社四季報2011年夏号』
18. Rugman, Alan M., and Richard M. Hodgetts, *International Business: A Strategic Management Approach*, McGraw-Hill, 1976; 奥村皓一・夏目啓二・上田慧著『テキスト多国籍企業論』、ミネルヴァ書房、2006年。

19. 典型的な事例が以下の文献であると筆者は考える。Pual Milgrom and John Roberts, *Economics, Organizationa and Management,* Prentice-Hll, 1992; Oliver E. Williamson, *The Economic Institutions of Capitalism,* The Free Press, 1985. この様なアプローチからは現代の企業組織の典型である多国籍企業としてのリーマンブラザースやその他の投資銀行の実態は理解し得ないであろう。
20. イギリスやオランダの東インド会社の発展に関しては以下の文献参照のこと。浅田實著『東インド会社；巨大商業資本の盛衰』、講談社現代新書、1989年。永積昭著『オランダ東インド会社』、近藤出版、1971年。羽田正著『東インド会社とアジアの海』、講談社、2007年。Vivian Joseph, *A History of the British East India Company* 1615-1858, Tallis Press, 1987. ハドソン湾会社については、Edgar McInnis, *Canada,* Revised and Enlarged Edition, Holt, Rinehart and Winston, 1960 参照。
21. 大塚久雄著『株式会社発生史論』、(昭和13年)『大塚久雄著作集』、第1巻、岩波書店、1969年、参照。
22. J・ヒルシュマイヤー・油井常彦著『日本の経営発展：近代化と企業経営』、東洋経済新報社、昭和52年、3 -86頁。
23. 宮本又次著『株仲間の研究』、『宮本又次著作集』、第1巻、講談社、昭和52年参照。
24. 神田秀樹著『会社法入門』、岩波新書、2006年。鈴木竹雄・竹内昭夫著『会社法(新版)』、有斐閣、昭和62年参照。
25. Mickelthwait, John and Adrian Woodridge, *The Company,* 2003. (邦訳) 鈴木訳『株式会社』、ランダムハウス・講談社、2006年、214-264頁。モルガン家の歴史については以下の文献参照のこと。Ron Chernow, *The House of Morgan: An American Banking Dynasty and the Rise of Modern Finance,* A Touchstone Book, 1990.
26. Vernon,Raymond., In *The Hurricane's Eye: The Troubled Prospects of Multinational Enterprises,* Harvard University Press, 1998, pp.30-149. Nathan M. Jensen, *Nation-States and The Multinational Corporation,* Princeton University Press,2006.
27. Human Rights Watch, website.
28. Caves, Richard E. *Multinational Enterprise and Economic Analysis,* Cambridge University Press, 1996; John H. Dunning and Sariana M. Lundan, *Multinational Enterprises and The Global Economy,* Second Edition, Edward

Elgar, 2008. Pp.318-339.
29. Gray, Peter H., "The role of transnational corporations in international trade," in *Transnational Corporations and World Development*, UNCTAD, 1996; John H. Dunning and Sarianna M. Lundan, op.cit., pp.463-502.
30. 山澤逸平著『国際経済学』、東洋経済新報社、第3版、1998年、64頁。
31. Caves,Richard E., Jeffrey A.Frankel and Ronald W.Jones, *World Trade and Payments; An Introduction*, Harper Collins, 1996,pp.157-158.
32. Kotler, Philip., *Marketing Management; Analysis, Planning, Implementation & Control.*（邦訳）村田昭治監修『コトラー・マーケティングマネジメント』、第7版、プレジデント社、1996年、399－431頁。
33. Krugman, Paul R. and Maurice Obstfeld, *International Economics; Theory & Policy*, Pearson, Addison Wesely, 8th Edition, 2009, page 116. 伊藤元重・大山道広著『国際貿易』、岩波書店、1985年、122－124頁。.
34. Marshall, Alfred., *Principles of Economics*, Macmillan, 1890, pp.222-231.
35. シリコン・バレー（Silicon Valley）の集積の効果については、以下の文献の中に詳しい分析がある。AnnaLee Saxenian, *Regional Advantage: Culture and Competition in Silicon Valley and Route 128*, Harvard University Press, 1994．この著作の中で著者はボストン郊外のＭＩＴ周辺のルート128地域に集積したベンチャー企業集団と比較して、サンフランシスコ郊外のスタンフォード大学周辺のシリコンバレーに何故半導体産業が急成長したのか、その発展のプロセスを主に当事者達に対するインタビュー調査に基づいて分析しており非常に示唆に富む内容となっている。
36. 半導体産業の動向については以下の文献が参考になる。高田清司・小松崎靖男著『21世紀の半導体シリコン産業』、工業調査会、2000年。半導体産業編集部編『半導体業界』、東洋経済新報社、2008年。高乗正行著『グローバル時代の半導体産業論』、日経ＢＰ，2011年。インテル社の動向については以下の文献に詳しい。Tim Jackson, *Inside Intel; Andy Grove and the Rise of the World's Most Powerful Chip Company,* a Plum Book, 1998.
37. アメリカでは公益事業は民間企業が所有・経営し公的機関である州及び連邦政府の「公益事業委員会」が監視・監督する制度が確立しており、公益事業の地域独占に関する政策課題について膨大な研究がなされてきている。以下の文献参照のこと。W. Kip Viscusi, JohnM. Vernon and Joseph E.Harrington, Jr. *Economics of Regulation and Antitrust,* The MIT Press, 1995. 日本の公益事業

の公的規制については、植草益著『公的規制の経済学』、ＮＴＴ出版、2000年；『社会的規制の経済学』、ＮＴＴ出版、1997年参照のこと。
38. Paul R. Krugman, "Increasing Returns, Monopolistic Competition, and International Trade," in *Journal of International Economics,* November 1979, pp. 469-479; "Scale Economies, Product Differentiation, and Pattern of Trade," *American Economic Review,* 70（5）1980: pp.950-959. この論文は2011年2月アメリカの経済学学会誌の歴史100年間に発表された20編の優れた論文の1つに選出されている。" Intraindustry Specialization and the Gains from Trade," in *Journal of Political Economy,* 89, 5,1981; pp.959-974; "Increasing Returns and the Theory of International Trade," in *Advances in Economic Theory,* Fifth World Congress, ed.by Truman F. Bewley, Cambridge University Press, 1987; これ等の論文は以下に収録されている。Paul R. Krugman, *Rethinking International Trade,* The MIT Press, 1990. "Increasing Returns, Imperfect Competition and the Positive Theory of International Trade," in *Handboook of International Economics,* Vol.3, ed., by Gene M. Grossman and Kenneth Rogoff, North-Holland, 1995, pp.1243-1277.
39. ミクロ経済学については多数の良書があるがここでは以下の教科書を参照することを勧める。
　　　（初心者用）
　　　　西村和雄著『現代経済学入門　ミクロ経済学』、第3版、岩波書店、2011年
　　　　　同　　『ミクロ経済学入門』、第2版、岩波書店、1995年
　　　（上級者用）
　　　　　同　　『ミクロ経済学』、東洋経済新報社、1990年
　　　　奥野正寛・鈴村興太郎著『ミクロ経済学Ⅰ、Ⅱ』岩波書店、1985年、1988年。
40. 「規模に関して収穫一定」（constant returns to scale）の生産関数は数学的に展開が便利なので経済学では頻繁に利用されてきた。その典型はコブ＝ダグラス型生産関数（Cobb-Douglass production function）である。このコブ・ダグラス型生産関数は、$Y = AK^{\alpha}L^{\beta}$　①と表示される。この時生産要素であるＫ・Ｌを3倍すると、$A(3K)^{\alpha}(3L)^{\beta} = 3^{\alpha+\beta}(AK^{\alpha}L^{\beta}) = 3^{\alpha+\beta} \cdot Y$ となる。これを（$\alpha + \beta$）の同次斉次方程式（homogeneous degree $\alpha + \beta$）と呼ばれ、$\alpha + \beta = 1$　の時「規模に関して収穫一定」となる。Alpha C.Chiang, Fundamental Methods of Mathematical Economics, 2nd Ed.,

第 5 章　多国籍企業と規模の効果と貿易

McGraw-Hill, 1967, pp.408-409.
41. 西村和雄著『ミクロ経済学入門』、岩波書店、第 2 版、1995年、229－230頁。
42. 西村和雄著、同上、232－233頁。この性質は需要の弾力性から導かれる。需要の弾力性については、23－29頁参照。
43. これ等の説明は上記、西村和雄著『現代経済学入門　ミクロ経済学』、岩波書店、第 3 版、2011年、145－146頁による。しかし限界収入の定義には様々な数式化が可能である。クルーグマンの数式では限界収入ＭＲ＝Ｐ－１／Ｂ・Ｙとなる。Ｙは販売数量、Ｂは需要関数の価格にかかる定数である（Ｙ＝Ａ－Ｂ・Ｐ）。Paul R.Krugman and Maurice Obstfeld, *International Economics,* Addison Wesley, 8th Edition, 2009, page 152.
44. Krugman, Paul R. and Maurice Obstfeld, ibid., pp.120-135.

第6章　貿易政策

はじめに

　国家はその経済の発展段階や国際環境の変化に応じて過去種々の貿易政策を実施してきた。19世紀の前半イギリスは産業革命を遂行させ「世界の工場」として絶大な経済力と海軍力を確立し、イギリス政府は世界の自由貿易体制を維持し発展させるため自由主義貿易政策を実施した。[1] それに反してアメリカはイギリスの植民地支配から18世紀後半に独立し、自国の経済的自立を確保するため19世紀以降ハミルトン体制を継承し自国の産業を保護・育成する貿易政策を実施した。[2] 19世紀の後半ビスマルクの下で統一国家を形成し、遅れて工業化を開始したドイツではリストが幼稚産業を保護する政策を政府が採用することを訴えた。[3] これに対して日本は不平等条約が改正されるまで関税自主権を実施することができず、輸入関税は5％の水準に抑えられ神保博教授が指摘するようにパックス・ブリタニカ自由貿易体制の下で国際貿易を開始した。[4] しかし1930年代以降はファシズム体制の下で政府指導型の産業・貿易政策を余儀なくされた。日本政府が積極的に貿易の自由化政策を実施するのは日本がOECD「経済協力開発機構」に加盟した1964年以降である。

　戦後西欧諸国はアメリカの覇権のもとで形成・発展してブレトン・ウッズ体制及びGATT体制の下で自由主義的な経済政策及び貿易政策を標榜した。これに対してソ連・東欧諸国は社会主義的な計画経済体制のもとで閉鎖的な国際分業体制（コメコン体制）を形成し国家が貿易を統制した。中南米諸国の多くは西欧諸国、特にアメリカの多国籍企業による支配を嫌い自律的な経済発展を求めて「輸入代替工業政策」を実施した。アジアの大国インドと中

国は社会主義的な経済政策を実施し、これ等の国が貿易の自由化政策を実施するのは最近になってからである。中国は1978年鄧小平が実施した「開放改革経済政策」、インドは1990年代前半実施した「経済自由化政策」以降種々の貿易の自由化政策を実施してきている。発展途上国の多くは主に1985年以降世銀・IMFの支援のもとで貿易の自由化政策を実施してきた。

　しかし過去各国政府は種々の保護貿易政策を実施してきた。その主な政策は自国の産業を保護するために国内産業と競合する製品の輸入禁止し、あるいは制限する政策であった。この目的のために使用された政策手段は輸入品に課す関税或いは、製品の輸入の数量を制限する数量制限や、輸入数量の割当制度である。また政府は歳入を確保するため、比較的徴税が可能な間接税である輸入関税を利用するということが頻繁に行われた。例えば19世紀初頭輸入関税はアメリカ政府の財政収入の80％以上を占め、現在でも輸入関税及び輸出税が多くの途上国政府の財政収入で高い比率を占めている。[5] 貿易政策の目的以外でも公序良俗、健康及び環境保全の見地からその国に望ましくない麻薬・武器・ポーノグラフィー等の製品の輸入が禁止され、奢侈品の消費を抑制するため輸入関税が活用されてきた。

　輸出に関しては、①輸出産業を支援するため政府が輸出企業に直接補助金を供与する輸出補助金、②歳入確保手段としての輸出税、③輸出企業に供与する輸出金融の優遇制度、④政府が輸出産業を支援するために建設する輸出加工区、⑤秩序ある貿易活動を助成する輸出組合に対する支援、⑥貿易摩擦を回避するために実施された輸出自主規制（VER: voluntary exports restraints）⑦輸出企業に供与する税制上の優遇処置等がある。以下ここでは先ず代表的な貿易政策の手段としての輸入関税の費用と便益、即ち輸入関税の経済効果について考えてみよう。

6.1　輸入関税の費用と効果

　輸入関税（imports tax or duties）には輸入品の数量ないしは重さに対し

て課せられる従量税（specific tax）と輸入品の輸入価格（CIF：cost,insurance and freight; 保険料・運賃込み値段）に対して一定の税率で課せられる従価税（ad valorem duties）がある。ここでは従価税を輸入関税の一般型と考えて分析を進める。戦前西欧諸国は第一次大戦及び1929年の世界恐慌を契機に金本位制から離脱し、通貨切下げを実施し高率の輸入関税を設定し自国の国内産業を保護しようとした。その結果世界経済はブロック経済化され各国の経済的利害の対立が先鋭化した。これが第2次大戦の発生原因の1つと考えられている。悪名が高いのはアメリカ議会が制定した「ホーレイ・スムート関税法」（1930年）であり、この結果アメリカの輸入関税の平均は50％を越えることなる。日本も戦前1930年代の平均的な関税負担率（関税収入額/総輸入額）は30％を越えていた（第1章の図参照）。

戦後は1947年以降8回実施されたGATTの多角的関税交渉、特にケネディーラウンド（1967年）及び東京ラウンド（1979年）の結果GATT加盟国の平均輸入関税率は段階的に引き下げられて、現在ではGATT加盟国の平均輸入関税は5％前後まで下げられている。しかし日本政府は衰退する農家の所得を保護するため日本の農業と競合する農作物の輸入に高率の関税を課している。財務省の実行関税率表（2011年8月）によると米（402円/kg）、小麦（65円/kg）、ミルク（35％＋466円/kg）、ヨーグルト（35％＋1076円/kg）等日本の穀物及び酪農製品と競合する製品には比較的高い輸入関税が課せられている。しかし日本が国際競争力を持つ機械産業の製品に対しては一般に5％以下の輸入関税が課せられている。この様に輸入関税は日本の場合農作物や酪農製品に対する保護関税としての性質を強く持っている。保護関税としての輸入関税の経済効果を理解するにはミクロ経済学的な基礎知識が基本となっているので、ここでその内容を少し詳しく見てみよう。

（1）輸入関税の経済効果：部分均衡分析

国内市場で1つの貿易財に対する需要と供給関係によって形成される均衡価格のメカニズムとその効果を、他の市場との関連を捨象して分析すること

を経済学では「部分均衡分析」と呼ぶ。この方法は複雑に絡み合う生産物市場及び生産要素市場の中から分析の対象となる市場だけを取り出して、その市場のメカニズムや性質及び効果を関連する市場と切り離して分析する基礎的な方法である。ここで「貿易財」(tradable)とは輸出・輸入の対象となる財或いは現在貿易の対象となっていない財でも将来潜在的に貿易の対象となる財を指す。それ以外の財を「非貿易財」(non-tradable)という。非貿易財

図6-1：アメリカの関税

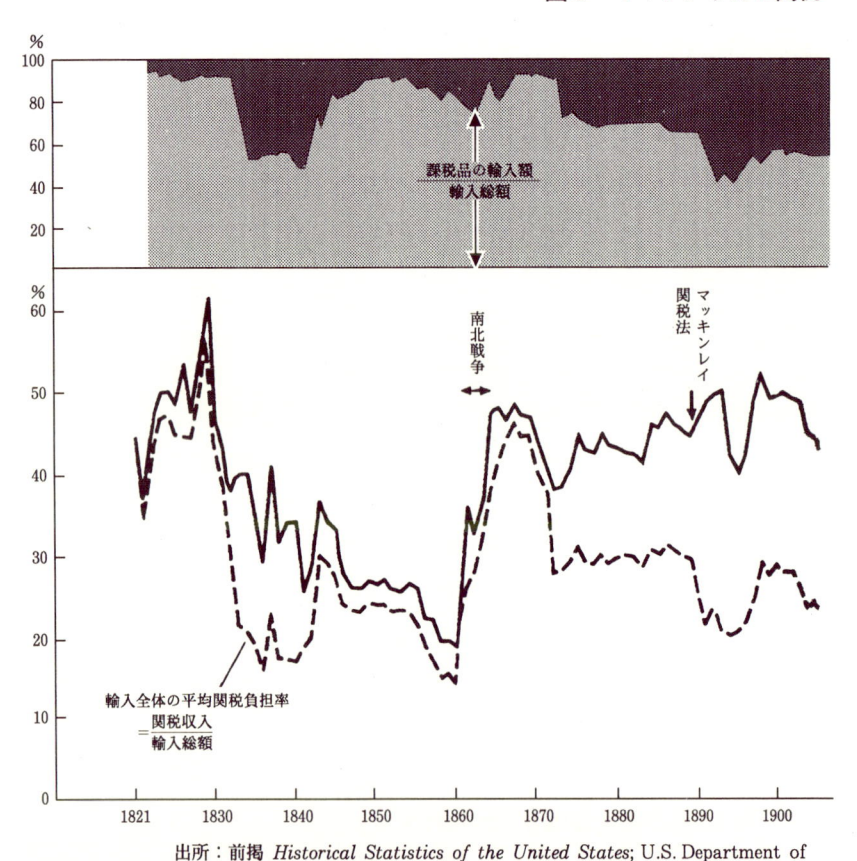

出所：前掲 Historical Statistics of the United States; U.S. Department of 佐々木隆雄著『アメリカの通商政策』、岩波新書、1997年、20-21頁。

第6章　貿易政策

には輸送費用が高額になる財やサービスが含まれる。先ず最初に、ある財の輸入需要のメカニズムについて考えてみる。通常小国の前提及び完全自由競争の前提を想定して分析する。

自国の輸入財に対する需要は消費者の需要が自国の生産量を超過するから輸入需要が派生する。一方外国が外国の消費者の需要を超過してその財を生産すると、その超過生産分が輸出されることになる。自国市場で輸入財に対

水準の推移

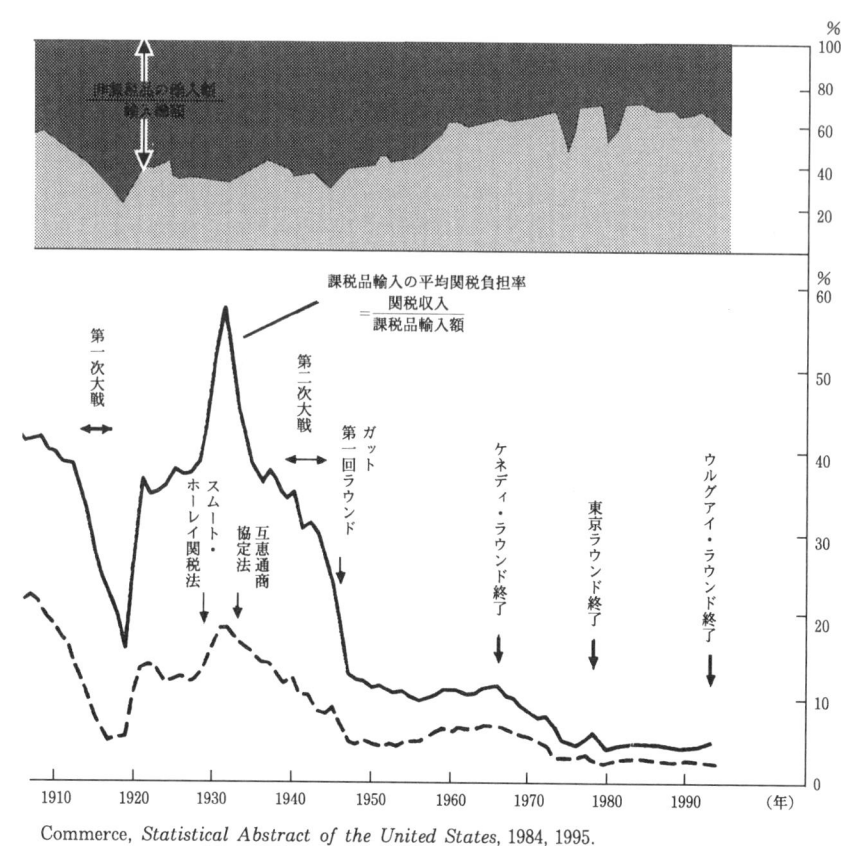

Commerce, *Statistical Abstract of the United States*, 1984, 1995.

図 6 − 2 : 自国の貿易財の需要曲線

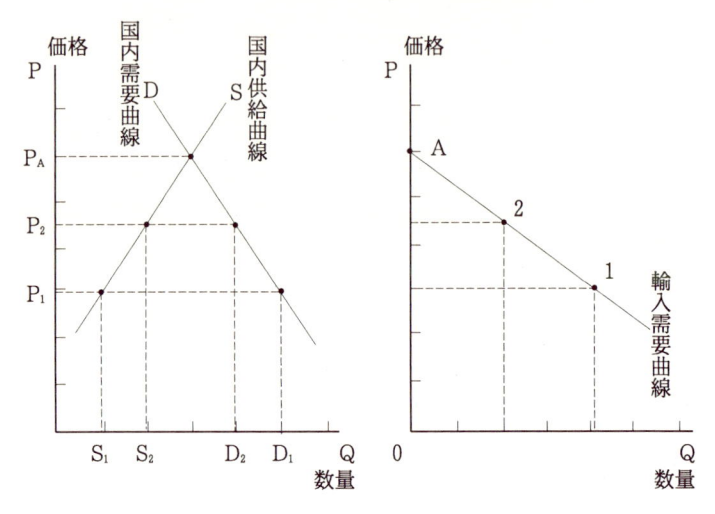

資料：Krugman, Paul and Maurice Obstfeld, *International Economics*, Addison Wesley, 8th Edition, 2009, page 184.

する需要は図 6 − 2 が示すように、P_1 の価格では自国の消費者の需要は D_1、生産者の供給は S_1、従って自国のこの財に対する輸入需要は $D_1 - S_1$ となる。価格が P_2 に上昇すると消費者の需要は D_2 に減少するが生産者の供給は S_2 に増大する結果、輸入需要は $D_2 - S_2$ に減少する。価格 P_A では需要と供給が一致し輸入需要はゼロとなる。価格と需要と供給の差を図にプロットすると右下がりの需要直線が描ける。この様に自国のある財に対する輸入需要は需要と供給の差から生じる派生需要 (derived import demand) であることが理解されよう。

消費者余剰 (consumer's surplus)

ある財の国内市場での需要曲線は価格を縦軸、数量を横軸に取ると右下がり直線として描ける。必ずしも直線である必要はないが説明を簡単にするため価格と需要の関係が線形であると仮定する。即ちある財の価格が下がれば消費者のその財に対する需要は増大する。右下がりの直線なのは、消費者は

消費数量が少ない時には1単位当たりの財の価値を高く評価し、より高い価格を支払ってもよい感じるためである。これを消費者の「支払い意欲」(willingness to pay) が高いという。しかし消費者がより多くの量の財を消費すると1単位当たりその財の消費がもたらす消費者の満足度（効用）は低下し、支払い意欲は低下する。即ち右下がりの直線が意味することは、消費者がより多くその財を消費すると1単位当たりのその財を消費する満足度（効用）は低下するので、消費者はその財の価値（便益）を低く評価するのでより低い価格でないとその財を購入しようとはしないことを意味する。すなわち消費者の1単位当たりの便益、限界便益は低下する性質がある。このことはある財の需要直線の下の面積の合計は消費者がその財に対して持つ「限界効用」ないしは「限界便益」の合計を表すことになる。図6－3は消費者の需要直線と市場の価格を示している。市場価格がP_1の時、消費者が実際に支払う額はO$P_1$$E_1$$Q_1$に囲まれた長方形の面積（O$P_1$×O$Q_1$）であるが、この価

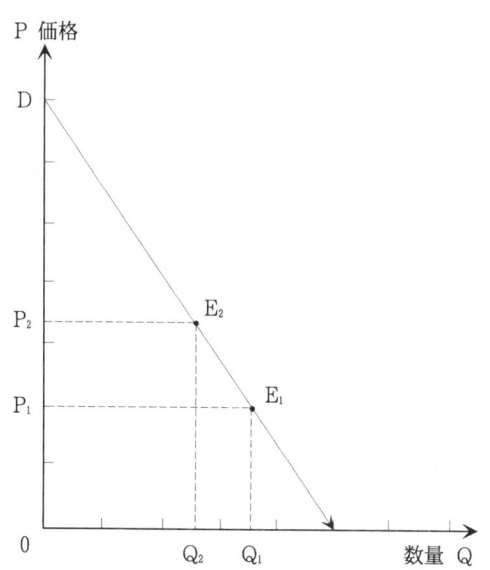

図6－3：消費者余剰

格線と直線によって囲まれた三角形（P₁E₁D）の面積は消費者が実際に支払った額以上の便益を享受していると解釈できるので、これを「消費者余剰」（consumer's surplus）と呼ぶ。即ち消費者は消費者が支払った価格以上の余剰の便益を得ているので消費者余剰と呼ぶわけである。この時政府が輸入関税を課して市場価格がP₂に上昇すると、消費者が購入する財の量はQ₂に減少し、消費者余剰の三角形P₂E₂D面積はその結果減少するので、消費者の経済的便益は減少すると解釈される。

生産者余剰（producer's surplus）

一方生産者の供給直線は縦軸に価格及び費用、横軸に生産量をグラフで目盛ると右上がりの直線となる。この直線と縦軸との切片は生産量がゼロでも発生する設備投資費用の減価償却費と人件費等の固定費を示し、この切片から引いた水平線と生産直線との勾配は材料費及びエネルギー費用等の生産量

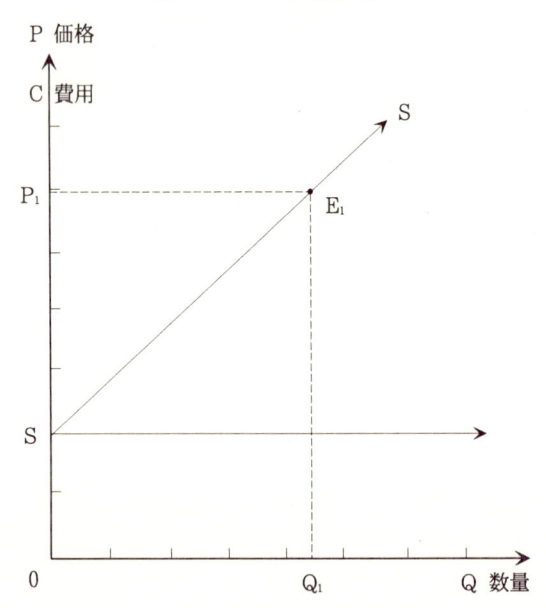

図6－4：生産者余剰

に比例して発生する変動費を示す「限界費用」（MC）直線となる。従ってこの限界費用直線の下の面積は企業が一定の財を生産するときに発生する生産費用の合計（固定費＋変動費）であると解釈される。今ここで市場価格 P_1 で生産が行われ販売されると、生産者が獲得する販売額は長方形の面積 $0 P_1 E_1 Q_1$（$0 P_1 \times 0 Q_1$）となる。しかし $0 Q_1$ 生産するのにかかった費用は台形の面積 $0 S E_1 Q_1$、即ち供給直線（限界費用直線）の下の面積である。したがって供給直線と価格線によって形成される三角形 $S E_1 P_1$ は余剰の利益となる。この三角形は「生産者余剰」（producer's surplus）と呼ばれる。

この消費者余剰と生産者余剰の概念を使って完全自由競争市場である財の需要直線と供給直線との交点で決まる均衡価格 E によって形成される社会的便益を考えよう。社会が消費者と生産者によって構成されると仮定すると、

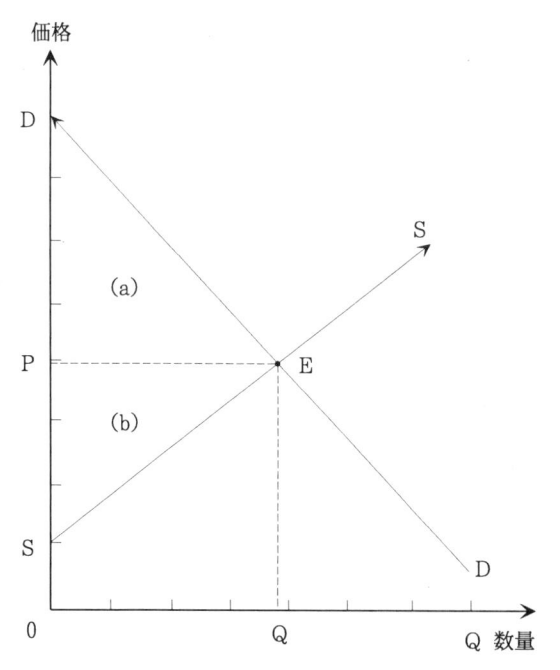

図6－5：社会の便益

「社会の便益は消費者の便益と生産者の便益の合計」となる。図6－5に示されているように、今ある財の需要直線DDと供給直線SSとの交点をEとすると、このE点で均衡価格Pが定まり、この時形成される三角形PED(a)は消費者余剰、三角形SPE(b)は生産者余剰である。この2つの三角形の合計であるSDEの面積は消費者余剰と生産者余剰の合計であり、社会便益の合計を表すと解釈される。このように消費者の需要ニーズと生産者の供給意欲が合致した時に形成される市場の均衡価格が決定する時、その国の社会的便益が最大となる。この自由な市場メカニズムに政府が介入すると社会的便益、即ち国民の厚生が阻害される結果をもたらすというのが現代のミクロ経済学の基本的な命題である。この自由な市場メカニズムに対する政府の介入の典型的な事例が、政府が輸入財に課す輸入関税政策である。

輸入関税の経済効果

以上説明してきた消費者余剰と生産者余剰の概念を使って輸入関税の経済効果を分析してみよう。いまある国で生産されている財が国際価格に比較して高い価格でしか生産出来ないとしよう。この場合政府が自由貿易政策を採用すると図6－6が示すように、海外からPwの価格で自由に輸入が可能となる。この価格で海外の製品が自由に輸入可能であり、この国は小国で海外の価格に影響を与えないとすると、海外の製品の国内市場での供給直線は水平の直線となる。この海外の製品の供給直線と国内の需要直線DDとの交点Aで、国内市場での需要量0D_1が決定する。Pwの国際価格でこの財が自由に輸入されると国内の生産者は0S_1の量しかこの財を供給できない。従ってD_1－S_1の超過需要は輸入されることなる。この結果消費者はより安い輸入価格Pwでより多くの財を消費することが可能となり、消費者余剰（Pw線と需要直線DDに囲まれた三角形PwAD）によって表示された便益を享受することが可能となる。

この状況下で政府が国内産業を保護する目的のために輸入関税（PwPt）（0Pt/0Pw）を課すと、この財の国内価格はPtに上昇し、消費者の需

要は0D₂に減少するが国内の生産者の生産量は0S₂に増大する。その結果輸入量はD₂－S₂に減少する。しかし政府は長方形の面積ＣＤＥＦ（ｃ）に相当する関税収入を取得する。輸入関税を課する結果、①消費者は台形の面積ＰｗＡＣＰｔに相当する消費者余剰を喪失する。②しかし生産者余剰はＳＤＰｔに増大する。③政府の関税収入（ｃ）が何らかの財政支出によって消費者に還元されると仮定すると、④二つの三角形ＡＣＥ（ｄ）とＢＤＦ（ｂ）に相当する消費者余剰の損失分は便益の喪失となる。この部分の便益の喪失は「死荷重」(dead-weight loss）と呼ばれている。結果的にこの輸入関税の経済効果は、①消費者が損をして生産者が得をするという「所得配分効果」と、②本来国際競争力のないこの国内産業を保護するために輸入関税を課することによって非効率的な国内産業を存立させるという「資源浪費効

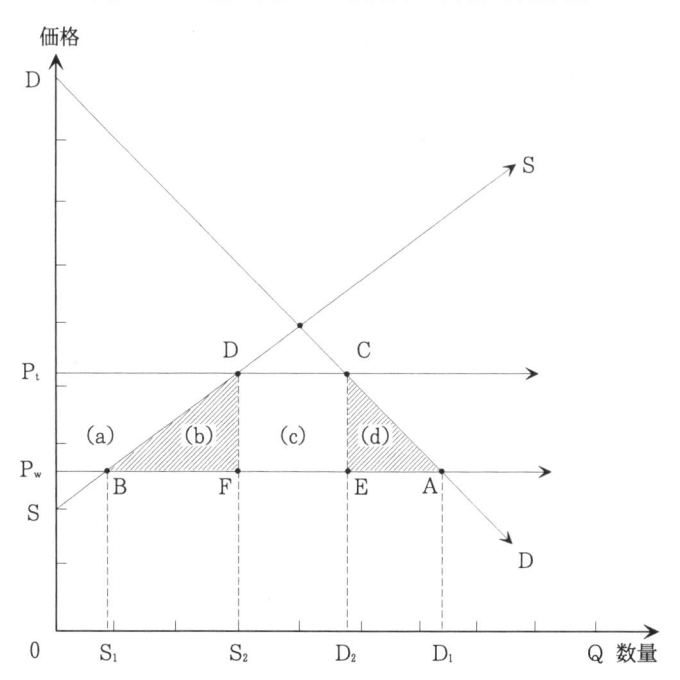

図6－6：輸入関税の経済効果（部分均衡分析）

果」をもたらすと解釈されよう。即ち輸入関税を課して国内産業を保護しようとすると、①消費者余剰の減少による経済厚生の損失と自由貿易の場合可能であった安い海外製品を消費する機会の喪失という便益の喪失、②国内生産者による資源の浪費という経済的損失を生じると理解される。従って自由貿易政策のほうが保護貿易政策よりも望ましい政策であると理解されよう。この輸入関税効果の部分均衡分析についてはマックス・コーデンによる詳細な解説がある。[7]

（2）輸入関税の経済効果；一般均衡分析

以上の輸入関税の部分均衡分析は、輸入財市場だけを取り出してその効果を分析した。しかし輸入財に関税を課すると国内市場での輸入財の国内価格と輸出財の価格との相対価格が変化し、輸入財及び輸出財の生産と消費に変化をもたらす。このように他の財市場に対する影響を総合的に分析することを「一般均衡分析」という。この一般均衡分析を理解するために必要なミクロ経済学の基礎的理論を復習しておこう。

貿易前（閉鎖経済）の最適生産点と最適消費点

今輸出財Ｑxと輸入財Ｑmを限られた生産要素である労働力と資本を投入して生産する時、無数の輸出財Ｑxと輸入財Ｑmの組合せの生産が可能となる。この無数の輸出財Ｑxと輸入財Ｑmの組合せを横軸に輸出財Ｑx，縦軸に輸入財Ｑmを座標軸にプロットすると北東方向に凸の曲線ＡＡが描かれる（図６－７）。この曲線は「生産可能曲線」である。一定の生産技術を使ってこの曲線の内側で生産すると生産要素が最大限活用されておらず非効率の生産となり、曲線の外側では生産することは出来ない。従ってこの生産可能曲線上での生産が最大限可能な輸出財Ｑxと輸入財Ｑmとの組合せの生産となる。

この国が輸出財Ｑxと輸入財Ｑmのみを生産し、輸出財の国内価格Ｐx、輸入財の価格Ｐmとすると、この国の国内総生産は直線の方程式①式によっ

第6章　貿易政策

て表される。この直線の勾配はＰｘ／Ｐｍ　であり、これは輸出財価格Ｐｘと輸入財価格Ｐｍとの相対価格をあらわす。国内総生産を表す直線はこの相対価格の値によって無数考えられる。しかし最大限可能な国内総生産は生産可能曲線と接する点Ｅ１であり、このＥ１点での生産が貿易前（閉鎖経済）での最適の生産点となる。このＥ１点での接線の勾配はＰｘ／Ｐｍであると同時に、生産可能曲線ＡＡの限界変形率（ＭＲＴ：marginal rate of Transformation）と等しくなる。この生産可能曲線の限界変形率は－⊿Ｑｍ／⊿Ｑｘの絶対値で表わされ、「輸出財Ｑｘの生産量を追加生産するために犠牲にしなければならない輸入財Ｑｍの量」を表す。限界変形率は輸入財Ｑｍの量で測った輸出財Ｑｘの機会費用でもあり、輸入財Ｑｍと輸出財Ｑｘとの交換比率でもある。以上から貿易前（閉鎖経済）での最適の生産点は輸出財Ｑｘの価格Ｐｘと輸入財Ｑｍの価格Ｐｍとの相対価格Ｐｘ／Ｐｍが生産可能曲線の限界変形率と等しい点であると解釈される。[6]

図６－７：輸出財と輸入財の最適生産点

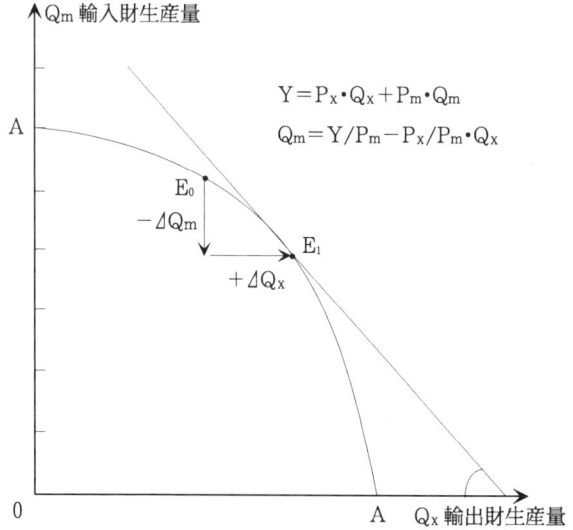

$Y = P_x \cdot Q_x + P_m \cdot Q_m$

$Q_m = Y/P_m - P_x/P_m \cdot Q_x$

$$Y = Px \cdot Qx + Pm \cdot Qm \quad \text{①}$$
$$Qm = Y/Pm - Px/Pm \cdot Qx \quad \text{②}$$

　貿易前の閉鎖経済下では消費者は国内で生産される輸出財と輸入財しか消費できない。消費者がどのような組合せで輸出財Qxと輸入財Qmの消費を選好するかは「無差別曲線」によって決まる。消費者は2財の組合せの消費によって得られる満足度（効用）が最大になるように輸出財と輸入財を消費する。これを効用関数U＝f（Qx，Qm）と言い、一般に財の消費量が増大すれば満足度（効用）も増大するが、消費量が増大するにつれて1単位追加消費することによって得られる満足度（限界効用）は逓減する。これを「限界効用逓減の法則」という。一定の満足度（効用）を得るための輸出財と輸入財の組合せの消費は無数考えられるが、縦軸に輸入財Qmの消費量、横軸に輸出財Qxの消費量を座標軸に目盛った満足度（効用）をグラフにプロットすると図6－8に示す「無差別曲線」が描かれる。無差別曲線上の2財の組合せの消費から得られる満足度は等しく、どの点で消費するのか消費者は無差別である。この無差別曲線は原点から北東方向に位置するほど、山の等高線のように満足度（効用）は高くなる。消費者全体の無差別曲線は「社会的無差別曲線」と呼び、個々人の無差別曲線の集合と仮定する。どの無差別曲線上で消費するかは消費者の予算制約による。消費者全体の予算制約は国内総生産によって決まるとすると、予算制約式は国内総生産の①式と同じとなる。従ってこの予算制約線と無差別曲線U_1の交点C_1が最適の消費点となる。このC_1点での消費は予算制約式の輸出財の価格Pxと輸入財の価格Pmの相対価格Px/Pmと無差別曲線の限界代替率（MRS: marginal rate of substitution）と等しくなる。無差別曲線の限界代替率は$\Delta Qm/\Delta Qx = MUQx/MUQm$　で表される。最初C_1点で消費していた消費者がC_2点に移行すると、輸出財の消費（ΔQx）分増加し、その結果輸出財の限界効用（MUQx）が増加する。しかしこのためには輸入財の消費を（ΔQm）単位減少し、それに応じて限界効用（MUQm）を減少させる必要がある。

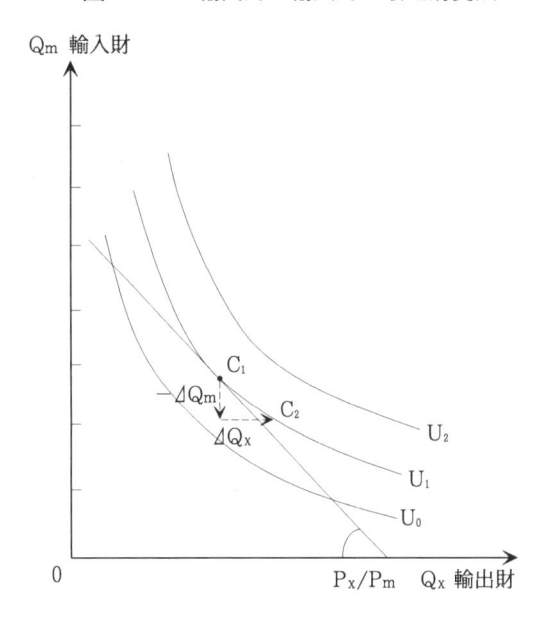

図6－8：輸出財と輸入財の最適消費点

しかしC_1点とC_2点は同じ無差別曲線上にあるので満足度水準（効用水準）は同一である。したがって$(\Delta Qx)\cdot(MUQx)-(\Delta Qm)(MUQm)=0$という関係が成立する。これを整理すると③式のようになる。

$$\Delta Qm/\Delta Qx = MUQx/MUQm \quad ③$$

以上のことから、「閉鎖経済下における最適生産点と最適消費点は、生産可能曲線の限界変形率と消費の無差別曲線の限界代替率が、輸出財と輸入財の相対価格Px/Pmに等しいときである」という命題が成立する。

貿易の三角形

閉鎖経済下で相対価格（Px/Pm）で輸出財と輸入財の生産と消費を行っていた国が、（$Px/Pm < Px*/Pm*$）の比較優位の条件で、実際に国際的市場での輸出財と輸入財の相対価格$Px*/Pm*$（交易条件）で外

国と貿易すると、相対的に高くなった輸出財の生産が増大し消費は減少する。それに反し相対的に安くなった輸入財の消費は増大し、輸入財の国内生産は減少する。その結果生産点は図6－9に示されているようにQ_1点からQ_2点に移行し、消費点も無差別曲線U_1上のC_1点からU_2線上のC_2点に移行する。この結果この国は国際的相対価格（$Px*/Pm*$）で（$Qx-Cx$）の輸出財の超過生産量を外国に輸出し、（$Cm-Qm$）の輸入財の超過需要量を

表6－1：輸出財と輸入財の記号

	国内価格	国際価格	生産量	消費量
輸出財	Px	$Px*$	Qx	Cx
輸入財	Pm	$Pm*$	Qm	Cm

図6－9：貿易の三角形

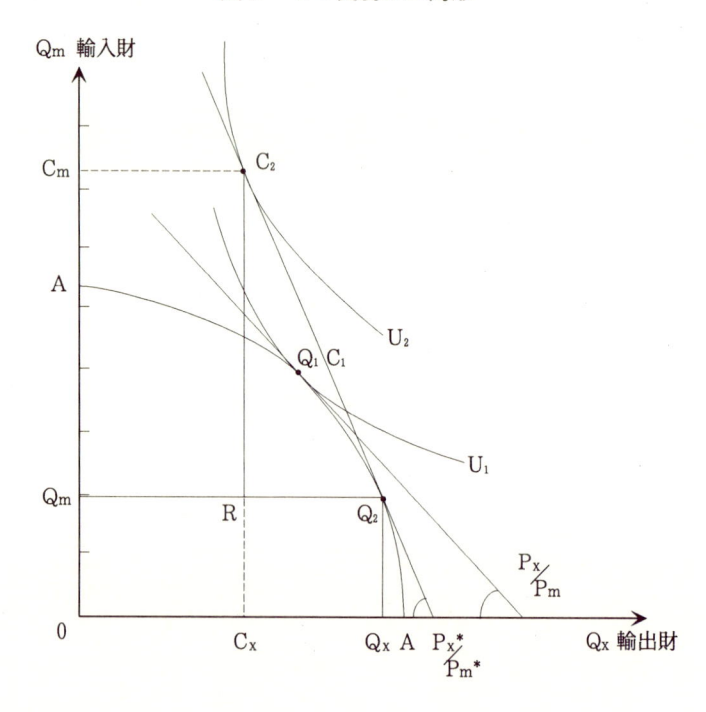

外国から輸入する自国と外国との貿易関係が成立する。輸出額＝輸入額という貿易収支の均衡が成立するので、この関係を式で表すと以下の通りとなる。

（輸出）Ｑx・Ｐx＊－Ｃx・Ｐx＊＝
　　　　　（輸入）Ｃm・Ｐm＊－Ｑm・Ｐm＊　　④

　　　Ｐx＊（Ｑx－Ｃx）＝Ｐm＊（Ｃm－Ｑm）
　　　Ｐx＊/Ｐm＊＝（Ｃm－Ｑm）/（Ｑx－Ｃx）　　⑤

この⑤式は（Ｑx－Ｃx）を底辺として高さを（Ｃm－Ｑm）とする勾配（Ｐx＊/Ｐm＊）を持つ直角三角形を形成する。これを「貿易の三角形」という。

輸入関税の経済効果：一般均衡分析

　以上のミクロ経済学の基礎知識を土台にして輸入関税（従価税）の経済効果を一般均衡分析の視点から考えてみよう。先ず輸入財Ｑmの国際価格Ｐm＊に輸入関税ｔ％が課せられる結果輸入財の国内価格は以下の⑥式のように変化する。しかし輸出財の国内価格Ｐxは国際価格Ｐx＊と等しくなる。

　　　輸入財の国内価格Ｐm＝（1＋t）Ｐm＊　　⑥
　　　　　　　Ｐx＝Ｐx＊　　　　　　　　　　⑦

したがって国内の相対価格（Ｐ＝Ｐx/Ｐm）と国際相対価格（Ｐ＊＝Ｐx＊/Ｐm＊）の関係は以下の通りとなる。

　　　Ｐ＝Ｐx/Ｐm＝Ｐx/（1＋t）Ｐm＊＝Ｐx＊/（1＋t）Ｐm＊
　　　　＝Ｐ＊/（1＋t）　　　　　　⑧

⑧式から自国の輸出財価格Ｐxの輸入財価格Ｐmに対する相対価格Ｐ＝（Ｐx/Ｐm）は輸入関税が課せられた結果国際的相対価格Ｐ＊＝（Ｐx＊/Ｐm＊）よりも割安となる。[8]

　輸入関税の経済的効果を分析する場合、政府が関税料金を徴収する結果政府の財政収入が増大するので、この政府の財政収入増大効果を考慮する必要

がある。一般に政府の関税収入は終局的には国民に全額還付されるという仮定の下で分析が行われる。この結果国民の所得が増大し、輸入財及び輸出財の消費に影響を及ぼす。

先ず総消費と総所得が均衡すると仮定すると

$$Px・Cx+Pm・Cm=$$
$$Px・Qx+Pm・Qm+tPm*(Cm-Qm) \quad ⑨$$
（総消費）　　　　　（総生産）　　　　　（関税収入）

⑨式の両辺をPmで割ると

$$P・Cx+Cm=P・Qx+Qm+t/(1+t)(Cm-Qm) \quad ⑩$$

⑧式から

$$P*/(1+t)・Cx+(1+t)Cm/(1+t)=P*/(1+t)・Qx+(1+t)Qm/(1+t)+t/(1+t)(Cm-Qm) \quad ⑪$$

⑪式に（1+t）を掛けると

$$P*・Cx+Cm+tCm=P*・Qx+Qm+tQm+tCm-tQm \quad ⑫$$

$$P*・Cx+Cm=P*・Qx+Qm \quad ⑬$$

⑬式から

$$P*=(Cm-Qm)/(Qx-Cx) \quad ⑭$$

⑬式は国際価格（$P*=Px*/Pm*$）で表示される自国の総支出は総生産額に等しく、⑭式は国際価格$P*$が1単位輸出財を輸出することによって入手出来る輸入財の輸入量、即ち「交易条件」を示している。

以上の代数の展開を基礎に輸入関税の経済効果の一般均衡分析を図6－10によって解釈してみよう。

図6－10に示されているように、自由貿易下では生産可能曲線ＡＡ線上Q_2点で生産が行われ、その接線の勾配は国際相対価格$P*$（$Px*/Pm*$）である。この時C_2点で消費の無差別曲線と接し、自国は（$Qx-Cx$）の輸出財を外国に輸出し、外国から（$Cm-Qm$）の輸入財を輸入する。この

第6章 貿易政策

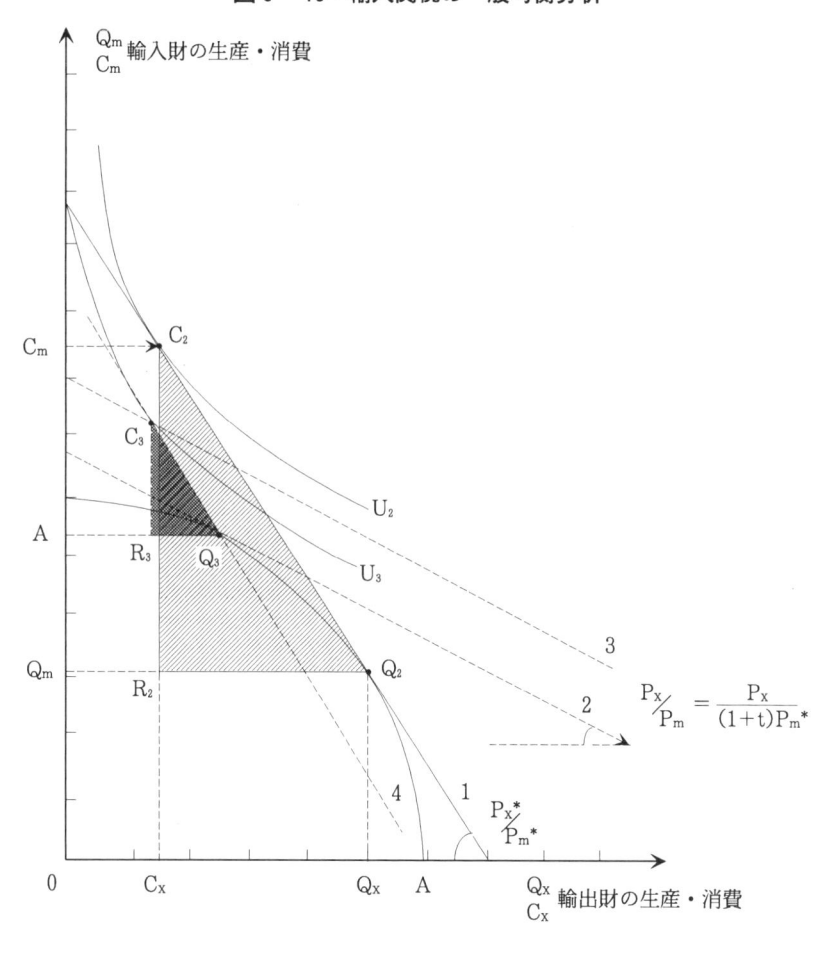

図6−10：輸入関税の一般均衡分析

時貿易の三角形$Q_2 R C_2$が形成され、この三角形の勾配は国際的相対価格$P*$（$Px*/Pm*$）、即ち国際市場での交易条件である。輸入財に輸入関税が課された結果輸入財の国内価格は$Pm = (1+t) Pm*$に増加し、国内総生産直線の勾配を示す国内の相対価格$P = Px/Pm$は国際的相対価格よりも傾斜が緩かになり、生産可能線上の生産点は$Q3$点に移行する。輸入財にt％の関税が課せられ輸入財の価格が上昇する結果、自国政府は関税

223

収入を取得するが輸入価格が上昇した部分国民の実質所得は低下し消費水準はC₂の水準からC₃の水準に低下する。しかし関税収入の部分生産可能曲線によって示される国内総生産の水準より消費水準は高くなる。消費点C₃は国内価格線Px/Pm＝Px/(1＋t)Pm*に並行な線3と国際相対価格線Px*/Pm*に並行な線4との交点である。これは自国の生産者及び消費者は自国の相対価格に反応して生産と消費を行うが、⑭式が示すように国際的な交易条件で貿易が行われるためである。しかし国内の輸出財の相対価格は国際価格に比較して割安になるため[P＝P*/(1＋t)]輸出財の生産量は価格効果によって減少する。そのため輸入関税が課せられた結果貿易の三角形は三角形Q₂RC₂から三角形Q₃R₃C₃に縮小する。

　以上のことから輸入関税の経済効果として、①貿易の三角形が縮小する、輸出入量が減少する。②消費水準が低下して国民の厚生水準が低下する。③輸入財の国内価格が上昇した結果輸入財価格で測った国民の実質所得が低下する等のマイナスの経済効果をもたらす。[9]

6.2　ラーナーの対称性の定理

　日本政府が国内産業を保護するためにその国内産業と競合する輸入財にt％の従価税を課すと、その財の国内価格は増大し国内市場での需要は減少する。他方輸出財にt％の輸出税を課すとその輸出財の国際価格はt％増大し、その分その財の輸出が減少すると期待される。日本政府は日米貿易摩擦に遭遇した時対米輸出を抑制する手段として輸出数量を自主的に規制する「輸出自主規制」（VREs: voluntary exports restraints）或いは対米輸出製品に輸出税を課す方法が検討された。常識的に輸入関税は輸入数量を減少させ、輸出税は輸出数量を減少させる効果を持つと考えられた。

　しかしアバ・ラーナー（Abba Ptacha Lerner, 1903-1982）が1936年に発表した小論文の中で、「輸入関税と輸出税は同等の経済効果を持つという命題」を提示した。これは「ラーナーの対称性の定理」として知られている。[10] ラー

第6章　貿易政策

ナーは1903年ロシアのユダヤ人の家庭に生まれ、3歳の時に家族はロンドンに移住する。家族はロンドンの貧困街のイースト・エンドに住みラーナーは16歳の時から機械工として働き家計を助けた。独学で経済学を勉強し1929年ラーナーが26歳の時にロンドン大学（LES）に入学する。

　大学生・大学院生の時から研究論文を発表し、その非凡な才能が高く評価される。1937年アメリカに移住しアメリカ各大学で教鞭を取り数多くの研究論文を発表した天才的な経済学者である。[11] ラーナーの論文『輸入税と輸出税の対称性』の論文は数ページの小論文で当時盛んであった「オッファー曲線」を使った「純粋貿易理論」(pure theory of international trade) の論文であった。[12]「オッフェアー曲線」(offer curves) はアルフレッド・マーシャル (Alfred Marshall, 1842-1924) 等が20世紀初頭展開した純粋貿易理論のモデルで現在でも上級の国際貿易論の教材で頻繁に使用されている。[13] しかしこの教

図6-11：輸出財と輸入財の相対価格（交易条件）と自国のオッファー曲線

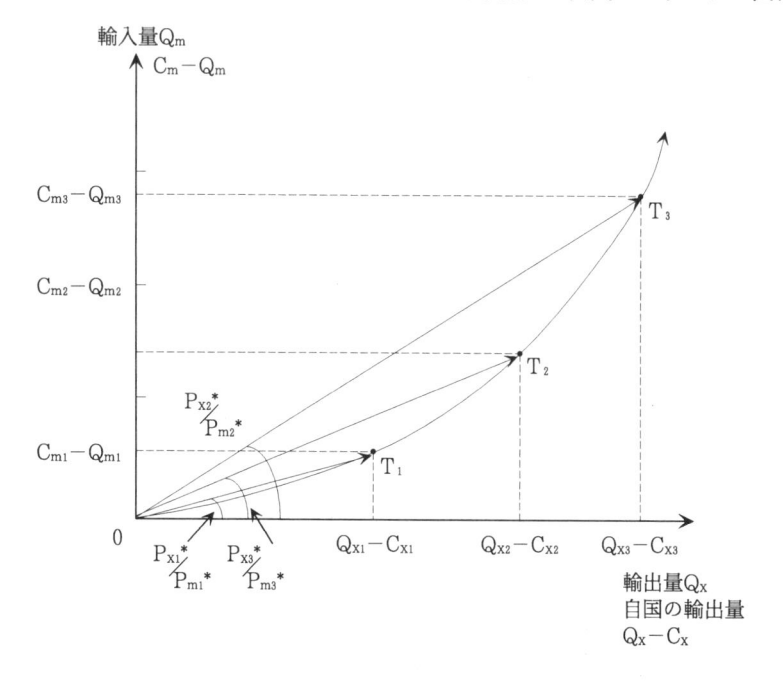

材は国際貿易論の入門書であるので、「オッファー曲線」の基礎的な概念のみを紹介するに止める。

　生産可能曲線、効用の無差別曲線および輸出財と輸入財との相対価格Ｐｘ／Ｐｘから導きだされた輸出量と輸入量との関係を図6－11に表したのが自国のオッファー曲線である。横軸に自国の輸出量（超過供給量：Ｑｘ－Ｃｘ）、縦軸に自国の輸入量（超過需要量：Ｃｍ－Ｑｍ）を目盛った座標軸で、交易条件（Ｐ＊＝Ｐｘ＊／Ｐｍ＊）が与えられると自国の輸出量、その見返りに輸入する量が一義的に定まる。異なった交易条件によって定まる貿易点Ｔ１、Ｔ２、Ｔ３、・・・Ｔｎ点を結んで行くと自国のオッファー曲線が描かれる。

図6－12：自国と外国のオッファー曲線の均衡

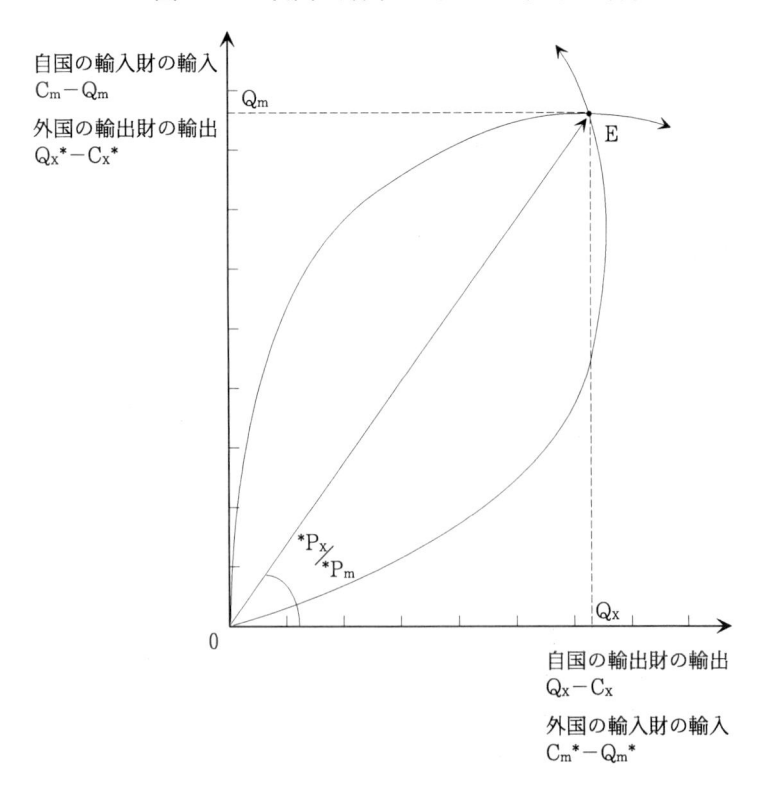

226

第 6 章　貿易政策

自国の輸出は外国の輸入、自国の輸入は外国の輸出であるので、同じように外国のオッファー曲線が描かれる。自国と外国のオッファー曲線の交点 E が国際貿易の均衡点となる。オッファー曲線のパラメーターは交易条件（$P^* = Px^*/Pm^*$）であるので、輸入財に輸入関税が課せられ、輸出財に輸出税が課せられるとオッファー曲線の形状が異なってくる。このオッファー曲線の形状を使ってアバ・ラーナーは「輸入税と輸出税の対称性」を証明した。[14]

しかしここでは代数による説明が解り易いので代数を使った説明を行う。⑨式で輸入関税を課した場合の総消費と総所得の均衡式を定義したように、輸出に輸出税を課した場合の均衡式を⑮式のように定義する。

$$Px \cdot Cx + Pm \cdot Cm =$$
$$Px \cdot Qx + Pm \cdot Qm + tPx(Qx - Cx) \quad ⑮$$
　　（総消費）　　　　　（総所得）

$Px \cdot Cx + Pm \cdot Cm = Px \cdot Qx + Pm \cdot Qm + tPx \cdot Qx - tPx \cdot Cx$

$Px \cdot Cx + tPx \cdot Cx + Pm \cdot Cm = Px \cdot Qx + tPx \cdot Qx + Pm \cdot Qm$

$$Px(1+t)Cx + Pm \cdot Cm = Px(1+t)Qx + Pm \cdot Qm \quad ⑯$$

⑯式を Pm で割ると

$$P(1+t)Cx + Cm = P(1+t)Qx + Qm \quad ⑰$$

自国の輸出財に輸出税がかけられると

$$Px^* = (1+t)Px \quad ⑱$$

自国の輸入財は国際価格と一致するので

$$Pm^* = Pm \quad ⑲$$

⑱式を⑲式で割ると

$$Px^*/Pm^* = P^* = (1+t)Px/Pm = (1+t)P \quad ⑳$$

⑳式を⑰式に代入すると

$$P*Cx+Cm=P*Qx+Qm \qquad ㉑$$

㉑式は⑬式と同じである

$$P*Qx-P*Cx=Cm-Qm$$

$$P*=(Cm-Qm)/(Qx-Cx) \qquad ㉒$$

以上輸入財に輸入関税を課しても輸出財に輸出税が課せられても同じ貿易の三角形が求められる。

6.3 輸入数量制限の経済効果

(1) 輸入数量制限と輸入関税の同等性

　GATTは第11条の規定で輸入数量制限を原則として禁止している。しかし国際収支及び国内産業の一時的保護のための緊急避難処置としての輸入数量制限は認めている（第12条）。発展途上国、特にインドは1990年代以降貿易の自由化政策を実施するまで厳しい輸入数量制限を実施して国内産業を保護してきた。輸入数量制限と輸入関税は同等の経済効果があることが一般に知られている。図6−13は輸入関税効果についての部分均衡分析の図である。SSは国内の供給曲線、DDは国内の需要曲線であり、自由貿易のとき国際価格P*で輸入が可能であり国内需要はOD$_1$、国内生産量はOQ$_1$、（D$_1$−Q$_1$）の分量が輸入される。ここで政府が輸入関税t％を輸入に課すと、国内価格はP=（1+t）P*となり、国内需要はOD$_2$に減少し、国内生産はOQ$_2$に拡大する。輸入はD$_2$−Q$_2$に減少する。政府はHGKLの関税収入を取得する。政府が輸入関税を掛けて輸入品の国内価格を高めて輸入を抑制するかわりに、D$_2$−Q$_2$分の輸入数量割当のライセンスを輸入業者に与えると、価格がP*のままだと（FL+HE）分の超過需要が発生し、価格は（1+t）P*の水準まで上昇する。この結果関税と同じく消費者余剰の減少、生産者余剰の増大の資源配分効果及び「死荷重」の厚生の損失が発生する。違いは輸入数量制限の場合には関税収入が無いことである。しかし政府は輸入ライセンス料を輸入業者から徴収して関税収入分相当額を回収するこ

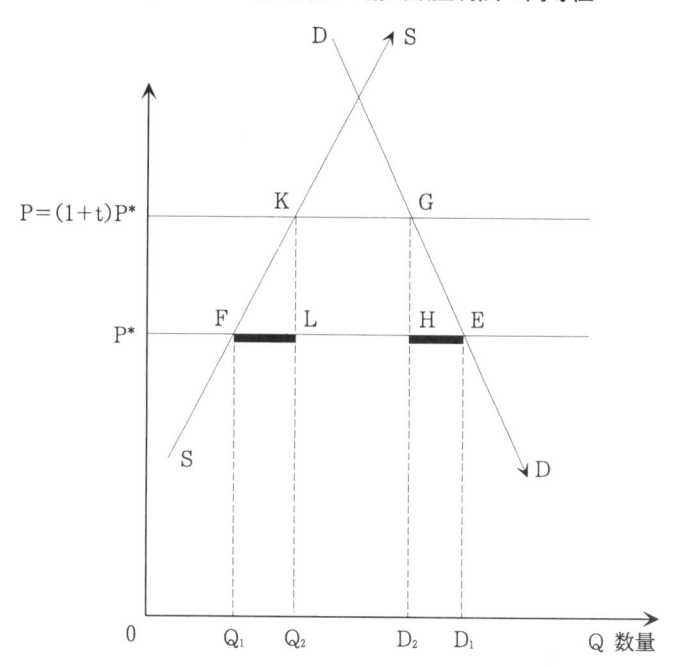

図6-13：輸入関税と輸入数量制限の同等性

とが出来る。[15)]

(2) アメリカの輸入数量規制

　アメリカ政府は過去国内の産業を保護するため繊維産業・砂糖・自動車等の輸入の数量制限を行ってきた。アメリカは伝統的に国内の産業特に農業を保護する政策を実施してきた。[16)]合衆国憲法で通商協定を締結する権利を付与されたアメリカ議会は地域産業を保護する政策を取ってきた。大統領は条約締結権を有するが2/3の上院の承認が必要であった。[17)]連邦議会は通商紛争を処理するため準司法的な権限を有する「合衆国国際貿易委員会」(USITC: US International Trade Commission; 最初関税委員会として1916年に設立され、1974年にUSITCに名称変更) を設立し、ダンピング等の不公正貿易行為によって被害を受けた企業がこの委員会に提訴し、連邦政府に相殺関税等の救済処

置を求める権利を付与した。それとともに連邦議会は1962年「貿易拡大法」(Trade Expansion Act) を制定し大統領が海外政府との貿易交渉で臨機応変に対応出来るように「通商代表部」(USTR：US Trade Representative) を設けた。この「通商代表部」(USTR) の長官は大統領府の閣僚としてアメリカ政府の貿易政策を立案し、貿易交渉を行う権限を有する。この「通商代表部」は国務省や商務省に属さず大統領府に直属した機関である。その機能と役割については日本部長であったグレン・フクシマ氏による説明があるが、この「通商代表部」(USTR) は1988年「包括通商法」によって付与された「不公正貿易に対する報復処置」を行使する権限、所謂「スーパー301条」権限を付与され日米の貿易摩擦での交渉で重要な役割を演じることになる。[18] アメリカの貿易収支は1970年代から恒常的に赤字で1985年には対日赤字が全体の赤字の38％を占め日米貿易摩擦の原因となったことは第1章で説明した通りである。しかしその後対中国との貿易収支赤字の増大がアメリカの通商政策の重要な課題となってきた。2008年のアメリカの貿易赤字は8400億ドル (GDP比5.8％) であるが、そのうち対日貿易の赤字は9％に減少する一方、対中国貿易赤字が32％に増大してきている。[19] アメリカ経済にとって双子の赤字、即ち貿易及び財政赤字の削減がマクロ経済政策の緊急の課題となってきている。この問題を解決するためアメリカの通商政策は保護主義的になり、対米貿易黒字国に対しては非常に「攻撃的」な政策を取らざるを得なくなってきている。

そこでアメリカ政府が頻繁に取ってきた政策が輸入数量規制及び貿易黒字国に政治圧力をかけて相手国政府が対米輸出量を自主的に抑制する「輸出自主規制」(VREs: Voluntary exports restraints) である。[20] 輸入数量制限政策がもたらす経済効果はアメリカ政府が砂糖の輸入数量を制限した政策に端的に表れている。アメリカ市場での砂糖の国内需要はアメリカの砂糖農園及び砂糖精製企業の生産だけでは供給できず、戦前から輸入数量割当をキューバ・プエルトリコ等に割当てるとともに高率の輸入従量税を課していた。[21] 図6－14はポール・クルーグマンが推計した砂糖輸入数量制限の経済コストの内訳である。2005年の海外の砂糖輸出国に許可した輸入数量割当は約170万トン、

第6章　貿易政策

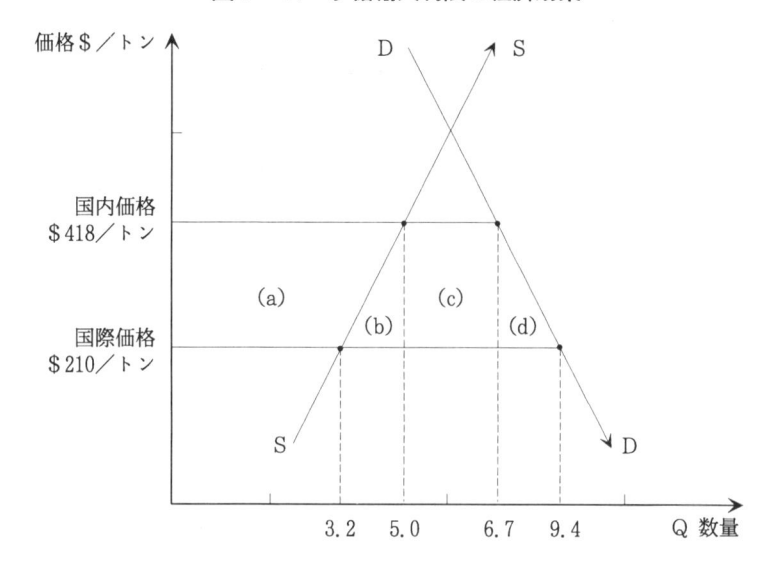

図6-14：砂糖輸入制限の経済効果

```
価格$／トン
              D      S
国内価格 ─────┬──────┬─────
$418／トン    │      │
            (a)   (c)
              (b)    (d)
国際価格 ───┬──┼──────┼──┬──
$210／トン  │  │      │  │
           S          D
           3.2 5.0  6.7 9.4  Q 数量
```

資料：Paul R.Krugman and Naurice Cbstfeld International Economics, Addiam Wesley, 2009, page 196.

その結果アメリカ国内の砂糖価格は国際価格の約2倍に上昇した。その結果消費者は約16.7億ドル相当の消費者余剰（a, b, c, dの面積）を喪失した代わりに、生産者は生産者余剰を8.3億ドルを取得した。生産量が320万トンから500万トンに増大した結果本来比較優位の無い国内産業が存続可能となり、その資源の浪費額（b）は1.9億ドル、本来国際価格で購入可能であった砂糖を上昇した国際価格で購入することになる消費者の負担（d）は2.8億ドルと推計される。海外の砂糖輸出業者が取得する利得（経済レント）（c）の額は3.6億ドルとなる。アメリカの砂糖精製業者は48社、従業員数は38000人であり、アメリカの砂糖精製企業は従業員一人当たり2万ドルの補助金を政府の輸入数量制限から取得したことになる。[22]

　第1章で見てきたようにアメリカ政府は日本を含む主要な繊維製品輸出国に対して繊維製品の輸入について戦後輸入数量規制を行ってきた。日本政府

は日米政府間交渉の結果1957年綿製品の対米輸出品目の数量制限を1957-62年の期間自主的に行うことに合意する。これに倣いイギリス及び西欧諸国は日本の綿製品の品目別輸入数量制限を実施する。1961年綿製品の輸入国12ケ国、日本を含む輸出国5ケ国の代表が参加してスイスのジュネーブで「綿製品貿易の国際貿易に関する短期取極め」(STA: Short Term Arrangement Regarding International Trade in Cotton Textiles) が締結され、これが「綿製品の国際貿易に関する長期取極」(LTA;1962-73年) に発展する。この「長期取極」(LTA) は綿製品ばかりでなく化学繊維を含む繊維製品全体の貿易取引の数量を規制する「国際繊維協定」(MFA:Multiple Fibers Agreement) に拡大して行く。この「国際繊維協定」(MFA) も数次にわたって延長され、1994年「世界貿易機関」(WTO) を設立するマラケッシュ協定により10年間の期間中に段階的に廃止されることとなった。これ等繊維製品の国際貿易に関する数量制限協定によって輸入国の消費者は多額の便益を喪失したばかりでなく、発展途上国の繊維産業の発展を阻害する結果をもたらした。これ等輸入数量規制が1974年にアメリカの消費者の便益の損失 (1974年) 94億ドル、生産者の利得87億ドル、繊維産業 (繊維及びアパレル) の雇用者の増大42万人、1人当たり繊維労働者の雇用機会の創出に対する消費者の負担22000ドルをもたらしたと推計されている。[23]

1980年代深刻化する日米貿易摩擦を鎮静化するため日本政府は1981年—85年の期間アメリカ政府に対して対米自動車輸出台数を168万台—185万台に自主的に抑制する「輸出自主規制」(VERs: voluntary exports restraints) に合意する。この日本自動車の対米輸出自主規制の経済効果については多数の研究の成果が発表されている。[24] ハフバウアー等の研究によると日本車の輸入数量規制の結果、①日本車の輸入価格は7.9%、アメリカ車の価格も5.0%上昇した結果アメリカの消費者は43-58億ドルの損失を蒙り、②日本は日本車の価格の上昇により22億ドルの経済レントを取得し、③アメリカ社会の資源の浪費による厚生損失は20億ドル、④1人当たり労働者の雇用獲得コスト24万ドルで78万人の雇用を確保したと推計している。[24]

6.4 欧州連合（EU）の共通農業政策
　　（CAP: Common Agricultural Policy）

（1）共通農業政策の目的

　欧州連合は欧州経済共同体（EEC：European Economic Community）が1957年ローマ条約の締結によって結成されて以来農業に対する支援が大きな課題であった。加盟国6ケ国の間で経済発展と産業構造に差があり、特に工業化されたドイツと農業部門の比重の高いフランスの国益の調整が必要であった。更に加盟国の農業の生産性にも差があり各国が農業製品の対外的な関税を撤廃し「関税同盟」を結成するには「共通の農業政策」を実施し農業所得を標準化することが不可欠であった。このために1962年に導入されたのが「共通農業政策」（CAP：Common Agricultural Policy）である。この政策は輸入関税、輸入数量制限、生産者補助金制度によって農作物・酪農製品の最低支持価格を設定し農家の所得を保障する制度である。この政策により1984年には欧州委員会の財政支出の74％を共通農業政策関連予算が占めることになり、種々の改革案が提案された。

（2）政策の変遷

　欧州委員会は財政支出の削減、過剰生産の解消、農業の近代化のため種々の改革案を実施しようとした。1968年には「マンスホルト計画」（The Mansholt Plan）が提案され小規模農家を一定の規模に集約化する計画がなされるが挫折する。1980年には「1980年農業プログラム」が欧州委員会によって提案され、支持価格制度や生産者補助金制度が必然的にもたらした農産物及び酪農製品の過剰生産を解決するために、農業規模を500万個世帯縮小することが提案された。しかしこの提案も実行されなかった。1988年欧州委員会は農作物・酪農製品の品目別生産量の上限を設定し、共通農業政策関連予算を削減することに決定する。その結果共通農業政策予算は欧州連合予算の40％

台に低下する。1992年「マックシャリー改革」(The MacSharry Reform) が実行に移され、①生産者補助金の削減（穀物29%、牛肉15%）、②生産量の上限の維持、市場の自由化、③農地転換、在庫処理、廃業支援等が実施され農作物の国内市場は均衡状態に接近した。1999年共通農業政策の核を、①生産価格支持制度、②農村開発支援の2本立てにする政策が実施された。欧州委員会は2003年6月製品別の補助金制度を廃止 (de-coupling) し農家に対する一括所得補償制度を導入した。このように欧州連合の農業保護政策は半世紀の間に幾多の変遷をへることになる。

(3) 政策の経済コスト

欧州連合が実施した「共通農業政策」(CAP) の費用・便益分析については多数の分析事例がある[25]。しかしここでは共通農業政策の経済コスト、特に

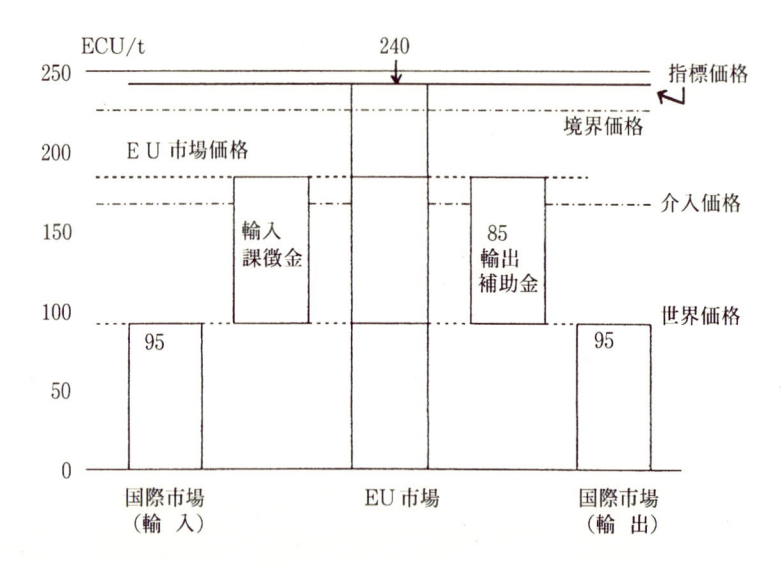

図6-15：共通農農業政策（CAP）の財政コスト

```
ECU/t                    240
250 ─────────────────────↓──────────────── 指標価格
                                          ↙
                                          境界価格
200 ───EU市場価格────
                   ┌───┐         ┌───┐
                   │輸入│         │ 85 │
150 ───────────────│課徴│─────────│輸出│──── 介入価格
                   │ 金 │         │補助│
                   │   │         │ 金 │
100 ┌───┐          │   │         │   │ ┌───┐
    │ 95│          │   │         │   │ │ 95│   世界価格
 50 │   │          │   │         │   │ │   │
    │   │          │   │         │   │ │   │
  0 └───┘          └───┘         └───┘ └───┘
    国際市場         EU市場              国際市場
    （輸入）                            （輸出）
```

資料：Brian Gardner, European Agriculture, Routledge, 1996. 村田武他訳『ヨーロッパの農業政策』、筑波書房、1998年、31頁。

支持価格制度及び生産者補助金の政府の財政負担を分析する理論的枠組みを示すだけに止める。

共通農業政策の結果欧州連合の農作物及び酪農製品の過剰生産量は1時期(2009年)穀物72万トン、砂糖41000トン、3万トンのバター、10万トンのミルクが在庫として倉庫に保管された。2000年畜産農家に対する牛1頭当たりの生産者補助金は913ドルであり、それに対して欧州連合の対アフリカ政府開発援助額はアフリカの人口1人当たり8ドルに過ぎないと国連の「人間開発報告書」(Human Development Report)は報じている。

6.5 日本の関税政策と有効保護率
（ERP: Effective Rate of Protection）

（1）日本の関税政策

日本の関税率が原材料の輸入品には低く加工度が高まるにつれて高くする「遁増的関税構造」を持つことは一般によく知られている。その他生産財には低く消費財には高く、生活必需品には低く奢侈品には高く、日本が将来発展すると期待される産業分野の製品輸入については高く、日本の農業を保護すべき分野は高く設定してきた特長があった。[26]しかし日本を含む西欧先進国の工業製品に対する輸入関税はGATTの過去数次の多角的貿易交渉の結果非常に低くなってきている。更に日本では1970年代以降関税率審議会の答申に基づき、①遁増的関税率構造の緩和、②産業の発展段階に応じた関税の引き下げ、③奢侈関税の撤廃、④農作物の高関税の引き下げが行われてきた。[27]それに替って1980年代以降重要視されてきたのは輸入製品が日本市場で直面する「非関税障壁」(NTBs: Non-Tariff Barriers)である。この非関税障壁の問題は特に日米貿易摩擦の交渉の過程でしばしば日本市場の「閉鎖性」の特長としたアメリカ側の攻撃の目標とされた。非関税障壁とは、関税以外の日本の産業を保護する効果を直接的・間接的に持つ海外の輸入製品に課せられた制度で、典型的には輸入数量制限・割当、政府調達の国内製品の優先、品

質規格、車検制度、商品表示基準、安全基準等の制度をさす。

残存する日本の高い輸入関税率品目はその殆どが農業製品及び酪農製品であり、長期継続した自民党政権下で実施された農業保護政策の影響が強く反映している。その具体的な例が表6－2に示されている。一般に農業を保護する政策目標は一定の水準の「日本の食糧の自給の確保」

表6－2：日本の高輸入関税品目

品目	率 従価税換算値%
こんにゃく芋	1705
雑豆	1063
米（精米）	778
落花生	593
バター	482
砂糖	325
小麦	252
脱脂粉乳	218

資料：山下一仁著『WTO農業交渉　高価格の農産品を抱える日本の弱み』、経済産業研究所、ホームページ。

であると主張されてきた。日本の食糧自給率は熱量供給ベースで41％と低く過去の日本政府の農業政策の目標の1つは「食糧の安全保障」であった。しかし2007年の国内総生産515.8兆円の内農林水産業の占める割合は1.3％に過ぎず、農業就業者数は2008年245万人で全体の就業者総数6385万人の内3.8％に過ぎない。日本政府の一般会計の2008年度の歳出規模は83兆円、そのうち農林水産省の歳出は2兆3750億年で全体の2.8％を占める。経済産業省の歳出規模は1.0兆円に過ぎない。言うまでもなく農業の保護政策の経済コストは究極的には消費者の負担になるのであり、農業保護の実証的な費用・便益分析を行い消費者は負担の規模を充分認識すべきであろう。[28]

（2）　**有効保護率（ＥＲＰ：Effective Rate of Protection）**

日本の関税率の構造は、原材料に低く加工度が高まるに従って高くなる逓増的な構造をもっていた。この逓増的な輸入関税率は特に発展途上国に顕著で、発展途上国は自国の産業を保護するために海外からの工業製品の輸入に非常に高い輸入関税を課すのが一般的である。今100万円の価格の最終製品を生産する製造業を考える。この製品の部品コストは70万円とすると、この製品の付加価値額は30万円となり、付加価値率は30％である。若し部品の輸入関税率が5％で製品輸入に10％の関税が課せられたとすると、製品の国内

市場価格は110万円、部品の国内市場価格は73万5000円となる。製品価格と部品価格の差額の付加価値額は（110－73.5＝36.5）36万5000円となる。輸入関税が課せられた結果この製品の付加価値は30万円から36万5000円に増大する。従って製品輸入に課した10％の名目関税率に対して付加価値は（36.5－30）/30×100＝21.7％と付加価値は21.7％に増大する。この付加価値ベースで換算した保護率を「有効保護率」（Effective Rate of Protection）という。国内総生産（GDP）は一定の期間に産出された付加価値の集計であるので、付加価値ベースで輸入関税の保護効果を評価する必要がでてくる。特にインドの輸入関税率の構造は極端に逓増的であり、関税の持つ「有効保護」効果に対する関心が高い。輸入製品の「有効保護率」が高いとその財の国内価格は国際価格から乖離し、市場価格がその財の持つ真正な経済価値を反映しなくなる。即ち輸入財の「有効保護率」が高いとその国の市場価格は「歪曲された価格」となり、資源の経済的価値を反映しなくなる。市場参加者は「価格が持つ価値のシグナル効果」に従って経済取引の価値判断をするのであり、「歪曲された価格」は資源の効率的な活用と配分を阻害する。

　発展途上国の貿易財の「歪曲された価格」を修正して求められた価格を「シャドー価格」と呼ばれ、発展途上国の開発投資プロジェクトの経済効果を分析する場合の重要な作業となる。

（3）インドの「有効保護率：ＥＲＰ」

　インド政府の保護貿易政策がもたらす資源浪費効果を計量的に分析した「有効保護率：ERP, Effective Rate of Protection」について多数の実証研究が行われている。[32]

　ある国が一定の外国製品に対して輸入関税を課すと、この輸入財は国際価格に比較して国内価格が輸入関税分高くなる。その結果、輸入国の消費者のこの財の消費量は減少し、消費者は本来安い国際価格でこの財を消費すべき利益を喪失する。輸入関税で保護された生産者の生産量が拡大し、本来比較優位のない産業の生産量が拡大し生産資源の浪費をもたらす。政府は関税収

表 6 − 3 : 名目関税率（％）の国際比較（1985年）

	中間財	資本財	消費財	製造業製品
アルゼンチン	21.1	25	21.9	22.9
中国	78.9	62.5	130.7	91.2
インド	146.4	107.3	140.9	137.7
メキシコ	25.5	23.5	32.2	24.7
フィリピン	21.8	24.5	39	28
タイ	27.8	24.8	8.5	33.6
トルコ	29.4	54.9	55.3	37.1

資料：Asian Development Bank, Profile of the Industrial Sector in India, 1990, Page 60.

入を取得し、この財政収入を政府の財政支出の資金源として有効に活用する。消費者が経済的な損失を蒙り、生産者が利益を得ることになり所得配分効果をもたらす。先進国、途上国を問わず政府は輸入財の各財に課す「関税表」を発表している。この関税表で示された各輸入財の関税率を「名目関税率」という。この名目輸入関税率が高ければ高いほどその国の資源浪費度が大きく、自由競争市場がもたらす資源の最適配分から乖離し「市場の歪曲度」が大きくなる。表 6 − 3 は途上国の名目輸入関税率（1985年）を比較したものであるがインドの輸入名目関税率が際立って高く、他の途上国に比較してインドの経済資源の浪費度や市場歪曲度が大きいことが理解されよう。

　しかしこの名目関税率はその国の産業の保護率を有効に示す指標としては不十分である。その理由は途上国の多くが、原材料の輸入関税を低く設定し、完成財や消費財には高い関税率を設定して製造業を保護しようとするからである。従って一定の産業分野、例えば繊維産業の保護率を分析するためには、原材料、中間生産財、完成品に関する異なった関税率を考慮して最終需要製品を生産する繊維産業の保護度を測定する必要がある。この目的のために考案されたのが「有効保護率：ＥＲＰ」概念であり、この概念の理論的展開や実証分析は主に2人の経済学者、ベラ・バラサ（Bela Balassa）とW. M. コーデン（Warner Max Corden）によって行われた。[28] ここでは理論的に精緻な説明はこれらの文献に譲り、直感的に理解しやすい方法でこの概念を説明

することにする。

　例えば輸入綿糸を原材料にして綿布を生産する企業は、綿布の国内価格と輸入綿糸の国内価格の差額即ち「付加価値額」が大きければ大きいほど利益が大きくなる。したがって輸入される綿糸の関税率が低く、完成品の綿布の関税率が高く、国内価格で測ったこの差額の付加価値額が大きいほどこの繊維産業に対する有効保護率が高くなる。国際価格での綿糸の価格は＄60で、綿布の価格が＄100のとき、政府がそれぞれに10％の関税を課すると、ERP＝100(0.1)－60(0.1)/(100-60)＝ 0.10 となり付加価値ベースのこの繊維産業の有効保護率は10％になる。しかし若しこの国が綿糸には10％の関税を課し、綿布に20％の遁増関税を課すると、ＥＲＰ＝100(0.2)－60(0.1)/(100-60)＝0.35 となり有効保護率は35％に増大する。これは「有効保護率：ＥＲＰ」＝（国内価格の付加価値－国際価格の付加価値）÷（国際価格の付加価値）と定義される。この定義式を次の記号を用いて書き直すことにする。Pd：国内価格の製品価格；Cd：一単位の製品生産に必要な生産要素の国内価格；Pw：国際価格の製品価格；Cw：国際価格での生産要素価格；To：製品の輸入関税；Ti：i 生産要素に対する輸入関税とすると、「有効保護率：ＥＲＰ」は以下のように定義される。[29]

ERP＝ ［(Pd-Cd)－(Pw-Cw)］÷(Pw－Cw)

　　＝ ［ Pw(1+To)－Ｃw (1+Ti) －（Ｐw－Cw)］÷(Pw－ Cw)

　　＝ (PwTo － CwTi)÷(Pw－ Cw)

　このように定義された「有効保護率：ＥＲＰ」をＪ・バグワティとＴ・Ｎ・スリニヴァッサンは77の産業分野について計算しているが、ＥＲＰ率が200％以上を超える分野を例示すると、ゴム製品（250％)、砂糖（235％)、ミルク製品（521％)、菓子（644％)、綿繊維製品（223％)、ジュート繊維（457％)、絹繊維製品（776％)、果実（218％)、肥料（461％)、石油製品（535％）等となっている。[30] これらのインドの「有効保護率：ＥＲＰ」の計算値の妥当性につ

表6－4：インドの「有効保護率：ＥＲＰ」

	1979/80	1984/85	1991/92	1996/97
食料・飲料	105.5	132.7	144.0	54.5
繊維・皮	132.3	143.2	183.4	51.5
木材製品	86.9	113.9	115.6	47.0
紙・印刷用紙	72.3	87.6	97.5	39.3
化学品	74.4	101.8	117.6	42.7
非鉄金属	75.0	93.1	130.8	48.4
金属	71.5	134.4	132.5	28.7
機械	75.7	78.8	90.7	38.8
その他の製造業	78.4	99.3	121.9	52.3

資料：Iran N. Gang and Mihir Pandy, "What Was Protected? Measuring India's Tariff Barriers 1968－1997," Indian Economic Review, Vol. 33, No. 2. 1998, page 138.

いて疑問を呈する経済学者もいるが、インドの市場の歪曲度を示す指標としては有効であろう。[31] 但し「有効保護率：ＥＲＰ」の概念は、バラサの定義を採用するか、コーデンの定義を採用するか、公式の関税表の関税率を使用するか、輸入業者が実際に支払った関税額を基準にするかによってその推計された数値が異なってくる。1991年7月のラオ政権が実施した新経済政策の一環としてインド政府は関税率を引き下げた。この関税率の引き下げ効果を含めた「有効保護率：ＥＲＰ」の推計が最近行われている。ここで1991年以前と1991年以降の「有効保護率」の変化を示す数値を示しておこう[32]（表6－4）。

おわりに

―自由貿易政策の経済効果―

以上見てきたように自由貿易政策が最善の政策であることは現代の国際貿易理論の通説的見解となっている。その理由は以下の通りである。第1に、自由貿易によって各国は自国の比較優位な産業に特化して貿易をすることにより自国に賦存する資源を最適に活用して生産することができ、最高の消費

水準を達成することが可能となり厚生水準は最大化される（資源の最適配分効果）。第2に、海外から進んだ知識や技術、中間生産財の輸入が可能となり産業の生産性が向上する（技術移転効果）、第3に、開放経済体制下で企業が競争原理に基づき切磋琢磨する結果、企業の国際競争力が増し産業の新陳代謝が活性化する（市場競争原理効果）、第4に、市場が拡大し生産コストが低減し消費者は多様な商品を消費可能となる（規模の効果）、第5、海外からの刺激や環境変化に柔軟に対応して開放的な経済システムを形成（開放経効果）する結果自由貿易政策を実施する国はダイナミックに進化・進歩・発展することが期待される。しかし現実には先進国ではGATTの枠外での数量規制や輸出自主規制等の「管理貿易」が蔓延し保護主義の台頭が危惧されている[33]。発展途上国は幼稚産業保護政策が一般に実施され、貿易は政府によって規制されてきた。

注

1. イギリス政府が資本主義の発展の結果形成された資本家階級及び市民階級の利益を擁護するため自由貿易政策をとったことについては、以下を参照のこと。P. J. Caian and A. G. Hopkins, *British Imperialism: Innovation and Expansion 1688-1914*（邦訳）竹内幸雄・秋田茂訳『ジェントルマン資本主義の帝国Ⅰ：創生と膨張　1688-1914』、『ジェントルマン資本主義の帝国Ⅱ：危機と解体1914-1990』、名古屋大学出版会、1997年。
2. アメリカ経済の発展とアメリカの通商政策については、秋元英一著『アメリカ経済の発展：1492-1993』、東京大学出版会、1995年。
3. List, Friedrich., *The National System of Political Economy,* translated from the original German by Sampson S. Lloyd, London, 1885.
4. 明治政府が不平等条約下で自由貿易政策を取らざるを得なかった理由については、神保博著『近代日本経済史』、創文社、1995年、84-97頁。
5. Tanzi, Vito., *Public Finance in Developing Countries,* Edward Elgar, 1991, pp.210-227; John F.Due, "Customs Duties in Developing Countries," in *Reading on Taxation in Developing Countries,* ed., by Richard M.Bird and Oliver Oldman, The Johns Hopkins University Press, 1964, pp.174-185. Richard M. Bird, *Tax Policy & Economic Development,* The Johns Hopkins

University Press, 1992, pp. 119-129.
6. 生産可能曲線の性質については以下を参照のこと。西村和雄著『現代経済学入門 ミクロ経済学』、岩波書店、第3版、2011年、134－135頁；『ミクロ経済学入門』、岩波書店、第2版、1995年、195－204頁。
7. Corden, W.M., *The Theory of Protection,* Clarendon Press, Oxford, 1971, pp.5-27.
8. 伊藤元重・大山道広著『国際貿易』、岩波書店、1985年、193－194頁。
9. 同上、195－197頁。
10. 小宮隆太郎・天野明弘著『国際経済学』、岩波書店、1972年、155－158頁。伊藤元重・大山道広著、前掲書、197-198頁。若杉隆平著『国際経済学』、岩波書店、2009年、96－98頁。
11. *Biographical Memoires,* The National Academy Press, 1994, website.
12. Lerner, A.P. "The Symmetry Between Import and Export Taxes" in *Economics,* August 1936, pp.306-313.
13. Marshall, Alfred., *The Pure Theory of Foreign Trade,* 1930, Augustus M Kelley, 1974. 日本の国際貿易論の教材では小宮隆太郎教授の説明が理解し易い。前掲書、73－84頁。
14. Krugman, Paul and Maurice Obstfeld, *International Economics,* Addison Wesley, 8th Edition, 2009, pp.111-113.
15. Bhagwati, Jagdish N., Arvind Panagariya and T. N. Srinivasan, *Lectures on International Trade,* Second Ed., 1998, pp.221-228;伊藤元重・大山道広著、前掲書、207－210頁。
16. 佐々木隆雄著『アメリカの通商政策』、岩波新書、1997年参照。
17. 阿部竹松著『アメリカ憲法』、成文堂、2008年、213－215頁、234－235頁、360－362条。
18. グレン・フクシマ著・渡辺敏訳『日米経済摩擦の政治学』、朝日新聞、1992年、35－65頁。
19. US Government, Economic Report of the President, 1993, 2010.
20. アメリカの「攻撃的な通商政策」の政治背景と「スーパー301条」の問題については以下を参照のこと。I.M.Destler, *American Trade Politics,* Institute for International Economics, 3rd Edition, 1995; Jagdish Bhagwati and Hugh T.Paticks, *Aggressive Unilateralism; America's 301 Trade Policy and the World Trading System,* 1990, (邦訳) 渡辺敏訳『スーパー301条』、サイマル出

版会、1990；Thomas O. Bayard and Kimberly Ann Elliott, *Reciprocity and Retaliation in US Trade Policy,* Institute for International Economics, 1994.
21. Hufbauer, Gary Clyde., Diane T. Berliner, and Kimberly Ann Elliot., *Trade Protection in the United States: 31 Cases,* Institute for International Economics, 1986, pp.286-301.
22. Krugman, Paul R., and Maurice Obstfeld, *International Economics,* ibid., pp.195-196.
23. Hufvauer, Berliner and Elliot., op,cit., pp.117-153.
24. Crandall, Robert W., *Regulating the Automobile,* Brookings Institution, 1986; Gary Clyde Hufbauer and Kimberley Ann Elliot, *Measuring the Costs of Protection in the United States,* Institute for International Economics, 1994; US International Trade Commission, *The Economic Effects of Significant U.S. Import Restraints,* 2007.
25. Swann, Dennis., *The Economics of Common Market,* Penguin Books, 8th Edition, 1995, pp.246-264; Frank McDonald and Stephen Dearden, *European Economic Integration,* Longman,1994, pp.221-236. Ali M. El-Agraa, *The European Union,* Prentice-Hall,2004, pp.354-390.
26. 小宮隆太郎・天野明弘著、前掲書、233－247頁。
27. 総務省統計局、日本統計年鑑、平成22年度；農林水産省編『食糧・農業・農村白書』、平成22年度版、参照。
28. Bela Belassa, "Tariff Protection in Industrial Countries: An Evaluation," *Journal of Political Economy,* Vol. 73, 1965, pp. 573－594; Bela Belassa and Daniel M. Schydlowsky, "Effective Tariff, Domestic Cost of Foreign Exchange, and the Equibrium Exchange Rate," *Journal of Political Economy,* Vol. 76, 1968, pp. 348－360; Bela Belassa and Associates, *The Structure of Protection in Developing Countries,* The Johns Hopkins Press, 1971. W. Max Corden, "The Structure of a Tariff System and the Effective Protection Rate," *Journal of Political Economy,* Vol.74, June 1966, pp. 221－37.
29. この直感的にわかり易い定義式は以下に説明がある。Macolm Gillis, Dwight H. Perins, Michael Roemer and Donald R. Snodgrass, *Economics of Development,* 4th Ed., W.W. Norton & Company, 1996, pp. 507－511.
30. Bhagwati,Jgdish., and T.N.Srinivasan, op. cit., 179－181.

31. これらのＥＲＰ推計値の妥当性についての論議は以下の論文参照のこと。Alok Ray, "Measurement of Protection to Indian Industries and its Implications," *Economic and Political Weekly,* November 19, 1983, pp. 1989−1992; R.G. Nambia, "Protection to Domestic Industry: Fact and Theory", *Economic and Political Weekly,* January 18, 1983, pp. 27−32.
32. Gang,Iran N., and Mihir Pandy, "What Was Protected ? Measuring India's Tariff Barriers 1968−1997," Indian Economic Review, Vol. 33, No. 2., 1998, pp. 119−152. この論文はインドのＥＲＰに関する実証研究としては非常に詳細な分析を行っており参考になる。
33. Bhagwati, Jugdish., Protectionism, The MIT Press, 1989, pp.43-61. William R.Cline, "Introduction and Summary," Trade Policy in the 1980s, Institute for International Economics, 1983. Pp.1-54.

第7章　発展途上国の貿易政策

はじめに

　この章では発展途上国の貿易政策に関する問題や課題について考えてみる。先ず第1に、1960年代の発展途上国で盛んに採用された輸入代替工業化政策の特徴と問題点を解説する。第2に、特に東アジア諸国で採用された輸出志向型工業化政策の内容を紹介する。第3に、多少長くなるが発展途上国の保護貿易政策を正当化する理論として展開された幼稚産業保護理論に関する論争の内容と論点を肯定論・否定論に分けて解説する。この論争を通して何故発展途上国が工業化の政策として幼稚産業を保護・育成する必要があったか理解されよう。第4に、発展途上国の貿易の自由化政策の実績と評価を主に世銀が実施した経済自由化政策支援の成果と批判を通して再考することにする。

7.1　輸入代替工業化政策

　1950年代—1960年代多くの途上国政府は輸入代替工業化政策を採用していた。この傾向は特に人口規模が大きく資源が豊富なブラジルやアルゼンチン等の中南米諸国およびインドに顕著であった。これら政府が採用した輸入代替工業化政策は、自国の国内産業と競合する製品の輸入禁止、輸入数量制限、高率の輸入関税の賦課、輸入許可制度、輸入外貨割り当て制度等の輸入を制限する種々の規制を実施し、自国の幼稚産業を保護育成し国内産業の発展を促進することを目的としていた。これらの途上国が何故この輸入代替工業化

政策を採用したのか、その理由は途上国が置かれた状況によって異なるが以下の理由がその主な政策動機であった。

第1の理由は、途上国経済は工業化を促進するため自国で生産することが出来ない資本財等の工業製品を先進国から輸入することが不可欠である。しかしこれら先進国から輸入する工業製品の輸入価格に対して途上国が輸出する主要産品である第1次産品の輸出価格が相対的に低下し、途上国の交易条件（terms of trade）が構造的に悪化する傾向があった。この交易条件の悪化により、一定の工業製品を輸入するためにより多くの第1次産品を輸出する必要性が生じ、国内資源の効率的活用を妨げる結果をもたらす。またこのことは輸入工業製品価格で測った途上国の実質所得を低下させる結果をもたらすことを意味した。交易条件は 輸出財価格の輸入財価格に対する相対価格と定義され、1単位の輸出をすることで何単位の輸入が可能になるかを示している。自国の貿易収支が均衡していると仮定すると、輸出額＝輸出財価格×輸出量＝輸入額＝輸入財価格×輸入財という等式が成立する。この式を変形すると、輸出財価格/輸入財価格＝輸入数量/輸出数量となる。この式の左辺は交易条件を示し、右辺は自国の輸出量1単位当たりの輸入量を表す。交易条件が悪化するとき、自国は一定の輸出量でより少ない量しか輸入出来なくなり、その国の実質的な消費水準が低下することを意味する[1]。この途上国が直面する構造的矛盾を解決するために途上国政府は工業製品を自国で生産する自立体制を確立する産業政策を実施することが急務であると考えた。

第2の理由は、途上国が輸出する製品は一般に付加価値が低く、先進国市場の途上国製品の需要に対する所得弾性値が低いため、途上国製品の輸出は高い伸び率を期待することが出来ないことである。それに反して途上国が輸入する先進国の工業製品の所得弾性値は高く、途上国の経済成長率が上昇すればするほど、即ち所得が上昇すればするほど先進国からの工業製品の輸入需要が増大し、その結果途上国の貿易収支は悪化するという構造的矛盾があった。この現象は一般に「輸出ペシミズム」の問題と把握され、途上国の輸出志向型の工業化政策の大きな制約となると認識された。従って途上国がこ

のような貿易収支の赤字構造を解消するためには政府が貿易保護政策を実施し、輸入に代替する国内産業を育成する政策を実施する必要があった。

第3の理由は政治的な政策動機である。1950-60年代途上国の多くは旧宗主国から独立した旧植民地の新興国であった。これら途上国の政治指導者や知識人エリート層は、旧宗主国に対する文化的・政治的・経済的従属性から離脱し近代国家を形成するためには、政府指導型の産業開発政策を実施し先進国経済にキャッチアップすることが近代国家形成の緊急の課題であるという開発を優先する民族主義的なイデオロギーを持っていた。更にこの当時ソ連および東欧諸国経済は急成長を遂げており、途上国政府が政府指導型の開発政策を実施することはこの政治イデオロギーの視点からも是認できた。これらの視点から輸入代替工業化政策を実施した典型的な途上国はインドである。

しかしこのような政策動機から採用された輸入代替工業化政策は、採用の当初から種々の問題を内包していた。これらの問題とは、保護貿易政策の実施に起因する国内資源の非効率的配分と浪費、比較優位の無い産業と国際競争力の無い企業の形成、国営・国有企業の非効率経営と資源の浪費、政府と企業の癒着構造、腐敗、レント・シーキング行為の横行、官僚的経済システムの形成等の矛盾である[2]。これらの輸入代替工業化政策が持つ弊害についてはJ・ヴァイナー等の新古典派貿易理論家達がその初期の段階から理論的な立場から警告していた[3]。しかし輸入代替工業化政策が持つこれらの弊害が広く認識されるようになったのは、1960年代以降実施された途上国の貿易政策について行われた一連の実証的な比較研究の結果であると言えよう。

これら途上国の貿易政策に関する実証的な比較研究は、I・リトル (Ian Little)、T・シトフスキー (Tibor Scitovsky)、M・スコット (Maurice Scott) 等が行ったアルゼンチン、ブラジル、メキシコ、インド、パキスタン、フィリピン、台湾のOECD比較研究[4]、B・バラサ等が行ったチリ、ブラジル、メキシコ、マレーシア、パキスタン、フィリピン、ノルウェーの比較研究[5]、A・クルーガーおよびJ・バグワティ等が中心となって行った経済研究国民審

議会 (NBER: National Bureau of Economic Research) のブラジル、チリ、コロンビア、エジプト、ガーナ、インド、イスラエル、フィリピン、韓国、トルコの比較研究、世銀のエコノミスト達が実施した19ケ国 (アルゼンチン、ブラジル、チリ、コロンビア、ペルー、ウルグアイ、インドネシア、韓国、ニュージーランド、パキスタン、フィリピン、シンガポール、スリランカ、ギリシャ、イスラエル、ポルトガル、スペイン、トルコ、ユーゴスラビア) の大規模な比較研究[7]、が途上国の貿易政策に関する代表的な実証研究の事例である。

途上国の貿易政策の経済効果の分析を目的としたこれらの実証的比較研究が直面した課題は、福祉経済学的な視点から自由貿易が最適の政策であるという経済学の規範的基準を確認すること、輸入代替工業化政策、保護貿易政策、幼稚産業保護政策等の自由競争市場を規制する処置がどの程度この規範的基準から乖離しているか計量的に測定する指標を考案すること、客観的指標によって途上国政府が実施した規制や保護政策によって生じた市場の「歪曲度」を測定すること、これら途上国の産業別の市場の「歪曲度」が途上国経済の成長率、生産性、効率性にどのような影響をもたらしたかを計量的に分析することにあった。

I・リトル等の研究とB・バラサの研究は各国の市場の歪曲度を示す指標として「有効保護率 (ERP: Effective Rate of Protection)」を採用し、この有効関税率によって測定された各国の市場の歪曲度によって各国の経済成長率がどのように影響されるかを計量的に分析することにある。「有効保護率」の概念については前章で説明した通りである[8]。A・クルーガーおよびJ・バグワティの研究は有効保護率の代わりに各国の輸入財と輸出財に適用される「実効為替レート (EER: Effective Exchange Rate)」の比率を計算し、この実効為替レート比率によって貿易市場の「閉鎖度」を測定しようとする。さらに各国の貿易市場の「閉鎖度」を輸入数量制限の最も閉鎖度の高い第1段階から市場が完全に自由化された第5段階に分類する。そしてこのように分類された各国市場の「閉鎖度」や「開放度」が各国のマクロ経済の動向にどのように影響するかという問題を計量的に分析しようと試みた[9]。これに対して

世銀の19カ国の貿易政策の比較研究は各国の貿易政策の自由度を19の段階に区分し、貿易の自由化の速度と深度、自由化が成功する条件、自由化の深度と経済効果、標準的な貿易政策と各国の状況、価格メカニズムの効果、輸入自由化と貿易促進政策、貿易自由化政策と外部環境条件、貿易自由化政策の国内条件、自由化政策とマクロ・ミクロ経済政策、貿易自由化政策と他の経済改革の実施順序等の問題を分析している。10) これらの実証的な研究結果を踏まえて新古典派経済学者達は、途上国政府が自由貿易政策を採用し、市場を開放すればするほど、途上国経済の生産性が改善され、経済成長率が高くなる傾向があると結論する。

このような研究結果を基礎に世銀・IMFは1980年代に構造調整融資政策の一環として、途上国政府の貿易自由化政策を促進するため、途上国政府が「内部志向的な閉鎖的構造」を転換して「外部志向的な開放的構造」に移行する経済改革政策を積極的に支援した。この結果1980年代以降途上国政府は輸出志向型の産業・貿易政策を正統派政策として採用するようになり、それ以降輸入代替工業化政策は開発政策の有効な戦略論としては最早主張されなくなった。

7.2 輸出志向型の工業化政策

一般的に途上国政府が自由貿易政策を採用すれば、市場の価格機能が働き経済資源を最適に配分する（静態的資源配分効果）、外部環境から新技術・生産方法を導入する（学習効果）、競争原理が働き経済システムの生産性が改善される（生産性改善効果）、外部環境の変化に対応する（動態的効果）、比較優位産業に特化する（国際的分業効果）、海外の制度を導入する（制度改革効果）、産業の新陳代謝を活発化する（産業活性化効果）、海外から新技術を導入する（技術革新効果）等種々のプラスの経済効果が期待される。11)

しかし上述した1960年代以降実施された途上国の貿易政策の比較研究は、自由貿易政策がどのような因果関係や経路で途上国経済にこれ等のプラスの

経済効果をもたらしたのかという理論的問題を解明していないという批判がS・エドワーズ（Sebastian Edwards）等の途上国の経済学者達によってなされている。[12] 特に問題となるのは自由貿易政策と外部志向型の産業政策との違い、輸出志向型の産業政策が自由貿易政策と矛盾する産業政策なのかという疑問である。途上国の貿易政策の比較研究の中でしばしば言及されるのはブラジル、チリ、アルゼンチン等の輸入代替工業化政策を採用した中南米諸国に対して、輸出志向型の産業政策を採用した韓国、台湾、香港、シンガポールの東アジアの新興工業国が1960－1990年代の長期間持続的に高い成長率を記録した客観的な事実がある。

　貿易の自由化政策は「政府の介入による市場の規制を撤廃し、貿易取引が価格メカニズムによって行われるように政府が市場機能に対する中立性を保つ政策」と定義される。[13] しかし先進国および途上国政府で完全に自由貿易政策を実施している国は少ない。従って世銀のエコノミスト達は貿易政策の自由度の高い国を「外部志向型」（outward-oriented）の貿易政策の実施国、自由度の低い国を「内部志向型」（inward-oriented）の貿易政策の実施国と称している。[14] そして外部志向型の貿易政策を実施した途上国は内部志向型の貿易政策をとった途上国に比較して経済成長率および生産性の伸び率が高い傾向があるという実証的な調査結果を導き出している（表7－1参照）。

　世銀は1980－87年の期間中に途上国の経済改革を支援するため数多くの構造調整融資を供与した。この構造調整融資のうち40ケ国の途上国に対する融資案件には貿易政策の自由化プログラムが含まれている。この世銀の支援の下で貿易の自由化政策を実施した途上国の中にはアジア地域ではバングラデシュ、インドネシア、韓国、ネパール、パキスタン、フィリピン、タイが含まれている。この期間大規模で本格的な貿易の自由化政策を実施した途上国は10ケ国あり、その中にはチリ、メキシコ、フィリピン、トルコが含まれている。これらの途上国が実施した貿易の自由化政策の内容は、為替レートの切り下げ、輸入数量制限の撤廃ないしは緩和、輸入関税率の低下、輸出阻害条件の除去、輸出促進政策（輸出加工区の建設等）が含まれている。世銀はこ

第7章 発展途上国の貿易政策

表7-1:貿易政策とGDPおよび生産性の伸び率

貿易政策の型		平均GDP伸び率	全生産性伸び率	GDP成長率寄与率
高程度の外部志向政策				%
香港	1960-70	9.1	4.28	47.0
韓国	1960-73	9.7	4.1	42.0
シンガポール	1972-80	8.0	-0.01	-0.1
中程度の外部志向政策				
ブラジル	1960-74	7.3	1.6	21.9
コロンビア	1960-74	5.6	2.1	37.5
イスラエル	1960-65	11.0	3.4	30.9
中程度の内部志向政策				
メキシコ	1960-74	5.6	2.1	37.5
高度の内部志向政策				
アルゼンチン	1960-74	4.1	0.7	17.1
チリ	1960-74	4.4	1.2	27.3
インド	1959/60-78/79	6.2	-0.18	-2.9
ペルー	1960-70	5.3	1.5	28.3
トルコ	1963-75	6.4	2.2	34.8

資料:World Bank, World Development Report 1987, page 93.

表7-2:貿易自由化政策の経済効果

製造業の輸出の年平均伸び率	1980	1981	1982	1983	1984	1985	1986	1987
途上国(87カ国)全体	18.4	9.7	1.2	11.3	9.8	10.6	7.2	5.5
自由化政策実施国(10ケ国)	26.8	20.2	-3.8	15.6	11.9	9.5	10.2	13.7
GDP伸び率								
途上国平均(87ケ国)	3.6	3.4	1.8	1.2	2.5	3.1	3.2	2.3
自由化政策実施国	0.2	1.1	0.2	2.1	2.7	3.8	4.2	

資料:Vinod Thomas, Best Practices in Trade Policy Reform (1991) pp. 48-49.

れら途上国が実施した種々の貿易の自由化政策の経済効果を分析した報告書を出版している。[15] この報告書は、自由貿易政策を実施した途上国の製造業の輸出の伸び率および国内総生産(GDP)の伸び率は、貿易の自由化政策を実施しなかった途上国の伸び率よりも高いと指摘している。表7-2のデータが示す通り、自由貿易政策を実施した途上国の輸出の伸び率は、途上国平均

の輸出の伸び率より高い傾向を示しており、自由貿易政策が輸出を促進する効果を持つと言えよう。しかしながら、このデータだけでは途上国政府が自由貿易政策を実施した結果その国の経済成長率が上昇したという結論を導きだすことは出来ない。

新古典派経済理論によると、「自由貿易政策は、市場機能によって途上国の資源が効率的に配分され、経済の生産性を向上し、その国の経済成長を高める」と推論することが出来る。しかしこの仮説はこのデータが示す限り成立しないと言える。途上国の経済成長を促進する要因としては、要素投入量の伸び率、投資率の増大による物的生産性の上昇、学習効果や技術革新による全要素生産性の伸び率等がより重要であり、貿易の自由化政策の効果はこれらの直接的な要因を通した間接的な効果しか持たないと言えよう。その場合には、自由貿易政策がどのような因果関係や経路で、これらのプラスの経済効果をもたらすのか分析する必要がある。S・エドワーズの疑問は至極もっともであると理解されよう。

国際通貨基金（IMF）も1980年代世銀と並行してまたは独自に途上国の経済安定化政策（Stabilization Policy）或いは構造調整融資（ESAF: Enhanced Structural Adjustment Facility）を通して途上国の貿易政策の自由化政策を実施した。IMFが支援した貿易の自由化政策の具体例としては以下が代表的な事例である。アルゼンチンはIMFのSBA（Stand-by Agreement）支援の下で1987年に貿易自由化政策を実施した結果、輸入関税率の上限は100パーセントから22パーセントに低減され、輸入許可制度が適用される産業分野が60パーセントから4パーセントに低下した。メキシコ政府はIMFのEFF（Extended Fund Facility）支援の下で1985年輸入数量制限を段階的に撤廃し、輸入関税率を引き下げる政策を実施した。その結果1988年の時点で関税率の上限は20パーセントの水準に引き下げられた。フィリピン政府は1985年IMFのSBA支援の下で貿易自由化政策の一環として数量制限による輸入制限を関税による規制に置き換え、輸入関税率を一律的に削減する政策を実施した。その結果フィリピンの1989年時の輸入関税率の上限幅は10-50パーセントの

水準に引き下げられ、残存する輸入数量制限処置で保護される産業分野は全産業の8パーセントの水準に減少した。このような貿易自由化措置をIMFは1980年代に30数カ国に実施した。これらの貿易自由化政策の実施にも関わらず発展途上国政府の多くはGATT28条の規定により国際収支の不均衡を是正するため数量制限を含む輸入規制政策を採用する傾向が強かった。[16]

以上のように輸出志向型・外部志向型工業開発が1980年代以降途上国の産業政策の一般的な傾向となったが、途上国が実施した個々の輸出促進政策がどのようなプラスの経済効果をもたらしたか理論的にも実証的にも必ずしも明確となっていない。例えば1960－70年代東アジア諸国が輸出促進政策として実施した「輸出加工区」（ＥＰＺ：Export Processing Zone）政策の経済効果に関して疑問が投げかけられている。[17]

東南アジアの新興工業国の代表例として高度経済成長を持続したシンガポールは輸出志向型・外部志向型の産業政策を採用した典型的な国であり、1970－79年の期間シンガポールの工業部門の年平均成長率8.3パーセントを記録した。しかしこの高成長を支えたのは資本投下伸び率14.3パーセント、労働力投入率8.4パーセント等の生産要素投入率であり、全生産性の伸び率はゼロに近かったという研究結果がある。このことは輸出志向型・外部志向型の工業政策は必ずしもその産業部門の生産性の向上に寄与しないことを示している。[18]同じような研究が韓国の製造業の発展パターンについても行われている。韓国の場合1963－1979年の期間政府は重化学工業開発政策を実施した結果、製造業全体の全要素生産性の年平均成長率6.1パーセントを記録したが、重化学工業部門の伸び率が3.3パーセントの水準に留まったのに反し、軽工業部門の全生産性の伸び率は7.4パーセントを記録した。しかし工業部門の全生産性の伸び率と資本の深化率（資本装備率）との間にはマイナスの相関関係があると観察されている。[19]

7.3　幼稚産業保護政策論—肯定論—

　各国経済は異なった経済発展の歴史を持っており、先進国は技術革新により生産性が上昇し高い国際競争力を持つが、後進国は技術水準も低く、資本や熟練労働者や経験も不足しており政府の保護なしには産業が自発的に発展することは不可能であるというのが一般的な認識であった。19世紀にはドイツやアメリカが主に先進工業国イギリスに対抗して、保護貿易によって自国の産業を育成する政策を打ち出した。20世紀後半には、発展途上国が先進国の工業水準にキャッチアップするため、種々の政府指導型の工業政策を打ち出した。この後発国が自国の産業を保護育成する政策の根拠となったのが「幼稚産業保護政策」である。幼稚産業保護政策とは「成長の初期段階にある産業で現在比較劣位にあり国際競争力がなくても、政府の保護の下に一定の期間内に技術や知識を習得し、この学習効果によって生産コストを削減し、国際競争力を得ることを可能にする政策」と定義されよう。しかしこの幼稚産業保護政策論はアダム・スミス以来長期間自由貿易論者と保護貿易論者の論争の理論的道具として発展してきた。以下ここではこの幼稚産業保護政策の賛成論と反対論の論争の争点を整理することによって幼稚産業保護政策の問題点を理解することにする。

（1）A・ハミルトンとF・リスト

　近代国家形成の初期段階で最初に幼稚産業保護論を展開したのは、アメリカの初代財務長官のアレキザンダー・ハミルトン（Alexander Hamilton: 1757-1804）である。ワシントン大統領の下で5年半財務長官を勤めたA・ハミルトンはその在任期間中議会に財政・経済・金融に関する報告書を提出した。その1つ「製造業に関する報告書：Report on Manufactures」の中でA・ハミルトンはイギリスの重商主義的な植民地体制から脱却して経済的に後進的なアメリカが自立するためには、ヨーロッパ先進国からの工業製品の競争

を保護関税や輸入規制により排除しアメリカが比較優位を持つ製造業を育成すべきであると主張した。[20] 1776年7月4日アメリカは13州独立宣言によってイギリスから独立した。A・ハミルトンはアメリカは建国の初期の段階で国家が産業の育成のために積極的な役割を演ずべきであると主張し、「ハミルトン経済体制」と呼ばれる経済政策を展開した。A・ハミルトンはこの報告書の中でアメリカが比較優位を持ちうる資源立地型の製造業（木綿・木材・石炭・皮・銅・ガラス・紙）等を保護育成すべきであると主張している。

アメリカの産業革命はニュー・イングランド地域の木綿工業を基幹部門として出発し、中部や中西部の鉄鋼業に波及・拡大する形で進展した。時期的にはアメリカの産業革命は1810年頃から始まり1850-60年頃の南北戦争の時期にほぼ完了したと経済史家は述べている。アメリカでは地域が広大で絶えず西進運動が進んだため工業発展の地域格差が著しく、19世紀前半には産業革命は主として北東部に限定され、西部や南部は農業地域であった。[21] A・ハミルトンは勃興しつつある北東部の工業部門の経済的な利益の代弁者であったともしばしば指摘されている。

F・リスト（Friedrich List, 1789-1846）は19世紀前半イギリスやフランスに比較して経済発展が遅れたドイツで民族主義的なイデオロギーを展開した。F・リストはドイツの国民経済形成のために全ドイツ的な関税同盟を設立し、ドイツ国内市場の形成およびドイツの政治的・経済的統一を達成する政治運動に指導的な役割を演じた。この政治活動のためアメリカに亡命し（1825年）、A・ハミルトンの経済政策思想の影響を強く受ける。F・リストの経済理論は、『経済学の国民的体系』（Das Nationale System der Politischen Okonomie, 1841）に展開されている。[22] J・シュンペーター（Joseph A. Schumpeter, 1883-1980）はF・リストをアメリカナイズされたドイツの歴史主義経済発展理論の先駆者としか評価していないが、日本の西洋経済史家の大塚久雄は、F・リストを後進資本主義社会であるドイツにおける「国民経済理論」の形成者として高く評価している。大塚久雄によると、F・リストはイギリスに対峙するアメリカの建国の歴史的プロセスの中にドイツの「国民経済」の形成の

原型を見出していた。いずれにしてもF・リストはこの著『経済学の国民的体系』の中で、後進国であるドイツがイギリスに競争して経済発展を達成するためには、産業を育成しドイツが自足的な国民経済を形成する必要があると考える。この目的のためにドイツで発展途上にある幼稚産業を政府は保護関税等によって保護育成する必要があると主張する。F・リストは「国民経済は単に国民1人1人の経済活動の集計ではなく……ドイツ社会に勃興する産業はドイツの国民経済の発展を促進する重要な担い手なのであり、アダム・スミスが主張する自由理論はドイツ社会には適用され得ない」と主張したのである。これらA・ハミルトンやF・リストの幼稚産業保護理論は現代の途上国の経済発展理論と同じく、「先進国対後進国」の対峙関係の文脈の中で経済発展政策を考える途上国の政策当局者には現代的な響きを未だ失わないであろう。

(2) 幼稚産業保護の基準：「ミル・バステーブルの基準」

　重商主義の保護政策に反対し自由貿易政策理論を展開したアダム・スミスやデイビット・リカード（David Ricardo, 1772-1823）の政治経済学理論に依拠しつつも、一定の条件の下で幼稚産業を保護する政策を是認する理論を展開したのが、J・S・ミル（John Stuart Mill, 1806-1873）とC・F・バステーブル（C.F. Bastable）である。衆知のようにアダム・スミスはその著『国富論：The Wealth of Nations』（1776年）第4編の中で18世紀のイギリスの保護貿易政策を「重商主義政策（Mercantilism）」と称してその弊害を指摘した。このイギリスの重商主義政策は、輸出を奨励し輸入を制限し、貿易の黒字によって金保有額が増大することが国富の増大をもたらし、この目的を達成するために自国の産業を積極的に保護・育成する政策である。同じくデイビット・リカードはその著『経済学及び課税の原理』（The Principles of Political Economy, 1817）第7章の中で労働力の比較生産性原理（比較生産費説）により、各国がそれぞれ比較優位産業に特化し自由に貿易取引を行えば、それぞれの国に利益をもたらすという自由貿易理論を展開した。

J・S・ミルは自由貿易思想を受け容れながらも一定の条件下で幼稚産業を保護する政策を是認した。J・S・ミルはその著名な著作『政治経済学原理』(Principles of Political Economy, 1848) 第5巻の中で「如何なる産業もその産業が先に発展した国が必要とされる技術と経験を先に蓄積し有利に立つ。一定の国が一定の産業に潜在的に比較優位を持つのではない。従って後発国が必要とする技術と経験を蓄積するまでの限定された期間保護関税政策によって幼稚産業を保護する政策は是認しうる。……しかしこの産業が一定の期間を経た後保護政策なくても自立し国際競争力を得る場合に限られる。」という主旨の限定的な幼稚産業保護政策を容認する見解を表明した。[26] このJ・S・ミルの見解は、M・ケンプ (Murray C. Kemp) ら国際経済学者らによって幼稚産業保護政策を肯定する「ミルの基準」と呼ばれるようになる。[27]

このJ・S・ミルの基準に更に制約条件をつけたのがC・F・バステーブルである。[28] C・F・バステーブルもJ・S・ミルと同じく自由貿易論者であり、一定の条件で幼稚産業保護政策を容認する。しかし幼稚産業保護論者のF・リストをドイツ民族主義運動の煽動者であると酷評していた。[29] C・F・バステーブルは国が保護貿易政策を採用する経済的根拠として、幼稚産業保護論、国内産業の競争力の強化、国内の労働市場の拡大と多角化、国内産業の活性化による海外からの資本・労働力の流入等の理由を掲げ、これらの理由は幼稚産業保護政策以外正当化出来ないとしている。しかも幼稚産業政策も一定の条件下で限定的に適用されるべきであると主張する。この条件とは、その産業が一定の保護期間経過後自立し得ること（ミルの条件）、保護政策によって生じる経済的損失が自立後その産業がもたらす便益（一定の割引率で現在価値に転換）によって充分補填可能なことという2つの条件である。[30] この後者の条件が「バステーブルの基準」と呼ばれ、両者を合わせて「ミル・バステーブルの基準」と呼ばれるようになった。[31]

(3) R・プレビッシュの輸入代替工業化戦略

1964年3月下旬から6月上旬までの約3ヶ月間スイスのジュネーブで国連

貿易開発会議（UNCTAD: United Nations Conference on Trade and Development）が開催された。この国連貿易開発会議（UNCTAD）は1964年12月から国連総会の常設機関として、途上国の開発と貿易を促進する組織として設立された。この組織の最高の意思決定機関は4年に1度開催される閣僚会議であり、10回目の閣僚会議が2002年2月にバンコクで開催され、国際経済の加速化されるグローバル化と途上国経済の問題が論議された。11回目の会議は2004年ブラジルで開催された。1950年代途上国はその主要な輸出品である1次産品の国際価格の停滞、交易条件の悪化、慢性的な外貨不足の問題に悩まされていた。1964年の第1回の会議は初代の事務局長であるアルゼンチンの経済学者R・プレビッシュ（Raul Prebisch）が提出した報告書を基礎に論議が展開され、先進国と後進国の利害が正面から対立した。[32]

　R・プレビッシュはこの報告書およびその他の論文の中で、途上国の主要な輸出品である1次産品の価格は、これら途上国が先進工業国から輸入する工業製品に比較して相対的に低下する傾向にあり、周辺途上国の交易条件は悪化する傾向にあると主張した。

　この途上国の先進工業国に対する従属性の呪縛から途上国経済が離脱して経済発展を遂げるためには、途上国が先進国から輸入される工業製品に代替する国内産業を保護育成する必要があると考えた。[33] このプレビッシュ理論は従属性理論ないしは構造主義理論と呼ばれ中南米諸国ばかりでなく、アジア・アフリカの途上国政府の産業・貿易政策に強い影響を与えた。このプレビッシュ理論が説く途上国の工業化戦略は「輸入代替工業化戦略」ないしは「内部志向型工業化戦略」と呼ばれた。この「輸入代替工業化戦略」を正当化するのが幼稚産業保護論である。

　1950－60年代中南米諸国の多くがこの「輸入代替工業化戦略」を採用した。[34] しかしこれらの国々の経済はその後停滞することとなる。その理由として指摘されたのは、輸入を制限・抑制する輸入代替工業化政策の下でも必要とする工業原料・中間製品・資本財等の輸入は不可欠となり、かえって途上国の国際収支が悪化し外貨不足が深刻化したこと、国内に国際競争力の無い産業

・企業集団が形成され資源の浪費をもたらし、途上国経済全体の効率や生産性の低下をもたらしたこと、輸入割当等の利権を獲得するレント・シーキング行為が蔓延し、企業集団と官僚の癒着構造が経済体制や政策の信頼性の喪失をもたらし経済不安の原因となったこと、政府の市場介入政策が市場の価格機能を歪曲し、資源の効率的配分を阻害したこと、所得の不平等度が増し、社会・政治不安を造成する結果をもたらしたこと等の要因がそれぞれ負の相乗効果をもたらした結果であるといわれている。従って1960年代後半以降途上国の多くは輸入代替工業化政策から「輸出志向型」ないしは「外部志向型」の工業化戦略に転換することとなることは前節で説明した通りである。[35]

輸入代替工業化政策および幼稚産業保護政策は明治以来の日本政府の産業・貿易政策の根幹であったと小島清・山澤逸平教授等は主張する。小島・山澤教授は日本の工業化のプロセスを「雁行形態的発展」と特徴づける。この雁行形態的発展とは、日本の工業化のプロセスが最初に工業製品輸入によって国内市場が形成され、この工業製品の輸入に代替する国内産業が形成され、この国内産業が学習効果の結果生産力が増大し国際競争力をつけると輸出産業に転換していく、蓄積された外貨が更に高次の工業製品や資本財の輸入を可能にする。この輸入代替・国内産業の形成・輸出産業への発展のプロセスが増幅し、日本の産業構造が次第に高度化して行く。この経済発展のプロセスを小島・山澤教授は図に描くと雁が空を飛ぶような姿になるので、「雁行形態的発展」と呼ぶ。この雁行形態的発展は日本の繊維産業および鉄鋼産業に典型的に観察され、この「日本モデル」は途上国の経済発展のモデルとなり得ると主張する。[36]

(4) K・G・ミュダールおよびH・ミントの開発戦略

スウェーデンのストックホルム大学の経済学部教授、社会民主党の指導者、上院議員、商工大臣等を歴任したK・G・ミュダール（Karl Gunnar Myrdal, 1898-1987年、1974年ノーベル経済学賞受賞）は、途上国政府が市場に介入し、工業の発展を経済成長のエンジンと考え工業を積極的に保護育成する政策を

奨励した。その理由は次の通りである。途上国が先進国との所得格差を縮小して行くためには、動的な発展のプロセスを加速化させる必要がある。財の需要と供給が低位の水準に止まっている途上国経済では市場の価格の資源配分機能だけに依存することは出来ず、政府が政策介入し工業の発展を加速化させることが不可欠である。途上国は工業発展の基盤が弱体であり、個々的な企業が行う投資活動は現在および将来の産業や経済一般に与える外部効果を持つ。この私的便益と社会的便益に乖離が生じる場合、政府が補助金等の支援政策をとらないと、企業投資が低位の水準に留まる可能性がある。途上国は過剰労働力を農村部門に多く抱えており、輸入代替産業が過剰労働力を雇用すれば、「輸入代替による外貨節約効果」と農村地域の過剰労働力が持つ限界労働力の機会費用の差額が社会的便益の増分となる。従って政府の保護政策は途上国の厚生水準を向上させる。途上国の国内の価格構造は工業部門に不利であり、自然の市場の価格機能は途上国の工業化を阻害する等の理由を挙げている。このような理由から「私的企業の利潤極大化という投資基準は途上国経済では適切な基準となりえず」政府の保護政策が必要になると論じた。K・G・ミュダールは原則的にはR・プレビッシュの輸入代替工業化政策を支持していたが、途上国が国際収支の構造的赤字体質を克服するため輸出産業育成政策をとるべきであると主張した。[37)]

一方H・ミント (H. Myint) は1950年代盛んに行われたR・ヌルクセ (Raguar Nurkse, 1907-1959) の「均衡成長理論」とA・ヒルシュマン (Albert Hirschman) の「不均衡成長理論」の論争の文脈のなかで保護貿易政策および幼稚産業保護政策の問題を考えようとした。H・ミントによるとこれらの開発戦略はともに政府の保護政策を不可欠の条件とする。「均衡成長政策」は低次の均衡から高次の均衡状態に移行するために政府の「臨界最少努力」としてのビッグ・プッシュが必要だとする。この政策を政府が実行するためには市場に介入し、主要産業・産業基盤が均衡的に発展するように民間の投資活動を制御する必要がある。但しこの政策の欠陥は物価上昇の圧力が各産業の均衡的発展を阻害してしまうことである。一方A・ヒルシュマンの「不均衡成長戦略」

第7章　発展途上国の貿易政策

は政府が指導的な産業部門を選択し、この指導産業部門を保護育成することが不可欠の条件となる。しかし政府が間違って比較優位のない産業を指導的な産業と選択する可能性がある。また政府によって選択された産業が独占的な市場支配力を持つ可能性もある。しかしこれらの「不均衡成長戦略」がもたらす負の効果は、途上国の長期的な経済発展の社会的便益によって相殺されると考える。H・ミントはこの「不均衡成長戦略」から幼稚産業保護論を是認しようとした。[38]

K・G・ミュダールやH・ミントと異なりより理論的な立場から保護政策の妥当性を指摘したのがE・ハーゲン（Everett E. Hagen）である。E・ハーゲンは経済成長に伴い工業部門の労働力コストが農業部門の労働力コストよりも高くなることに注目した。従ってたとえ途上国がある工業部門に比較優位性を持っていても先進国から輸入される工業製品と競争することが出来ず、この工業部門を発展させるためには政府が保護政策をとることが必要不可欠となると主張した。

このE・ハーゲンの主張は、「1国の一定の産業が比較優位を持つかどうかの基準は、その国のその産業と他の産業との相対的な国内生産コストと、これら産業の輸入財の国際的な相対価格との比較によって判断されるのではないというものである。判断基準はその産業が生産する

表7－3：製造業と農業部門の1人当たり平均賃金の相対比率

	初期		後期	
	期間	比率	期間	比率
フランス	1815－1898	1.5	1906－1949	1.89
ドイツ	1882－1899	1.42	1905－1951	2.16
スウェーデン	1869－1901	1.81	1909－1951	2.52
イギリス	1895	1.08	1911－1954	1.46
イタリア	1862－1901	0.94	1906－1954	1.63
ハンガリー	1899－1901	1.66	1911－1943	2.12
日本	1878－1902	2.29	1903－1942	2.41
カナダ	1880－1900	1.23	1910－1953	2.03
アメリカ	1869－1899	2.17	1904－1954	1.67
オーストラリア	1891－1901	0.71	1911－1939	1.04
ニュージーランド	1901	0.65	1926－1936	0.53

資料：Everett Hagen, "An Economic Justification of Protectionism" in Quarterly Journal of Economics, Vol. 72, 1958, page 501.

財の機会費用（その産業の財と他産業の財との限界代替率）とこれらの産業の財の国際的な相対価格との比較によって判断されるべきである」という後述のＪ・ヴァイナー（Jacob Viner）とＧ・ハバーラー（Gottfried Haberler）の理論を援用する。先ずＥ・ハーゲンは先進国における工業と農業の相対的な労働力コストの違いを過去の統計的なデータから比較している。発展途上国の場合平均的に工業部門と農業部門の１人当たり平均賃金比率は2.0－2.5と工業部門の労働力コストが高いと推計する[39]。

（5）産業戦略論の動学的アプローチ

途上国政府が幼稚産業を保護育成すべきかという問題は、産業政策の根幹に関連する問題である。途上国政府は比較優位産業を育成するため積極的に市場に介入する政策をとるべきか、産業の発展を短期・中期・長期のどのタイム・フレームで把握するか、すなわち産業政策を短期の静態的な資源配分の問題として捉えるか、あるいは長期的な産業の動態的な発展の問題として捉えるかという途上国政府の政策課題に関連してくる。従って経済発展に対する途上国政府の役割をどう評価するかという基本的なスタンスによって、幼稚産業保護政策の経済学的分析の方法と評価の結果も異なってくる。

アルフレッド・マーシャル（Alfred Marshall, 1842－1924）以来の近代経済学の主流ないしは正統派理論は新古典派経済学理論である。この新古典派経済学理論を信奉する経済学者達は次のように主張する。政府の基本的な役割は市場の価格機能によって資源の効率配分が可能となるような政策環境や制度を確立することであり、政府の最も重要な政策は価格が其の機能を発揮出来るような環境（making the price right）を確立することである。この目標を達成する最善の策は市場の完全自由競争がパレート最適な厚生水準を達成することを可能にするような政策環境を確立することである。従ってどの産業に国が比較優位を持つかという産業の選択は市場の選択に任せるべきで、政府が産業を選択（picking the winners）すべきでない。政府の政策は市場の選択・調整機能に中立的であるべきである。政府は自由貿易政策によって

国内の貿易財の価格が国際価格によって決定される貿易政策をとるべきである。各国が自国の比較優位産業に特化し自由貿易取引を行うとき、これらの国々の厚生水準が最大となる。政府が市場に介入するのは市場が、不完全競争、情報の非対称性、外部効果の存在、規模の効果、市場参加者の非合理性等の要因によって「市場の失敗」が認められる場合に限る[40]。これらの新古典派経済学理論によると、P・サミュエルソンが指摘するように、産業政策としての幼稚保護政策論は市場の失敗がある場合に限って是認し得る政策である[41]。これらの論議は新古典派ミクロ経済学理論に依拠する現代の国際貿易論の標準的な論議である。

　これらの新古典派経済学理論の信奉者達は、新古典派理論に反する経済学者の理論を「修正主義理論（revisionism）」と呼ぶ。しかし世銀の新古典派経済学者達は東アジア諸国（日本・韓国・台湾・香港・シンガポール・インドネシア・マレーシア・タイ）の過去25年間（1965-90年）の驚異的な高成長経済の主要な原因の1つが、これら政府が実施した政府指導型の輸出志向の産業政策であると認めざるを得なかった。これらの国々の経済発展の要因分析は世銀の報告書『東アジアの奇跡』（1993年）にまとめられている[42]。この報告書を作成した世銀のプロジェクト・チームの中に新古典派経済学の貿易理論の代表格である元オックスフォード教授のW・M・コーデン（W. Max Corden）もアドバイザーとして参加している。

　しかしこの世銀の報告書が出る以前から欧米の経済学者達は、日本および韓国が達成した過去の高経済成長の原因を政府指導型ないしは政府誘導型の輸出志向の産業政策に求めていた。日本の高度経済成長に関してはC・ジョンソン（Chalmers Johnson）が旧通産省の個別産業を差別的に支援した戦略的産業政策が高度経済成長の大きな要因の1つであると分析していた[43]。同じように韓国の経済に関してはMITの経済学者A・アムスデン（Alice Amsden）が、韓国の高成長のプロセスを次のように要約している。「韓国経済体制には、韓国株式会社的な一体感があり、軍事政治エリートが意思決定を行い、優秀な経済官僚がこれを補佐し、財閥企業が輸出製品の製造を担当し、金融

機関が財務担当として必要な資金を政策金融に従って配分する。この政治・経済体制の下では市場の価格メカニズムは意図的に政策目標に合致するよう歪曲される。韓国政府の産業政策は意図的に価格を歪曲する（making price wrong）政策である」と指摘する。[44]

韓国の工業化政策に関して世銀のエコノミスト（1974-85）であったL・ウエストファール（Larry E. Westphal）等は「体制派経済理論である新古典派的分析には意図的な事実誤認があり、韓国政府がとった産業技術革新政策が輸出産業を促進する上で重要な役割を演じたことを過小評価している。韓国政府の取った選別的な幼稚産業育成政策は失敗も経験したが、総じて成功を収めた」と主張する。L・ウエストファール等は自分達の主張を「経済発展を動学的に分析する産業戦略論」であり、新古典派経済学理論が非難の対象とする修正主義者でないと主張する。[45]これら産業戦略論者にとって重要な課題は、途上国政府が採用した幼稚産業保護政策の成功・不成功の原因を先ず実証的に研究し、個々的な途上国政府の幼稚産業保護政策の費用・便益分析を行うことである考える。

図7-1のOAは幼稚産業の初期の1単位当たりの生産コスト；OFは財の輸入コスト；ABC線は幼稚産業の生産性が増大するにつれて減少する1単位当たりの生産コスト；FG線は財の輸入コストを示す。図7-1は横軸が生産量の累積を示すのか時間の経過を示すのかによって2つの解釈が可能である。先ず横軸がアウトプットの累積量とすると、面積FABは幼稚産業の一定の割引率で割引く前の生産の社会的費用の合計を示し、面積CBGは割引前の外部効果を除く社会的便益の合計を示す。純社会便益は一定の割引率で割り引いた便益と費用の差額によって示される。図7-1は平均生産コスト線が同一財の輸入コスト線を下回る傾向を示しており、純社会的便益はプラスになることを示している。外部効果を無視すると、幼稚産業企業の生産が純社会的便益を持つためには、その企業が成熟するにつれて生産性が増大し平均生産費用が減少すること、成熟点Bを越えた便益の総計が幼稚産業の幼児期の生産の社会費用の合計より大であることが必要である。

第7章 発展途上国の貿易政策

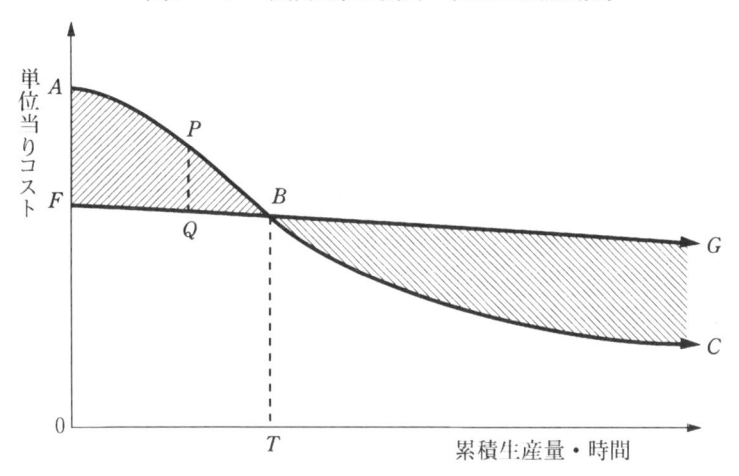

図7－1：幼稚産業の費用・便益と成熟期間

Larry E. Westphal, Bruce Ross-Larson and Martin Bell, " Assessing The Performance of Infant Industries," Journal of Development Economics, Vol. 16, 1984, page 104.

他方横軸が時間の経過を示す軸と考えると、線分0Tは産業の幼児期間を示すことになる。曲線ABCの勾配は平均生産コストの変化率を示し、この変化率はアウトプットの変化率と生産に必要なインプット（資本、労働力、原材料、エネルギー等）の加重平均変化率の差に等しくなる。図は幼稚産業の生産性の変化率が輸入財コストの変化率よりも大きく、幼稚産業の純社会的便益がプラスになることを示している。但しＦＧ曲線が財の輸入コストの変化率を示し、この変化率はシャドー為替レートが一定と仮定すると外国の輸出企業の生産性の変化率に等しい。従って幼稚産業の生産がその国に純社会的便益をもたらすためには、幼稚産業の生産性の伸び率が外国の競争企業の生産性の伸び率よりも高いことが必要となる。それゆえに途上国の幼稚産業保護政策が経済的に妥当な政策かどうかを判断する基準として、これら幼稚産業が持つ比較生産性の伸び率を実証的に分析することが重要となってくる。

幼稚産業が曲線ＡＢ上を移行し成熟することはその産業が国際競争力、即ち図7－1のＴ点の右側に移行するための不可欠の条件となる。従って産業

表7－4：途上国の産業の生産性の伸び率

国 名	産 業	期 間	年平均伸び率 労働力	年平均伸び率 資本	年平均伸び率 全体
ブラジル	鉄鋼	1966－70	14.0	13.0	
アルゼンチン	電子機器	1960－68			10.6
プエルトリコ	衣料品	1951－61	9.5		
アルゼンチン	化学	1960－68			9.1
トルコ	電子機器	1963－76			5.8
インド	一般機械	1951－59	4.1		
インド	綿紡績	1961－69	1.4		
インド	綿織布	1961－69	1.0		
トルコ	繊維	1963－76			0.7
ブラジル	機械	1938－79	0.5		0.1
トルコ	食品	1963－76			0.3
インド	金属加工	1960－65	－0.3	1.5	2.3
トルコ	金属加工	1960－76			－0.1

資料：Larry Westphal, Martin Bell, and Bruce Ross-Larson, "Assessing the Performance of Infant Industries," Journal of Development Economics, Vol.16, 1984, pp.101-128, page 113.

の成熟とは、国際市場で品質・コストともに競争力を維持する技術的能力を蓄積することである。

　表7－4は途上国の代表的な産業の生産性の年平均伸び率の具体例を示しものである。この表の数字が示すように途上国の産業の生産性の伸び率には大きな差があり、多くの途上国は国際競争力を持つに必要な生産性の伸び率を達成していない。もしこれら幼稚産業の生産性の伸び率が高くなく、初期値の先進国との生産性のギャップが大きい場合、途上国の幼稚産業が成熟するためには相当の年月が必要とされる。例えば初期値の生産性のギャップが2倍で、先進国の競争企業の生産性の伸び率が年率2パーセントとし、途上国の幼稚産業が年平均5パーセントの生産性の伸びで成長すると、その途上国の企業が成熟期に達するのに23年間必要になる。したがって途上国の幼稚産業が成熟するためには学習効果により技術能力を蓄積し、不断にその生産性を向上する努力が必要になる。

しかしながら、途上国の幼稚産業政策の費用・便益分析に関する実証的な研究成果は今までのところ少なく、幼稚産業保護政策の是非を結論することは出来ないとL・ウエストファール等は主張する。確かに輸入代替工業化政策を採用した多くの途上国で幼稚産業保護政策が失敗している。しかしその失敗の理由は、政府が比較優位の無い産業を保護政策の対象とするような間違った幼稚産業保護政策を採用したこと、途上国が資源賦存量に見合った適正な生産技術を使用しなかったこと、政府が産業基盤整備や人的資本の開発を怠ったこと、外部効果を適正に内部化する方策を怠ったこと等種々の原因が考えられよう。いずれにしても途上国の幼稚産業の成熟プロセスに関する実証的研究が幼稚産業保護政策の是非を論じる場合不可欠であろう。[46]

（6）「動態的内部経済論」と「動学的規模の効果」

　日本の経済学者としては1960年代に根岸隆教授が、新古典派の貿易理論に反駁して幼稚産業保護論を展開していた。[47]当時M・ケンプ等の新古典派貿易理論家達は、ミル・バステーブルの基準から保護可能と判断される幼稚産業も、幼稚期に発生した損失はその企業が成熟期に達する利益によって補塡可能と考えた。従って過去の損失は将来の利益によって回収し得るのであるから、幼稚産業は資本市場から資金を調達すべきで、それが可能かどうかは資本市場の判断にまかすべきであり、政府が介入し保護する必要はないと判断していた。政府が幼稚産業を保護することの唯一の条件は、幼稚産業が私的利益以上の社会的便益をもたらす外部効果のある場合であると主張していた。後述するようにこの基準は「ケンプの基準」と呼ばれている。これに対して根岸教授は、知識・経験等の学習効果が企業内部に留まる「動態的内部経済 (dynamic internal economies)」（企業内部の職場訓練等の企業特有の知識や技術）がある場合には、幼稚産業保護論が成立し得ると考えた。その理由は、その企業が将来利益を発生させる条件として、幼児期に発生する損失を対価にこの「動態的な内部経済」を得るのであるから、この費用はこの企業にとって「不可分の固定費」的な性質を有する。もし政府が保護政策によって補助を

供与しなければこの企業は存立し得ず、「動態的な内部経済」も発生しない。従ってこの場合政府が保護を与えれば、企業が存立し得るのだから社会の厚生水準が増大する結果をもたらし保護の対象となるという主旨の主張である。しかしM・ケンプ等は、この場合企業は幼児期に資本市場から資金を調達可能であり、政府の保護は必要がないと主張する。

　現代の経済学者、特に旧通産官僚エコノミスト達は日本の対欧米諸国との通商政策の文脈の中で産業政策の経済効果や妥当性を論議してきた。研究開発型産業や規模の効果がある先端技術等の戦略的産業を育成する戦略的貿易政策が最近の主な関心事であった。

　日本は最早幼稚産業論を展開する状況にはなく、最近の経済学者達の産業政策の経済分析の対象は、産業設立のセットアップコスト、規模の経済性と情報、戦略的行動、研究開発と産業政策、貿易摩擦と構造調整、管理貿易の問題等の分析が主要な課題となっていた。[48]

　しかし発展途上国が日本の戦後の産業政策に対する関心を高めるに従って、特に通産官僚エコノミストが日本の産業政策を途上国政府に紹介する試みが最近なされてきている。その中に小野五郎氏の著作がある。[49] この中で小野は「途上国は日本の産業政策の成功と失敗から教訓を得るべき、……しかし静態的な比較優位理論に基づく幼稚産業保護政策には限界があり、途上国政府は技術革新や環境変化に戦略的に対応する政策をとるべきである」と主張する。[50]

　但し日本の代表的な経済学者達は、原則的には新古典派経済理論に従って幼稚産業政策論を限定的にしか評価しない。次節で欧米の新古典派理論による幼稚産業保護論を説明するので、その準備として日本の経済学者の幼稚産業保護論の説明の若干例を見てみよう。

　幼稚産業保護政策は、しばしば指摘するように或る産業を一時的に保護することによって長期的に自立させようとする。その対象となる企業は「学習効果（learning by doing）」により生産コストが時間の経過と供に改善する性質を持つことが最低の必要条件となる。このような特質は「動学的規模の効果（dynamic economies of scale）」ないしは「時間の経済効果（economies of time)」と呼ばれる。さらに幼稚産業保護政策は、政府が市場に介入することによって経済厚生を高める政策であるから、何らかの市場の失敗が存在することが条件となる。即ち民間企業の利潤極大化という私的誘因に基づいた意思決定だけでは社会的に最適な資源配分ができないことを明確にする必要がある。図7－2は幼稚産業の動学的規模の効果を説明したものである。

現在、この産業の生産は高い限界費用を持つ供給曲線S^0で表わされる。もし現在時点で0_x以上の生産が行われると、動学的規模の効果が発生し供給曲線はS^1にシフトダウンして限界費用が改善される。他方現時点での生産量が0_x以下の場合動学的規模の効果が発生せず、将来の生産曲線はS^0のままに留まる。この産業の国内需要は右下がりの曲線Dで表され、世界価格は$\bar{p}$の水準である。この状況下で政府が自由貿易政策をとると、外国企業の供給曲線はS^*となり、その時の国内市場価格は$\bar{p}$となる。このとき政府が幼稚産業保護政策をとり、国内生産者に生産量1単位当たり$\bar{p}p'$の生産補助金（或いは関税）を供与すると国内価格はp'に上昇する。この結果国内産業の現在時

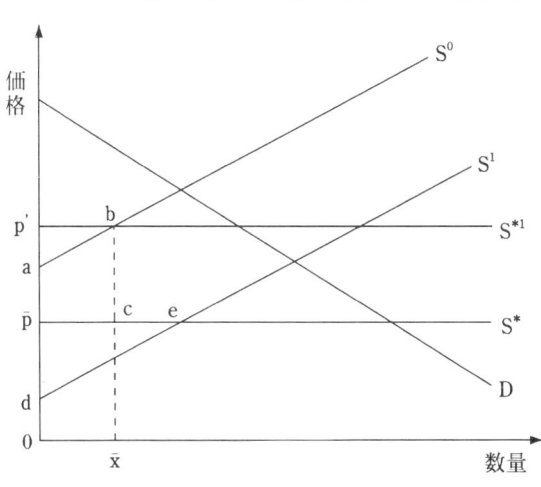

図7－2：動学的規模の効果と幼稚産業保護効果

資料：伊藤元重・奥野正寛・鈴村興太郎・清野一治著『産業政策の経済分析』、東京大学出版会、1988年、46頁。

点の生産量は0_Xに増加し、将来の供給曲線はS^1にシフトする。

このような状況下で自国政府が一時的に保護政策を採用することが自国の経済厚生水準を改善出来る場合のみ、政府の幼稚産業保護政策は正当化しうる。$\overline{pp'}$の生産補助金が幼稚産業に支給されると、その企業は0_Xの生産を行うことが可能となり、この生産の学習効果の「動学的規模の効果」によりその産業の供給曲線はS^1に改善される。その結果自国企業は将来時点で$\overline{pde}$で表される利潤（生産者余剰）を得ることが出来る。この利潤はプラスであるから「ミルの基準」を満たすことになる。この将来時点の社会的便益$\overline{pde}$を社会的割引率で割り引いた現在価値が、幼稚産業の社会的費用としての補助金支出額$abc\overline{p}$より大であることが「バステーブルの基準」である。しかしこの説明では社会的便益のなかに消費者余剰が含まれていないことに留意する必要がある。幼稚産業保護政策の「ミルの基準」および「バステーブルの基準」を生産者・消費者余剰概念を使った費用・便益分析に関してはH・グルーベル（Herbert G. Grubel）がより明確に行っており参照されたい。[51][52]

日本の経済学者達は原則的には新古典派経済理論に立脚した後述の「ケンプの基準」の「動態的外部経済 (dynamic external economies)」が立証される場合のみ幼稚産業保護政策を是認すべきであると主張する。従って企業の生産性格差や情報不足、企業の危険回避性、企業と消費者と時間選好度の違い等の理由は幼稚産業を保護する理由にならないと考える。また実際の政策の実施に当たっては、幼稚産業を保護する政策として関税・輸入制限等は最善の策でないこと、保護を必要とする幼稚産業の選択の困難さ、保護政策はあくまでも時限的な政策であること等を留意すべきであるとしている。[53]それでは以下ここで新古典派経済理論に基礎をおいた反対論を見てみよう。

7.4 幼稚産業保護政策―否定論―

（1）G・ハバーラー・J・ヴァイナー・J・ミードの反対論と「ケンプの基準」

第7章　発展途上国の貿易政策

　初期の段階で新古典派理論の枠組の中で貿易理論を展開したG・ハバーラーは、幼稚産業を保護するために保護関税を課することに消極的であった。その理由はJ・S・ミルやF・リストの主張のメリットを認めつつも幼稚産業保護政策の「機会費用」を実証的に分析することが困難であると判断したからである。また外部効果の存在を根拠に幼稚産業保護政策をとる場合でも、果たして全ての企業が学習効果によって生産性を改善し、その結果社会の厚生水準が向上するとは限らないと懸念した。その反対も考えられると警告していた。[54)]

　G・ハバーラーの説明は図7－3のP点が自由貿易下の生産点、T点が貿易点であり、AB線が生産可能曲線である。政府が幼稚産業を保護するためにA財に輸入関税を課すると、生産点はPからP¹に移行し、貿易点もT点からT¹点に移行する。T¹点はT点よりも下に位置し保護関税は経済的にマイ

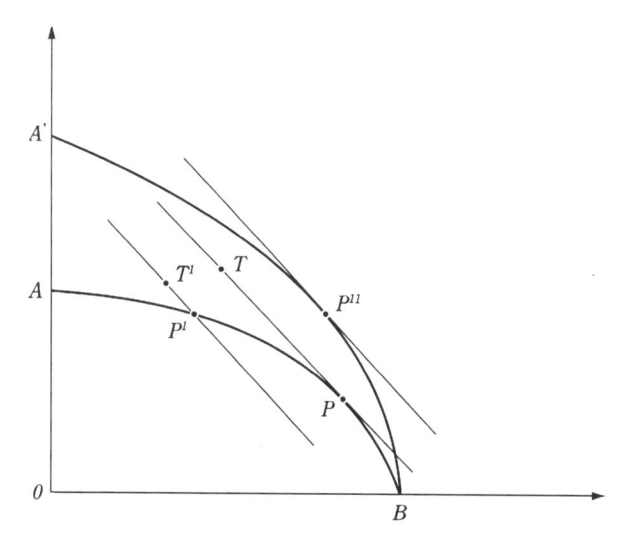

図7－3：幼稚産業保護の効果（ハバーラー）

資料：Gottfried Haberler, "Some Problems of The Pure Theory of International Trade," The Economic Journal, June 1950, page 239.

ナスの効果を持つ。幼稚産業保護論の本質は、保護政策によって短期の生産可能曲線ABが長期の生産可能曲線に不可逆的に移行すると前提することにある。この移行した生産可能曲線上の点P^{11}で生産が行われるが、貿易点が何処になるかはA財、B財の需要条件次第である。しかし問題は幼稚産業保護政策の結果、生産可能曲線が上方に確実にシフトするかどうかは不明であるということである。生産可能曲線が政府の保護政策の結果下方にシフトする可能性も否定し得ない。従ってG・ハバーラーは幼稚産業保護政策がプラスの効果を持つかどうかを判断するためには途上国政府の貿易政策の実証研究が不可欠であると主張する。[55]

G・ハバーラーと同じく新古典派経済学の貿易理論を展開したJ・ヴァイナーは「幼稚産業を育成するために保護貿易政策を主張する論者は18・19世紀の重商主義政策下に論じられた保護貿易政策と同じ理論であり是認できない」と主張した。[56] J・ミード（J. Meade）も「幼稚産業が保護政策後に成熟して利益を得ることが出来る場合には、その企業は成熟後の利益で幼児期の損失を補塡することが可能であり、政府が保護する必要はない。幼児期にそのような企業は資本市場から資金を調達して、利益が生じる成熟期以降に返済することが可能である。従って幼稚産業を保護することを是認する条件は外部効果がある場合のみである」と考える。[57]

このJ・ミードの主張をより理論的に説明したのがM・ケンプである。M・ケンプは幼稚産業保護論の曖昧さは「産業」と「企業」とを明確に区別していないから生ずると考える。幼稚産業保護論は企業が一定の期間政府の保護の下で生産活動を経験することにより必要とされる知識・技術を体得する「学習効果」により自立し利益を上げられる企業を保護しようとする政策である。しかしこの企業は「ミル・バステーブルの基準」を満たしていても保護する必要はない。その理由はJ・ミードが主張するように自立後その企業は将来獲得する利益によって幼児期の損失を補塡することが可能であるからである。

企業の「学習効果」は2つに区別する必要がある。第1の学習効果は「企

業に内的な学習効果」であり、これは企業が生産経験を通して蓄積した知識や技術が企業の排他的な所有となる学習効果である（例：企業が開発した技術で特許権を取得する場合）。このような内的な学習効果は「動態的な内部経済」(dynamic internal economies) と呼ぶ。その理由は経済効果が現在の生産プロセスばかりではなく、過去の生産プロセスの効果と考えられるからである。この場合には「ミル・バステーブルの基準」を満たしていても保護する必要が無い。もし企業が資金不足の場合には金融市場から資金を調達可能であり、情報不足で将来を予知できない場合でも幼稚企業だけが情報を持たないわけでない。

第2番目の学習効果は、企業が自己の学習成果を他の企業が活用するのを排除出来ない場合の外部効果であり、企業が開発した知識や技術開発の効果が自由に外部に波及し、これらを習得した熟練労働者が同一産業の他企業に転職するような場合である。このような企業の外部に波及する学習効果を「動態的外部経済」(dynamic external economies) とM・ケンプは呼ぶ。このような場合には、政府の一時的な保護関税やその他の保護手段によって保護することが正当化されようと論じた。しかしM・ケンプはこのような外部効果の問題は、市場の失敗の一例にしか過ぎず、幼稚産業に特有の問題は無いと主張して、「ミル・バステーブルの基準」は「ミル・バステーブルのドグマ」にしか過ぎないという。このM・ケンプが主張する基準は「ケンプの基準」とよばれるようになる。[58]

しかしこのM・ケンプの論議に反駁して先に紹介したように根岸隆教授は「ミル・バステーブルの基準」を救済しようと試みている。その理由は、企業の内的な学習効果「動態的な内部経済」の場合でも、企業の学習プロセスは一体化したプロセスで幼児期に企業が蒙る損失は、将来の企業利益にとって「不可分の固定費」的性質を持つからである。政府の保護が無ければ企業そのものが存立し得ないのであるから、政府の保護政策によってその国の民間企業が育成され、その結果経済厚生が改善されると主張した。[59]

先進国の幼稚産業保護の問題に関しては「ケンプの基準」は妥当な基準と

考えられよう。但し途上国の産業政策としての幼稚産業保護としては、「ケンプの基準」は問題が残る。途上国の場合「ミル・バステーブル基準」に合致した企業でも資本市場から創業初期の段階で必要な投資資金を調達することは困難であろう。その場合には政府が産業開発銀行を設立し優遇融資等の補助政策を実施する必要が出てこよう。そもそも途上国の場合、学習能力に限界があり、「動態的内部効果」「動態的外部効果」にかかわらず本来比較優位のある産業を長期間学習し、生産性を向上する必要があり、そのような長期的な見地から幼稚産業を保護育成する必要がある。「ケンプの基準」は途上国の条件下では適用不可能な抽象論であると考えるべきであろう。このことはサハラ砂漠以南のアフリカ諸国および南アジア諸国や東南アジアの最貧国で、貧困層や社会的弱者を救済するため政府が軽工業に従事する民間企業や労働集約的な中小企業を保護育成する必要性を考えると理解できよう。

(2) R・ボールドウィン・H・グルーベルの反対論

　アメリカの新古典派貿易理論の論客の1人であるR・ボールドウィン (Robert E. Baldwin) は、「幼稚産業を保護する政策目的の為に保護関税を課することは、国民の消費行動を歪曲するばかりでなく、生産資源の非効率な配分をもたらし国民経済の厚生水準の低下をもたらす結果となる。幼稚産業を育成する政策手段としては個々的な企業に供与する生産補助金政策が望ましい」と述べ、幼稚産業を保護する政策目的のために特別な輸入関税を課することに反対する。[60] R・ボールドウィンは近代的な幼稚産業保護理論が保護政策の根拠として掲げる4つの理由を列挙し、これら4つの理由は幼稚産業の保護を正当化する理由にならないと主張する。第1に、企業の学習効果が他企業に波及する「技術的な外部効果」がある場合も、産業全体に課せられる保護関税は企業に技術を習得する誘因とならず社会的に非効率な生産技術が保護関税の下で蔓延することになる。第2に、「ケンプの基準」に合致する学習の外部効果すなわち「動態的外部経済」がある場合にも保護政策は是認できない。その理由は、企業内訓練で技術を習得し労働市場で転職によっ

第7章　発展途上国の貿易政策

て利益を得るのは労働者であり、労働者は訓練を受ける企業で限界生産性以下の賃金を受け容れ、他企業に転職することが可能である。従って政府が市場に介入する理由にならない。R・ボールドウィンは「ケンプの基準」の幼稚産業保護政策の正当性を否定する。第3に、その他一般の私的費用・便益と社会的費用・便益が乖離する「外部経済」が存在する場合には、これは「市場の失敗」を是正する国の経済政策の問題であり、幼稚産業に固有の問題ではない。この場合にも保護関税は消費・生産資源の浪費をもたらし是認出来ない。第4に、「幼稚産業保護政策を正当化する唯一の根拠は、自由市場の価格機能だけでは社会的に最適な水準の訓練・技術習得・資源の活用を新企業が実施できない場合に政府がその企業に一時的な保護を与える」ことである。これを正当化する根拠は「市場の失敗」が存在する場合のみである。第3の理由と同じくこの問題は幼稚産業に特有な問題でないと指摘する。

　同じような否定論をH・グルーベル（Herbert G. Grubel）も展開している。H・グルーベルは「政府が幼稚産業を保護する唯一の経済政策的根拠は、政府が介入することによって自由経済市場による資源配分効率を改善すること」にあると考える。しかし近代の幼稚産業保護政策理論は、2つの重大な誤謬を犯しているとH・グルーベルは考える。第1に、幼稚産業保護政策論はどの産業をどのような場合に保護するか具体的な実証的な指針を提示していないことである。その結果、政府が「不良・未熟産業」、「老衰産業」を保護する結果となり、間違った産業を保護することによって蒙る社会的費用の方が、保護しない場合より膨大になる傾向が頻繁に見られる。第2に、幼稚産業を保護することが正当化され得る場合でも、保護関税は最善の策ではなく、補助金の供与等消費者余剰にマイナスの効果を及ぼさない次善の代替政策を提示すべきであると主張する。[61]

　しかしR・ボールドウィンやH・グルーベルが行った幼稚産業保護論に対する批判は以下の問題に対する認識を欠いていると考えられよう。第1に、古典的なA・ハミルトン、F・リスト、J・S・ミル、C・F・バステーブル等が論じたのは後発工業国が先進工業国にキャッチアップするため、一時的

に自国の産業を保護育成しようとする政策である。1960年代以降東アジア諸国が驚異的な経済発展を遂げたのはこれら政府が採用した「キャッチアップ型の工業政策」である。途上国政府が幼稚産業保護政策によって達成しようとする政策目標は、「自由市場の価格機能による静態的な資源の効率的配分」ではなく、長期的な経済発展を促進する自国の比較優位産業の保護育成である。効率的資源配分という静態的な市場均衡はこの途上国の長期的な産業開発目標に貢献する場合にのみ意味がある。第2に、途上国の国民の願望は「世界政府が欠如」している状況下で地球的な規模で公正な所得配分を自国の産業発展、経済発展を通して達成しようとすることにある。第3に、欧米先進国の新古典派経済学者達は世界の最貧国が人間の権威を喪失した極限状態から脱出するためには産業の発展が急務であることを理解していない。

(3) W・M・コーデンの動態的外部経済論とA・クルーガーの計量分析

　新古典派経済理論に従って自由貿易理論を展開している現代の代表的な貿易理論家の1人はW・M・コーデンであろう。W・M・コーデンはR・ハロッド教授の後、オックスフォード大学の経済学部教授に就任した。現在はジョンズ・ホプキンス大学の教授職にあり、しばしばIMF・世銀のアドバイザーとして国際経済問題の研究に従事し、影響力の大きな「IMF・世銀のブレトン・ウッズ体制派」経済学者といえよう。W・M・コーデンは新古典派経済理論から幼稚産業保護政策理論の批判論文を書いているが、その内容は新古典派正統的な経済理論からの批判の繰り返しで、特に注目すべき理論を展開しているわけではない。多少繰り返しになるがW・M・コーデンの論議の要点を若干まとめておこう。

　W・M・コーデンは幼稚産業保護論を正確に理解するため2つの区別を明確にする必要があると説く。第1の区別は、生産規模が拡大するにつれて生産コストが低下する傾向を示す「規模の効果 (economies of scale)」と生産活動が時間の経過と共に蓄積されるに従って生産コストが学習効果の結果低減する「時間経済ないしは動態的経済効果 (economies of time or dynamic economies)」との区別である。第2の区別は、これら「規模の効果」や「時間経済」が企業の内部に生じる「内部経済」(internal economies) なのか、或いは外部に生じる「外部経済」(external economies) なのかの区別である。W・M・コーデンはJ・ミードやM・ケンプ等が既に論議したように幼稚産業が「動態的内部経済」効果を持つ場合には、政府が保護する必要はないと考える。この場合には、政府の「最善の策」は先ず資本市場の不完全性を是正し、政府が必要な情報を企業が入手出来るようにすることであると主張する。政府が幼稚産業を保護することが妥当になるのは、「ケンプの基準」に合致する企業の学習効果が「動態的外部経済」を持つ場合のみである。この場合、2つのケースが考えられる。第1は、「マーシャル型」外部効果を持つ場合であり、学習効果が「企業の外部」に及ぶが「産業の内部」に留まる場合である。第2は「リスト型」の現在発展途上国が主張するように企業の外部に効果が及ぶが経済全体ないしは工業部門全体の内部に効果が留まる「幼稚経済ないしは幼稚産業保護論」である。しかしこの場合にも、労働者の訓練、知識の拡散、評判・信頼性 (goodwill) 等の学習効果を支援するためには補助金の供与の方が優位の政策であり、保護関税は劣位の政策であると主張する。

　A・クルーガー (Anne O. Krueger) はW・M・コーデンと並ぶ新古典派貿易理論家である。そればかりでなくA・クルーガーは世銀の副総裁、IMFの副専務理事職を務め途上国の貿易・産業政策に大きな影響力を及ぼしている。A・クルーガーは、自由貿易政策が途上国の経済厚生を最大化する政策であること、途上国の自由貿易政策が世界全体の経済厚生を改善すること、市場の失敗の状況下でも自由貿易政策を志向することが望ましい政策であること等の理由から幼稚産業保護政策に対して否定的である。

　幼稚産業保護政策はこの自由貿易政策を前提として例外的に認められる政策であり、幼稚産業保護政策が実際に途上国の福祉水準を改善する場合にのみその政策が是認し得ると主張する。またR・ボールドウィンの反対論を援用し、幼稚産業保護論者は幼稚産業の生産コストが一定の保護期間が経過し[64]

た後に学習効果によって低下すると主張するが、保護論者は未だかつてこの主張を実証的に立証していないと指摘する。A・クルーガーは政府の保護を受けた幼稚産業が一定の期間後生産性を向上させ生産コストを低下させたかどうかトルコの事例を使用して検証しようとする。このトルコの保護産業の計量分析の結果は幼稚産業保護の保護効果に否定的であり、その政策効果は認められないと結論する[65]。但しこのA・クルーガーの実証研究の目的は「保護された産業が一定の期間後生産性を向上させたか」という問題の計量分析であり、「動態的外部経済効果」を条件とする幼稚産業の計量分析ではない。

おわりに

―ダイナミックな産業育成政策―

　以上繰り返しみてきたように新古典派経済理論は、発展途上国の幼稚産業保護政策に非常に消極的である。新古典派経済理論は産業政策に中立的ないしは消極的であり、途上国の開発政策担当者や開発援助政策担当者が具体的な処方箋を新古典派理論から導きだすことには限界がある。新古典派経済理論の立場からすると、途上国の幼稚産業保護政策の問題は先進国政府が「市場の失敗」の状況下で検討する経済政策の一般論の事例でしかない。新古典派経済理論は「資源の効率的配分を通して厚生経済の静態的な最適化」を求めようとする。しかし途上国が求めるのは20－30年以上の長期の産業発展を促進する動学的なアプローチである。確かに市場の価格機能は非常に重要である。しかし市場参加者の視点は短期的で近視眼的である。時にはL・ウェストファールやA・アムスデン等が指摘するように自国の産業が持つ長期的な発展の潜在力を発揮させるために「意図的に価格機能を歪曲」させる政策をとる必要性が生じよう。産業政策として途上国政府が必要なのは、「静態的な資源の効率的配分による厚生水準の最適化」ではなく、自国の産業を発展させ自国国民の福祉水準を改善する長期的な産業開発戦略である。先進国の経営学では企業の「経営戦略論」が最近非常に重要視され、M・ポーター

等の企業競争戦略論が企業経営者達によく読まれる。またM・ポーターはJ・サックス（Jeffrey D. Sachs）教授等と共同で「国の競争力指標」を作成し発表している。[66] 現在途上国政府が必要としているのは自国の産業の競争力を長期的に強化する開発戦略であろう。企業レベルの開発戦略を論じる場合、経済学者も経営学者の理論や実証的な研究から学ぶべきであろう。

筆者は発展途上国が幼稚産業保護政策の下で保護貿易政策を実施することを以下の条件で是認すべきあると考える。日本を含み西欧諸国は工業化の初期の段階で幼稚産業保護政策を実施してきたのであり、現在の段階で発展途上国に新古典派経済理論に基づき「ケンプの基準」を強いるのは酷である。しかし以下の条件は最低限度満たすべきであろう。①「ミル・バステーブルの基準」を充たすこと。②競争原理を導入し多数の企業による競争を奨励すること。③ガバナンスを確立しレント・シーキング、腐敗・癒着を排除すること。④学習効果の結果企業が国際競争力を取得し自立可能となった段階で保護政策を撤廃すること。⑤保護期間は10－20年を目安とすることが望ましい。

1980年代発展途上国の多くは世銀・IMFの「構造調整支援」を受けて貿易の自由化政策を実施した。その貿易の自由化政策の内容は、輸入許可制度および輸入数量規制の撤廃、外貨規制の撤廃、輸入関税率の引下げ、輸入手続きの簡素化等であった。しかし貿易の自由化政策の目的が、「政府の市場介入を撤廃し貿易財の価格の決定を自由市場のメカニズムに委ねること」であると、貿易財市場の自由化だけでその目的を達成することは出来ない。[67] 貿易財の生産要素市場や関連する実体経済や金融経済の構造自体の自由化政策の実施が必要となってくる。そこで貿易の自由化政策の実施に当たり他の経済部門の自由化政策との整合性と実施の順序及び実施期間の問題が1980年代盛んに論じられるようになる。特に経済の「自由化政策の実施の順序性」（sequence of policy reforms）の問題が盛んに論じられた。[68] 政策の実施に関しては以下の共通の認識が形成された。

経済の自由化政策の順序としては、①マクロ経済の安定化がミクロ経済の

表7−5：経済自由化政策の実施の順序
① マクロ経済の安定化政策の実施
② 自由化政策の計画の策定と制度設計と構築
③ 政府の規制の緩和、価格統制の撤廃、投資の自由化
④ 国営企業の民営化
⑤ 貿易の自由化
⑥ 金融市場・組織の監視・監督機能の強化
⑦ 金融市場の自由化
⑧ 資本市場の自由化
⑨ 資本取引の自由化

自由化の前提条件であること。②金融経済の自由化の前に実体経済の自由化を実施すること、実体経済の歪みが是正される前に金融経済が自由化されると実体経済の歪みが更に悪化すると危惧されるからである。③制度の構築や人材の育成はこれ等自由化政策と同時並行的に行う等の原則は共通の認識として共有されている。経済自由化政策の実施期間の長さに関しては、出来るだけ早く迅速に実施すべきであるとする「ショック療法」を支持する立場と長期間かけて漸次的・段階的に実施すべあるとする漸進主義と意見が対立している。筆者は経済の自由化政策の実施期間はその国が置かれた状況によって異なると考える。ジェフリー・サックスが主張する「ショック療法」はロシアの権力構造の下では適していると考えられようが、アジア・アフリカ諸国のように市場経済制度やガバナンス体制の構築、人材育成を長期間時間かけて実施する必要がある国は、漸進主義的な試行錯誤的なアプローチが適していると判断される。いずれにしても経済の自由化政策を実施する場合、その前提条件は確固たる政治的なコミットメントと政治的リーダーシップの存在であることが指摘されよう。

1999年11月シアトルでWTO「世界貿易機関」の閣僚会議の周辺で5万人以上の世界中から参集した環境NGOその他のNGO団体が反対運動を展開し、貿易の自由化及びグローバリゼーションは地球上特に発展途上の環境破壊及び貧困や所得格差を拡大すると訴えた。特に資産保有の不平等が顕著な中南米諸国及びフィリピンで貿易の自由化が進展すると寡頭支配階層に富が集中

第 7 章　発展途上国の貿易政策

し所得格差が拡大するであろう[69]。また東南アジアの熱帯雨林は貿易が拡大するにつれて掠奪的な開発が進み急激に消失して行くであろう[70]。しかし所得格差の拡大や環境破壊は貿易政策の直接的な結果でなく、これ等の国の社会福祉政策や環境政策の問題であり、これらの政策手段を行使して是正して行くべき問題であろう。J.E.スチグリッツ（Joseph E. Stiglitz）がグローバリゼーションの弊害として危惧するのは、急速に進む資本市場の自由化と急速に進むグローバリゼーションの問題であり、貿易の自由化の問題ではない。スチグリッツが危惧するのは急速に拡大する先進国に台頭する保護主義の問題である[71]。チリ生まれの経済学者セバスチア・エドワード（Sebastian Edwards）は「貿易の自由化が経済成長を直接促進するという因果関係を実証的に検証できない」として貿易の自由化政策に懐疑的である。しかし貿易の自由化政策は長期的には経済成長を促進する要因となることは理解すべきであろう[72]。世銀のエコノミスト達は1990年代世銀が実施した発展途上国の貿易の自由化政策が、アフリカ諸国等の例外はあるがアジア諸国の高い経済成長にみられるように概して成功であったと総合的に評価している[73]。

注

1. 伊藤元重・大山道広著『国際貿易』、岩波書店、1985年、25－26頁。
2. Bruton, Henry J., "A Reconsideration of Import Substitution," *Journal of Economic Literature,* June 1998, pp. 903-936.
3. Viner, Jacob., *International Trade and Economic Development,* Oxford, The Clarendon Press, 1953, pp. 74-93.
4. Little, Ian., Tibor Scitovsky and Maurice Scott, *Industry and Trade in Some Developing Countries,* Oxford University Press, 1970.
5. Balassa, Bela., *The Structure of Protection in Developing Countries,* The Johns Hopkins Press, 1971,
6. Krueger, Anne O., *Foreign Trade Regimes and Economic Development: Liberalizing Attempts and Consequences,* National Bureau of Economic Research, 1978.
7. Michaely, Michael., Demetris Papageorgiou and Armeane M. Choksi,

Liberalizing Foreign Trade, 7 Vols., Basil Blackwell, 1991.
8. Balassa, Bela., 1971, op. cit., pp. 3-99.
9. Krueger, Anne O., 1978, op. cit., pp. 24-28.
10. Michaely, Michael., et al., 1991, op. cit., pp. 1-30.
11. Keesing, Donald B., *Trade Policy for Developing Countries,* World Bank Staff Working Paper No. 353, 1979, pp. 1-33.
12. Edwards, Sebastian., "Openness, Trade Liberalization, and Growth in Developing Countries," *Journal of Economic Literature,* September 1993, pp. 1358-1393.
13. Krueger, Anne O., "Problems of Liberalization," in *Economic Liberalization in Developing Countries,* ed., by Armeane M Choksi and Demetris Papageorgiou, Basil Blackwell, 1986, pp. 15-31.
14. *World Development Report* 1987, pp. 78-94.
15. Thomas, Vinod., and John Nash, *Best Practices in Trade Policy Reform,* Oxford University Press, 1991.
16. IMF, *Issues and Developments in International Trade Policy,* 1992, pp. 40-49.
17. Hamada, Koichi., "An Economic Analysis of the Duty Free Zone," *Journal of International Economics,* 1974, pp. 225-241; Carlos Alfredo Rodoriguez, "A Note on the Duty Free Zone," *Journal of International Economics,* 1976, pp. 385-388; Giovannie Facchini and Gerald Willmann, "The Gain from Duty Free Zones," *Journal of International Economics,* 1999, pp. 403-412.
18. Tsao, Yuan., "Growth without Productivity: Singapore Manufacturing in the 1970s" *Journal of Development Economics,* 1985, pp. 25-38.
19. Dollar, David., and Kenneth Sokoloff, "Patterns of Productivity Growth in South Korean Manufacturing Industries, 1963-1979," *Journal of Development Economics,* 1990, pp. 309-327.
20. このA. ハミルトンの報告書 (Report on Manufactures 1791)、は以下に収録されている。*The Works of Alexander Hamilton,* New York, Williams & Whiting, Vol. I, 1980, pp. 157-274.
21. 鈴木圭介編『アメリカ経済史』、東京大学出版会、1972年、115-138頁、225-259頁。
22. List, Friedrich., *The National System of Political Economy,* translated from

the original German by Sampson S. Lloyd, London, Longmans, 1885.
23. Shumpeter, Joseph A., *History of Economic Analysis*, Oxford University Press, 1954, pp. 504-506 ; 大塚久雄著作集第6巻 『国民経済』、1969年、79-100頁。
24. アダム・スミスの重商主義政策批判については、大塚久雄、前掲書 (1969年)、127-181頁参照のこと。
25. Ricardo, David., *The Principles of Political Economy and Taxation* (1817), David Campbell Publishers, 1973, pp. 77-93.
26. Mill, John Stuart., *Principles of Political Economy* with Some of Their Applications to Social Philosophy (1848), Collected Works of John Stuart Mill, Vol. III, pp. 918-919, University of Toronto Press, 1965.
27. Kemp, Murray C., "The Mill-Bastable Infant Industry Dogma," in *Journal of Political Economy*, Vol. 68, 1960, pp. 65-67.
28. C・F・バステーブルは以下の国際貿易論に関する本の著者である。C. F. Bastable, The Commerce of Nations, 1891 and The Theory of International Trade, 1903. John S. Chipman の古典派貿易理論の発展史を説明した論文の中にも詳しい紹介がない。ダブリン大学の国際貿易理論の教授であった。John S. Chipman, "A Survey of The Theory of International Trade: Part I: The Classical Theory, " Econometrica, July 1965, pp. 477-519.
29. Bastable, C. F., *The Commerce of Nations*, Methuen & Co., Ltd, 9 th Ed., 1923, pp. 127-139. バステーブルの自由貿易論については、*The Theory of International Trade*, McMillan and Co., 4 th Ed., 1903, pp. 128-138. イギリスは1815-1846年の期間穀物条例によって小麦等の農作物の輸入制限政策が実施された時代に自由貿易論争が盛んであり、イギリスの知識人が自由貿易論者アメリカが保護貿易主義者という構図があった。
30. Bastable, C. F. (1923), op. cit., pp. 140-143.
31. Kemp, Murray C., (1960), op. cit.,
32. Prebisch, Raul., *Towards a New Trade Policy for Development*, UNCTAD, 1964.
33. Prebisch, Raul., "International Trade and Payments in An Era of Coexistence: Commercial Policy in the Underdeveloped Countries," *American Economic Rview*, Vol. 49, 1959, pp. 251-273.
34. 途上国の保護貿易・産業政策の実態に関しては「有効保護率」(ERP:Effective

Rate of Protection) 指標を使った B・バラサ (Bela Balassa) の実証研究の成果がある。Bela Balassa and Associates, The Structure of Protection in Developing Countries, The Johns Hopkins University Press, 1971.
35. 途上国の輸入代替工業化政策および輸出志向型の工業化政策に関しては、ハーバード大学の国際開発研究所（HIID）の研究員等が書いた開発経済学のテキストに簡単な説明がある。Malcolm Gillis, Dwight H. Perkins, Michael Roemer and Donald R. Snodgrass, Economics of Development, 4th. Ed., W. W. Norton & Company, 1996, pp. 501-535.
36. 山澤逸平著『日本の経済発展と国際分業』、東洋経済新報社、1984年、29-30頁、214-227頁。
37. Myrdal, Gunnar., An International Economy: Problems and Prospects, Harper & Brothers, 1956, pp. 222-279.
38. Mint, H., "Infant Industry Arguments for Assistance to Industries in The Setting of Dynamic Trade Theory," International Trade Theory in Developing World, ed., by Roy Harrod and Douglas Hague, MacMillan & Co., 1963, pp. 173-193.
39. Hagen, Everett E., "An Economic Justification of Protectionism," in Quarterly Journal of Economics, Vol. 72, 1958, pp. 496-514 ; Anthony Y. C. Koo, "An Economic Justification of Protectionism: Comments," Quarterly Journal of Economics, Vol. 75, 1961, pp. 133-151; Alexander Kafka, "A New Theory for Protectionism," in Quarterly Journal of Economics, Vol. 62, 1962, pp. 163-167.
40. これら新古典派経済理論の命題、定理および原則は厚生経済学やミクロ経済学のテキストに解説されているので参照されたい。厚生経済学のテキストとしては、熊谷尚夫著『厚生経済学』、創文社、昭和53年。筆者の厚生経済学に関する理解はこのテキストに負うところが大きい。ミクロ経済学のテキストとしては、James M. Henderson and Richard E. Quandt, Microeconomic Theory, McGraw Hill, 1958（小宮隆太郎・兼光秀郎訳『現代経済学』、創文社、昭和49年）。このテキストは筆者がハーバード大学の大学院で経済学の勉強をやっていた時（1974-75年）、ノーベル賞受賞経済学者のケネス・アロウ（K. Arrow）教授がミクロ経済学の標準的なテキストとして使っていた。日本のミクロ経済学のテキストとしては下記の文献が最適であろう。奥野正寛・鈴村興幸太郎著『ミクロ経済学 I, II』、岩波書店、1985、1988年。

41. Samuelson, Paul A., and William D. Nordhaus, *Economics,* 16th Ed., Irwin-McGraw Hill, 1998, pp. 688 711.
42. The World Bank, *The East Asian Miracle: Economic Growth and Public Policy,* Oxford University Press, 1993, pp. 79−103; pp. 347−368.
43. Johnson, Chalmers., *MITI and The Japanese Miracle: The Growth of Industrial Policy* 1925-1975, Stanford University Press, 1982.
44. Amsden, Alice H., *Asia's Next Giant: South Korea and Late Industrialization,* Oxford University Press, 1989, pp. 139-155.
45. Pack, Howard., and Larry E. Westphal, "Industrial Strategy and Technological Change," Journal of Development Economics, Vol. 22, 1986, pp.87-128.
46. Bell, Martin., Bruce Ross-Larson and Larry E. Westphal, "Assessing The Performance of Infant Industries," in *Journal of Development Economics,* Vol. 16, 1984, pp. 101-128.
47. Negishi, Takashi., "Protection of The Infant Industry and The Dynamic Internal Economies," The Economic Record, March 1968, pp. 56-67.
48. 日本の経済学者による産業分析の経済分析については伊藤元重・奥野正寛・鈴村興太郎・清野一治著『産業政策の経済分析』、東京大学出版会、1988年を参照のこと。
49. 小野五郎著『実践的産業政策論：日本の経験からの教訓』、通商産業調査会、平成4年、『現代日本の産業政策：段階別政策決定のメカニズム』、日本評論社、1999年。
50. 小野五郎、前掲書（平成14年）、79−111頁。
51. 伊藤元重・奥野正寛・鈴村興太郎・清野一治著（1988年）、前掲書、44−47頁。
52. Grubel, Herbert G., "The Anatomy of Classical and Modern Infant Industry Arguments," *Weltwirtschaftliches Archiv,* Band 97, 1966, pp. 325-344.
53. 伊藤元重・大山道広著『国際貿易』、岩波書店、1985年、283−291頁。
54. Harberler, Gottfried Von., *The Theory of International Trade,* William Hodge, 1936, pp. 278-285.
55. Haberler, Gottfried G., "Some Problems in The Pure Theory of International Trade," *The Economic Journal,* June 1950, pp. 238-240.
56. Viner, Jacob., *Studies in The International Trade,* London, George Allen,

1955, pp. 71-74.
57. Meade, J. E., *Trade and Welfare*, Oxford University Press, 1955, pp. 254-259.
58. Kempt, Murray C., "The Mill-Bastable Infant-Industry Dogma," *Journal of Political Economy*, Vol. 68, 1960, pp. 65-67 ; *The Pure Theory of International Trade*, Prentice-Hall, 1964, pp. 184-187.
59. Negishi, Takashi, op. cit., (1968) pp. 56-67.
60. Baldwin, Robert E., "The Case against Infant-Industry Tariff Protection," *Journal of Political Economy*, Vol. 77, 1969, pp. 295-305.
61. Grubel, Herbert G., "The Anatomy of Classical and Modern Infant Industry Arguments," in *Weltwirtschaftliches Archiv*, Band 97, 1966, pp. 325-344.
62. 東アジアのキャッチアップ型の工業化政策に関しては以下の文献を参照されたい。末廣昭著『キャチアップ型工業化論』、名古屋大学出版会、2000年。
63. Corden, W. Max., *Trade Policy and Economic Welfare*, Clarendon Press, Oxford, 1974, 2nd Ed., 1997, pp. 139-161.
64. Krueger, Anne O., "Trade Policies in Developing Countries," *Handbook of International Economics*, ed., by Ronald Jones and Peter B. Kenen, Vol.1, North-Holland, 1984, pp. 519−569.
65. Krueger, Anne and Baran Tuncer, "An Empirical Test of the Infant Industry Argument," *The American Economic Review*, Vol. 72, 1982, pp. 1142-1152.
66. M・ポーターの企業経営戦略論に関しては以下の文献参照のこと。Michael E. Porter, *Competitive Strategies*, The Free Press, 1980; *Competitive Advantage*, The Free Press, 1985; *The Competitive Advantage of Nations*, 1990. 世界の国々の「競争力指標」に関しては以下の文献参照のこと。Michael Porter, Jeffrey Sachs et al, *The Global Competitive Report*, 1999, World Economic Forum, Oxford University Press, 1999.
67. Corden W.Max., *Protectionism and Liberalization; A Review of Analytical Issues*, IMF, 1987; Vinod Thomas and John Nash, *Best Practices in Trade Policy Reforms*, Oxford University Press, 1991, pp.1-24; Ann Kruger, "Problems of Liberalization," in *Economic Liberalization in Developing Countries*, ed., by Armeane M. Choksi and Demetris Papageorgiou, Basil

Blackwell, 1986, pp. 15-31.
68. McKinnon, Ronald I., *The Order of Economic Liberalization,* The Johns Hopkins University Press, 1991; World Bank, *World Development Report 1991,* pp.115-118; Sebastian Edwards, *The Order of Liberalization,* World Bank Staff Working Paper, 1984;
69. McCulloch,Neil., L Alan Winters and Xavier Cirera, *Trade Liberalization and Poverty:* A Handbook, DFID, 2001; L.Alan Winters, Neil McCulloch, and Andrew McKay, "Trade Liberalization and Poverty", *Journal of Economic Literature,* March 2004, pp.72-115.
70. 島本美保子著『森林の持続可能性と国際貿易』、岩波書店、2010年
71. Stiglitz,Josph., *Globalization and Its Discontents,* W. W. Norton & Co., 2002; *Making Globalization Work,* W.W.Norton, 2007: Joseph Stiglitz and Andrew Charlton, *Fair Trade For All,* Oxford University Press, 2005.
72. Edwards, Sebastian., "Openness, Trade Liberalization, and Growth in Developing Countries, "*Journal of Economic Literature,* September 1993, pp.1358-1393.
73. "Trade Liberalization: Why So Much Controversy?" *Economic Growth in 1990s: Learning from a Decade of Reform,* The World Bank, 2005, pp.131-162.

第8章 GATT／WTO体制と地域主義の台頭

はじめに

　20世紀の前半2度の世界大戦を経験した国際社会は第2次大戦後即急に国際社会のガバナンスを形成する必要があった。連合軍を構成した西欧諸国が戦後の国際社会の秩序の核として設立したのが、IMF・世銀のブレトンウッズ体制、及びGATT体制である。ブレトンウッズ体制はアメリカのドルを基軸通貨とする国際通貨システムの安定性を確保し、世界経済の復興を支援することを目的として設立された制度であり、世界の覇権国アメリカが中心となって構築した。GATT体制は同じくアメリカが中心となって自由無差別・多角的交渉主義・相互互恵・不公正貿易の禁止を規範とする世界貿易秩序を実現する制度として構築された。しかしグローバルな貿易秩序を構築するという理想は、自由貿易体制によって不利益を蒙る産業や社会集団を保護しなければならないという国内の政治的現実をGATT体制は設立の当初から抱えていた。さらに世界各国はそれぞれ地域的な貿易圏を構成し、GATT体制の「普遍主義」よりもその地域の特殊な利益を優先するという経済的な現実があった。

　この章では先ず最初に、GATT体制の形成の歴史を瞥見し、ウルグアイ・ラウンドの結果設立されたWTOが抱える問題と課題を分析する。そして地域的な経済統合のモデルとしての欧州連合（EU：European Union）の発展のプロセスを概観し、アジアにおける地域経済協力の動向をASEAN、APEC及び日本の経済連携協定（EPA：Economic Partnership Agreement）に焦点を当てて見てみる。それとともに現在論争の的になっている「環太平洋

経済連携協定」(TPP：Trans-Pacific Partnership)が提起する日本の国際貿易政策の問題を考えてみることにする。

8.1 GATT/WTO体制の形成と発展

(1) GATTの歴史とWTOの設立

　戦後の国際社会の経済秩序の柱となったのはIMFと世銀によって構成されるブレトン・ウッズ体制とGATT/WTO体制である。1944年7月、米国のニューハンプシャー州ブレトンウッズにおいて連合軍45ケ国が参加して連合国通貨金融会議（所謂ブレトン・ウッズ会議）がアメリカ及びイギリス主導の下に開催され、戦後の国際通貨秩序を律する「国際通貨基金（IMF）協定」と「国際復興開発銀行（世銀）協定」が合意された。両協定は1945年12月に効力を発し、IMFは1947年3月から世銀は1946年6月から業務を開始した。IMFは金・ドルに加盟国の平価を固定する固定為替相場制度を確立して国際通貨システムの安定を維持することを目的とする国際組織として設立された。世銀の当初の目的は第2次大戦によって荒廃した欧州経済の復興と開発を目的として設立されたが、欧州諸国の経済が復興した1950年代後半以降は戦後独立した発展途上国に対する開発援助がその主な業務となった[1]。IMFと世銀とを総称して「ブレトン・ウッズ体制」と呼ばれる。これら国際機関の設立と同時にアメリカの国務省及び商務省の通商政策担当者達は自由貿易を促進する国際機関として「国際貿易機関」（ITO：International Trade Organization）を設立する意図で主要な連合国代表と交渉を行った。この「国際貿易機関」（ITO）構想は無差別貿易体制の確立を目的とした国際機関で英連邦の特恵関税制度を持つイギリスとは必ずしも相容れない制度であった。この「国際貿易機関」（ITO）協定の交渉は1946年ロンドン及びジュネーブで行われ、その協定の最終案は1948年3月に50ケ国の代表によってキューバのハバナで調印された。それ故この貿易憲章は別名「ハバナ憲章」と呼ばれている。しかし共和党が多数を占めるアメリカの議会は終戦とともに保守

第8章　GATT／WTO体制と地域主義の台頭

主義的な保護貿易政策に転じ、この「ハバナ憲章」を批准することを拒否した。特に1国1票主義の国際機関の設立にはアメリカ議会は拒否反応を示した。その結果「ハバナ憲章」を実施する機関としての「国際貿易機関」(ITO)は流産する。しかし民主党のトルーマン大統領は1945年に更新された「1934年互恵通商協定法」(1934 Reciprocal Trade Agreements Act)に基づいて通商条約を締結する権限を有していた。アメリカ政府は「関税と貿易に関する一般協定」(GATT: General Agreements on Tariff and Trade)を締結する交渉を1946年からジュネーブで連合国23ケ国の代表と行っていた。1947年「関税と貿易に関する一般協定」(以下GATTと呼ぶ)はジュネーブでこれ等23ケ国の代表によって調印され、45000品目の関税率の引下げのため参加国によって第1回目の多国間による関税引下げ交渉が行われた。その後ウルグアイ・ラウンド(1986-94年)まで表8-1に示すように合計8回の多国間交渉(多国間交渉はラウンド(Round)と呼称されている)がGATTによって行われている。日本はGATTに1955年加盟している。

　GATTは当初条約締結国の関税率の引下げ交渉が主な仕事であった。しかし1960年代GATTはケネディー・ラウンド(1964-67年)で加盟国の関税の引下げに加えて発展途上国の貿易の促進のための特別規定を付け加えた。1970年代石油危機によって生じた世界経済の停滞を活性化するため東京ラウンド(1973-79年)では関税率の低減ばかりでなく、非関税障壁(NTBs: Non Tariff Barriers)の除去の問題についても交渉を行うようになる。1986年9月ウルグアイ(Uruguay)のプンタ・デル・エステ(Punta Del Este)の閣僚会議で始まった第8回多国間貿易交渉は、①「世界貿易機関」(WTO: World Trade Organization)の設立、②農業の自由貿易の促進、③繊維製品貿易を規制してきた「国際繊維協定」の撤廃、④貿易関連の投資の促進、⑤輸入許可手続き・補助金・相殺関税・緊急避難(セーフガード)規定の明確化、⑥サービス貿易・知的所有権、⑦紛争処理等広範囲の問題の処理を含む画期的な成果をもたらした。ウルグアイ・ラウンドの関連国際協定は1994年4月モロッコ(Morocco)のマラケッシュ(Marrakesh)で125ケ国の代表によっ

表8－1：GATTの多国間貿易交渉の歴史

年	場所・名称	主要な内容	参加国数
① 1947	ジュネーブ	関税率引下げ	23
② 1949	アネシー	関税率引下げ	13
③ 1951	トルキー	関税率引下げ	38
④ 1956	ジュネーブ	関税率引下げ	26
⑤ 1960－61	ジュネーブ・ディロン・ラウンド	関税率引下げ	26
⑥ 1964－67	ジュネーブ・ケネディー・ラウンド	関税率・反ダンピング対策	62
⑦ 1973－79	ジュネーブ・東京ラウンド	関税・非関税障壁	102
⑧ 1986－94	ジュネーブ・ウルグアイ・ラウンド	関税・非関税・サービス・知的財産権・紛争処理・繊維・農業・WTO創設、その他	123
WTOの設立、1995年1月			
① 2001－	ジュネーブ・ドーハ・ラウンド	農業・市場アクセス・サービス・開発・ルール、その他	149

資料：WTOホームページ、外務省経済局ホームページ

て調印された。この結果1948年「国際貿易機関」(ITO)を設立する目的で締結された「ハバナ憲章」以来47年後の1995年1月に「世界貿易機関」(WTO)が国際機関として設立されることとなる。2010年12月現在WTOの加盟国は153ケ国（欧州連合及び香港を含む）であり、ロシア他31ケ国が加盟を申請している。

　GATTは「関税及び貿易に関する一般協定」であり、GATT締約国は過去半世紀以上の多国間貿易交渉の結果、貿易を自由化する政策に合意してきた。従ってGATT／WTO体制に参加するためにはGATT／WTOの原則・規則を遵守することが要求される。それ故GATT／WTOに加盟するためには締結国との長年の交渉努力と合意が必要とされる。[3]

（2）GATTの役割と組織

第8章　GATT／WTO体制と地域主義の台頭

　しばしば指摘してきたようにGATTは「国際協定」であり、IMFや世銀のように大規模な組織・スタッフを擁する国際機関ではない。世銀（IFC等の世銀関連組織を含む）は2010年12月現在総裁以下1万人以上のスタッフを擁し、世界100ケ国以上に現地事務所を擁する大規模な国際機関である。加盟国は187ケ国で本部はワシントンDCにあり、総裁は伝統的にアメリカ政府が指名する開発援助の専門家・金融機関の経営者・官僚出身者達が任命されてきた。IMFの本部は世銀と同じくワシントンDCにあり、スタッフの規模は2400人、その半分以上は博士号を持つ専門的なエコノミストである。IMFも世界90ケ国以上に現地事務所を有する。IMFの専務理事は伝統的に欧州の加盟国出身の財務省の高級財務官僚ないしは中央銀行総裁経験者が任命されてきた。世銀及びIMFの意思決定機関は総裁（専務理事）が主宰する主要加盟国から構成される理事会（Board of Executive Directors）である[4]。

　それに対してGATTはジュネーブに小規模の事務局があるだけで最高の意思決定機関は年2回開催される閣僚会議であり、定常業務の意思決定は締約国政府が任命する理事によって構成される理事会で行われた。閣僚会議及び理事会での決定はIMFや世銀の加盟国が資本金割当額や拠出金に応じて投票権を持つのに対して、GATTは1国1票主義による多数決の原則によってなされている（第25条）。しかし主要当事国が賛成しない限りGATT閣僚会議の決定は実効性を伴わないので、当事国の「全会一致」による意思決定の慣行が形成された[5]。

　GATT事務局の主な役割は過去8回開催された「締約国」（Contracting Parties）の代表者達（主に締約国政府が任命する大使）によって行われた多国間関税及び貿易交渉、及び貿易紛争処理の事務局的機能を果たすことであった[6]。

　このようにWTO設立以前のGATTの主な役割は、①GATTが規定する自由貿易の原則及び規則に基づいて条約締約国の代表が多角的貿易交渉を行う場を提供し、②締約国同士で紛争が発生した場合その処理をすることであり国際機関としての役割は非常に限定的であった。締約国の間に紛争が発生し

293

た場合にはGATT協定22条及び23条に基づきGATT理事会は「小委員会」（パネリスト）を任命し、紛争の調査及び解決案の勧告を行うことが定められていた。

（3）GATTの自由貿易の基本原則

　GATTは自由貿易を促進する以下の基本的な原理・原則を規定している。その第1の原則は「無差別待遇」の原則である。これはGATT第1条に規定されているGATTの原則の中で最も重要な「最恵国待遇」（MFN：Most-Favored Nation）の原則である。この原則は「貿易国が相手国に譲許した輸出入に関する条件は第3国の総ての国に無差別に適用される」という原則である。この原則は第2次世界大戦の主な原因が主要交戦国がブロック経済圏を構成し相互に差別貿易を行ったことにあるという認識に基づく。この「最恵国待遇の原則」は貿易相手国をいかなる理由によっても差別してはならないという原則である。この原則は西欧の長い歴史の中で培われた公正な貿易取引の慣行を成文化したものであるとされる。[7] この「無差別待遇」の原則は第3条に規定する「内国民待遇」（national treatment obligations）の原則にも反映されている。この「内国民待遇」の原則は海外製品が国境を越えて輸入される時、税法上その他の理由によって同種の国内製品と差別的に取り扱ってはならないという原則である。この「内国民待遇」の原則も西欧の貿易の歴史の中で培われた公正な貿易の慣行の1つであるとされる。[8] しかし実際の事例では政府が機器財を調達する際、国内産業製品を優先する場合や調達する製品に一定の比率以上の「国内の付加価値」を要求する場合等適用が困難なこともある。

　第2の原則は第11条に規定する「数量規制の禁止」の原則である。これは「関税主義」の原則とも言われ、政府が貿易取引市場に介入する場合関税或いは課徴金以外の規制或いは制限を禁止するという原則である。自由競争市場を前提とした貿易取引を政府が規制する場合、関税の賦課は市場の価格機能を反映し弾力的に運営が可能であり、透明性が高く、貿易の当事国が関税

率の低減を相互互恵的に譲許すれば貿易の自由化を促進するとことが出来ると考えたからである。このことからGATTは数量制限等の貿易を関税以外の手段で規制する「非関税障壁」(NTBs：Non-Tariff Barriers)を原則的に禁止している。従って輸出数量規制を自主的に実施しようが、他国からの圧力によって実施しようが、総ての数量規制はGATTの規定に反する行為である。

　第3の原則は直接的な明文の規定はないがGATTの一般協定の前提として国際貿易の懸案事項は締約国団の相互互恵的な「譲許」(concessions)及び「多角的交渉」によって解決するという「相互互恵主義」(reciprocity)及び「多角的交渉主義」(multilateralism)の原則がある。これはGATTが主権国家である締約国によって結ばれた国際協定であり、締約国による関税率の引下げ及び貿易交渉は「give and take」といった相互の「譲許」の精神に基づくという政治外交上の規範及び組織文化を意味する。この「相互互恵主義」の原則はGATTの「無差別待遇」の原則から貿易交渉は「多国間同士で多角的」に行われるという「多角的交渉主義」(multilateralism)という原則を必然的に伴う。主要国が自国の貿易条件を経済力を背景に一方的に(unilaterally)他国に押し付ける行為はGATTの理念に反する行為であると解釈される。[9]

　第4の原則は自由及び公正な貿易取引を阻害する措置あるいは政策を禁止するというものである。具体的には、①ダンピング、輸出補助金等の不公正貿易取引の禁止、ダンピング行為及び輸出補助金によって被害を蒙った輸入国は「相殺関税」を課すことが出来る(第6条)。②締約国が「国家貿易」(国営企業ないしは貿易公社による貿易)に従事する場合には、民間企業に適用されるGATTの自由無差別貿易その他GATTの規定を遵守しなければならない(第17条)等の規定がある。

(4) 基本原則の例外

緊急避難（セーフガード）条項

　GATT第19条は海外からの製品輸入の急激な増大が競合する国内産業に甚

大な被害を及ぼす場合には、GATT条約上の義務を一次的に免除することが出来ると規定している。この規定は一般に「緊急避難条項」(セーフガード条項)と言われている条項で、輸入国はGATTに報告し、輸出国との交渉により関税或いは輸入数量制限措置を講じることが出来るとしている。この「緊急避難」条項は戦前のアメリカの互恵通商協定に規定されている救済措置がGATTに採用された条項であると指摘されている。[10]しかしこの「セーフガード条項」の適用に当たっては、①輸入国が蒙った被害の直接的な原因が急増する当該製品の輸入によるものであることを実証的に証明する必要があること、②被害状況の実態を事前にGATTに報告する義務があり、③輸出国と救済措置について交渉する必要があり、④輸入国が採用する緊急措置は暫定的な措置であることが必要であるとしている。

このように「セーフガード条項」を援用する場合には「急増する輸入が直接的な原因で競合する国内産業が被害を蒙った事実を実証する必要」があり手続きが煩瑣である。したがって先進GATT締約国は自国の経済的地位を利用して輸出国と交渉し、輸出国が自主的に当該製品の輸出を自粛する協定を結ぶ「管理貿易」の悪弊が形成された。この管理貿易の代表的な事例が、悪名高い輸入国が輸出国と個別に交渉して「国際繊維協定」を結び製品毎の繊維及び衣料製品の輸出数量を自粛する「輸出自主規制」(VERs: Voluntary Export Restraints) の慣行である。この慣行は1961年の繊維製品の短期協定(STA)に始まり数次延長された「国際繊維協定」(MFA: Multiple-Fibers Agreements)であり、この輸出自主規制は30数年続いたGATT規定の違反行為である。この協定により輸出国は製品毎の輸入国への輸出量の上限を協議して決定する。この「国際繊維協定」はウルグアイ・ラウンドの交渉(1986-94年)の結果10年間で段階的に撤廃することが決まった。[11]

この「セーフガード条項」以外にもGATTは第12条で「国際収支の不均衡」の結果外貨不足に陥った場合、GATTの理事会と協議して輸入の制限措置を取ることができると規定している。この場合当然当該国はIMFに支援の要請を行うことが考えられるが、輸入の制限措置の具体的な内容につい

てIMFと協議する必要性についてGATTには具体的な規定はない。

一般的な例外措置及び安全保障上必要な措置

このほかGATTは一般的な例外として公共の保護、動物・植物の保護、健康・生命の保護、美術品・考古学的価値を有する物、天然資源の保全等の目的のため自由貿易を締約国の政府が規制する場合（第20条）、締約国の安全保障のため武器弾薬等の貿易取引を制限する場合（第21条）等の例外的事例を挙げている。

（5）発展途上国に対する一般特恵関税制度

1950年代後半から旧宗主国から多数の旧植民地が独立した。1955年GATTは第18条（経済開発に関する政府の支援）を改正して発展途上国政府が自国の経済発展を促進するため保護貿易政策を実施することを、他の先進国の締約国が是認することを明記している。旧宗主国がGATTの締約国の場合これ等の旧植民地国は自動的にGATT締約国とみなされた。1964年国連の機関として「国連貿易開発会議」（UNCTAD: United Nations Conference on Trade and Development）がスイスのジュネーブに設立された。この「国連貿易開発会議」の目的は発展途上国の貿易と開発を支援することであり、この国連機関の最高意思決定機関は4年に1回開催される閣僚会議である。同年GATTはGATT条項に第4部「開発と貿易」第36条原則と目的、第37条約束、第38条共同行為を追加する。1968年「国連貿易開発会議」（UNCTAD）の第2回会議は途上国に対して「一般特恵関税制度」（GSP: Generalized System of Preferences）を採用することに合意する。「一般特恵関税制度」（GSP）とは先進国が発展途上国からの輸入品に対し一般の関税率より低い関税率ないし無関税で輸入することを認める制度である。GATT理事会は1971年この発展途上国に対する「一般特恵関税制度」を承認する。この特恵関税は締約国が個別に発展途上国と交渉して10年期間供与する制度であり、この制度はGATTの「無差別の原則」の適用除外となる。しかし多くの発展途上国はGATTの自由貿易体制は先進国に有利で発展途上国に不公正な

制度であると意識する傾向がある。GATT体制が発展途上国の開発と貿易の問題を積極的に取り組むのは1995年WTOの設立以降である。

(6) GATTのウルグアイ・ラウンド (1986-94年) とWTOの設立

1986年9月南米のウルグアイ (Uruguay) の避暑地プンタ・デル・エステ (Punta del Este) で開催されたGATTの閣僚会議で第8回目の多角的貿易交渉を開始することが決定された。この多角的貿易交渉の目的は、①非農産物（工業製品、自然資源および熱帯製品）の関税の引下げ及び撤廃、②繊維製品交渉（国際繊維協定の10年以内の段階的な撤廃）、③農業交渉（非関税障壁の関税化、生産補助金及び輸出補助金の段階的削減）④国際貿易ルールの改正、⑤貿易関連知的財産権の交渉、⑥GATTの紛争処理機能の強化と世界貿易機関 (WTO) の設立、⑦サービス貿易に関する交渉等であり、各テーマを「貿易交渉委員会」を最高機関として貿易交渉グループ毎に分けて行われた。GATTの多角的交渉は第5回までは関税交渉と呼ばれ、関税率の低減が目的であったが、それ以降は「非関税障壁」の除去等交渉範囲が拡大し貿易関連一般を含むようになり、「多角的貿易交渉」と呼ばれるようになる。ウルグアイ・ラウンドは参加国が124ケ国に増大し、その多くは発展途上国であった。その結果発展途上国の影響力が次第に増大することになる。ウルグアイ・ラウンドでは「包括的交渉妥結方式」が採用され、総ての交渉全体を包括的に決着させることを閣僚会議は事前に決定していた。しかし①「国際繊維協定」及び「自主的輸出規制」の段階的撤廃、②「国際貿易機関」(WTO) の設立、③紛争処理機能の強化等は合意を見たが、農業問題の交渉がＥＣとアメリカが真っ向から対立し、日本政府が米の輸入規制の関税化に反対したため非常に難航した。先進国首脳会議はＥＣ及びアメリカの農業問題の対立を解消してウルグアイ・ラウンドの早期決着を促す。欧州委員会はECの「共通農業政策」(CAP) を1992年に抜本的に改革することに合意し、ECとアメリカは妥協する。日本政府も細川総理大臣が「最終農業合意案」に1993年12月合意する。1994年4月モロッコ (Morocco) のマラケッシュ (Marrakesh)

第8章　GATT／WTO体制と地域主義の台頭

でウルグアイ・ラウンドの最終文書に参加閣僚が調印して7年以上続いたウラグアイ・ラウンドは決着する。翌年1995年「国際貿易機関」(WTO) が創設された。[12]

「世界貿易機関」(WTO) の設立

1994年4月マラケッシュで「世界貿易機関を設立するマラケッシュ協定」が調印され翌年1月から「国際貿易機関」が業務を開始する。それまでGATTには組織に関する規定はなく第25条に規定された「締約国の共同行為」に基づいて「理事会」及び事務局が設立されていた。WTOの機構図は図8-1に示した通りである。しかし専門スタッフはIMFや世銀に比較す

図8-1　WTO機構図

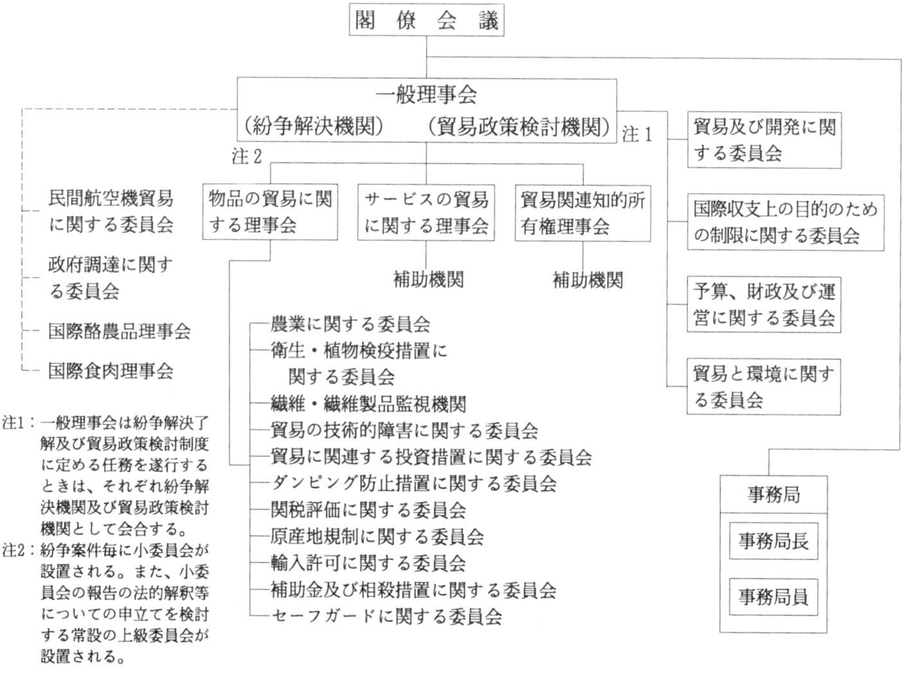

```
                    閣僚会議
                        │
              ┌─────一般理事会─────┐
              │ (紛争解決機関)(貿易政策検討機関) │ 注1
              │         注2                    │
┌─民間航空機貿易   物品の貿易に  サービスの貿易  貿易関連知的所   貿易及び開発に
│ に関する委員会   関する理事会  に関する理事会  有権理事会      関する委員会
│                                                              
├─政府調達に関す                補助機関       補助機関        国際収支上の目的のため
│ る委員会                                                      の制限に関する委員会
│              ─ 農業に関する委員会                           
├─国際酪農品理事会  ─ 衛生・植物検疫措置に関する委員会         予算、財政及び運
│                 ─ 繊維・繊維製品監視機関                    営に関する委員会
└─国際食肉理事会   ─ 貿易の技術的障害に関する委員会           
                  ─ 貿易に関連する投資措置に関する委員会       貿易と環境に関す
                  ─ ダンピング防止措置に関する委員会           る委員会
                  ─ 関税評価に関する委員会                    
                  ─ 原産地規制に関する委員会                    事務局
                  ─ 輸入許可に関する委員会                     事務局長
                  ─ 補助金及び相殺措置に関する委員会           事務局員
                  ─ セーフガードに関する委員会
```

注1：一般理事会は紛争解決了解及び貿易政策検討制度に定める任務を遂行するときは、それぞれ紛争解決機関及び貿易政策検討機関として会合する。
注2：紛争案件毎に小委員会が設置される。また、小委員会の報告の法的解釈等についての申立てを検討する常設の上級委員会が設置される。

資料：外務省経済局、『解説 WTO 協定』、1996年、39頁。

ると極端に規模が小さく640人前後である[13]。この機構図が示すようにWTOの意思決定の最高機関は加盟国の代表（通商大臣）によって構成される「閣僚会議」であり、2年に1度開催される。その下に定常業務を遂行する「一般理事会」があり、この理事会によって選出された議長が会議を主宰する。WTOの業務は各専門分野別の「委員会」によって遂行され、これら委員会の委員長には加盟国から選出される大使が任命される。GATT及びWTOの業務は加盟国の国益を調整する高度に政治的な折衝であり、その内容が外部に公表されることはない。従ってGATT/WTOに関する著作の多くは旧GATT/WTO職員によって書かれている[13]。WTOの設立とともに組織の紛争解決機能が強化された。GATT体制では紛争解決はGATT理事会が任命する3名―5名の「小委員会」（パネリスト）が紛争を調査し勧告を行っていたが（23条第2項）最終的な結論が出るまで9ヶ月以上の時間を要した[14]。

ECとアメリカの農作物貿易に関する対立

　締約国のほとんどの政府が農業の保護政策を実施してきたためGATT体制では農作物は多角的貿易交渉で例外扱いを受けてきた[15]。GATT第11条は輸入数量規制を禁じているが、同条第2項では農業・漁業製品はこの数量規制の例外としていた。GATT第16条は輸出補助金を禁じているが農作物に対する補助金は「当該産品の世界輸出貿易における当該締約国の衡平な取分の範囲内」は譲許する趣旨の規定がある（同条第2項）。第2次大戦後アメリカは農業調整法、対外食糧調整法等の各種の国内農業立法を通して余剰農作物の海外処理を一貫して大々的に展開してきた。この市場歪曲効果の大きい余剰農作物の処理の問題は当初GATT条文に規定さる予定であったが、1955年のGATT改正で締約国の決議事項に移された。GATT第25条（締約国の共同行為）では締約国の3分の2以上の賛成で締約国はGATT協定の義務を免除することが出来る（所謂「ウェイバー条国」）。アメリカ政府は1933年以来の農業調整法による農作物価格支持政策および農業生産力の増強政策の結果農作物の構造的過剰生産力問題を抱えていた。従ってアメリカ政府は1955年こ

の「ウェイバー条項」を賛成24、反対5、棄権5の3分の2の多数決で承認されていた。このアメリカ政府の農作物貿易に対するGATT規定の「ウェイバー」は無期限で対象品目を限定しない包括的な義務の免除であった。[16]

　第2次大戦後のヨーロッパ諸国は食糧不足に悩んでいた。1958年ローマ条約が6ケ国によって締結され欧州経済共同体（EEC）が結成された。EEC加盟国における農業の生産性は当然異なり農作物の共同市場形成には価格支持制度が不可欠となり、1962年「共通農業政策」（CAP: Common Agricultural Policy）が導入された。この「共通農業政策」の骨子は、①主要な農作物・酪農製品の支持価格を設定し、海外からの輸入には輸入課徴金を課し、域内の農作物には生産補助金を支給する、②農作物の輸出には輸出補助金を支給するとした。この政策により「ヨーロッパ共同体」（EC）（EECは1967年他の組織と統合してECとなる）の農作物の生産は増大するが、欧州委員会の「共通農業政策」関連の財政支出は全体の45％を越える水準に達する。ECは1960年代後半まで穀物、乳製品、食肉及び砂糖の輸入国であったが、1990年代の初めには穀物が4000万トン（生産の17％）、乳製品1400万トン（14％）、牛肉50万トン（8％）、砂糖400－500万トン（35％）が輸出されるようになる。[17]しかしECの農作物及び酪農製品の過剰生産が続き、欧州委員会の財政支出が増大し1986－90年の期間の財政負担額が年平均920億ドル、輸出補助金だけで年平均の支出が130億ドルに達した。これに対し日本及びアメリカの農業の補助金負担額はそれぞれ年平均350億ドル及び240億ドルであった。

　欧州委員会はウルグアイ・ラウンドの多角的貿易交渉でアメリカと真っ向から対立した。アメリカ政府は農作物貿易の完全な自由化を主張し、農作物の自由化を主張するケアンズ・グループ（Cairns Group: アルゼンチン・オーストラリア・カナダ・チリ・コロンビア・フィジー・ハンガリー・インドネシア・マレーシア・ニュージーランド・フィリピン・タイ・ウルグアイの14ケ国）と共にECと真っ向から対立した。しかし1992年11月に開催されたワシントンＤＣの「ブレア・ハウスの合意」（Blair House Accord）で妥協する。[18] 欧州委員会は1992年「マクシャリー改革」（the MacShary Reform）を実施し農作物に対す

る補助金比率を削減し、2003年には「デカプリング政策」(de-coupling policy)を実施、農作物・酪農品の品目別の補助金を廃止して農家に対する「一括支払」(single farm payments)という所得補償に切り替えた。

ウルグアイ・ラウンドの成果

ウルグアイ・ラウンドの成果としては、①WTOの設立と紛争解決機能の強化、②輸入関税率の平均4.6％への引下げ、③「国際繊維協定」と「自主的貿易規制」(VERs)の段階的廃止、④農業の非関税障壁の関税化及び農業の補助金の20％削減 (Total AMS: Aggregate Measurement of Support)、⑤サービス貿易・知的所有権・貿易関連の投資等の協定の締結が挙げられよう。GATTの推計では、①ウルグアイ・ラウンドの結果世界貿易は12％増大し、②発展途上国の衣料輸出が60％増大、繊維輸出34％、農作物輸出20％の増大、③世界の所得増大効果が2300億ドルと推計されている。[19] 世銀の推計でも世界の所得増大の効果は年間2350億ドル、途上国の所得増大効果は520億ドルと推計されている。[20]

(7) WTOとドーハ・ラウンド (2001－現在)

2001年9月11日の同時多発テロ事件の後、11月に中近東のカタール(Qatar)のドーハ(Doha)でWTOの閣僚会議が開かれ、新しい多国間貿易交渉を開始することが決定した。主な交渉の内容は、①農業（関税・国内補助金の削減、輸出補助金の撤廃、市場アクセスの問題）、②鉱工業分野（関税・非関税障壁の削減等）、③サービス産業の市場アクセス及びルール、④ダンピング防止・ルール、⑤貿易取引の円滑化、⑤発展途上国の貿易と経済開発（途上国の「特別かつ異なる待遇」(S&D: Special and Different Treatments)、⑥知的財産権問題 (TRIPS)、⑦環境等である。このカタールの閣僚会議以前1996年にシンガポールで閣僚会議が開かれ、次の4分野の作業委員会、①政府調達の透明性、②貿易手続きの円滑化、③貿易と投資、④貿易と競争の設立が決定された。これ等4分野は「シンガポール・イシュー」と呼ばれるようになる。ド

ーハ・ラウンドは発展途上国の開発が主要なテーマであるので別名「ドーハ開発アジェンダ」(DDA:Doha Development Agenda) とも呼ばれている。この多角的貿易交渉は当初2005年12月までに終結する予定であった。しかし10年経過した現在も合意が形成されていない。

　2003年メキシコのカンクン (Cancun) で閣僚会議が開かれたが殆どすべての議題について先進国と発展途上国の利害が対立し交渉の枠組みや手順についても決定を見ず合意形成に失敗する。特に途上国代表は所謂「シンガポール・イシュー」は先進国独自の問題であるとし交渉の議題とすることに反対する。WTOの加盟国は153ヶ国に達し、意思決定メカニズムは1国1票の多数決での決定方式とされていたが全員一致方式がGATT体制下で慣行として形成された。貿易交渉という加盟国の国益が衝突する外交交渉で所得レベル、産業及び貿易構造、経済の発展段階の非常に異なる153ヶ国が参加して多角的に交渉し、妥協点を見出すことは至難の業であろう。2003年の交渉は完全に中断する。2004年農作物の輸出補助金、シンガポール・イシューについてアメリカ及びEUが譲歩して「交渉の枠組み」(Framework Agreement) についての合意が成立するがそれ以上の進展はなかった。2005年の香港閣僚会議ではある程度の進展があったが2006年及び2007年はアメリカ大統領府が議会から付与された貿易交渉権が期限切れとなり交渉は停止状態となった。2008年ジュネーブ会議でアメリカ及びEUが農業の補助金を削減する計画を提示するもアメリカ、EU及び中国、インド等の主要発展途上国の溝は埋まらず交渉は暗礁に乗り上げた。このようにドーハ・ラウンドは10年を経過して何ら具体的な成果を上げていない。

(8) GATT/WTO体制の問題と課題

　GATTが多角的貿易交渉の場からWTOという国際機関へ転換するにつれて制度の抜本的な改革が必要であることは過去10年間の加盟国同士の対立と抗争の歴史が示している。2004年以前GATT事務局長であったP・サザランド (Peter Sutherland) が主宰する7人の学識経験者が『WTOの将来』とい

報告書を発表している[21]。しかしこの報告書は理念の提示に終始しており、国際貿易機関としての組織の実践的な行動規範の確立の必要性を提起していない。以下ここで短期的な問題と長期的な課題に分けてWTOが何をなすべきか考えてみよう。

　先ず短期的にはドーハ・ラウンドの過去10年間の多角的交渉の失敗から以下の改革を実践すべきであろう。第1に、過去GATTが慣行として採用してきた多角的貿易交渉の一括解決方式をやめるべきである。150ケ国以上が加盟するWTOが総ての問題を一括して解決するのは非現実的である。議題毎に段階的に妥協点を積み上げていく方式に変えるべきである。第2に、議題毎に先進国及び途上国の代表によって構成する幹事国を決めてこれ等の幹事国が問題解決に共同責任を負うべきである。第3に、新規設立された国際機関にはガバナンスの形成、行動規範及び罰則の制定が不可欠であることを認識すべきであり、ルールの遵守義務を明確に規定すべきである。第4に、国際機関としてはIMF／世銀、OECDは非常に効率的に運営されている。IMF／世銀には資金供与という機能と卓越した実態調査・政策企画能力がある。OECDには加盟国の政策協調について加盟国相互の監視機能及び規範順守に対する所謂「ピア・グループ」の圧力が作用する。第5に、WTOはGATTと異なりより複雑な加盟国の貿易の利益の調整機能・紛争解決機能を果すことが期待されており、実践的な運用法（modus operandi）を構築すべきである。

　長期的にはJ・スティグリッツ（Joseph E. Stiglitz）が指摘するようにブレトン・ウッズ体制及びGATT／WTO体制が成立の過程で形成した先進国の利益を優先する不公平体制を抜本的に改革する必要があろう。「これ等国際機関は発展途上国に貿易の自由化を含む経済の自由化政策を強要するが先進国自体は保護貿易政策を実施している。」「これ等国際機関のガバナンスの再構築が必要である[22]。」これ等国際機関としてのWTOのガバナンスを構築するには先ず途上国の現状を理解する必要があろう。WTO体制でも発展途上国が農作物を先進国市場へ輸出する市場機会が閉ざされ、先進国が実施して

きた価格支持政策や補助金政策によって途上国の農作物が価格競争力を失い途上国の農村が貧困化してきたという現状がある。途上国の労働集約的な工業製品の輸出市場が「国際繊維協定」等の輸出割当制度によって閉ざされてきたという現実等を理解する必要がある。[23]

日本のWTO体制下の農業政策は、①安全保障の視点から食糧自給率を高めるため、②農村地域の環境保全を含む農業の多機能性を強調する「非貿易的関心事項」から農業の保護政策を続行する計画のようである。しかしこの様な保護政策を将来も続行すべきであろうか。発展途上国から可能な限り農作物や酪農製品を輸入すべきではないか。

GATT/WTO体制のグローバル貿易システムが直面する課題としてJ・バグワティ（Jagdish Bhagwati）が1990年代の初めに提起した危機意識は今でも未だ現実であろう。バグワティが指摘したグローバル貿易システムの危機とは、①台頭する先進国の保護主義、②GATT/WTO体制が是認してきた不公平・不公正貿易、③GATT/WTOの枠外で行われる管理貿易、④「攻撃的な二国間主義」（aggressive unilateralism）⑤台頭する地域主義である。これ等は総てGATT/WTO体制が体現する原理・原則を真っ向から否定する現象である。[24]

8.2　欧州連合の形成と発展：地域主義の台頭

はじめに

GATT/WTO加盟国は地域貿易協定（RTAs: Regional Trade Agreements）を締結する場合その内容を報告することが義務づけられている（GATT条約第24条第7項）。2011年9月現在423以上の地域貿易協定（RTAs）がWTOに通告されている。その内訳は1948-94年の期間123協定、1995年WTOの成立以降は300協定以上が報告されている。しかし1990年代以降WTOに報告されている協定の数は急増している。報告されている協定の内現在効力がある協定数は350、その内182（52%）が自由貿易（FTA）、131（37.4%）が経済

統合、22（6.3%）が関税同盟、15（4.3%）が特恵関税（PTAs: Preferential Trade Agreements）である。このように現在有効な地域貿易協定の約90%が自由貿易と経済統合協定によって占められている。[25]

　GATT条約第24条が地域貿易協定（RTAs）として列挙しているのは「関税同盟」（Custom Union）と「自由貿易地域」（Free Trade Areas）である。既に見てきた通りGATT体制の目的は「無差別の自由貿易」の原則を国際貿易秩序として確立することにあった。しかし「地域貿易協定」（RTAs）或いは「特恵貿易地域」（Preferential Trade Areas）協定内容は、基本的にはこれ等の協定加盟国以外の地域の第3国を差別する内容であり、GATTの「自由無差別貿易の原則」と矛盾する。何故戦後世界の覇権国となったアメリカの通商政策担当者達はGATTの原理・原則と矛盾し、第2次大戦の誘因ともなった地域経済ブロックの形成に繋がる可能性のある地域貿易協定、特に19世紀初頭以降ドイツで経済統合を促進する通商政策として実施された「関税同盟」をGATTの条約として明記したのであろうか。19世紀多数の領邦国家によって構成されていたドイツが国民経済の形成の過程で「関税同盟」（Zollverein）が重要な役割を演じたことはよく知られていた。[26]このGATTの規定はJ・ヴァイナー（Jacob Viner）の説明によるとアメリカ国務省の通商政策担当官が起草した「ハバナ憲章」（第44条）の規定がそのまま反映されており、当時イギリスのアフリカ植民地を含む12の「関税同盟」が存在していたとする。この「ハバナ憲章」の条項に最恵国待遇の原則の除外規定として「関税同盟」が明記されていた。[27]戦後イギリス政府もまたアフリカその他の地域の多数の自治領・植民地及び英連邦諸国に対して排他的な「特恵貿易地域」協定を締結していた。

　アメリカ政府は1947年3月トルーマン＝ドクトリン、6月マーシャル計画を発表し東欧に拡大する共産圏の脅威に対抗するため戦後ヨーロッパの経済復興及び集団安全保障体制の確立を急いだ。マーシャル計画の執行機関として1948年4月「ヨーロッパ経済協力機構」（OEEC）が結成され、1949年北大西洋条約機構（NATO）が調印された。1950年5月ヨーロッパの経済統合を

第8章　GATT／WTO体制と地域主義の台頭

提案した「シューマン＝プラン」が発表され、アジアでは同年6月朝鮮戦争が勃発した。ヨーロッパの経済統合の出発点として1951年4月ヨーロッパ石炭鉄鋼共同体条約（ECSC）が調印された。この様にしてアメリカ政府はGATTの「自由無差別貿易体制」と矛盾する「ヨーロッパの要塞」（Fortress of Europe）の建設を支援することとなる。

（1）シューマン宣言（1950年5月）と欧州石炭鉄鋼共同体の成立（1952年7月）

1949年米ソの対立は頂点に達していた。ソ連は1948年6月からベルリンを封鎖し西欧陣営は翌年1949年4月北大西洋条約を締結し、ソ連東欧共産圏に対する軍事同盟を結成した。1949年9月西ドイツはイギリス・フランス・アメリカ軍の占領地域を統合して連邦共和国として独立する。アメリカはドイツの経済の復興と防衛力の強化が西ヨーロッパの安全保障の不可欠の条件であると考えていた。このためには20世紀前半2度の大戦で相互に殺戮を繰り返した西ヨーロッパの強国フランスとドイツの和解の成立が前提であった。アメリカ及びイギリス政府はフランスの外務大臣ロベルト・シューマン（Robert Shuman）に対ドイツ宥和政策を迫った。シューマン外務大臣はフランスの実業家兼テクノクラートであるジャン・モネ（Jean Monnet）（1888-1979年）に相談する。ジャン・モネは後に「欧州統合の父」と言われた壮大なビジョンを持つ行動的な実業家である。[28] ジャン・モネは高等教育を受けた高級官僚でもなければ、強力な基盤を持つ経験豊かな政治家でもなく、実践的な学者でもなく、フランスの田舎で小規模の会社を経営する実業家であった。ジャン・モネは第1次大戦中連合軍の兵站システムを組織化しアメリカ政府から高く評価されていた。国際連盟の副事務総長を経験した後、銀行家としても活躍する。第2次大戦後はドゴール大統領の下でフランスの復興計画委員会の委員長としてフランスの復興計画の策定に携わっていた。[29] その当時モネが活動の拠点としていた「欧州行動委員会」（The Action Committee for Europe）にはヨーロッパ各国から多数の小壮の秀才が結集しシンクタン

クとして活動していた。後に彼等は欧州共同体、共同市場、欧州連合、統一通貨の創設の種々の極面で重要な役割を演ずることになる。

　国境地域に位置するフランスのアルザス・ロレーヌ（Alsace-Lorraine）とドイツのザール（Saar）・ルール（Ruhr）の石炭・鉄鋼産業地帯は歴史的にフランスとドイツの紛争の的であった。第2次大戦後ドイツのザール・ルール地域はアメリカ軍とイギリス軍の管轄にあった。フランスの石炭はドイツの石炭より品質が悪く、フランスの鉄鋼産業はドイツよりも生産性が低かった。ジャン・モネはヨーロッパの統合の第1歩としてフランス・ドイツの石炭・鉄鋼産業を汎欧州的で超国家的な組織によって管理し、関税同盟と共同市場を設立する構想を提案する。アデナウアー首相（Konrad Adenauer）は西ドイツの連邦国家を国際的に容認させるためこのジャン・モネの「欧州石炭鉄鋼共同体」構想を即座に受け入れる。[30]

　このモネが構想した「欧州石炭鉄鋼共同体」（ECSC：European Coal and Steel Community）は1950年5月「シューマン宣言」（The Schuman Declaration）として発表された。

　モネを委員長として6ケ国（ドイツ・フランス・イタリア・オランダ・ベルギー・ルクセンブルク）の代表者によって構成される委員会が1年かけて条約を起草し、「欧州石炭鉄鋼共同体」を設立するパリ条約が1951年4月に調印され、翌年1952年7月施行された。この条約は2002年7月まで50年間存続する。ジャン・モネが共同体の最高機関「High Authority」の初代総裁に任命された。

　「欧州石炭鉄鋼共同体」（ECSC）の骨子は以下の通りである。共同体の目的は欧州の基幹産業である石炭と鉄鋼の共同市場（common market）を設立して欧州経済の復興を促進することである。この目的のために加盟国から選出された9名によって構成される超国家的な最高執行機関（High Authority）を設立し、石炭鉄鋼産業の生産・価格・市場競争・通商政策・技術労働者の移動と賃金水準等について加盟国の政策を調整し、投資活動を支援する。小規模の各国の議会から選出される78名によって構成される議会（Assembly）、

加盟国政府の代表によって構成される「理事会」(Council)および紛争を裁定する司法機関(The Court of Justice)等の超国家的な組織を設立する。このように現在の欧州連合(EU)の骨格を構成する組織の基礎がこの「欧州石炭鉄鋼共同体」に既に認められる。しかしこの時点では、①共同市場、②共通関税、③共通政策を骨子とする経済統合の結成については明記されていなかった。これ以降欧州の「結束」(solidarity)は60数年の期間「深化拡大」(deepening and enlargement)して行く。その過程は表8－2に示された通りである。

表8－2：EUの歴史

1947年6月	アメリカ政府「マーシャル計画」発表
1948年4月	ヨーロッパ経済協力機構(OEEC)発足
1949年4月	北大西洋条約機構(NATO)発足
1950年5月	フランス外務大臣「シューマン計画」宣言・欧州石炭鉄鋼共同体の設立計画
1951年4月	パリ条約調印
1952年7月	欧州石炭鉄鋼共同体の発足(ECSC)(フランス・ドイツ・イタリア・オランダ・ベルギー・ルクセンブルクの6ケ国)：期間50年
1957年3月	ローマ条約(The Treaty of Rome)調印・欧州経済共同体(EEC)の設立
1958年1月	欧州経済共同体(EEC)と欧州原子力共同体の発足
1960年1月	「ヨーロッパ自由貿易協定」(EFTA)発足
1961年8月	イギリス政府(マクミラン政権)EEC加盟申請
1962年	「共通農業政策」(CAP)発足
1963年1月	ドゴール大統領イギリスのEEC加盟拒否
1965年	ブラッセル条約調印
1967年	欧州共同体(EC：European Community)の結成(欧州石炭鉄鋼共同体・欧州経済共同体・欧州原子力共同体の統合)
1968年7月	EC加盟国工業製品の関税を撤廃し共通関税を制定
1973年1月	デンマーク・アイルランド・イギリスがECに加盟・加盟国9ケ国に増大
1975年	「欧州地域開発基金」(ERDF)発足
2月	ロメ協定(Lome Agreements)調印：EECアフリカ46ケ国と「特恵関税協定」
1978年7月	シュミット首相・ジスカール・デスタン大統領「欧州通貨制度」(EMS)設定提案

1979年6月	最初の「欧州議会」410人の議員の直接選挙
1981年1月	ギリシャが加盟
1985年1月	Jacques Delore 欧州委員会委員長に就任（1985-95年）
	シェンゲン（Schengen）協定が調印・加盟国の国境障壁の除去
1986年1月	スペイン・ポルトガルが加盟・加盟国12ケ国に増大
2月	「単一欧州議定書」(The European Act) 調印
1988年6月	通貨統合のための「ドロール委員会」発足
1989年11月	「ドロール報告書」完了・ベルリンの壁の崩壊
1990年10月	東西ドイツ再統一
1992年2月	欧州連合条約（マーストリヒト条約）調印
1993年1月	欧州単一市場が発足
11月	欧州連合（EU：European Union）発足
1995年1月	オーストリア・フィンランド・スウェーデンがEUに加盟
1997年10月	アムステルダム条約（Amsterdam Treaty）調印
1998年5月	欧州中央銀行が発足
1999年1月	単一通貨ユーロを11ケ国が導入決定：ギリシャ2001年に導入
2002年1月	ユーロ通貨12ケ国の市場に導入
2004年5月	旧社会主義陣営の東欧10ケ国及び地中海諸国がEUに加盟（Cyprus, Czech Rep., Estonia, Hungary, Latvia, Lithuania, Malta, Poland, Slovakia, Slovenia）
2007年1月	ブルガリア・ルーマニアが加盟・EU加盟国27ケ国になる
	Slovenia, Cyprus, Malta がユーロ通貨を導入決定。ユーロは現在EU加盟国17ケ国（イギリス・デンマーク・スウェーデン等を除く）が法定通貨としている。
	EU非加盟国6ケ国（バチカン・モナコ等）もユーロ圏に属する。

資料：欧州連合（EU）ホームページ（http://europa.eu）

（2）ローマ条約（1957年3月）：欧州経済共同体（EEC: European Economic Community）の設立

　「欧州防衛共同体」（EDC: European Defense Community）構想を1954年8月フランス政府は国内の反対により断念したため、欧州の統合への機運が頓挫する。しかし1955年6月以降さらなる統合の準備が進められ、1956年4月2つの条約の素案が検討された。1つは「欧州経済共同体」（EEC: European Economic Community）の設立案であり、他方は「欧州原子力共同体」（EURATOM: European Atomic Energy Community）の設立案である。この2つの

第8章　GATT／WTO体制と地域主義の台頭

条約は1957年3月ローマで調印され、一般に「ローマ条約」(Treaties of Rome)と呼ばれるようになる。この2つの条約は1958年1月施行される。

「欧州経済共同体」(EEC)の目的は欧州の経済統合を更に深化されるために、①「共同市場」(Common Market)の設立、②「関税同盟」(Customs Union)の設立、③共通政策(Common Policies)を実施することであった。「共同市場」計画は域内の人、物、資本、サービスの移動の自由化を3段階に分けて各段階4年間、合計12年間で実現する計画であった。「関税同盟」計画は域内の関税・数量規制を撤廃し、対外的には共通関税を設定することであった。この目的のために加盟国間に共通の通商政策を実施することが必要であった。「共通政策」について条約は共通農業政策(CAP: Common Agricultural Policy)、共通通商政策、運輸政策が具体的に明記されていた。これ等共同体の政策を実施する超国家的な機構の整備がこのローマ条約では取り上げられ、行政機関としての「欧州委員会」(European Commission)、政策立案・調整機関としての「理事会」(Council)、立法機関としての「欧州議会」(European Parliament)が欧州共同体の主要な機関として設立することが明記された。このほか定期的に加盟国の閣僚が所管する事項を協議する「閣僚理事会」(The Council of Ministers)がある。「欧州委員会」は委員長によって主宰される政治機構としての内閣に相当し、共同体の所管事項を担当する複数の委員によって構成され、次第に欧州共同体の官僚機構として重要になってくる。

1967年には欧州共同体を構成する①「欧州石炭鉄鋼共同体」(ECSC)、②「欧州経済共同体」(EEC)、③「欧州原子力共同体」(EURATOM)は合体して「欧州共同体」(EC：European Community)となる。[31]

(3)「単一欧州議定書」(The Single European Act)の調印(1986年2月)

ジャック・ドロール(Jacques Delore)が欧州委員長に就任し、さらなる欧州連合への動きが活発化する。欧州共同体の意思決定方式が全会一致方式から多数決方式に移行する。ドロール委員長は1985年12月域内市場の自由化

を妨げる障害が279存在するという報告書を作成し、欧州共同体は単一市場の形成を1992年12月までに達成すべきであると勧告する。「単一欧州議定書」(The Single European Act) は1986年2月新規に加盟国となったスペイン、ポルトガルを含む9ケ国によってルクセンブルク (Luxembourg) で調印された。これによって域内の人・物・資金・サービスの移行が容易になり財の製品規格・安全基準が標準化され、金融市場・資本市場の自由化が進展する。[32]

（4）「欧州連合条約」（マーストリヒト条約）の調印（1992年2月）

　「欧州連合条約」（マーストリヒト条約）が1992年3月オランダのマーストリヒトで調印され、翌年1993年11月に施行される。これ以降「欧州共同体」(EC: European Community) は公式に「欧州連合」(EU: European Union) と呼ばれるようになる。この「欧州連合条約」の目的は、①通貨統合を達成すること、②欧州連合を構成する制度・組織の民主的基盤を強化すること、③共通の外交政策および安全保障政策を遂行すること、④産業・教育・文化政策の協調を強化すること等であった。

　欧州の通貨統合は、①戦後1950年代に実施された決済同盟[33]、②欧州の通貨統合を勧告した「ウェルナー報告書」の発表（1970年6月）、③縮小為替変動制度（スネーク）制度の実施（1972-78年）、④欧州通貨制度（EMS: European Monetary System, 1979-1992年）の設立等長期の間に発展を遂げてきた。欧州の通貨統合は1988年6月ドロール委員会が発足してから加速する。ドロール委員会報告書は1989年4月に完了した。この報告書は3段階の漸次的な通貨統合の実施を勧告する。第1段階は1990年1月から開始される資本取引の自由化、第2段階は1994年1月に開始される各国の経済・財政・金融政策の収斂、第3段階は1999年1月ヨーロパ中央銀行 (Central European Bank) の設立と単一通貨の導入である。これ等の「ドロール委員会報告書」の勧告を反映した「マーストリヒト条約」が1992年2月に調印され、欧州連合に単一通貨「ユーロ」が導入された。[34]

(5) マーストリヒト条約以降

アムステルダム条約（Treaty of Amsterdam, 1997年）及びニース条約（Treaty of Nice, 2001年）が調印され欧州連合を構成する組織の強化・意思決定メカニズムの効率化がはかられた。2004年10月には「ヨーロッパ憲法」を設立する条約が調印されている。以上のように欧州では経済統合が深化・拡大し政治統合までに発展している。2008年現在欧州連合の加盟国は27ヶ国、総人口約5億人、GDP15兆ドル、1人当たりGDP約3万ドルのアメリカに匹敵する大規模な経済ブロックに成長している。[35]

8.3　地域経済統合の経済効果

(1) 地域主義とGATT/WTO体制

GATT第24条は前述したように一定の条件でGATT加盟国が関税同盟及び自由貿易地域のような地域的貿易協定を結ぶことを認めている。その条件とは、①「その協定の当事国の経済の一層密接な統合を促進させ貿易の自由を容易にし……他の締約国との間の貿易の障害を引き上げることがない……」（第4項）、②関税同盟あるいは自由貿易地域の条件が締約以前と比較して「他の第3国に対して関税率の全体的な水準が高く……または制限的でない」こと（第5項）、しかしGATTは加盟国の3分の2の多数決でこれ等条件を免除することが出来るとしている。しかし関税同盟及び自由貿易地域の締約国はGATTに対してその締約内容を報告し、そのGATTの勧告に従う義務がある（第7項）。

これ等関税同盟あるいは自由貿易協定は正確には「特恵貿易協定」（PTAs: Preferential Trade Agreements）と呼ばれ、アメリカとイスラエルの貿易協定のように必ずしも地域的な経済協定（提携）である必要はない。しかし殆どの「特恵貿易協定」（PTAs）が近接する地域の締約国によって結ばれているので「地域主義」（Regionalism）的な貿易協定として取り扱う。これ等地

域的貿易協定は前述したようにGATT/WTOの「自由無差別相互互恵主義」の原理・原則に当然矛盾する。これら貿易協定の「地域主義」(regionalism)や「地域経済ブロック」の形成はGATT・WTOが支持する「世界的な貿易秩序」の障害（stumbling blocks）となるのか、あるいはGATT/WTOの「多角的な相互互恵主義」を補強する支柱（building blocks）となるのか論争が絶えない。

インド生まれの国際貿易論の権威J・バグワティ（Jagdish Bhagwati）やアン・クルーガー（Anne O.Krueger）は地域主義的な関税同盟・自由貿易地域・その他の特恵貿易協定は基本的には排他的で域外の第3国を差別し、GATT/WTOの「最恵国待遇」の普遍主義の原則を形骸化し、GATT/WTOの存在にとって脅威であると主張する。[36] しかし他の多くの国際経済学者は、これ等地域的な貿易協定は結果的に域内・域外の貿易を活性化・拡大しており長期的には世界経済のプラスの効果をもたらすと積極的に評価している。[37]

(2) 経済統合の段階的プロセス

西欧の経済は段階的に発展してきた。初期の農村社会の農耕経済から都市部の工業・サービス経済への発展、封建的な経済体制から資本主義的な市場経済体制への発展、身分制社会から契約社会、ゲマインシャフト社会からゲゼルシャフト社会への段階的発展等が指摘されてきた。同じように経済統合のプロセスも段階的に展開すると仮定出来る。ハンガリー生まれの国際貿易学者ベラ・バラサ（Bela Balassa, 1928-1991）は、一定の地域の経済統合は以下の順番で初期の段階から高度の統合に段階的に発展すると考えた。即ち、①当事国相互が量的規制や関税を撤廃する自由貿易地域（Free Trade Area）から、②域外に対して共通の関税政策を共有する「関税同盟」(customs union) の段階、③域内に単一市場が形成され生産物及び生産要素が自由に移動可能となる「共同市場」(Common Market) が形成される段階、④域内の加盟国がマクロ経済政策、産業分野別の共通政策を実施する「経済統合」(Economic Union)、そして最後に⑤加盟国が主権を譲歩して超国家的な機構

第8章　GATT／WTO体制と地域主義の台頭

を構築し財政政策、金融政策、社会政策、マクロ経済政策を実施し統一通貨を導入する完全経済統合の段階へと進化・発展して行くという経済統合の段階的発展のプロセスの理論を展開した。[38]

　このバラサ理論は理論的整合性があり説得力があるが、現実の経済統合のプロセスは必ずしもこの順番で実施されるとは限らないであろう。今までのところ地域的な経済統合が最も進んでいるのは欧州連合（EU）であるが、欧州連合の形成の不可欠の前提条件及び促進要因として以下の事項を無視することは出来ないであろう。①20世紀前半の短期間に民族国家の対立が2度の世界大戦に発展し多数の人命が失われことに対するフランス・ドイツの指導者達の深い反省と政治的な決断と指導力、②米ソの対立という冷戦構造の中でヨーロッパ経済を復興させることが必須の課題であったこと、③1950年の「シューマン宣言」に折り込まれたジャン・モネ構想が不可欠の要件とした超国家的機構の制度設計とその実現、④覇権国家アメリカに対抗するヨーロッパ経済圏の形成等の要因を無視して考えられないであろう。このことから判断すると鳩山元総理の「アジア経済共同体」構想は非常に幼稚な「絵に描いた餅」的な拙速に描かれた構想と言えよう。アジア経済共同体構想の実現のためには先ず絶対条件として日本・韓国・中国の政治的な宥和と重要な分野での経済政策の協調を積み上げることが必要であろう。

（3）関税同盟の経済効果

　後で解説するように日本政府は主にアジア諸国と「自由貿易協定」（FTA: Free Trade Agreement）特に「経済連携協定」（EPA: Economic Partnership Agreement）を多数締結してきている。最近では菅前総理が提案した「環太平洋連携協定」（TPP: Trans-Pacific Partnership）交渉への参加の是非を巡って激しい論戦が展開されている。しかし残念ながら今まで日本の国際経済学の教科書では経済統合の経済効果についての解説や分析はあまりなされてこなかった。著名な経済学者でも経済統合の経済効果についての基礎的な理論的説明や実証分析を怠ってきたようである。[39] しかし欧米では当然のごとくに

315

欧州連合の発展とともに経済統合の経済効果に関する研究が盛んに行われてきた。以下ここではそこで論じられている内容の基礎的な部分を紹介することにしよう。[40]

　一般に自由貿易協定（FTA）や関税同盟（Customs Union）の経済効果として、短期的・長期的に以下の経済効果が期待されると論じられてきた。①比較優位の原則に基づく国際分業による産業の生産性の向上（資源の効率性の増大）、②市場の規模の拡大による産業及び企業の平均生産単価の低減（規模の効果）、③国際競争力が強化され交易条件が改善される（交易条件効果）、④海外技術の移植による生産技術の改善と財の品質の改善等の効果が期待されるとする。[41]

　伝統的に論じられてきたのはヤコブ・ヴァイナー（Jaco Viner）やジェームズ・ミード（James Mead）が展開した「関税同盟」の経済効果としての「貿易創造効果」（trade creation）と「貿易転換効果」（trade diversion）という古典的な概念である。[42]「貿易創造効果」とは「高いコストでしかX財を生産できないA国がより安くそのX財を生産することが出来るB国と関税同盟を結ぶことによってそのX財を安く消費することが出来ることによるA国の厚生（便益）が増大する効果」をさす。これに反し「貿易転換効果」とは「X財を低いコストで生産出来るC国から輸入していたA国が、C国よりも高いコストで生産するB国と関税同盟を結ぶことによる厚生（便益）の損失」をさす。仮にA国のX財の生産コストが38ドル、B国の生産コストが25ドル、C国の生産コストが20ドルだとする。今A国、B国がこのX財に100％の関税を掛けていたとすると、A国の消費者がB国からX財を輸入すると50ドル、C国からの輸入は40ドルとなり、A国の消費者にとって自国のX財がコスト最もコストが安く自国製品を購入し貿易取引は発生しない。しかしA国とB国が関税同盟を結び相互の関税をゼロにして第3国であるC国には100％の共通関税を課したままだとすると、A国の消費者は自国のX財よりもB国のX財のほうが安くなるのでB国からX財を輸入することになり貿易取引が創造される。これが「貿易創造効果」である。

上記の例とは別に今度は当初80％の関税がX財にA国、B国、C国に課せられたとする。そうするとA国の消費者にとってB国からのX財の輸入コストは45ドル、C国からの輸入は36ドルの輸入コストになり、C国のX財が最も安くなるのでA国はX財をC国から輸入する。A国政府の関税収入は最終的には消費者に還元されていたとする。今ここでA国とB国が関税同盟を結ぶとC国からの輸入に80％の関税がかかるがB国のX財の関税がゼロになるので、B国からのX財の輸入コストは25ドルとなりA国の消費者はB国からX財を輸入する。この結果A国の消費者はより安いC国のX財を消費する機会と政府の関税収入の便益を享受する機会を喪失し厚生（便益）が減少する。これが「貿易転換効果」である。[43]

欧州共同体がパリ条約で1952年に設立した「欧州石炭鉄鋼共同体」は石炭・鉄鋼の関税同盟であり、1957年ローマ条約で調印した「欧州経済共同体」はその他の製品を含む関税同盟である。これ等の関税同盟の経済効果を「貿易創造効果」のプラスの効果と「貿易転換効果」のマイナスの効果について推計が行われている。これ等の推計によると欧州の関税同盟の「貿易創造効果」は1960年代毎年最低57億ドルから最高180億ドルと推計され、「貿易転換効果」はマイナス2億ドルからマイナス31億ドルと推計されている。[44] しかしJ・ヴァイナーがこれ等の概念を1950年代に導入して以来数多くの理論的及び実証的研究が進み、その内容はJ・バグワティ（Jagdish Bhagwati）及びA・パナガリア（Arivind Panagaria）によって詳しく紹介されている。[45] ここではその内容のうち最も基本的な理論の説明を紹介することにする。

今ここでA、B、C国が鉄鋼製品を生産し貿易しているとする。AとB国は潜在的に関税同盟（或いは自由貿易協定）のパートナーであり、C国は第3国（その他の世界）であるとする。A国が鉄鋼製品の輸入国、B国が輸出国であるとする。若し自由貿易協定（FTA）が締結されるとA、B国は第3国であるC国に対して協定以前の関税を保持するものと仮定する。若し関税同盟（CU）が締結されると対外関税率は締結前の鉄鋼製品輸入国のA国の関税が適用されるとする。図8－3は自由貿易協定（FTA）の経済便益をA国の消

費者の視点から分析している。図のＤａＤａの右下がりの直線はＡ国の鉄鋼製品の需要を示す。2つの水平の直線ＰｂＥｂ、ＰｃＥｃ はそれぞれＢ国、Ｃ国からの輸出価格での供給を示す。Ｂ国の輸出価格はＣ国の輸出価格よりも安い。当初Ａ国はｔ％の輸入関税をＢ国、Ｃ国からの鉄鋼製品の輸入に課していた。この場合Ａ国はコストの安いＢ国からＯＱｂの数量の鉄鋼を輸入する。2つの長方形1、2、はＡ国の関税収入である。今ここでＡ国がコストの安いＢ国と自由貿易協定（ＦＴＡ）を結ぶと、Ａ国は総ての鉄鋼製品をＢ国から輸入し、輸入数量はＯＱｆｔに増大する。しかし政府は輸入関税収入1、2の長方形の面積分の輸入関税収入を喪失するが、これ等は消費者の便益となる。しかしＡ国の消費者は自由貿易協定（ＦＴＡ）の結果三角形3、台形4の面積に相当する「消費者余剰」を追加の便益として獲得する。ＦＴＡの結果Ａ国の消費者の鉄鋼製品の輸入が増大し、消費者余剰も増大する。こ

図8－3：自由貿易協定（ＦＴＡ）の貿易創造効果

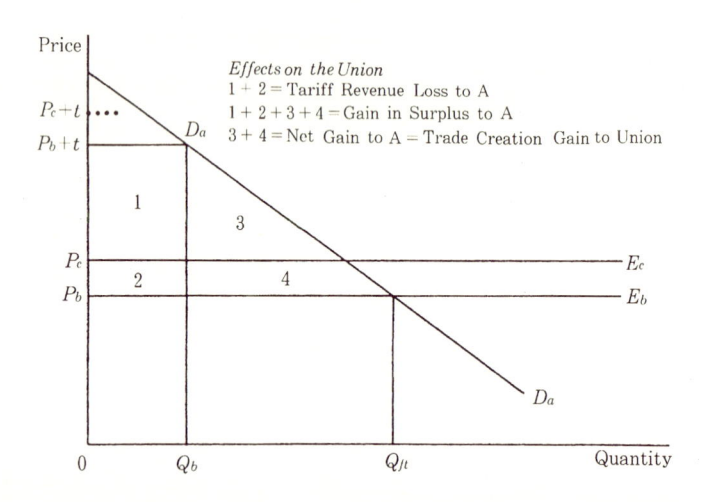

Effects on the Union
1 + 2 = Tariff Revenue Loss to A
1 + 2 + 3 + 4 = Gain in Surplus to A
3 + 4 = Net Gain to A = Trade Creation Gain to Union

資料：Jagdish Bhagwati and Arvind Panagariya, "Preferential Trading Areas and Multilateralism; Strangers, Friends, or Foes?" Trading Blocs, ed., by J/ Bhagwati And A/ Panagaria, The MIT Press, 1999, pp.39-40。但し記号は変えてある。

れがFTAの貿易創造効果の便益である。

　図8－4は自由貿易協定の貿易転換の経済効果を示している。このケースではB国の製品はC国より高くなっている。A国がt％の関税を課すと輸入数量はOQc総て価格の安いC国からの輸入となる。A国政府は長方形1、2の面積に相当する関税収入を得る。ここでA国がB国と貿易協定を結ぶと輸入数量はOQftaに増大し三角形3に相当する消費者余剰の便益を得る。しかしA国はコストの安いC国からの輸入をコストの高いB国に転換することによって、若しC国と自由貿易協定を結んだら得ることが出来た追加の便益4、5に相当する消費者余剰を得る機会を喪失する。これがA国の貿易転換による便益喪失効果である。

　欧州連合の場合1986年「単一欧州議定書」の調印以降1993年まで各産業分野の域内の市場の統一政策（労働者の移動の自由、金融・資本市場の自由化、製品規格、品質・手続きの平準化等）が実施された。その結果産業及び企業の規

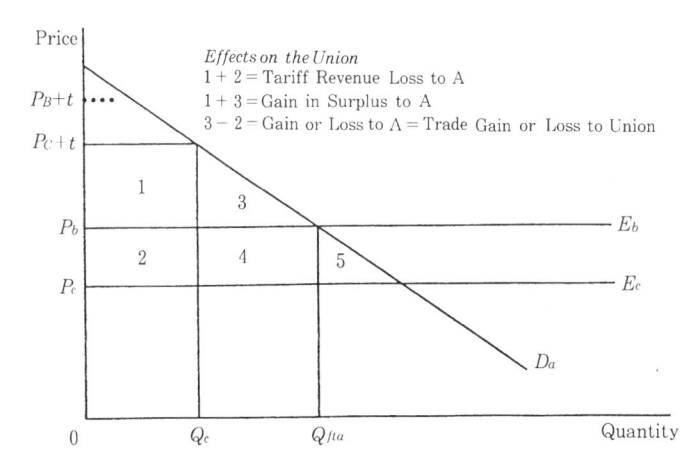

図8－4：自由貿易協定（FTA）の貿易転換効果

Price

P_B+t

P_C+t

Effects on the Union
1 + 2 = Tariff Revenue Loss to A
1 + 3 = Gain in Surplus to A
3 − 2 = Gain or Loss to A = Trade Gain or Loss to Union

P_b ……………………………… E_b

P_c ……………………………… E_c

D_a

0　　Q_c　　Q_{fta}　　　　　　　Quantity

資料：Jagdish Bhagwati and Arvind Panagariya, "Preferential Trading Areas and Multilateralism; Strangers, Friends, or Foes?" Trading Blocs, ed., by J/Bhagwati And A/ Panagaria, The MIT Press, 1999, pp.39-40。但し記号は変えてある。

模の効果及び生産性の改善効果について種々の実証分析が行われた。「エマーソン報告書」によると各産業の規模の拡大効果は10−20%で、生産コストも10−30%削減されると推計している。欧州連合内の企業経営者も取引費用の節約、製造コストの削減効果を期待しているという調査結果が発表されている。[46]

8.4 アジアの地域貿易協定

アジア地域の経済統合は欧州統合（EU）のように進展していない。その理由は①経済発展及び所得水準に格差があること、②戦後植民地から独立した国が多く国家形成及び国内の経済発展が主要な課題で地域経済協力のニーズが低かったこと、③貿易構造は南北貿易が中心で域内貿易の比重が低かったこと、④人口11.5億人のインド及び13.3億人の中国のように大規模な国で社会主義経済体制を長期間継続した国とシンガポールのように人口が500万人前後の自由貿易国家と非常に多様であること、⑥産業構造も農業が主体で相互補完の産業連関が弱かったこと等の理由が挙げられよう。しかし1980年代以降状況が変わってきてた。①新興国といわれる韓国・台湾・香港・シンガポールの経済が持続的な発展を遂げ、これ等の国の1人当たり所得水準は先進国並みの水準に達し、②東南アジア諸国の所得水準も中南米諸国と同じ中所得水準に達し世界経済の成長の核となってきたこと、③海外からの直接投資が活発化した結果先進工業国の国際分業体制に組み込まれてきたこと、④それとともに域内貿易が拡大しこれ等の国を相互補完関係が強化されたことが指定されよう。

国家間の地域経済統合や経済協力関係の形成には、これ等の国の経済発展が同水準であることが不可欠の条件ではない。1992年12月にアメリカ・カナダ・メキシコによって調印され1994年1月に発行した「北米自由貿易協定」（NAFTA: North American Free Trade Agreement）は所得水準の格差の大きい国同士の自由貿易協定であった。2009年の1人当たり国民所得の水準はカ

第8章　GATT／WTO体制と地域主義の台頭

ナダが＄41980、メキシコ＄8960、アメリカ＄46360でメキシコの所得水準はアメリリカの19％の水準であった。このＮＡＦＴＡの結果域内の関税は段階的に撤廃され域内の貿易は急速に拡大したと指摘されている。しかしメキシコにアメリカのトウモロコシ・大豆・牛肉が大量に輸入されメキシコの農家が深刻な影響を受けたとも報じられている。以下ここでアジアの地域経済協力及び経済統合の動向を見てみよう。

（1）東南アジア諸国連合（ASEAN：Association of South-east Asian Nations）の経済協力

　自由貿易協定から段階的に高度な経済統合に発展するというバラサの経済統合の発展段階理論に反して、1967年8月に設立された東南アジア諸国連合（ASEAN: Association of South-east Asian Nations）は当初外相会議として出発し、次第に経済協力及び地域協力の範囲を拡大して行った。東南アジアには1961年タイ、フィリピン、マラヤ連邦によって結成された「東南アジア連合」という機構が東南アジアに拡大する共産主義勢力の脅威を背景に設立されていた。これにインドネシア及びシンガポールが加わって「東南アジア諸国連合条約」が1967年8月に調印された。その目的は、①域内の経済成長、社会・文化の発展、②政治・経済の安定、③域内所問題の協力であった。東南アジア地域の集団安全保障機構としては1954年にバンコクに設立された「東南アジア条約機構」（SEATO: South-east Asia Treaty Organization: 締約国はオーストラリア、フランス、イギリス、ニュージーランド、パキスタン、フィリピン、タイの8ケ国）が存在していたが、ベトナム戦争終結後1977年に解散する。

　ASEANには以降ブルネイ（1984年）、ベトナム（1995年）、ラオス（1997年）、ミャンマー（1997年）、カンボジア（1999年）が加盟し現在加盟国は10ケ国となっている。当初外相会議として発足したが以降ASEAN首脳会議、経済閣僚会議、各省高級実務者会議が開催されるようになる。ASEAN事務局はジャカルタにあり専門スタッフ約60名前後、事務職員170名前後のスタッフを

321

擁している。

　1992年ASEAN首脳会議で「ASEAN自由貿易地域」（AFTA：ASEAN Free Trade Area）の設立が合意され1993年から2008年の15年間で域内の関税率を5％以下に低減することを目的とする「共通有効特恵制度」（CEPT: Common Effective Preferential Tariff）制度が原産地比率40％以上の輸出品に適用された。関税率の低減は適用品目リスト、除外リスト（一般的除外、一時的除外）、センシティブ品目別に平均関税率が1993年の12.76％から2002年には1.51％に段階的に低下した。しかしこの「共通有効特恵関税制度」の効果はASEAN域外のアジア地域に対する輸出拡大効果が顕著でフィリピンの対アジア輸出比率は1990年の34.8％から2009年には60.9％、シンガポールの輸出は47.2％から65.4％、タイは37.9％から54.2％に増大した[47]。（ASEAN地域の1998年の輸出地先構成はASEAN22％、US20％、EU15％、日本11％、その他30％であった。輸入先構成比率はASEAN20％、US20％、日本18％、EU13％、その他27％であった[48]。）ASEANの「共通有効特恵制度」の域内の貿易創造効果が比較的小さかったのはASEANの域内・域外貿易取引の多くが先進国の多国籍企業の取引によるものであったためと推測される[49]。

　この間ASEANの経済協力を強化する「ハノイ行動計画」(1998年)、ASEAN投資地域（AIA: ASEAN Investment Area）ASEAN経済共同体（AEC: ASEAN Economic Community）の設立計画（2003年）等がASEAN首脳会議で合意された。対外的には1997年のアジア通貨危機に対応するためASEAN＋3（日本、中国、韓国）の首脳会議・外相会議が定期的に開催されるようになる。アジア通貨危機に対する支援国会議が1997年8月東京で開催され日本政府は「アジア通貨基金」（AMF: Asian Monetary Fund）構想を提案するが、IMFの機能と重複することを危惧するIMF／アメリカ政府の反対で頓挫する。しかし同年11月マニラで開かれた日本、アメリカ、ASEAN等14ケ国の蔵相・中央銀行総裁代理の会議でアジア地域の通貨・金融の安定のため、マクロ経済政策・為替政策・金融政策についてのIMFのサーベイランス機能を補完・強化し、各国による金融システム及び監視・監督機能を強化することへ

の協力が合意された。これは「マニラ・フレームワーク」と呼ばれるようになる。[50]

1999年11月マニラで開催されたASEAN＋3（日中韓）首脳会議で「東アジアのおける自助・支援メカニズムの強化」の必要性が合意された。2000年5月タイのチェンマイで開催されたASEAN＋3蔵相会議で通貨スワップに関する「チェンマイ・イニシャティブ」が合意された。これに基づき日本政府は韓国・中国・タイ・フィリピン・マレーシア・インドネシア各国政府と2国間通貨スワップ取決めを締結している。[51]

日本とASEAN諸国との経済協力関係は近年親密になってきている。1977年以降不定期に開催されていた日本・ASEAN首脳会議は1997年以降定期的に開催され、日本・ASEAN外相会議・経済閣僚会議も定期的に開催されるようになる。2002年小泉首相はシンガポールで「日本・ASEAN包括的経済連携」（AJCEP:ASEAN-Japan Comprehensive Economic Partnership）協定の締結を提案した。数年の交渉の結果日本は2008年3月に調印、6月に国会承認を得る。この包括的経済連携協定は基本的には地域的な経済連携協定であり、①日本及びASEAN諸国は今後10年間で90％前後の貿易の関税を撤廃すること、②原産地規則基準の「累積」の効果、③知的財産権・農林水産分野（違法伐採対策を含む）に関する経済協力、④サービス貿易・投資の自由化について協力を強化すること等を内容とする。[52]

（2）アジア太平洋経済協力（APEC：Asia Pacific Economic Cooperation）

アジア太平洋地域の経済協力の構想は1989年にホーク（Bob Hawke）オーストラリア首相が韓国のソウルで行った演説の中で提案した。この提案に基づき12ケ国の閣僚がオーストラリアの首都キャンベラ（Canberra）で会議を開き「アジア太平洋経済協力」（APEC: Asia Pacific Economic Cooperation）機構を設立することに合意する。参加国はオーストラリア、ブルネイ、カナダ、インドネシア、日本、韓国、マレーシア、ニュージーランド、フィリピ

ン、シンガポール、タイ、アメリカの12ケ国である。

その後香港、中国、台湾（1991年）、メキシコ、パプア・ニューギニア（1993年）、チリ（1994年）、ペルー、ロシア、ベトナム（1998年）が加盟し現在加盟するのは21「エコノミー」である。

APECでは香港は「Hong Kong, China」、台湾は「Chinese Taipei」と呼ばれている。ここでは「エコノミー」の代わりに「国及び地域」とする。APECのそれ以降の主な発展過程は表8－3に示した通りである。

APECはASEANと同じく加盟国政府によって構成される主に域内の経済協力を促進する協議体であり、協議の基本原則は①加盟国の主権を尊重するコンセンサス方式による意思決定方式を採用し、②WTOの多角的貿易体制の原理・目的を尊重し、③多様性に配慮してアジア太平洋地域の経済発展・自由貿易を促進することを目的に設立された。APECの組織図は図8－4に示した通りであるが、最高の意思決定機関は1993年以降毎年開催される首脳会議である。その下に閣僚会議（外務・経済産業大臣）があり分野別の政策課題・行動計画を策定する。各部門別の協議事項は「高級実務者会合」によって論議される。その下部組織として経済委員会、貿易・投資委員会、経済・技術協力運営委員会の3つの委員会がある。経済・技術委員会の下に12分野の作業部会がある。ここでAPEC域内の経済・技術協力プログラム・プロジェクトが遂行される。筆者は過去個人的にこの「人材養成作業部会」のAPEC　プロジェクトに参加し東京、マニラ、ハノイ、煙台（中国）で国際シンポジウムの活動に参加した経験がある。この「人材養成作業部会」はAPEC加盟国が直面する企業及び官庁の人材育成が主な課題であったが、APEC事務局から資金的な援助を得て7ケ国以上の大学、企業、官庁の代表者達が各自研究テーマについて研究成果を発表して論議した。

APECの主な成果としてAPEC事務局は以下の事項を挙げている。①1994年「ボゴール宣言」で合意された貿易・投資の自由化政策を実施した結果APECの平均関税率は1989年の16.9％から2004年には5.5％に低下した。②APEC域内の貿易は1989年の1.7兆ドルから2007年には8.4兆ドルに年平均8.5

第8章　GATT／WTO体制と地域主義の台頭

表8－3：APECの発展過程

年	場所	主　な　議　題
1989年	オーストラリア	第1回閣僚会議；日本、韓国、米国、カナダ、オーストラリア、ニュージーランド、ブルネイ、インドネシア、マレーシア、フィリピン、シンガポール、タイの12ケ国が「開かれた地域協力」を提唱
1991年		中国、香港チャイナ、チャイニーズ台北加盟
1993年	シアトル	クリントン大統領の提案で首脳会議を開催、投資と貿易の自由化が焦点：メキシコ、パプア・ニューギニアが加盟
1994年	インドネシア	ボゴール宣言、先進国は2010年まで、途上国は2020年までに貿易・投資の自由化を達成；チリ新規加盟
1995年	大阪	大阪行動指針（OAA）；「ボゴール宣言の具体化」、個別分野の目標設定
1996年	マニラ	マニラ行動計画（MAPA）／個別行動計画（IAP）共同行動計画（CAP）の開始
1997年	バンクーバー	金融システムの健全化・早期自主的自由化分野15分野を特定
1998年	マレーシア	アジア通貨危機への対応；基盤整備（Capacity Development）ロシア・ペルー・ベトナム加盟
1999年	ニュージーランド	市場の強化・域内構造改革の推進
2000年	ブルネイ	グローバル化（情報技術・人材育成）、WTO・地域貿易協定
2001年	中国	上海アコード（APECの活動の活性化・個別行動計画（IAP）審査プロセス強化
2002年	メキシコ	上海アコードの実施とテロ対策
2003年	タイ	将来のパートナーシップの構築・APEC構造改革行動計画
2004年	チリ	APEC／FTAベスト・プラクティスの採択
2005年	韓国	釜山ロードマップ・ボゴール目標達成の中間評価
2006年	ベトナム	ハノイ行動計画・釜山ロードマップの実践のための行動計画
2007年	シドニー	アジア太平洋自由貿易圏（FTAAP：Free Trade Area of the Asia-Pacific）構想の報告書の承認
2008年	リマ・ペルー	世界経済に関するAPEC首脳リマ宣言・APEC地域統合に関する行動計画
2010年	横浜	首脳宣言「横浜ビジョン」・「ボゴール目標達成に関する首脳声明」・「アジア太平洋自由貿易圏（FTAAP）への道筋」APECの成長戦略

図8－4：APECの組織図

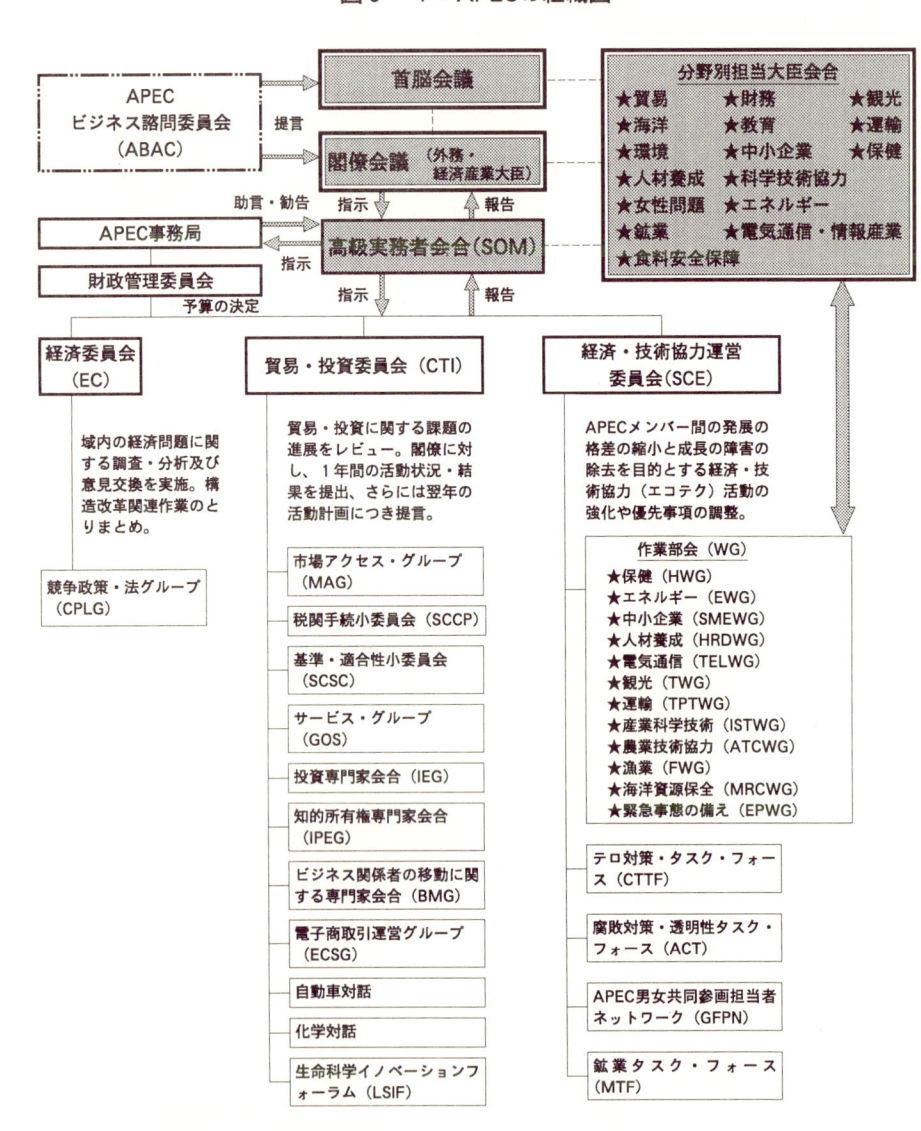

- APECビジネス諮問委員会（ABAC）
  - 提言 → 首脳会議
  - 助言・勧告 → 閣僚会議（外務・経済産業大臣）
- 首脳会議 → 分野別担当大臣会合
  - ★貿易　★財務　★観光
  - ★海洋　★教育　★運輸
  - ★環境　★中小企業　★保健
  - ★人材養成　★科学技術協力
  - ★女性問題　★エネルギー
  - ★鉱業　★電気通信・情報産業
  - ★食料安全保障
- 閣僚会議 ⇄ 高級実務者会合（SOM）（指示／報告）
- APEC事務局 ← 指示 — 高級実務者会合（SOM）
- 財政管理委員会 — 予算の決定

高級実務者会合（SOM）から指示：

経済委員会（EC）
域内の経済問題に関する調査・分析及び意見交換を実施。構造改革関連作業のとりまとめ。
- 競争政策・法グループ（CPLG）

貿易・投資委員会（CTI）
貿易・投資に関する課題の進展をレビュー。閣僚に対し、1年間の活動状況・結果を提出、さらには翌年の活動計画につき提言。
- 市場アクセス・グループ（MAG）
- 税関手続小委員会（SCCP）
- 基準・適合性小委員会（SCSC）
- サービス・グループ（GOS）
- 投資専門家会合（IEG）
- 知的所有権専門家会合（IPEG）
- ビジネス関係者の移動に関する専門家会合（BMG）
- 電子商取引運営グループ（ECSG）
- 自動車対話
- 化学対話
- 生命科学イノベーションフォーラム（LSIF）

経済・技術協力運営委員会（SCE）
APECメンバー間の発展の格差の縮小と成長の障害の除去を目的とする経済・技術協力（エコテク）活動の強化や優先事項の調整。
- 作業部会（WG）
  - ★保健（HWG）
  - ★エネルギー（EWG）
  - ★中小企業（SMEWG）
  - ★人材養成（HRDWG）
  - ★電気通信（TELWG）
  - ★観光（TWG）
  - ★運輸（TPTWG）
  - ★産業科学技術（ISTWG）
  - ★農業技術協力（ATCWG）
  - ★漁業（FWG）
  - ★海洋資源保全（MRCWG）
  - ★緊急事態の備え（EPWG）
- テロ対策・タスク・フォース（CTTF）
- 腐敗対策・透明性タスク・フォース（ACT）
- APEC男女共同参画担当者ネットワーク（GFPN）
- 鉱業タスク・フォース（MTF）

資料：外務省経済局資料

％の伸び率で増大した。APECの域内貿易はAPEC全体の貿易の67％を占める。③この期間30以上の2国間自由貿易協定がAPEC加盟国によって調印されている。④APECはWTOの多角的貿易交渉の「触媒」(catalyst) 的役割を果たしている。⑤APECの貿易促進プログラムによってAPEC域内の取引コストが低減されている。⑥この期間1200以上の経済・技術協力プロジェクトが実施され域内の「制度構築」(capacity development) に貢献している。[53]

APEC経済委員会はAPECが実施する貿易自由化プログラムの経済効果分析を行っている。この作業は日本の経済企画庁調整局及びシンガポール通商産業のスタッフが主宰した加盟国の専門スタッフの共同研究プロジェクトによって行われた。その主な結論は以下の通りである。①WTOのウルグアイ・ラウンドに追加したAPEC効果として域内のGDP (1995年価格) が2010年には685億ドル増大し、②輸出額も3.0％増大 (WTO効果を含めると12.1％) した。輸出拡大効果が大きいのはフィリピン22.1％、中国9.6％、タイ5.1％と推計されている。[54]

しかしAPECは欧州連合 (EU) のように「関税同盟」から出発し「経済共同体」、「共同市場」を経て「経済統合」に発展したプロセスと異なる。APECは主に通商政策を加盟国が協議する「合議体」に過ぎず、加盟国同士で2国間の自由貿易協定を締結することを奨励するがそれ自体は「自由貿易地域」を構成しない。それ故APEC加盟国はAPECを進化・発展すべく種々の構想を提案している。その代表的な構想は以下の通りである。

東アジア自由貿易圏構想 (EAFT: East Asia Free Trade Area)

1997年に発生したアジア通貨危機以来ASEAN諸国は日本・中国・韓国との経済協力を強化することがアジア地域の通貨・金融・経済の安定のためには不可欠であると認識するようになる。2001年11月ブルネイの首都バンダルスリブガワンで開かれたAPECの一連の会議で小泉純一郎首相・朱鎔基首相・金大中大統領の日本・中国・韓国の首脳はASEANとの協力関係を強化することの必要性について合意する。2005年4月日本・中国・韓国の首脳は韓

国の金大中大統領が提案したASEAN+3（日本、中国、韓国）によって構成される自由貿易地域の設立を検討することに合意する。2005年4月民間ベースの研究に着手。2009年10月のASEAN+3首脳会議の結果を踏まえて政府間の協議が開始された。ASEAN+6（インド、オーストラリア、ニュージーランドが追加）と共通の4つの作業部会が設立された。2010年8月ASEAN関連経済大臣会合にて中国がASEAN+3での貿易の円滑化に関するロードマップ（行動計画）を提案する。2010年9月作業部会が当事国を交えて議論を開始する。

東アジア包括的経済連携構想（CEPEA：Comprehensive Economic Partnership in East Asia）

2007年6月日本の提案によりASEAN+6（3+インド・オーストラリア・ニュージーランド）による自由貿易地域構想が打出された。2009年10月東アジア首脳会議（EAS）の結果を踏まえて政府間での協議を開始し、ASEAN+3と共通の作業部会で論議する。2010年8月ASEAN関連大臣会合にて日本政府はASEAN+6の「コンセプト・ペーパー」の作成を提案。2010年9月作業部会が当事国を交えて論議を開始する。

日本・中国・韓国FTA

2003年6月民間ベースでの研究が開始する。2009年10月日中韓首脳会議にて日中韓FTA産官学共同研究の立ち上げで合意する。2010年5月第1回会合を開催し、同年9月第2回、12月第3回会合、2011年3月第4回会合が開催された。

アジア太平洋自由貿易圏構想（FTAAP：Free Trade Area of the Asia-Pacific）

2006年11月APEC首脳会議（ハノイ）でFTAAPの研究に合意した。参加国はASEAN+6及び米国、カナダ、メキシコ、ペルー、チリ、香港、台湾、

ロシア、パプア・ニューギニア等のAPEC加盟国である。2009年11月APEC首脳会議（シンガポール）FTAAP構想を更に検討することに合意する。2010年6月APEC貿易担当大臣会合にてFTAAPへのロード・マップを具体化し11月の横浜首脳会議に報告することに合意する。11月APEC首脳宣言「横浜ビジョン」にてFTAAP実現に向けて具体的な行動をとることに合意した。

環太平洋連携（TPP: Trans-Pacific Partnership）協定

2002年シンガポール、ニュージーランド、ブルネイ、チリの4ケ国が環太平洋戦略的経済連携協定（Trans-Pacific Strategic Economic Partnership）の交渉を開始し経済連携協定、通称P4が2006年に発効する。このP4協定は、①物品貿易は原則として全品即時または段階的に関税を撤廃。例外を認めず。②サービス貿易、政府調達、競争、知的財産、人の移動を含む21分野24項目の包括的な協定である。2008年3月投資・金融サービスに米国も参加。2008年9月米国がこのP4協定への参加を表明した。2009年11月オバマ大統領が東京での演説で米国がこのP4協定に参加する計画を表明する。2010年3月上記4ケ国に米国、オーストラリア、ペルー、ベトナムの8ケ国で「環太平洋連携協定」（TPP: Trans-Pacific Partnership）の交渉を開始する。同年10月第3回交渉、マレーシアが新規参加し合計9ケ国となる。2010年11月横浜APEC首脳会議・閣僚会議で首脳宣言として「横浜ビジョン」が合意される。TPPはFTAAP実現の道筋の1つとされた。管総理はAPEC議長として招待され、オブザーバーとして参加する。2010年12月第4回の交渉が開催され、米国及び交渉参加国は2011年11月のハワイAPEC首脳会議までの交渉妥結を目指している。

（2）日本のFTA（自由貿易協定）とEPA（経済連携協定）戦略
日本の経済連携協定（EPA）

「自由貿易協定」（FTA：Free Trade Agreement）は当事国の物及びサービス貿易に関する関税及び非関税障壁を一定の期間内に即時に或いは段階的に

低減或いは撤廃する協定であり、当事国の事情を考慮して例外規定を設けることが出来る協定である。「経済連携協定」(EPA：Economic Partnership Agreement)は、自由貿易協定の範囲を越えて更に協力の範囲を拡大して産業政策及び貿易政策に関する協力を強化する協定である。従ってEPAはFTAよりもさらに深化した協力関係といえる。

世界各国は2001年以降のWTOのドーハ・ラウンドの多角的交渉が難航し、10年以上経った現在未だに妥協の兆しが見えず苛立ちを募らせている。その反動として世界各地でFTA・EPAの締結が急増している。日本は2002年シンガポールと「経済連携協定」(EPA)を締結して以来2011年（平成23年）8月までに合計11のEPAを締結している（表8－4参照）。インドとのEPAは2011年2月、ペルーとのEPAは同年5月に署名されている。見てわかる通り総て経済連携協定であり2002年以降に調印されており、メキシコ、チリ、スイスを除いて総てASEAN諸国である。

その他交渉段階にあった経済連携協定は、①韓国、03年交渉開始・04年11月交渉中断・08年日韓首脳会談の合意を受け6月・12月実務者協議を再開、②GCC（湾岸協力理事会）、06年9月交渉開始・06年物品・サービスのFTA交渉を開始することに合意、③インド、05年研究会開始・06年12月首脳会談でFTA交渉開始で合意・07年交渉開始・09年9月第12回交渉開催、11年署名、④オーストラリア、05年研究会開始・06年12月「最終報告書」作成・07年交渉開始・09年7月第9回交渉開催、⑤ペルー、08年11月首脳会談にてEPA交渉合意・09年4月交渉開始を決定・09年10月第4回交渉開催、11年5月署名等である。

ASEAN諸国への日本の輸出は日本全体の輸出（2006年）の11.6％、輸入は14.6％を占めていた。輸入の28.8％は原油等の鉱物性燃料、31.2％が機械工業製品である。日本・ASEAN包括的経済連携協定（AJCEP）は日本最初の広域的な経済連携協定である。主な協定の内容は日本が貿易額基準で90％を即時関税撤廃し、3％を10年以内に段階的に低減し、残りの関税は一定水準以下に抑えるか除外する。ASEAN側は原産地規則の累積効果が期待できる

第 8 章　GATT／WTO体制と地域主義の台頭

表 8 − 4 ：日本の経済連携協定（EPA）

国及び地域	経　　過
シンガポール	2002年 2 月調印・11月発行；2007年 3 月改正議定書署名・同年 9 月発効
メキシコ	2004年 9 月署名・05年 4 月発効・追加議定書07年 4 月発効
マレーシア	2004年 1 月交渉開始・05年12月署名・06年 7 月発効
チリ	2006年 2 月交渉開始・07年 3 月署名・ 9 月発効
タイ	2004年 2 月交渉開始・07年 4 月署名・11月発効
インドネシア	2005年 7 月交渉開始・07年 8 月署名・11月発効
ブルネイ	2006年 5 月交渉開始・07年署名・08年 7 月発効
ASEAN	2005年交渉開始・08年 4 月署名・12月発効
フィリピン	2004年交渉開始・06年署名・08年12月発効
スイス	2005年 4 月研究会開始・07年 5 月交渉開始・09年 2 月署名・ 9 月発効
ベトナム	2007年 1 月交渉開始・08年12月署名・10月発効
インド	20011年 2 月署名
ペルー	20011年 5 月署名

資料：外務省経済局、『日本の経済連携協定（EPA）交渉−現状と課題』平成21年10月；経済産業省、『通商白書2011』、246頁。

ように関税の撤廃・削減を約束する内容であった。タイとのEPAの関税に関する主な内容は、①日本からタイの輸出額は97％が即時無税、タイから日本への輸入は92％が即時無税、②日本の鉄鋼製品対タイ鉄鋼製品を10％以内に撤廃、③自動車3000ｃｃを越える車種は現行の税率80％を 4 年間に60％に段階的に引き下げる、④自動車部品は 5 − 7 年後に関税を撤廃する、⑤タイからのマンゴー、マンゴスティン、ドリアン等の熱帯果実等の輸入関税は即時撤廃、⑥タイからの鶏肉・鶏肉製品の輸入税率は削減等である。その他の内容は、①税関手続きの透明化・簡素化、②日本・タイの電気製品の適格性評価の相互承認、③タイ側は製造業関連サービス（卸売・小売サービス、保守・修理サービス）及び海運サービスの自由化を約束、④タイ側は日本の対タイ投資規制の水準を維持、⑤日本はタイ料理人、指導員（タイ伝統舞踏、タイ音楽、タイ料理等）の入国・一時滞在を許可、⑥知的財産の手続きの簡素化・透明化、知的財産保護の強化、⑦その他情報サービス等の協力等を内容とす

る。しかし自由化の項目の列挙主義は煩瑣で官僚的であるので、ネガティブ方式に変えて規制リストを公表しそれ以外は原則完全自由という方式に変えるべきであろう。

日本の外務省は2002年簡単な「FTA戦略報告書」を作成しWTOの多角的交渉と並行して二国間FTA・EPA交渉を特に日本にとって経済戦略上重要なアジア諸国と実施すべきあると主張している。[55] その理由はこれ等の国は関税率も依然高くFTAがもたらす経済的メリットが大きいと判断するためである。これに対してアメリカ及びEUとのFTA／EPA交渉は日本が抱える農業問題から短期的には避けるべきであると考える。

一方1997年のアジア通貨危機以降欧米指導型のブレトン・ウッズ体制に対する批判からアジアの指導者達はアジア諸国の経済協力の必要性を強く認識するようになる。1999年ASEAN＋3（日本・中国・韓国）の首脳会議で「アジア諸国の自助相互支援のメカニズム」の必要性が共通の認識となる。その表われの１つは前述したように日本政府が提案した「アジア通貨基金」構想である。この構想はアメリカ及びIMFの反対で具体化しなかったが2005年「チェンマイ・イニシアティブ」としてその構想の一部は実現する。2001年11月ASEAN＋3の首脳会議で中国・韓国政府がASEAN＋3によって構成される「東アジア自由貿易圏構想」（EAFTA: East Asia Free Trade Area）を提案するが、日本政府は消極的であった。その理由はASEAN＋3による地域自由貿易圏構想では台頭する中国の影響力が強くなり日本は経済外交交渉で指導力を発揮出来ないと危惧したためであろう。さらに外務省当局者はアメリカが関与しない東アジア自由貿易圏は日本の外交政策上好ましくないと考えている様だ。挫折したWTO交渉、増大する二国間FTA／EPAのネットワーク、停滞するAPECによる経済協力を背景に経済産業省は2006年４月『グローバル経済戦略』を発表する。この中で経済産業省はAPECを活性化させアジアの地域経済協力を深化させるため「アジア版OECD」及びASEAN＋6（ASEAN＋3＋インド・オーストラリア・ニュージーランド）によって構成される広域的な「東アジアEPA構想」を提案する。前者の「アジ

ア版OECD」構想は2007年1月第2回東アジア首脳会議（ASEAN＋6）で正式に提案され、同年11月シンガポールで開催された第3回東アジア首脳会議で「東アジア・ASEAN研究センター」(ERIA: Economic Research Institute for ASEAN and East Asia) を設立することで合意された。2008年6月設立総会が開かれERIAは正式に国際機関として発足する。ERIAの本部はインドネシア・ジャカルタにあるASEAN事務局の本部内に置かれ、各国からの拠出金によって運営され最高の意思決定機関として各国の代表によって構成される「理事会」が設けられた。ERIAは、①東アジア地域の経済統合の深化、②経済格差の是正、③持続的な経済発展に関する調査・研究を実施し東アジア首脳会議に政策提言を行う。ERIAは既にアジア開発銀行と協力して「アジア総合開発計画」を作成し2010年5月日本経団連セミナーその他の活動を行っている。ERIAは2009年2月加盟国16ケ国の研究機関とネットワークを結成し共同研究を実施する体制を形成している。後者の「東アジアEPA構想」はASEAN＋6によって構成される「東アジア包括的経済連携構想」(CEPEA: Comprehensive Economic Partnership in East Asia) 構想に発展し、この構想は2009年10月の東アジア首脳会議で承認され具体的な作業を進めるため政府間協議が開始された。しかしこれ等ASEANを核とするASEAN＋3及びASEAN＋6の広域的FTA/EPA構想はアメリカを意図的に排除する構想であり、アメリカ政府の反応は冷ややかであったと想像される。

　アメリカ政府は1994年に発効した「北米自由貿易協定」（NAFTA）を更に発展させ中南米全域を包含する「米州自由貿易圏」（FTAA）構想を実現しようと試みるが南米諸国の反対に遭遇し、この構想は挫折する。しかしアメリカ政府は環太平洋圏の一員として世界経済の成長の要である東アジアとの関係を強化するためAPECに積極的に関与するようになる。APECはクリントン大統領の提案により毎年APE首脳会談を開催するようになる。[56]

TPP論争

　一方APEC加盟国のシンガポール、ニュージーランド、チリ、ブルネイの

4ケ国は2006年5月「環太平洋連携協定」（TPP: Trans-Pacific Partnership）を締結して、工業製品、農作物、繊維、衣料品の例外なき関税撤廃、金融・電子取引等のサービス貿易の自由化、政府調達方法、知的財産権、投資ルール、貿易の技術的障害の除去、紛争解決等を24項目の自由化政策の実施を内容とするEPAに合意する。その後このTPP交渉にアメリカ・オーストラリア・マレーシア・ベトナム・ペルーが参加して合計9ケ国で交渉が進められた。これ等9ケ国は2010年11月APEC会議（横浜）でオバマ大統領を議長とする首脳会議を開き2011年11月の次回APEC首脳会議（ハワイ）までに妥結することを目標に精力的に交渉することに合意する。しかし最近の新聞の報道では11月までの決着は困難なようである。このアメリカを中心とするAPEC加盟国の地域的経済連携の動きに危機感をもった菅総理大臣は2010年（平成22年）11月9日「包括的経済連携に関する基本方針」を閣議決定し、「TPP交渉は長期的な太平洋自由貿易圏（FTAAP）構想実現の道筋である」として日本政府は積極的に参加する方向で準備すべきであるという決定をした。これを契機に日本で「TPP論争」が展開された。政府・民主党、経済産業省、経営者団体連合会・経済同友会等の財界及びマスコミは「長期間続いた経済の停滞から日本が脱却するためには貿易の自由化政策を積極的に実施すべきである」として賛成の立場を取る。それに対して農林水産省・農業団体は「TPPは日本の農業を破壊する」と主張しTPPに真っ向から反対する。[57]

　TPPに反対する論者の理由は以下の通りに要約されよう。現行の日本の主要穀物・酪農品・畜産品の輸入関税（米778%、バター360%、粗糖328%、小麦252%、脱脂粉乳218%、牛肉38.5%）が例外なく撤廃されると、これ等日本の農業・畜産業は壊滅的な打撃を蒙り、日本の食糧の自給率は41%から14%に低下してしまう。農林水産省の試算に基づく品目別の影響は表8−5に示すとおりである。

　農林水産省の試算によると、TPPの主要19品目に対する影響は、①農産物の生産減少額の総計4兆1千億円；内訳：米1兆9千7百億円（全体の48

表8－5　：TPPによる品目別影響

品目	生産減少率（％）	生産減少額（百億円）
米	90	197
小麦	99	8
砂糖	100	15
澱粉原料作物	100	2
加工用トマト	100	3
柑橘類	9	1
リンゴ	9	1
パイナップル	80	0.1
牛乳乳製品	56	45
牛肉	75	45
豚肉	70	46
鶏肉	20	19
鶏卵	17.5	15
その他		11
合計		410

資料：石田信隆著『TPPを考える』、家の光協会、2011年、43頁

％）、牛肉4千5百億円（11％）、豚肉4千6百億円（11％）牛乳乳製品4千5百億円（11％）、②農業の多面的機能の喪失額3兆7千億円、国内総生産減少額7兆9千億円、②雇用喪失数340万人、④食糧自給率（供給熱量ベース）は40％から14％に減少すると推計されている[58]。この様な日本の農業被害は地域的に偏在しており、北海道農政部の試算によると、北海道の被害は米が9割減、原料農作物である小麦・ビート馬鈴薯が100％減、酪農が7割減（原料乳はほぼ壊滅）、肉用牛が8割減、豚100％減等最悪のシナリオとなっている。損失総額は2兆1254億円に達し、農家戸数は3万3千戸減少し17万3千人の雇用が失われると推計している。北海道の農業生産の半分が失われ4分の1の農家しか存続出来ないと推計している[59]。

　さらに農林水産省の試算によると砂糖もTPPによって壊滅的な打撃を蒙ると推計されている。砂糖の内外格差は約3倍あり、現在は粗糖が輸入され国内で精製されるが、TPPに参加すれば砂糖には国産と外国産と品質格差がないため国産糖の総てが外国産製糖に代替される。この結果北海道・沖縄

の砂糖農家は壊滅すると推定されている。砂糖の原料には大きく2種類あり、温暖地域で栽培される「さとうきび」(甘蔗・カンショ)と寒冷地域で栽培される「ビート：砂糖大根」(甜菜・テンサイ)であり、日本ではサトウキビ(甘蔗)が鹿児島・沖縄、ビート(砂糖大根)が北海道で栽培されている。内外価格差は「ビート：砂糖大根糖」で約2倍、「サトウキビ：甘蔗糖」で約7倍あり、内外価格差が大きいため現在甘味原料の輸入は国家が管理している。現行の砂糖価格調整制度により政府が価格の安い輸入粗糖から調整金(約500億円)を徴収し、これを財源として甘蔗生産者と砂糖製造業者に交付金を出している。TPPの結果、内外価格差の大きい沖縄のサトウキビ(甘蔗)農家は100％被害を受けるとしている。[60]

　農業は言うまでもなく土地集約的産業である。従って1人当たり農業労働者の生産性は耕地面積の規模によって大きく左右される。表8-6は農家1戸当たりの農地面積の広さを示しているがアメリカは日本の186.9倍、フランス55.7倍、オーストラリアはなんと日本の1534倍である。日本のトウモロコシ輸入(2010年)はアメリカから89％、大豆はアメリカ70.0％、カナダ14.3％、ブラジル13.8％、小麦はアメリカ60.0％、カナダ20.3％、牛肉はオーストラリア67.8％、アメリカ21.3％となっている。これ等の農業作物及び畜産品取引で日本は国際競争力がないのは当然であろう。[61] 更に日本の農業の国際競争力を低下させる要因の1つは、農業就業者人口の老齢化である。1970年に日本の農業就業者人口1025万人の内65歳以上の就業者は17.8％に過ぎなか

表8-6：日本の農家の1戸当たり農地面積(2008年)

	アメリカ	フランス	イギリス	オーストラリア	韓国	日本
農業就業人口(万人)	267	63	49	44	144	261
農家(農場)数(万戸)	220.0	52.7	30.0	13.6	119.5	163.1
農家1戸当たり農用地面積(ha/戸)	186.9	55.7	59.0	3,068	1.5	2.0
対日本倍率	93.5	27.8	29.5	1,534	0.75	1.0

資料：農林水産業編『食糧・農業・農村白書』、平成23年版、参考統計表、134-135頁

ったが、2010年農業就業者260万人の内65歳以上の就業者は61.6%に増大している。[62]

そこでTPPに反対する農林業関係者は、日本が一定の水準以上の食糧の自給率を維持するためには政府が積極的に日本の農業を保護する政策が不可欠であると主張する。しかし国境価格で日本の農業が世界の農業と競争出来ないとすると、関税を完全に撤廃して農業製品の貿易を自由化しても日本の農業が生存出来る方法は、EU及びアメリカが過去実施してきたように政府が生産者を直接保護する政策を実施することしかなくなってくる。そこで民主党政府が平成22年度（2010年）から導入したのが「個別所得補償制度」である。[63]

1999年に成立した「農業基本法」は、農業の基本的な目標として食糧の安定供給と農業の持つ多面的機能の確保の2つの目標が掲げられている。農業の多面的機能とは「国土の保全、水源の涵養、自然環境の保全、良好な景観の保護、農村の伝統的な文化の伝承」等が挙げられている。TPPによって農業が壊滅的な打撃を受けるとこれ等農業が本質的に持つ多面的機能が破壊されるとTPP政策に反対する論者は指摘する。TPP論争は今後も激化していくことが予想される。

このTPP構想及びアジアの地域的経済提携構想は日本の長期的なグローバル戦略の視点から総合的に判断されるべきであろう。

おわりに―日本のグローバル貿易戦略―

以上日本が直面する地域貿易政策の問題と課題を見てきたが、日本が取るべき地域貿易政策の戦略として以下の事項が指摘出来よう。第1に、日本の貿易の主軸は先端技術型の機械産業であり、情報産業・医療産業・遺伝子工学・複合材料・原子力産業・代替エネルギー産業・宇宙航空機産業等の先端技術産業の各分野で日本企業は欧米の企業と切磋琢磨して国際競争に打ち勝つ必要がある。即ち機械産業の将来の発展のダイナミズムのシーズやニーズ

はアメリカ及びEUにあると認識すべきである。日本にとってグローバル企業戦略のパートナーは依然欧米のこれ等の分野の主要企業であろう。従って日本はアメリカ及びEUとの経済連携協定の締結を最優先の政策課題として考えるべきである。

第2に、日本企業は昂進する円高の国際企業環境及び台頭するアジアの新興国に対抗するため先端技術志向・研究開発型の企業発展戦略を強化し、政府はこれ等民間企業を支援する政策を実施すべきであろう。即ち日本政府は「戦略的貿易戦略」を遂行すべきであろう。このためには先端技術産業志向型の人材育成が不可欠の条件となろう。

第3に、この視点からアジアのASEAN、中国、韓国、台湾との戦略的提携関係を深め国際的な分業体制と強化すべきであろう。日本の地域経済協定戦略で欠落しているのはロシアとの経済連携協定であろう。ロシアのシベリア及び極東地域は未開拓地域であり日本の将来の資源・エネルギー供給地域となろう。

第4に日本にとって最重要課題はEPAを個別にアメリカ、EU、中国、韓国、オーストラリアと締結すべきであり、これ等の国及地域とEPA協定を結ぶことが出来ればTPPに参加するか否かの問題は二次的な問題となってこよう。

最後にグローバリゼーションが進展する状況下で、日本の農業を自立させ国際競争力をつけるかが緊急の課題であり、即急に解決すべき問題であろう。過去の自民党政権が実施してきた「農業政策」の是非を総括し民主党政権がどのような農業政策の長期的なビジョンと行動計画を企画し実行しようとするのか国民は注目すべきであろう。

注

1. IMFと世銀の概略については、有吉章編『図説：国際金融』、財経詳報社、2003年の関連する各章を参照されたい。尚IMFの国際金融機関としての発展の歴史についはIMFエコノミストによる研究の成果が出版されている。IMF設立の状況については以下に詳しい。J.Keith Horsefield, *The Intenational Monetary*

Fund, 1945-1965, Vol. I: Chronicle, IMF, 1969. 世銀の歴史については以下に詳しい。Devesh Kapur, John P. Lewis and Richard Webb, eds. *The World Bank: Its First Half Century,* Vol.1. History and Vol.2, Perspectives, 1997.
2. 佐々木隆雄著『アメリカの通商政策』、岩波新書、1997年、64-68頁。
3. WTO, Annual Report 2011, pp. 6-7.
4. 世銀・IMFのホームページ参照。
5. 高瀬保編著『ガットとウルグアイ・ラウンド』、東洋経済新報社、増補、1995年、14-15頁。
6. Jackson, John H., *Restructuring the GATT System,* The Royal Institute of International Affairs,1990, pp.18-55; *The World Trading System; Law and Policy of International Economic Relations,* The MIT Press, 1989, pp.27-57.
7. Jackson, John H., *The World Trading System,* 1989, pp.133-148.
8. Jackson, John H., ibid., pp.189-202.
9. 高瀬保編著、前掲書、44-47頁。
10. Jackson, John H., ibid., pp.149-187.
11. 外務省経済局編、「繊維及び繊維製品に関する協定」、『解説WTO協定』、日本国際問題研究所、1996年、171-211頁。筆者はアジア開発銀行在職中仕事の関係でフィリピン政府がアメリカ政府と締結した「国際繊維協定」の内容を精査したことがあるが、非常に詳細に書かれた合意書であるという印象を持った。
12. 高瀬保編著、前掲書、115-123頁。
13. Low, Patrick., *Trading Free: The GATT and US Trade Policy,* The 20th Century Fund Press, 1993; 池田美智子著『ガットからWTOへ―貿易摩擦の現代史』、ちくま新書、1996年；ここでしばしば参照する高瀬保編著『ガットとウルグアイラウンド』の著者達も旧GATT職員である。
14. 詳しくは以下を参照されたい。岩沢雄司著『WTOの紛争処理』、三省堂、1995年。
15. Hoekman, Bernard., and Michel Kostecki, *The Political Economy of World Trading System,* Oxford University Press, 1995, pp.196-206.
16. 佐竹尚美著『ガットと日本農業』、東京大学出版会、1990年、pp.71-103.
17. Gardner, Brian., *European Agriculture,* Routledge, 1996;（邦訳）村田武他訳『ヨーロッパの農業政策』、筑波書房、1998年、68頁。
18. Hoekman, Bernard and Michel Kostecki, ibid., pp.196-204.
19. UN Department of Economic and Social Information and Policy Analysis,

"The Uruguay Round of Multilateral Trade Negotiations: A preliminary assessment of results", *in World Trade after the Uruguay Round*, Routledge, 1996, pp.37-51.
20. World Bank, The Uruguay Round; Widening and Deepening the World Trading System, 1995, pp.1-31.
21. Peter Sutherland, *The Future of The WTO; A Report by the Consultative Board*, 2004;（邦訳）『WTOの将来：諮問委員会報告書』、平成17年、貿易研修センター。
22. Joseph E. Stiglitz, *Globalization and Its Discontents*, W.W. Norton, 2003、pp.244-246, pp. 225-226; *Making Globalization Work*, W.W. Norton, 2006; Stiglitz with Andrew Charlton, *Fair Trade For All*, Oxford University Press, 2005; *The Stiglitz Report*, The New Press, 2010.
23. Hoekman, Bernard., and Will Martin, ed., *Developing Countries and the WTO: A Pro-active Agenda*, Blackwell, 2001; Gary P. Sampson and W. Bradnee Chambers, ed., *Developing Countries and the WTO: Policy Approaches*, United Nations University Press, 2008; World Bank, *Poverty & The WTO; Impacts of The Doha Development Agenda*, ed., by Thomas W. Hertel and L. Alan Winters, 2006; *Agricultural Trade Reform & The Doha Development Agenda*, ed., by Kym Anderson and Will Martin, 2006; *Development, Trade and the WTO*, ed., by Bernard Hoekman, Aaditya Matto, and Phillip English, 2002; Richard E. Mshomba, *Africa and the WTO*, Cambridge University Press, 2009.
24. Jagdish Bhagwati, *The World Trading System at Risk*, Harvester, 1991, pp. 13-82.
25. WTOホームページから。
26. 松本彰著「ドイツ統一への道」、若尾裕司・井上茂子編著『近代ドイツの歴史』、ミネルヴァ書房、2005年、85－108頁。W.O. Henderson, *The Zollverein*, Frank Cass & Company, 1959,
27. Viner, Jacob., *The Customs Union Issue*, Anderson Kramer Associate, 1961, Reprinted from the Carnegie Endowment for International Peace, 1950, pp. 109-127.
28. Duchene, Francois., *Jean Monnet: The Stateman of Interdependence*, W.W. Norton & Company, 1988.

第8章　GATT／WTO体制と地域主義の台頭

29. 1988年欧州委員会はジャン・モネ生誕100年を記念してブラッセルでシンポジウムを開催している。Commission of the European Communities, *Proceedings of Jean Monnet Centenary Symposium* Organized by the Commission of the European Communities, Brussels, 10 November 1988.
30. 欧州委員会の公式の見解ではこのジャン・モネの「欧州石炭鉄鋼共同体」構想は汎欧州主義の長期的ビジョンに基づいて提案され、欧州連合の出発点を画する画期的な計画であると主張する。しかしイギリスの研究者はジャン・モネの構想にはフランスの国益を守る意図があったと解釈している。European Commission, *The Schuman Declaration*, 9 May 1950; Martin J. Dedman, *The Origins and Development of European Union*, 1945-95, Routledge, 1996, pp. 57-69.
31. EU　ホームページ
32. EU　ホームページ
33. 欧州の決済同盟のメカニズムの詳細については以下に詳しい解説がある。Jacob Kaplan and Gunther Schleiminger, *The European Payments Union: Financial Diplomacy in the 1950s*, Clarendon Press, 1989.
34. 欧州の通貨統合のプロセスについては以下の文献に詳しい説明がある。Daniel Gros and Niels Thygesen, *European Monetary Integration*, Longman, 1992; Peter B. Kenen, *Economic and Monetary Union in Europe; Moving beyond Maastricht*, Cambridge University Press, 1995; Tommaso Padoa-Schioppa, *The Road to Monetary Union in Europe; The Emperor, the Kings and the Genies*, Clarendon Press, 1994.
35. EU　ホームページ
36. Bhagwati, Jagdish., *The World Trading System at Risk*, Harvester, 1991, pp. 58-79; Jagdish Bhagwati and Arvind Panagariya, "Preferential Trading Areas and Multilateralism- Strangers, Friends or Foes?"in *Trading Blocks: Alternative Approaches to Analyzing Preferential Trade Agreements*, ed., by Jagdish Bhagwati, Pravin Krishna and Arvind Panagariya, The MIT Press, 1999, pp. 33-100; J. Bhagwait, "Regionalism versus Multilateralism," The World Economy, 1992, Vol.15, No.5, pp. 535-555. Anne Krueger, "Free Trade Agreements versus Customs Unions," NBER Working Paper No.5084, 1995.
37. R.E. Baldwin, "The Causes of Regionalism," *The World Economy*, 1997, Vol.20. No.7, pp.865-888; W. Ethier," The New Regionalism," *The Economic*

Journal, 1998, vol.108, pp. 1149-1161.
38. Balassa, Bela., *The Theory of Economic Integration*, Richard D.Urwin, 1961, pp.1-19.
39. 日本の代表的な国際経済学の教材、小宮隆太郎・天野明弘著『国際経済学』、岩波書店、1972年は欧州での経済統合がそれほど進展していなかった時に出版されているので、経済統合に対する関心が薄かったのであろう。伊東元重・大山道広著『国際貿易』、岩波書店、1985年も経済統合に関する解説はない。TPPに関する論議を客観的に評価するために国際経済学者は基礎的でかつ理論的な枠組みを提示すべきであろう。著名な経済学者である宇沢弘文教授でさえTPPの論議に関して持論の「社会的共通資本」論を主に主張するだけで、日本はFTAやEPAを積極的に展開すべきかどうか貿易政策論の立場から論じていない。宇沢弘文・内藤克人「対談：TPPは社会的共通資本を破壊する」、『世界』、第815号、2011年4月、岩波書店、62－72頁。
40. 経済統合、特にEUの経済分析に関しては以下の文献が参考になろう。Dennis Swann, *The Economics of Common Market* 8th Edition, Penguin Books, 1995; Jacques Pelkman, *European Integration*, Pearson, 1997（邦訳）田中素香訳『EU経済統合』、文眞堂、2004年；Ali M. El-Agraa, *The European Union; Economics and Policies*, Prentice-Hall, 7th Edition, 2004.
41. El-Agraa, Ali M., *The European Union*, Prentice Hall, 7th Edition, 2004, page 99.
42. Viner, Jacob., *The Customs Union Issues*, 1950, Anderson Kramer Associate, 1961, pp.41-56; James Meade, *The Theory of Customs Unions*, North-Holland, 1955, pp.13-43.
43. 具体的な数字はヴァイナーとミードが使った事例とは変えてある。
44. Pelkman, Jaquess., *European Integration*, 1997,（邦訳）田中素香訳『EU経済統合』、文眞堂、2004年、188頁。
45. Bhagwati, Jagdish., Pravin Krishna and Arvind Panagaria, ed., *Trading Blocs: Alternative Approaches to Analyzing Preferential Trade Agreements*, The MIT Press, 1999 and Arvind Panagariya, "Preferential Trade Liberalization: The Traditional Theory and New Developments," *Journal of Economic Literature*, Vol.38, June 2000, pp. 287-331.
46. Emerson, Michael., et al., *The Economics of 1992;* The EC Commission's Assessment of the Economic Effects of Completing the Internal Market,

第 8 章　GATT／WTO体制と地域主義の台頭

Oxford University Press, 1988, pp.123-192.
47. Ho Sze Yin, *The Trade Creation and Diversion Effects of ASEAN Free Trade (AFTA)*, Hong Kong Baptist University, April 2010; Asian Development Bank, *Key Indicators 2010*, page 220. 外務省アジア州局地域政策課、「ＡＦＴＡ（ASEAN自由貿易地域）について」、2003年6月。
48. Center for International Economics, *Economic benefits from a AFTA-CER Free Trade Area*, June 2000, June 2000.
49. Indira M. Haspari and Carlos Mangunsong, University of Indonesia, *Asia-Pacific Research and Training Network on Trade, Determinants Trade Flows and Potential for Trade Diversion*, November 2006.
50. Ministry of Finance, Japan, *A New Framework for Enhanced Asian Regional Cooperation to Promote Financial Stability*, 18-19 November 1997.
51. 有吉章編『国際金融』、財経詳報社、2003年、48頁：外務省経済協力局資料。
52. 外務省経済協力局資料
53. APEC　事務局ホームページ
54. APEC、経済企画庁調整局編『APEC貿易自由化の経済効果』、平成9年、1－80頁。
55. 外務省経済局、『わが国のFTA戦略』、平成14年（2002年）10月。
56. 外務省経済局、同上；佐々木隆雄著『アメリカの通商政策』、岩波新書、1997年、191－205頁。経済産業省通商政策局経済連携課「東アジア包括的経済連携（ＣＥＰＥＡ）民間専門研究家研究」について、2008年4月。
57. 週刊東洋経済『TPP全解明』、2011年3月12日、42－87頁；「特集TPP批判」、『世界』2011年4月、62－100頁。「急浮上するTPPで日本農業はどうなる」、『農業と経済』臨時増刊号、2011年5月；『TPP反対の大義』、農文協編、2010年12月、石田信隆著『TPPを考える』、家の光、2011年2月；萩原伸次郎著『TPP：第3の構造改革』、かもがわ出版、2011年3月；服部信司著『TPP問題と日本の農業』2011年2月；農林水産省編『平成22年度版食糧・農業・農村白書』
58. 内閣官房、『EPAに関する各種試算』、平成22年10月
59. 東山寛著「TPPと北海道農業」、『農業と経済』、2011年5月、64－69。
60. 来間泰男著「砂糖と原料甘蔗生産が壊滅する沖縄」、同上、70－75頁。
61. 農林水産省編『食糧・農業・白書』、平成23年版、参考統計表、41頁。
62. 同上、162頁。
63. 農林水産省、『食糧・農業・農村白書』、平成23年版、161－171頁に説明がある。

あとがき―グローバル型人間の形成―

　グローバル化は現代の国際社会の長期的な趨勢であろう。人類は18世紀・19世紀以降飛躍的な発展を遂げた。その契機となったのは科学・技術の進歩、啓蒙思想、フランス革命、市場経済の発展、資本主義経済体制、民主的国民国家の形成と発展等であろう。これ等は人類の長期的発展を構成する大きな流れであり、これ等の激動に逆らうことは出来ない。同じように国際社会のグローバリゼーションは現代社会の潮流の大きなうねりで我々はこれに逆行することは出来ない。

　しかし人間の知識や行動の指針、人間が創った制度やルールや規範は過去人間が体験し蓄積してきた叡智である。それ故本質的に保守的な性質を多分に持つ。グローバリゼーションが進む現代の国際社会ではこれ等過去人類が蓄積してきた「人間の叡智」は、現代人の自由な思考や行動の妨げとなる「罠」、「呪い」、「桎梏」ともなり得る。現代社会の「常識」は将来の社会にとって「非常識」ともなり得る。

　この様なことから判断するとグローバル化社会に望まれるグローバル型人間像は過去の日本の教育システムからは形成され得ないと危惧するのは筆者だけではないであろう。戦後の６３３４の教育システムは制度疲労を起こしており抜本的に改革すべきではないか。とくに日本社会にある唯一の資源が人材であることを考えると日本社会のグローバル戦略の要は「グローバル型人材開発」にあると考えられる。人類の文化・文明の発展の歴史をみると少数の天才・巨人の活躍が目立つ。人間の能力の分布はほぼ「正規分布」するのであり、平均値周辺１シグマ範囲内の約70パーセントの人間の平均的能力の向上に努めることは社会の発展・成長に不可欠の条件である。しかし上位５パーセントの人口層にはこれ等の人材の資質が更に一層発展するように社

会は十分な機会を与えるべきである。

インドの工科大学やアメリカのMITからは多数の優秀な科学者・技術者が輩出している。ヨーロッパには欧州委員会の官僚育成機関として「ヨーロッパ大学」(College of Europe) があり、アメリカには音楽家の幼児養成機関として「ジュリアード」(The Julliard School) があり現在国際的に活躍している多数の日本人芸術家がここで学んだ。イギリスのオックスフォード大学にはジェントルマン育成プログラムとして「PPE」(Philosophy, Politics, Economics) 専攻コースがある。日本では松下政経塾が現在活躍している多数の政治家を輩出している。

欧州連合は過去エラスムス計画（1987−94年）、ソクラテス計画Ⅰ、Ⅱ（1994−1999年）、Erasmus Mundus プログラム（2009−13年）等を実施し、EU諸国の若者達に欧州内外で学習する機会を提供してきた。日本政府もこれ等プログラムに触発されてアジア地域の若者達の人材開発プログラムを企画・実施すべきであろう。

筆者自身の個人的な体験ではカナダのトロント大学の大学院カレッジ（The Massey College）での4ケ年間の寮生活が大変貴重な経験となった。ここで世界中から参集した多数の大学院生と交友関係を結んだ。アジア開発銀行の15年間の仕事ではアジア諸国ばかりか欧米の専門スタッフと共同してアジアの経済発展のための開発援助プログラムを実施した。日本の若者達も出来るだけ筆者が体験した内容以上の国際的な体験をしてもらいたいと思う。日本の若者諸君、世界に向かって羽ばたき自分の潜在的能力を試しなさい。

平成23年10月10日
稲葉守満

著者略歴

稲葉 守満（いなば・もりみつ）

日本大学法学部／大学院法学研究科非常勤講師
1960年　日本大学法学部卒業
カナダ・ウエスタン・オンタリオ大学大学院政治学部修士課程修了（1964年5月）；カナダ・トロント大学大学院政治経済学部博士課程修了（1967年11月、1970年Ph. D取得）；ハーバード大学大学院経済学部客員研究員（1974−75年）(A Post-Doctoral Study)；オックスフォード大学 St. Antony's College 客員研究員（SAM；A Senior Associate Fellow）（1995−96年）；コロンビア大学経営大学院客員研究員（2001年7月−9月）；トロント大学政治経済学部研究助手（1967−70年）；三菱総合研究所　研究員／主任研究員（1970−81年）；アジア開発銀行 Sr. Project Economist/Sr. Investment Officer（1981−95年）；日本大学国際関係学部／法学部教授（1996年−2007年退職）

主要著書

『人間のための労働』（共著）、日経新書、昭和49年；『南北問題の政治経済学』（共訳）、学文社、1998年；『危機の政治経済学』（共著）、時潮社、1999年；『開発政策論—講義要綱』、ＤＴＰ出版、2003年；『開発政策論—ミクロ経済政策—』、時潮社、2007年；『開発の政治経済学—グローバリゼーションと国際協力の課題—』、時潮社、2010年

国際貿易政策論入門

2011年11月15日　第1版第1刷　　定　価＝4000円＋税

著　者　稲　葉　守　満 ©
発行人　相　良　景　行
発行所　㈲　時　潮　社

〒174-0063　東京都板橋区前野町4-62-15
電　話　03-5915-9046
ＦＡＸ　03-5970-4030
郵便振替　00190-7-741179 時潮社
ＵＲＬ　http://www.jichosha.jp

印刷・相良整版印刷　製本・壺屋製本

乱丁本・落丁本はお取り替えします。
ISBN978−4−7888−0669−6

時潮社の本

コンピュータリテラシー

澁澤健太郎・山口翔 著

四六判・並製・204頁・定価2800円（税別）

情報社会の変化のスピードが加速し、利便性が増す一方、ネット犯罪などの問題も急増している。情報技術を正確に学び適切な使い方を知ることは、もはや必然のことである。本書はその目的のために必携の書である。

子育て支援

平塚儒子 監修／編

Ａ５判・並製・192頁・定価2000円（税別）

「虐待」「いじめ」「自殺」「不登校」「ひきこもり」……、今、日本の子育てをめぐる環境は厳しい。家庭と社会のパートナーシップのもと、「社会の子」として育んでいけるよう、さまざまな観点から"子育て"を考える。

証券化と住宅金融
―イギリスの経験―

簗田優 著

Ａ５判・上製・240頁・定価3200円（税別）

近代住宅政策の要諦たる住宅金融行政。それは現代における社会政策の骨格でもある。折からの信用不安の増大と金融バブルの中で、世界金融の中心地のひとつ、イギリスの住宅金融はどのような変貌を遂げたのか。リーマン・ショックの過程にも踏み込んで論考を重ねた、著者渾身の一冊！

自然保護と戦後日本の国立公園
続『国立公園成立史の研究』

村串仁三郎 著

Ａ５判・上製・404頁・定価6000円（税別）

戦前の国立公園行政が戦時総動員体制に収斂され、崩壊をみるなかで戦後の国立公園行政はあらたなスタートを余儀なくされた。戦後の国立公園制度が戦前の安上がりで脆弱な制度を見直す中でどのように成立したのか。上高地、尾瀬、黒部などの電源開発計画と、それに拮抗する景観保護運動の高まりを詳細に辿り、今日の環境行政の原点を問う画期的労作がここに完結！